Alfred Wiegand und Walter Keber

GLANZSTOFF GLÄNZT NICHT MEHR

100 Jahre Industriegeschichte

Werk und Menschen

Impressum

1. Auflage 2015
© Alfred Wiegand und Walter Keber
Glanzstoff glänzt nicht mehr
Herausgeber: Magistrat der Stadt Kelsterbach
Verlag im Bücherhaus Jansen GmbH
Mainstr. 2, 65462 Ginsheim-Gustavsburg
Tel.: 06134-51866
Layout: Alfred Wiegand und Walter Keber
Druck und Bindung: Lauck Druckprodukte, Flörsheim am Main
382 S., über 1000 Abbildungen © Alfred Wiegand und Walter Keber
ISBN: 978-3-923921-03-4

Glanzstoff glänzt nicht mehr

Inhaltsverzeichnis

Grußwort von Bürgermeister Manfred Ockel	9
Einführung von Dr. Erwin Muth	11
Die Autoren	15
Einleitung	17
Architektonische Besonderheiten	
Das Werk und seine Architektur	23
Was übrig blieb von Glanzstoff	33
Kelsterbach im Wandel: Vom Bauerdorf zum Industriestandort	53
Süddeutsche Waggonfabrik	59
Vereinigte Kunstseide-Fabriken A.G.	75
Der Weg zum „Glanzstoff"	89
Das Werk und seine Produktion	97
Die Produktion und ihre Anlagen im Überblick	
Rohstoffe	129
Der Viskosebetrieb	135
Die Spinnerei	143
Die Druckwäsche	149
Der Textilbetrieb	153
Kunstseide, Reyon oder Viskose?	161
Die Werksbrunnen	163
Die Synthese-Fabrik	167
Menschen im Betrieb	
Die Belegschaft	173
„Gastarbeiter"	189
Zwangs- und Fremdarbeiter	193
Die Werksleitungen	203
Der Betriebsrat	207
Streik im Werk	211
Soziale Leistungen	
Der Wohnungsbau	215
Berufsausbildung	225
Werkszeitschriften	237
Werksbücherei	241
Betriebskrankenkasse	243
Ferien vom Alltag	247
Betriebssport	251

Glanzstoff glänzt nicht mehr

Jordan-Vits-Stiftung	**257**
Werksfeuerwehr	**259**

Die menschenleere Fabrik   **271**

Eine Zeitreise   **285**

Rückbau und Entsorgung   **315**

Der Neubeginn   **323**

Anhang
Von Glanzstoff zu Enka	337
Raumaufteilung	341
Werksmodelle	363
Patentrechte	367
Zeittafel	371
Daten und **Zahlen**	377

Literaturhinweis, Quellenangabe und Bildnachweis   **381**

Kelsterbach, im Oktober 2014

Grußwort

Ein literarisches Denkmal für ein Jahrhundert Werksgeschichte

Dieses Buch hat geschrieben werden müssen. Rund 15 Jahre nach der Schließung der ENKA/AKZO-Kunstseide Produktion in Kelsterbach im Jahr 2000 legen die beiden Autoren Alfred Wiegand und Walter Keber jetzt eine umfangreiche Beschreibung über die Industrieproduktion in Kelsterbach entlang der Rüsselsheimer Straße vor. Die Notwendigkeit, dass eine solche Monografie über die Glanzstofffabrik in der Nachfolge des Kelsterbacher Werkes der Süddeutschen Waggonfabrik geschaffen werden musste, lag ganz Kelsterbach offen vor Augen. Wie viel Zeit, Akribie, Mühe und Kreativität dieser literarische Schaffensprozess beanspruchte, nötigt uns Lesern und Nutzern großen Respekt ab.

Die beiden Autoren Alfred Wiegand und Walter Keber haben in einer konzertierten Aktion rund 100 Jahre Produktionsprozess und seine Auswirkungen auf das soziale und gesellschaftliche Leben in der einstmals mehr landwirtschaftlich geprägten Bauerngemeinde Kelsterbach beschrieben. Erläuternde Texte und zahlreiche Bilder machen das Buch zu einem unverzichtbaren Teil der Beschreibung der Kelsterbacher Zeitgeschichte. Nicht nur zur wissenschaftlichen Auswertung wird das Buch zur Verfügung stehen, sondern auch als eine Chronik für die noch immer zahlreichen Mitarbeiter und Einwohner Kelsterbachs, die mit der Glanzstoff groß geworden sind, mit und in ihr gelebt und gearbeitet haben.

Die beiden Autoren Alfred Wiegand und Walter Keber stellen ein ideales Gespann dar. Alfred Wiegand, ehemalige Führungskraft des Werkes Kelsterbach, ist der profunde Kenner der Werksgeschichte und deren Produktionsabläufe. Der bekannte Journalist und mehrfache Buchautor Walter Keber, auch er kennt Kelsterbach durch seine Jahrzehnte lange Arbeit aus dem Effeff, hat seine berufliche Erfahrung eingebracht.

Im Namen der Stadt Kelsterbach und aller ihrer Einwohner danke ich Alfred Wiegand und Walter Keber sehr herzlich für den hervorragenden Beitrag zur Industriegeschichte unserer Stadt. Sie haben ein ganz entscheidendes Stück Orts- und Industriegeschichte für die Nachwelt gesichert. Besonders kennzeichnet es das vorliegende Werk, dass es nicht nur die Geschehnisse im Werk bis zur Schließung im Jahr 2000 darstellt, sondern auch den ziemlich bemerkenswerten und spannenden Prozess um die Nachnutzung des Geländes. Mit dem Jahr 2014 und der Einweihung des Graf-de-Chardonnet-Platzes wurde eine notwendige Zäsur gesetzt. Einem Stück Industriegeschichte in Kelsterbach haben die beiden Verfasser ein würdiges Denkmal gesetzt.

Den Leserinnen und Lesern wünsche ich nun beim Lesen und Stöbern in diesem Buch viel Freude und manch neue Erkenntnis.

Mit freundlichen Grüßen

Manfred Ockel

Bürgermeister

10

Glanzstoff glänzt nicht mehr

Einführung

Im Südwesten der damals noch ländlichen Gemeinde Kelsterbach am Untermain entstand Ende des 19. Jahrhunderts ein Industriestandort, der sich über 100 Jahre hinweg ständig veränderte und erneuerte und dabei Höhen- und Tiefpunkte erlebte.

Ab 1899 wurde in einer ersten, unternehmerischen Orientierungsphase zuerst eine Waggonfabrik, dann eine Fabrik zur Herstellung denitrierter Chardonnetseide errichtet. In den Jahren 1913 bis 1916 begann die bis 2000 dauernde Epoche der Rayonproduktion nach dem Viskoseverfahren auf der Basis von Zellstoff, einem Produkt aus dem nachwachsenden Rohstoff Holz.

Trotz zahlreicher Wirtschaftskrisen in den 20er Jahren und zeitweiser Stilllegung der Produktion konnten bis um 1950 die wesentlichen Anlagen für die Produktion textiler Viskosegarne (auch Rayongarne genannt) jeweils nach dem neuesten Entwicklungsstand der Technik aufgebaut und optimiert werden.

In den Jahren der aufblühenden Wirtschaft in der Bundesrepublik nach 1950 wurde Kelsterbach zu einem der wichtigsten Produktionsstandorte für Viskosegarne in Deutschland. Durch Investitionen und Prozessentwicklungen entstand ein Werk, an dem sich auch in überzeugender Weise die konsequente Umsetzung der gesetzlich und gesellschaftlich gewünschten und geforderten Auflagen zeigen ließ. Dazu gehörten die Reinigung von Abwasser und Abluft, die Ablösung vieler körperlich belastender Arbeiten durch Mechanisierung und Automatisierung und die Schaffung und laufende Kontrolle von schadstofffreien Arbeitsbedingungen.

Wirtschaftlich von großer Bedeutung waren auch Verfahrensverbesserungen, die zu geringerem Energieverbrauch und optimiertem Rohstoff- und Chemikalieneinsatz führten. Es war das Ziel, die eingesetzten und die anfallenden Chemikalien vollständig zu erfassen und – wo es möglich ist – zurück zu gewinnen.

Das Ergebnis der Prozess- und Anlagenentwicklung war ein zuverlässig arbeitender Anlagenkomplex mit zahlreichen aufeinander bezogenen Einzelanlagen.

Der Produktionsprozess war organisatorisch aufgeteilt in den „Chemiebetrieb" und den anschließenden „Textilbetrieb". Im Chemiebetrieb wurde durch chemische Behandlungen von Zellstoff in mehreren Prozessschritten die „Spinnlösung" hergestellt, aus der an 23.660 „Spinnstellen" in einem Säurebad die auf Spulen aufgewickelten Filamente aus Viskosegarn gewonnen wurden. Nach mehreren weiteren Prozessschritten wurden diese an den Textilbetrieb übergeben. Im Gegensatz zum Chemiebetrieb, der aus verfahrenstechnischen Gründen ohne Unterbrechung im Vierschichtbetrieb arbeitete, erfolgte die textile Weiterverarbeitung im Dreischichtbetrieb mit Unterbrechungen an Wochenenden.

Alle Garne wurden im Textilbetrieb an Zwirnmaschinen mit einem Schutzdrall versehen und danach zu verschiedenen Aufmachungen umgearbeitet, die an Webereien oder andere Betriebe der Textilindustrie abgeliefert werden konnten.

In den Kundenbetrieben wurden die Garne in der Regel an Webmaschinen (Spulen für Schuss, Zettel- bzw. Webbäume für Kette) eingesetzt. Ein Teil der abgelieferten Produkte wurde nach genau definierten Bestellungen der Kunden, eine große Zahl von verschiedenen Aufmachungen außerdem nach einem Katalogprogramm hergestellt.

Die Vielzahl von hintereinander oder nebeneinander ablaufenden Prozessschritten mit verschiedenen angeschlossenen Nebenbetrieben bildete ein kompliziertes Netzwerk, das keine zeitlichen Unterbrechungen oder Abweichungen im Produktionsbetrieb duldete. Neben einer sicheren Prozessführung, zu der auch moderne Rechenanlagen eingesetzt wurden, bedeutete dies, dass die im Betrieb erforderlichen Produktionsmittel und die in großer Zahl benötigten Verbringungsmaterialien, wie sie beispielsweise für die Garnaufwicklung nötig waren, jederzeit termingerecht bereitgestellt werden mussten. Unterbrechungen der Produktion im Chemiebetrieb mussten wegen der Koagulationsneigung der Viskoselösung für die Spinnmaschinen unbedingt vermieden und umgehend und in kürzester Zeit behoben werden.

Ein besonderes Charakteristikum im Werk Kelsterbach waren die – verglichen mit den meisten chemischen Industrieverfahren (wie z.B. der Herstellung von Synthesegarnen) – ungewöhnlich langen Bearbeitungszeiten von

Einführung

bis zu vier Wochen über alle Verfahrensstufen, eine Folge der langen Kette von Verfahrens- und Bearbeitungsschritten der bei niedrigen Temperaturen von meist weit unter 100 Grad durchgeführten, chemischen und physikochemischen Prozesse. Bei Unterbrechungen und Qualitätsstörungen war es daher die erste Aufgabe, durch geeignete Maßnahmen zu verhindern, dass große Mengen unbrauchbarer Ware anfielen, bevor sich korrigierende Eingriffe auswirken konnten.

Die Vermeidung und umgehende Beseitigung von Störungen sowie die ständige Kontrolle der Produktionseinstellungen war von großer Bedeutung. Hierbei war ein schnelles und koordiniertes Eingreifen von kundigen und erfahrenen Mitarbeitern aus allen für die Produktion und die technische Betreuung der Anlagen verantwortlichen Bereichen geboten. Im Werk Kelsterbach konnte in jeder Betriebssituation auf gut ausgebildete und motivierte Mitarbeiter zurückgegriffen werden.

Im Bewusstsein aller Mitarbeiter des Werkes Kelsterbach (1100 um 1995) war tief verankert, dass alle Werksbereiche aufeinander angewiesen sind und eng zusammenarbeiten müssen. Das betraf vor allem auch die Zusammenarbeit der für Produktion und Qualitätskontrolle verantwortlichen Mitarbeiter (830 um 1995) mit dem für die technische Betreuung der Anlagen, die Kostenkontrolle und die Bereitstellung geeigneten Personals verantwortlichen Bereiche. Deshalb waren die zahlreichen gemeinsamen sozialen Einrichtungen von wesentlicher Bedeutung für die Identifikation der Belegschaft mit ihrem Werk. Die umfangreiche Dokumentation der sozialen Einrichtungen durch die Autoren dieser Publikation spiegelt ihre große Bedeutung wider.

Das Werk Kelsterbach gehörte zu allen Zeiten zu größeren Konzernen. Nach dem Erwerb der Aktienmehrheit an der Vereinigten Kunstseide-Fabriken A.G. mit dem Werk Kelsterbach im Jahre 1913 war die Rayonproduktion in Kelsterbach maßgeblich vom Glanzstoffkonzern in Wuppertal bestimmt, der 1969 im niederländischen Konzern AKZO aufging.
In den letzten Jahrzehnten des 20. Jahrhunderts wurde unter den Unternehmensbezeichnungen ENKA und ACORDIS die textile Garnproduktion verschiedener Werke (Kelsterbach, Obernburg in Bayern, Oberbruch bei Aachen, Ede in den Niederlanden, Elsterberg in Sachsen) organisatorisch zusammengefasst.

Die Art der Produktion und die Produktionsprogramme wie auch Investitionen in den Anlagen wurden in enger Abstimmung mit dem Werk zentral in Wuppertal geplant und festgelegt.
In Kelsterbach konnte durch aufwendige Instandhaltungsmaßnahmen und akribische stetige Überwachung des Prozesses und der Qualität der Zwischenprodukte und des Endproduktes eine hohe Produktionssicherheit und Produktqualität erreicht werden. Das Werk mit einer täglichen Produktionsmenge von 35 to Garn wurde so zu einem anerkannten Produzenten von textilen Spezialprodukten, zu denen besonders feinfädige Produkte, pigmentierte Spezialgarne verschiedener Farbe sowie Garnaufmachungen (wie Kreuzspulen, Cones, Zettelbäume, Webbäume u.a.) für die Verwendung als „Schuss" oder für „Kette" auf den Webmaschinen im Kundenbetrieb gehörten.

Als die Fabrik 2000 geschlossen wurde, erfüllte die Produktqualität auch besonders hohe Anforderungen des Marktes. Bedeutsam war, dass die Produkte aus Kelsterbach mit den enormen technischen Entwicklungen in den Kundenbetrieben der Textilindustrie Schritt halten konnten. Dazu gehörte auch die Eignung für mit hohen Geschwindigkeiten ohne Unterbrechung laufende, automatisierte Webmaschinen.

Als struktureller Nachteil blieben hohe Produktionskosten, an denen der hohe Personaleinsatz in einigen Produktionsabteilungen einen großen Anteil hatte. Sie entwickelten sich zum entscheidenden Kriterium in den durch die Globalisierung geöffneten Märkten. Der hohe Qualitätsstandard in Kelsterbach konnte die Wettbewerbsvorteile neu hinzugekommener Produzenten, die auf billigere Arbeitskräfte zurückgreifen konnten, nicht wettmachen.

Für die Stadt Kelsterbach war das Jahrhundert, in dem am Standort des Viskosewerkes produziert wurde, eine bedeutsame Stufe in ihrer geschichtlichen Entwicklung.
Exemplarisch spiegelt sich dort wider, was die wirtschaftliche Struktur Deutschlands an vielen Stellen kennzeichnet. Aus einer bäuerlich geprägten, weitgehend in sich ruhenden Landschaft wurde um 1900 eine dynamische Industrielandschaft, die sich ständig weiterentwickelte. Sie wurde zu Beginn des 21. Jahrhunderts abgelöst durch ein Areal der „postindustriellen Dienstleistungsgesellschaft" mit neuen Gebäu-

Glanzstoff glänzt nicht mehr

den und neuen nichtindustriellen Wirtschaftszweigen.

Vom ehemals eindrucksvollen Industriewerk, der wirtschaftlichen Basis der Stadt Kelsterbach und der meisten ihrer Familien über viele Jahrzehnte hinweg, sind so gut wie keine baulichen Reste geblieben.

Die Autoren Alfred Wiegand und Walter Keber haben eine anschauliche und informative Darstellung der Geschichte des „Glanzstoffwerkes" bis in die Tage seiner Abwicklung und Demontage vorgelegt, in der nicht nur ehemalige Mitarbeiter wesentliche Züge ihres Arbeitslebens wiedererkennen. Wegen der beispielhaften Vorstellung eines Chemiebetriebes, der einst das Wirtschaftsleben einer historischen hessischen Stadt mit seiner Umgebung prägte, verdient sie über das lokale Interesse hinaus Beachtung.

Dr. Erwin Muth,
ehem. Leiter des Rayonbetriebes in Kelsterbach

Glanzstoff glänzt nicht mehr

Die Autoren

Von links Alfred Wiegand und Walter Keber

Wir, das sind Alfred Wiegand, der bei Glanzstoff gelernt und bis zur Stilllegung des Enka-Werkes die Leitung der Zeit-, Kosten- und Projektplanung innehatte, abschließend mit der Abwicklung des Rückbaus beauftragt, und Walter Keber, der als Journalist der Frankfurter Rundschau über mehr als 30 Jahre aus Kelsterbach berichtet hat. 2005 haben wir gemeinsam begonnen, mit einer umfassenden Dokumentation den Aufstieg und Fall des Traditions-Unternehmens vor dem Vergessen werden zu bewahren.

Wie schnell das nämlich gehen kann, dafür steht: Zwei Wochen nachdem wir seinerzeit dieses ehrgeizige Langzeit-Projekt gestartet haben, wurde mit dem Abriss des „alten Schornsteins", der die Aufschrift „Glanzstoff" trug, begonnen. Somit wurden unumkehrbare Tatsachen geschaffen.

Walter Keber: Fertig zum Foto-Schuss

Über Jahre hinweg verfolgten wir die Entwicklung, absolvierten ungezählte Rundgänge bei jedem Wetter und viele, viele Arbeitstreffen.

Der Dienstag war über Jahre hinweg für uns beide „der Enka-Tag". Mit Kamera und Schreib-Computer, aber auch großer Sammelleidenschaft nicht nur am Ort selbst, sondern beispielsweise auch über ebay haben wir uns um eine gesicherte Dokumentation der Historie und Ereignisse bemüht.

Am Schreibtisch im ehemaligen Verwaltungsgebäude des Werkes Alfred Wiegand, der die Abwicklung des Rückbaus betreute

Außerdem ließen wir sachkundige Bürger, meist ehemalige Werksangehörige, unser Material durchlesen und ihre Anregungen und Kritik in unsere Arbeit einfließen. Ihnen gilt unser Dank für diese Unterstützung.

Dennoch haben sich nicht zuletzt aufgrund manchmal unsicherer Datenlage – wie bei allem Menschenwerk – vermutlich auch Fehler eingeschlichen, für die wir uns entschuldigen. Immerhin, bei allem haben wir uns jedoch um größtmögliche Sorgfalt und seriöses Quellenmaterial bemüht. Von Zeit zu Zeit haben wir in der breiten Öffentlichkeit über den Stand der Dinge in Ausstellungen und Vorträgen informiert. Die Rückkopplung hierzu war uns ebenfalls wichtig.

Nunmehr ziehen wir mit diesem Buch im Spätjahr 2015 einen Schlussstrich. Doch hoffen wir, dass darüber hinaus die Geschichte von Enka/Glanzstoff auch im Zuge der „Route der Industriekultur Rhein-Main" weiterlebt – sozusagen im kollektiven Gedächtnis der Region.

Wir danken ausdrücklich:

Bürgermeister Manfred Ockel,
Dr. Erwin Muth,
Dr. Werner Klostermeier,
die uns sehr behilflich waren.

Wir danken den Sponsoren, ohne deren Beitrag das Buch nicht gedruckt werden konnte. Gefördert wird das Projekt von der Stiftung Flughafen Frankfurt/Main, der Enka GmbH & Co. KG, der Acordis GmbH und der ENKA-FMZ GmbH & Co. KG, vertreten durch die Herren Hammer und Franzen.

Und allen, die uns mit zur Verfügung gestelltem Fotomaterial geholfen haben

Glanzstoff glänzt nicht mehr

Warum dieses Buch

Eine Einleitung

Aus, vergessen und vorbei – Nein, dieses Schicksal soll dem weitgehend abgebrochenen Kelsterbacher Glanzstoff-/Enka-Werk – es gehörte einst zu einem Unternehmen von Weltrang – nicht beschieden sein. Dafür will dieses Buches sorgen, in dessen Mittelpunkt die Geschichte der Fabrik und ihrer Belegschaft steht. Die Zeitspanne reicht vom Anfang bis zum bitteren Ende, schließt aber ebenso den Neuanfang auf dem 14,5 Hektar großen Areal im Westen der Untermainstadt ein.

Rückblick auf eine Fabrik und deren Demontage

Dies ist die Geschichte einer verschwundenen Fabrik, der Glanzstoff in Kelsterbach, die zeitweilig Enka hieß und Jahrzehnte lang der größte Arbeitgeber am Ort war. Nach rund 100 Jahren Industrieproduktion an diesem Standort wurde mit Konzernentscheidung vom 17. Januar 2000 das Traditionsunternehmen geschlossen - ein weiteres Kapitel des Industriezeitalters im Rhein-Main-Gebiet beendet.

Wo hier noch eine Lücke klafft, stand eine der größten Textil-Rayon-Fabriken Europas

Zur Größenordnung ein Beispiel: In dieser Kunstseide-Fabrik wurden 1996 an einem Tag an 23.600 Spinnstellen (42.000 Spulen) rund 35 Tonnen Filamentgarne pro Tag produziert, was einer Fadenlänge entspricht, mit der man 62 Mal die Erde umspannen könnte. Die Garne waren für die weiterverarbeitende Textilindustrie gedacht. Die stellte hieraus beispielsweise Futterstoffe für Bekleidungsproduzenten, aber auch für Alltagstextilien ebenso her, wie für die Haute Couture, die ganz große Mode.

Das Enka-Glanzstoff-Werk in Kelsterbach am Main war in der Branche immer ein Begriff gewesen für die Produktion erstklassigen Textilrayons, von Viskosefäden, die zur Weltspitzenklasse gehörten. Rayon der Kelsterbacher Güteklasse hatte auch durch den Siegeszug der Synthesefaser nicht verdrängt werden können. Und obwohl das Werk von 1966 bis 1976 vorübergehend über eine Perlon-/Nylon-Produktion (Siehe auch Kapitel Synthese) verfügte – damals gedacht als ein neues kräftiges Standbein – überlebten doch die alten Viskoseprodukte, schon seit 1913 dort hergestellt, bis ins Jahr 2000. Kunstseide hatte im Werk Kelsterbach allerdings eine noch längere Tradition, die bis in das Jahr 1904 zurückreichte, als aus der früheren Waggonfabrik ein Werk zur Produktion von Nitratseide wurde. Glanzstoff übernahm das Werk komplett mit dem Verschmelzungsvertrag vom 20. April 1928.

Neues Leben entstand und entsteht weiterhin dort, wo einst Generationen von Kelsterbachern fast ein Jahrhundert lang ihr tägliches Brot verdienten. Damit diese Lücke – wenn einmal alles wieder bebaut ist – zumindest nicht in der Stadt- und Industriegeschichte klafft, dazu soll dieses Buch beitragen:

Auch verschwunden – das Enka-Schild am Tor 1

Denn inzwischen ist nicht nur das überdimensionale Firmenschild verschwunden, sondern nahezu die gesamte, Anfang des Jahres 2000 stillgelegte Fabrik. Damit sind einst das Stadtbild Kelsterbachs prägende Bauwerke Vergangenheit. Das zeichnete sich schon ab, als 2005 spektakulär der Kesselhausschornstein abgebrochen wurde und als 2008 schließlich der Abluftkamin folgte.

Glanzstoff glänzt nicht mehr

Einleitung

Blick nach Westen zum Abluftkamin

Blick nach Osten zur Helfmannstraße

Es war ein Abschied auf Raten, von 2005 bis 2009, bis am Ende fast alles platt war, so als ob es Glanzstoff nie gegeben hätte.

Rückbau des Versandgebäudes wird fotografiert

Rückbau Abluftkamin im April 2008

Und manchem ehemaligen Mitarbeiter wurde beim Beobachten dieses Abbruchs schon ein wenig wehmütig ums Herz – egal, ob gerade die Arbeiten am Boden wie beim Abriss des alten Versandgebäudes, in luftiger Höhe wie an Schornsteinen stattfanden -

Splittergraben aus dem letzten Weltkrieg

oder unter der Erde an alten Leitungen und Gängen gearbeitet wurde. Der Tanz der Bagger schritt unbarmherzig voran. Doch auch viel Handarbeit war nötig, als die Fabrik Stück für Stück abgetragen wurde und alles, was nicht mehr zu verwenden war, kurz und klein geschlagen wurde. Gearbeitet wurde bei jeder Wetterlage, auch bei dichtem Schneetreiben.

Schneetreiben im Februar 2009

Am Ende schien es manchmal so, als ob eine ganze Fabrik in Müllsäcke verpackt worden sei.

Eine ganze Fabrik in Müllsäcke verpackt

Das Team der Firma Eurovia erledigte den Löwenanteil der Abbrucharbeiten. Gewaltig

Glanzstoff glänzt nicht mehr

Einleitung

waren die Mengen an Abbruchmaterial. Das freilich war keineswegs einfach nur Abfall. Vielmehr bargen die Reste beispielsweise jede Menge wertvolles Metall. Daher wurde Wiederverwertbares Stück für Stück heraussortiert und gebündelt, kostenbewusst für eine neue Verwendung geborgen.

Shredder-Anlage

Zerkleinert in Shredder-Anlagen wurden Backsteine, Betonteile und Geröll für eine Wiederverwertung wie beispielsweise die Auffüllung und Einebnung des Terrains.

Zahlreiche Probebohrungen wurden durchgeführt

Bodenproben wurden genommen und untersucht

Mit zahlreichen Bohrungen im Untergrund der einstigen Fabrik wurde schon während des Abbruchs nach eventuellen Schadstoffen im Boden geforscht – und diese, wenn notwendig, beseitigt.

2010 wurden Probebohrungen bis zum Grundwasser durchgeführt ...

...und pro laufenden Meter die Beschaffenheit des Bodens überprüft und dokumentiert

Auch Dr. Dietrich Mehrhoff von dem Ingenieurbüro Landplus entnahm nach einem bestimmten Raster Proben von der Oberfläche des Bodens

Abenddämmerung

Dann war es soweit: Das Ende der Glanzstoff dämmerte 2009 endgültig herauf.

Wie ein Leichentuch legte sich am Ende der Schnee über die verschwundene Fabrik

Glanzstoff glänzt nicht mehr

Einleitung

Ein Blick zurück und was übrig blieb

Gesamtüberblick des Werkes um 1927

In das Jahr 1960 - noch war freies Feld auf der anderen Bahnseite

*Gesamtüberblick – in den 1990er Jahren.
Im Hintergrund ist die 1984 eingeweihte Startbahn West des Frankfurter Flughafens zu sehen*

Auch schon in früherer Zeit war die Glanzstoff auf dem 14,5 Hektar großen Areal von beeindruckender Größe: ein Industrie-Gigant am Untermain!

Schon 1913 hatte das Werk eine beachtliche Größe. Ansicht von Südwesten

Und jetzt zum Vergleich: 1924 wurden im Nordosten 24 Hallenschiffe für den Textilbetrieb gebaut

Das Glanzstoffwerk mit dem neuen Schwimmbad um 1953

und 2010 ungefähr der gleiche Blick – mit der Großbaustelle der Landebahn Nordwest im Hintergrund

Kaum zu glauben, wenn man diese Luftaufnahmen des Glanzstoff- bzw. Enka-Werkes aus den Jahren 1913, 1924, 1953 betrachtet, dass dies alles auch schon Vergangenheit ist.

Übrig blieben nur drei, unter Denkmalschutz stehende Bauwerke: das Verwaltungsgebäude, das Werkstatt-/Kantinen-Gebäude sowie das Sozialgebäude. Unser folgendes Bild zeigt dieses Trio aus einem Blickwinkel, wie es inzwischen – wegen der neuen Bebauung des Areals - auch nicht mehr möglich ist.

Einleitung

Drei unter Denkmalschutz: im Hintergrund Wohnbebauung an der Rüsselsheimer Straße

Gleich zum Anfang eine Erklärung: Warum „Glanzstoff"?

Immer wieder gab es Deutungsversuche zum Namen Glanzstoff. Und diese fielen manchmal recht unterschiedlich aus. Deshalb ein Versuch zur Klärung vor dem Hintergrund als gesichert anzusehender Quellen.

Auf genau dieses Thema ging man in den Werkzeitungen der Vereinigten Glanzstoff-Fabriken in den 1930er Jahren ein, und zwar aus gutem Grund: Nach den Vorschriften des Handelsgesetzbuches musste eine Aktiengesellschaft entweder als Sachfirma bezeichnet werden, also ihren Namen „dem Gegenstand des Unternehmens entlehnen" oder den Namen eines ihrer Gründer tragen und sie musste in beiden Fällen den Zusatz „Aktiengesellschaft" hinzufügen. Bei der Gründung erhielt die Firma einen Namen der „aus dem Gegenstand des Unternehmens" abgeleitet wurde. Als Gegenstand des Unternehmens wurde in der Satzung von 1899 folgendes geschrieben:

„Gegenstand des Unternehmens ist der Erwerb, die Errichtung und der Betrieb, sowie die Beteiligung an Unternehmungen im Gebiet der Chemie und Textilindustrie."
Der Beschluss über die Firmenbezeichnung wurde im Satz 1 der Satzung konkret wie folgt gefasst:
„Unter der Firma „Vereinigte Glanzstoff-Fabriken Aktiengesellschaft" ist eine Aktiengesellschaft errichtet usw."

Wie aber ist es zu der Bezeichnung „Glanzstoff" gekommen?

Der Name Glanzstoff wurde in der Gründungssitzung vom Vorstandsmitglied Dr. Emil Bronnert vorgeschlagen. Schon von Anfang an bezeichnete man die Kupferseide als „Stoff". Dieser Name wurde im Betrieb für die Seidenspinnlösung beibehalten. Die besondere Eigenschaft der Kunstseide war ihr hoher Glanz. Die Zusammensetzung der beiden Silben zu dem Wort „Glanzstoff" bot sich gewissermaßen von selbst an.

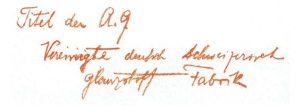

Dr. Max Fremery notierte mit Bleistift 1899 den ersten von Prof. Dr. Bronnert stammenden Entwurf für den Namen des Unternehmens.

78 Jahre lang (bis 1977) hat dies den Namen des Betriebs und der ihn tragenden Gesellschaft geprägt, lebt heute noch im Umkreis des Werkes, wo es häufig hieß: „Der war bei Glanzstoff beschäftigt".

Wie deckt dieses Wort die Tätigkeit der Firma auf dem Gebiet der Chemie und Textilindustrie ab? In den Werkzeitschriften ist hierzu folgendes lesen:
„Als es den Inhabern der Rheinischen Glühlampenfabrik in Oberbruch, Dr. Max Fremery und Ingenieur Johann Urban, gelungen war, durch Ausfällen gelöster Zellulose künstliche Fäden zu erzeugen und man daranging, das neue Verfahren wirtschaftlich auszunutzen, fehlte noch der Name für das neugeborene Kind.....

Der Name Glanzstoff ist bei der Gründung geprägt worden. Die Absicht dabei war, von vornherein der Meinung, es handle sich bei der Auswertung unserer Verfahren nur um die Herstellung bestimmter künstlicher Textilfäden, die Grundlage zu nehmen. Die Gründer wollten zum Ausdruck bringen, dass das Produkt der neuen Gesellschaft als selbstständiges, neuartiges Produkt sich auch neue und besondere Verwendungsgebiete erobern müsse, und dass es nicht nur dazu berufen sei, als Wettbewerber für Textilien aufzutreten....

Einleitung

*Auch die lokale mundartliche Ausdrucksweise hat bei der Wahl des Namens „Glanzstoff" Pate gestanden. Da die Wuppertaler Bandwirker, die ersten Verarbeiter des neuen Textilmaterials, wenn sie ihren Rohstoff, das heißt die zur Herstellung ihrer Bänder nötigen Garne, abholten, einfach ihren **„Stoff"** verlangten, so lag es nahe, das neue, damals hochglänzende Produkt **„Glanzstoff"** zu nennen.*

Man kann auch heute nicht sagen, dass eine andere Bezeichnung, wie z.B. „Kunstseidenfabrik" oder „Glanzfädenfabrik" naheliegender, besser oder zweckentsprechender gewesen wäre. Die Firmenbezeichnung „Vereinigte Kunstseiden-Fabriken Aktiengesellschaft" musste schon von vornherein unterbleiben, weil es verboten ist, bei Neugründungen Firmenbezeichnungen zu wählen, die zu Verwechslungen mit anderen Firmen führen können, und es war damals bereits die Gründung einer Aktiengesellschaft unter dieser Firma in Frankfurt a.M. in der Schwebe, welche in unserem heutigen Werk Kelsterbach die Herstellung von Collodion-Kunstseide nach dem Chardonnet-Verfahren betreiben wollte. Namen wie „Glanzfäden", „Glanzfaser", „Glanzgarn" usw. wurden von den Gründern absichtlich nicht gewählt, weil eine nur auf Fäden, Fasern, oder Garnen gerichtete Bezeichnung für die bei der Auswertung unserer Verfahren sich ergebenden sonstigen Möglichkeiten zu eng gezogen gewesen wäre.

Die Entwicklung unserer Gesellschaft in den vergangenen Jahrzehnten hat gezeigt, dass neben der Herstellung von Kunstseide und Zellwolle, in ihrem Ausdehnungsdrang auch zahlreiche andere Arbeitsgebiete erfassen mußte.
*Besondere Erwähnung verdient die in den Jahren nach der Gründung noch recht bedeutende Herstellung von Glühfäden für elektrische Beleuchtungszwecke, die Herstellung von künstlichem Rosshaar **(Sirius)** und von Viscabändchen, die Herstellung von Filmen, Cellophan- und Lanofilprodukten, von Acetat und Acetatprodukten. Ferner wurde die Anwendungsweise der Verfahren zur Herstellung zahlreicher Kleinartikel z.B. von gegossenen Stoffen (Tüll und Spitzen), Schwämmen, Luftfäden **(Celta)**, Därmen, Flaschenkapseln u. a. m. ausgearbeitet. Allerdings erforderte dies die gesamten Arbeitskräfte in so intensiver Weise, dass wir von diese Nebengebieten zeitweilig abgelenkt wurden und wieder abrückten. Dass an diesen weiterreichenden Anwendungsgebiete für unsere Verfahren aber immer gedacht worden ist, zeigt auch der Wortlaut unserer auf die Verwertung der viskosen Lösungen abzielenden Patentansprüche, in denen der Schutzumfang der Verfahren nicht nur auf die Herstellung von Textilfäden von seidenähnlichem Glanz, sondern fast immer auch auf die Herstellung von Filmen, Bändern, Platten, plastischen Massen usw. ausgedehnt wird. Diese neben der Kunstseidenherstellung liegende Betätigungsmöglichkeiten rechtfertigen vollauf die höhere Zielsetzung, welche die wagemutigen Gründer beseelte, als sie unserer Gesellschaft den Namen „Glanzstoff" in die Wiege legten.... "*

Soweit die Auszüge aus den Werkzeitschriften über die Namensfindung.

Das Produkt „Glanzstoff"

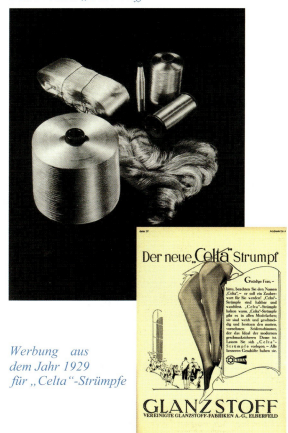

Werbung aus dem Jahr 1929 für „Celta"-Strümpfe

Das Werk und seine Architektur

Jahrzehntelang prägte die Fabrik mit ihren zuletzt zwei Schornsteinen das Stadtbild und die Skyline von Kelsterbach. Unübersehbar und der erste Eindruck von der Stadt war dies vor allem, wenn man sich von Westen her dem Gemeinwesen näherte. Das Gelände selbst bot eine Reihe architektonischer Besonderheiten und ein ganz eigenes Flair - Zeugnisse einer Zeit, als Industrieanlagen noch nicht nach dem stupiden Einheitsprinzip moderner Fabrikhallen „quadratisch – praktisch – gut" gebaut wurden. Dazu ein kleiner Ausflug in die Baugeschichte des Werks.

Skyline von Westen her gesehen im Jahr 2005...

... und im Jahr 2013

Das Werk von außen gesehen

Der Wandel – bis zum bitteren Ende – vollzog sich in Etappen: Noch lange nach der Betriebsstillegung im Jahr 2000 folgte eine Phase der zwar menschenleeren, aber in der Gebäudesubstanz doch weitgehend intakten Fabrik. Anfang 2005 verschwand einer der das Stadtbild prägenden langen Kerls – der über 90 Meter hohe sogenannte alte Schornstein. Ein erster spektakulärer Einschnitt. Nach diesem Abbruch kehrte wieder jahrelang Ruhe ein, schien die Zeit still zu stehen. Erst 2008 erfolgte der nächste und dann ganz große Paukenschlag: Der große Schornstein wurde abgebrochen und in dieser Phase nacheinander der bei weitem größte Teil des Traditionsbetriebs. Nur drei unter Denkmalschutz stehende Gebäude und mehrere Namensschilder erinnern nach diesem flächendeckenden Kahlschlag an den einst größten Arbeitgeber am Ort.

Die Mauer an der Rüsselsheimer Straße

An der Rüsselsheimer Straße – vormals die Ortsdurchfahrt der Bundesstraße 43 – hatte das Werk auf dem 14,5 Hektar großen Areal gestanden. Mal hatte eine Mauer, mal ein Zaun – letzterer bewusst mehr Transparenz signalisierend – das Unternehmen zu dieser wichtigen Straße hin abgegrenzt.
Am Augenfälligsten ist jedoch auf dem Werksgelände selbst der Wandel. Denn dort verschwand ein Kapitel Industriegeschichte im Rhein-Main-Gebiet. Das gilt vor allem für die charakteristische lange Werksstraße, die manchmal als die „Zeil" der Fabrik apostrophiert wurde. Tja, das waren noch Zeiten, als Fabrikanlagen noch nicht monoton wie von der Stange gekauft wirkten, sondern auf eine eigene Note auch baulich Wert gelegt wurde.

Gebäude an der langen Werkstraße

So war von frühen Anfängen an in der großen Werkstraße das Giebeldächer-Ensemble charakteristisch für die dortige Bauweise. In der langen Backsteinmauer-Fassade wurden große Maueröffnungen mit Stahl-Sprossen-Fenstern von oben her von gemauerten Segmentbögen eingefasst. Die Satteldachgiebel mit Backsteinlisenen und abgetreppten Friesen galten als architektonisches Markenzeichen des Werks, und zwar nicht nur in der alten Form der vormaligen Jahrhundertwende. Vielmehr zog sich dies auch bei späteren Erweiterungen wie ein

Das Werk und seine Architektur

roter Faden durch die Baugeschichte des Unternehmens.

Werkstraße im Chemiebetrieb um 1950

Nicht nur in weit zurück liegender Werkshistorie, sondern bis in die jüngere Zeit blieb dieses besondere Ambiente von Glanzstoff und später Enka erhalten. Es wurde Wert darauf gelegt, dass die angestammte Architektur-Sprache weitgehend erhalten blieb.

Spulentrocknergebäude vor dem Umbau

Das war beispielsweise beim Umbau am Spulentrocknergebäude so, als die alte Dachform auf die kantige neue Form beim Gebäude E traf. Auch dort bemühte man sich, optisch die Übergänge auf die neue Zeit einigermaßen sanft hinzubekommen.

1958 erfolgte ein Umbau am Spulentrocknergebäude für Büroräume und Räume fürs Textiltechnikum

Alle Gebäude waren mit großen Buchstaben gekennzeichnet, wie aus dem Plan Seite 27 ersichtlich ist.

Deutlich sichtbare Kennzeichnung von Gebäudeteilen, z. B. „E", sowie der dazugehörigen Eingänge, z. B. „E1", wurden 1991 angebracht

Die Gebäude und Fassaden waren offensichtlich so interessant, dass sie sogar als Kulisse für Filmaufnahmen für eine Fernsehproduktion rund um eine Firma mit dem Kunstnamen NIECHEM verwendet wurden. Dafür weilten 1992 rund 30 Filmleute, darunter acht Schauspielerinnen und Schauspieler, im Werk. 1995 wurden außerdem Teile der TV-Produktion mit dem Titel „Der Babymacher", durch Peter Bongartz dargestellt, gedreht. Seine Ehefrau spielte Conny Froboess - und sieben Statisten aus dem Werk wirkten mit.

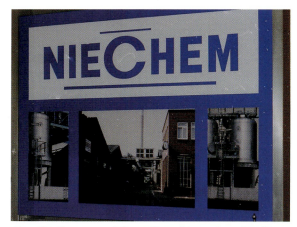

Das Werk verwandelte sich vorübergehend in die Firma NIECHEM

hr-Filmaufnahmen: Der Babymacher

Glanzstoff glänzt nicht mehr

Das Werk und seine Architektur

Die Architektur: auch ein Markenzeichen des Werks

Blenden wir daher zurück in eine Zeit, die niemals mehr zurückzuholen ist, erinnern so an die verschwundene Fabrik im Westen Kelsterbachs und an die Jahrzehnte, als Glanzstoff noch glänzte – vor dem großen Abbruch. Seit 1904 wurde – an der langen Werksstraße – in den eingeschossigen Hallen der ehemaligen Waggonfabrik Kunstseide hergestellt. Das Produkt änderte sich zwar völlig, das Äußere der Fabrik dagegen kaum. Charakteristisch waren und blieben zunächst auch die Giebeldächer-Ensemble für die Bauweise in der Werksstraße.

Beeindruckend: die Länge der Ziegelmauerfassade. Textilbetrieb und Werksstraße im Jahr 2005

Prof. D. W. Dreysse stellte 2005 im Auftrag des Landesamtes für Denkmalpflege Hessen eine Projektskizze her. Die charakteristischen Hallengiebel sollten erhalten bleiben. Sie bildeten einen einheitlichen Schild vor den dahinterliegenden Neubauten. Die Freifläche längs der Rüsselsheimer Straße sollte als Enka-Garten intensiv begrünt werden. Im Osten war die Vorstellung, mit dem Schwimmbad ein Hotel und einen Entspannungspool zu errichten.

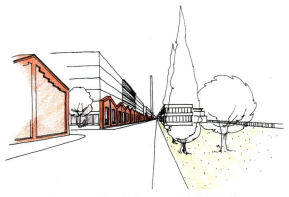

Projektskizze von Prof. Dreysse (Juli 2005)

Soweit die Überlegungen von Prof. D. W. Dreysse und der Bürogemeinschaft ABS + Partner.

Die Konstruktionsmerkmale der Hallen waren Fachwerkbinder und Stützen aus Stahl, welche zehn oder 20 Meter spannten. Den Raumabschluss bildete Sichtmauerwerk aus Backstein/Ziegelsteinen.

Fachwerkbinder mit Stützen

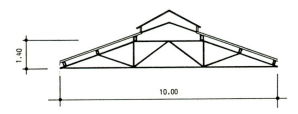

Skizze 10m Flachbinder, Type C

Backsteinmauer-Fassade mit Stahl-Sprossen-Fenstern und mit den von oben eingefassten gemauerten Segmentbögen

Licht floss in die Hallen über Oberlichter – über dem First – sowie seitliche Fenster hinein. Wandvorsprünge gliederten die Ziegelmauer-Fassade. Die Maueröffnungen waren mit Sprossenfenstern einfach verglast, unten mit einer Fensterbank und oben von einem gemauerten Segmentbogen eingefasst.

Glanzstoff glänzt nicht mehr

Das Werk und seine Architektur

Satteldach-Giebel mit Backsteinlisenen und abgetreppten Friesen

Schließlich noch die schon erwähnten Satteldach-Giebel: Im Vergleich mit modernen Fabrikhallen wirkte dies alles nahezu künstlerisch filigran. Leider – alles Vergangenheit.

Auch bei der Werkserweiterung 1924 für die textile Nachbehandlung setzte man auf den gleichen Stil. Allerdings wurde schon eine größere Einfachheit in der baulichen Ausführung deutlich. Damals entstanden am nordöstlichen Teil des Geländes 21 Hallen. Weitere Hallen wurden in den 1930er Jahren angegliedert. Der Hintergrund: Bedingt durch Produktionserhöhungen investierte man in Erweiterungen der Anlagen und Gebäude.

Chemielabor

Ein Wechsel im Baustil erfolgte 1925 mit dem Bau des Chemielabors (Gebäude L) im westlichen Teil des bebauten Geländes, anstelle der ehemaligen Kunstlederfabrikation. Das Gebäude war zweigeschossig, unterkellert und nach Norden fügte sich eine eingeschossige Formation mit vier Sheddächern an. Im Keller befand sich neben Lagerräumen die Glasbläserei. Insgesamt präsentierte sich das Laborgebäude in einer eher strengen, aber dennoch ansprechend einfachen Architektur.

Von der langen Werkstraße zweigte in Höhe des Viskosebetriebes die „Weiße Straße" ab.

Die wurde wegen der weißen Klinkerfassaden früher so genannt. Verschiedene Gebäude stammten sogar aus dem Jahr 1899, noch aus der Zeit der Waggonfabrik.

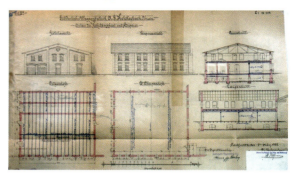

Bauzeichnung von 1899: Holzdämpferei und Biegerei

Anfang der 1950er Jahre wurden die Fassaden mit weißem Klinker versehen

Das gleiche Gebäude im Jahr 2006

Damals war in diesem Gebäude die Holzdämpferei und Biegerei untergebracht. Als 1904 die Kunstseide-Fabrik die Hallen über-

Das Werk und seine Architektur

nahm, folgten die Baumwoll-Trocknerei und Reisserei.

Im Vordergrund das 1924 errichtete „Eismaschinenhaus", eine für die Produktion wichtige Kältestation

Ein Blick 1953 ins „Eismaschinenhaus".

Kurz vor dem Abbruch gesehen - die „Weiße Straße" im Jahr 2008

Kleiderwäsche

An der südwestlichen Ecke, der „Weißen Straße", brachte man in diesem Gebäude unten die Kleiderwäsche und im ersten Stock die Nähstube unter. An dieser Stelle wurde 1988 die Abluftreinigungsanlage gebaut.

Weiter auf dieser Straßenseite stand das Magazin.

Magazin von der Nordostseite her

Innenansicht des Magazins

Zur Zeit der Waggonfabrik wurde das Gebäude als Holzsägerei benutzt, bei den Vereinigten Kunstseidefabriken als Baumwolllager.

Das Werk und seine Architektur

Der Bau weiterer Gebäude und ihre zeitliche Reihenfolge

1927 Errichtung eines Kesselhauses (G)

1957 Gebäude S

1934 Wohlfahrtsgebäude (H)

1938 erfolgte der Bau eines Laugenhauses (M)

1928 wurde das Gebäude als Werkstatt mit Sheddach (S) errichtet, 1939 erfolgte der Umbau zu einem „Gemeinschaftslager für 50 Gefolgsleute", so die Werkszeitung. Im Krieg baute man auf dem Keller ein Gefangenenlager auf. Nach 1945 diente das Gebäude als Lehrwerkstatt. 1959 wurde nördlich davon ein Pumpenhaus zur Abwasserreinigung errichtet. 1958 erfolgte westlich der Bau einer Lehrlingswerkstatt, 1962 die Erweiterung der bestehenden Gemeinschaftsunterkunft und 1970 die Errichtung des Wohnheimes „Rom" für Gastarbeiter.

1938 Cerini-Gebäude (R), (aus Presslauge wird wieder Natronlauge gewonnen)

Bevor die Cerini-Apparate zur Laugenrückgewinnung aufgestellt wurden, diente das Gebäude als Küche und Aufenthaltsraum für die damaligen Fremdarbeiter (Wortwahl der 1930er Jahre). 1968 folgte der Einbau einer zentralen Ladestation für Elektrokarren und Gabelstapler. 1974 wurde der Einbau einer Trennwand und eines neuen Tores realisiert.

1930 Eingeschossige Fahrzeughalle (K)

Das Werk und seine Architektur

1939 wurde die Trafo-Station wegen Erweiterung der Conerei errichtet. 1952 erfolgte der Anbau eines Kondensatoren-Raums

Das erste Gebäude, welches nach dem Krieg - im Jahr 1948 - erstellt wurde, war die Garage.

Garage (P)

Sie bestand aus massivem Ziegelmauerwerk und einem Pultdach. Architektonisch ist die Garage dem Stil der vorgenannten Gebäude zuzuordnen. Auffällig war der halbrunde Büroanbau. Diese halbrunde Form wiederholte sich übrigens am Pförtnerhaus beim Tor II.

Büroanbau

Die Garage zeigte eine qualitätsvolle und auch an der Moderne orientierte Architektur und wurde zunächst als erhaltenswert eingestuft. Später wurde das aber wieder verworfen. Daher ist die Garage ebenfalls verschwunden.

Im April 1951 wurde stolz ein neues Auto – ein Opel Kapitän - vorgestellt

Zu weiteren und vor allem größeren Erweiterungen der Produktionsgebäude kam es nach dem Zweiten Weltkrieg nicht. Die vorhandenen Gebäude wurden allerdings ständig der sich ändernden Technik der Produktion angepasst. Größere Investitionen und damit einhergehend auch Baumaßnahmen erfolgten später freilich in den Umweltschutz

Fassadenbereinigung

Anfang der 1950er Jahre erfolgte eine Fassadenbereinigung auf der Südseite längs der Bahn. Die Fassaden wurden einheitlich mit rotem Klinkermaterial verkleidet. Zum Teil wurden sie mit weißen Klinkerstreifen versehen, die horizontal und vertikal verliefen. Von der gut gegliederten Wand zeugten in mehrfacher Wiederkehr angebrachte Inschriften davon, dass hier Glanzstoff am Werk war.

Die Fassadenbereinigung längs der Bahnstrecke...

....wurde einheitlich mit rotem Klinker .....

Das Werk und seine Architektur

.....bis zum Versandgebäude ausgeführt

1951 Schwimmbecken mit Rutsche

Tor zwei und das Versandgebäude im Jahre 1960 von der Rüsselsheimer Straße aus gesehen

Drei-Meter-Sprungbrett - während der Fertigstellung des Bades 1951

Werkschwimmbad

Architektonisch gelungen war auch das Werkschwimmbad mit dem Umkleidegebäude.

Das Glanzstoff-Schwimmbad. 25 Meter lang und 15 Meter breit. Noch ist kein Wässerchen getrübt. Im August 1951 erfolgte die Einweihung

Kurz vor der Eröffnung der Badesaison 1952. Das Umkleidegebäude war jetzt auch fertiggestellt

Aus den Plänen geht hervor, dass ursprünglich sogar eine Dachterrasse auf dem Umkleidegebäude vorgesehen war.

Das Werk und seine Architektur

Planskizze: Umkleidegebäude mit Dachterrasse

Nach der Einweihung war das Schwimmbad fest in den Händen der Glanzstoff-Jugend

Von Seiten der Denkmalschützer und von Prof. D. W. Dreysse – Bürogemeinschaft Architekten ABS+Partner - wurde vorgeschlagen, Schwimmbad und Umkleidekabinen zu erhalten. Aber es kam anders. Das Bad wurde ebenfalls entfernt.

Brunnen mit Plastik
1954 wurde vor der Nordseite des Sozialgebäudes ein Brunnen mit einer Plastik errichtet. Er war ein Geschenk des Magistrates der Stadt Kelsterbach zum 50jährigen Jubiläum des Werkes 1954. Durch einen Wettbewerb, den der Kelsterbacher Magistrat ausgeschrieben hatte, erhielt Heinz Müller-Olm, aus Nieder-Olm, den Auftrag.
In wochenlanger Arbeit wurde die Frauengruppe vom Bildhauer Müller-Olm aus einem 75 Zentner schweren Muschelkalkblock gearbeitet. *„In zahllosen Aktstudien und Entwürfen hat mich diese Plastik über ein Jahr beschäftigt. Ich wollte für den arbeitenden Menschen etwas Naturverbundenes und Ursprüngliches schaffen"*, so der Künstler.

Bildhauer Heinz Müller-Olm erhielt seine Ausbildung an der Münchner Akademie und in Rom. Während eines längeren Aufenthaltes in Griechenland studierte er die Kunstdenkmäler der Antike. Später ging Müller-Olm nach Frankreich, dann war er Lehrer der Bildhauerklasse an der Staatlichen-Landeskunstschule in Mainz.

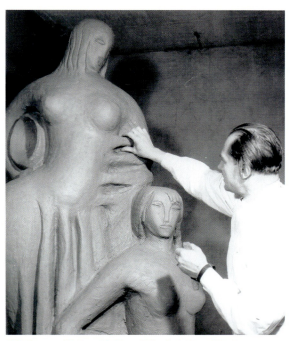

Bildhauer Heinz Müller-Olm bei der Arbeit

Der Brunnen mit seiner türkisfarbenen asymmetrischen Wasserfläche, seiner springenden Fontäne, den Strahlenbogen und der Frauengruppe gehörte 50 Jahre zum Bild des Werkes. Bürgermeister Scherer übergab das Geschenk „als Ausdruck der Verbundenheit zwischen Stadt und Werk, der Belegschaft zur Freude und zur Erholung".

Der Brunnen mit Plastik war ein Geschenk des Magistrates der Stadt Kelsterbach zum 50jährigen Jubiläum des Werkes 1954

Das Werk und seine Architektur

Standortplan der ehemaligen „ENKA" mit den denkmalgeschützten Gebäuden in rot – mit Blickrichtung Nord-West

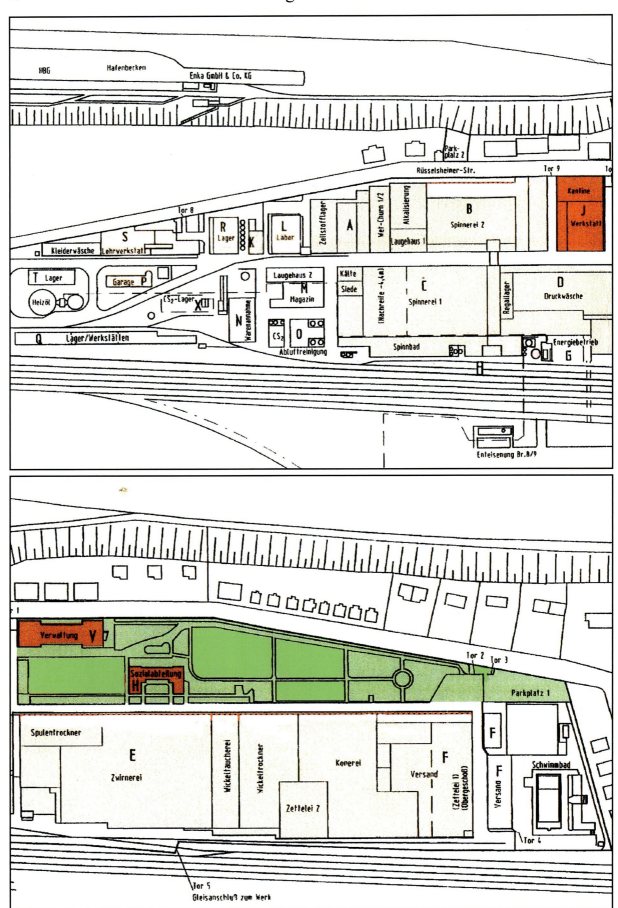

Glanzstoff glänzt nicht mehr

Was übrig blieb von Glanzstoff

Von links: Kantinen- und Werkstattgebäude (ein Trakt), Verwaltungsgebäude und Sozialgebäude überlebten und stehen unter Denkmalschutz

Drei Gebäude fielen – weil denkmalgeschützt – nicht den Baggern und Abrissbirnen zum Opfer: das markante Verwaltungsgebäude V, wo einst alle Fäden im Werk zusammenliefen, sowie das benachbarte Kantinen- und Werkstattgebäude J, außerdem das nahebei liegende Sozialgebäude H. Wir beschreiben im Folgenden diese Gebäude über den Aspekt Denkmalschutz und reinen Gebäudeerhalt hinaus umfassend in ihrer früheren Bedeutung für das Werk und das soziale Leben im Betrieb sowie auch über den Werkszaun hinaus. Denn gerade das macht wiederum klar, weshalb in diesen Fällen Denkmalschutz angeraten war. Dieses Gebäudeensemble wurde auch in die Neugestaltung rund um den neuen Quartiersplatz, den Graf-de-Chardonnet-Platz, einbezogen, daran erinnert ebenso wie einige Straßennamen künftig an die einst gewaltige Fabrikanlage, die hier stand.

Entscheidend für das Überleben der drei Gebäude war: Das Büro Industriearchäologie in Darmstadt von Dipl.–Ing. Rolf Höhmann erstellte im Auftrag der Stadt Kelsterbach eine Dokumentation übers Glanzstoffwerk und machte verschiedene Vorschläge für eine Bewertung aus denkmalpflegerischer Sicht. Nach mehreren Gesprächen mit dem Amt für Denkmalpflege kam man zum folgenden Ergebnis: Drei der historischen Bestandsgebäude wurden vom Hessischen Amt für Denkmalpflege unter Denkmalschutz gestellt und damit der Nachwelt erhalten:

Das Verwaltungsgebäude

Straßenseite 1949 - vor dem Umbau 1953

Das galt zum einen für das ortsbildprägende Verwaltungsgebäude, welches jedoch mehrmals um- und ausgebaut wurde und dessen Wurzeln bis ins Jahr 1899 zurückreichen. Geplant wurde es mit der Waggonfabrik vom Architekten Max Seckerbach aus Frankfurt, gebaut aber erst 1901 - übrigens mit Direktorenwohnung. Die Planungsarbeiten und deren Realisierung lag in den Händen der Aktiengesellschaft für Hoch- und Tiefbauten, der späteren HOCHTIEF AG. Diese neue Werkszentrale wurde im Gründerzeit-Stil verwirklicht.

Damals entstand ein symmetrisch gegliederter, repräsentativer Ziegelsteinbau, zweigeschossig, von einem Mansarddach überdeckt und mit einer die Traufkante durchbrechenden Mittelrisalit (Vorbau, Vorsprung).

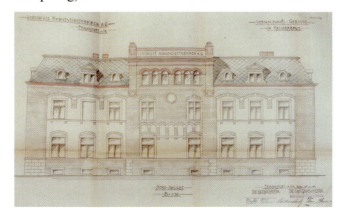

Skizze von 1904

Ein Umbau des Gebäudes für die Kunstseide-Fabrik erfolgte 1904. Der Baukörper erhielt 1922 eine erste Erweiterung in Form eines eingeschossigen Flachdachbaues an der Westseite. Mehrmals wurde das Gebäude im Inneren und Äußeren verändert. Im Osten des Gebäudes baute man 1950 einen weiteren Seitenflügel an, wodurch das Gebäude wieder symmetrisch wurde. Immer stand dieses Gebäude

Was übrig blieb von Glanzstoff

symbolträchtig im Zentrum der wechselvollen Geschichte des Unternehmens.

Der vielleicht entscheidendste Schritt geschah beim Umbau 1953, als das Gebäude seine jetzige Gestalt erhielt, die von der ursprünglichen Architektur nichts mehr erahnen lässt. Das Flair der 1950er Jahre – eine zwar konservative, aber aufwendige und qualitätsvolle Innenausstattung – blieb aber zum Teil bis heute erhalten. 1953 wurde das Gebäude aufgestockt, und eine Art bauliches Face-Lifting sorgte für eine als zeitgemäß angesehene, wenn auch nüchterne Architektur. Immerhin entsprach die architektonische Qualität noch annähernd der des zweifellos schmuckeren Altbaus.

Straßenseite 2008

Das Gebäude ist 62 Meter lang, 20 breit und 14 hoch. Seine baulichen Details: ein massives Ziegelmauerwerk, Flachdach, Stahlbetonkonstruktion mit Kiesschüttung. Die Pförtnerloge wurde auf die Ostseite des Tors 1 in der Rüsselsheimer Straße verlegt.

Für den Umbau zeichnete Architekt Bruno Halbig - der Leiter des Zentralbaubüros der Vereinigten Glanzstoff- Fabriken - verantwortlich.

Umbau Verwaltungsgebäude 1953

Das Gebäude betrat man durch den Hauptflur, der sich über Jahrzehnte hinweg kaum verändert hatte.

Flur im Erdgeschoß

Vom Flur aus gelangen wir bei einem virtuellen Rundgang in das sogenannte Chefzimmer – die Schaltzentrale der Macht in einem einst bedeutenden Unternehmen. Vom dortigen Chefschreibtisch aus wurden die Geschicke des Werks gelenkt.

Das Zentrum der Macht: der Platz des Werkleiters

Hier saßen einst Werkleiter wie Otto Esser, Dr. Buchkrämer, Dr. Fritz Kleekamm oder Walter Herz am Schreibtisch. Die Sitzecke am anderen Ende des Chefzimmers wirkte übrigens auch nach der Werksschließung lange Zeit noch so, als würde gleich ein Meeting einberufen.

Besprechungsecke im Jahr 2005

Auch unter Direktor Esser beispielsweise hatte das so ausgesehen, jeweils auch den Zeitgeist und Modetrends – allerdings nur sehr verhalten modernisiert - verratend. In diesem Raum pflegten die Werksleiter Gesprächskultur, wie man heute auf Neu-Deutsch sagen würde. Der Austausch von Ideen wurde im Werk übrigens immer gern gepflegt.

So hatte die Sitzecke unter Direktor Aretz ausgesehen

Das Verwaltungsgebäude wurde 2010 an die Firma Dietz AG verkauft. Im Zuge der neuen Nutzung des alten Gebäudes ist im Erdgeschoss das Umwelt- und Nachbarschaftshaus untergebracht – die erste neue Einrichtung auf dem Werksgelände nach der Schließung der Fabrik. Obwohl dafür teilweise erheblich in das angestammte Ambiente eingegriffen wurde, bleibt immerhin ein Trost: Im einstigen Werksleiterbüro der Glanzstoff bleiben Holzvertäfelung und Möbel erhalten.

Möbel und sonstige Entwürfe im Verwaltungsgebäude waren von Herrn Haberer, Stuttgart

Das Umwelt- und Nachbarschaftshaus (UNH) versteht sich als Dialog- und Monitoring-Zentrum zum Themenkomplex Auswirkungen des nahen Rhein-Main-Flughafens auf die Umwelt, des Fluglärms, die Gesundheit und auf die Sozialstruktur rund um den Airport. Freilich gehen die Meinungen über die sich selbst als unabhängig und neutral verstehende Einrichtung ebenso wie über das gesamte Thema Flughafenausbau auseinander. Erreichbar ist diese Nachfolgerin des einstigen Regionalen Dialogforums unter anderem unter:
www.forum-flughafen-region.de

Büro im Umwelt- und Nachbarschaftshaus mit dem fachgerecht aufgearbeiteten Büromöbel der Enka

Was übrig blieb von Glanzstoff

Das Sozialgebäude

Blick vom Verwaltungsgebäude auf das Sozialgebäude

Aus dem Verwaltungsgebäude führte auf der Höhe des Chefzimmers eine Tür hinaus, von wo der Blick auf das nahe liegende, an die einstige Grünanlage angrenzende Sozialgebäude fällt. Es steht ebenfalls unter Denkmalschutz. 1934 wurde es unter der Bezeichnung Wohlfahrtsgebäude errichtet.

Baubescheid von 1934

Zur Geschichte und Entstehung dieses Gebäudes vermerken die Werkschroniken: Ein besonderes Ereignis war im Jahr 1934 die Errichtung des sogenannten „Wohlfahrtsgebäudes" mit Garderoben-räumen für mehr als 1.000 Personen, einen Aufenthaltsraum für rund 500 Frauen und Männer sowie mit für damalige Verhältnisse sehr großzügigen Bade- und Waschgelegenheiten, wie sie bis dahin im Werk Kelsterbach unbekannt waren. Die einstige Bezeichnung Wohlfahrtsgebäude rührt daher: So wurde unterstrichen, wie sehr die Firma sich auch außerhalb des Arbeitsprozesses für die Mitarbeiter verantwortlich fühlte.

Baubeginn 1934

Es folgen Auszüge aus der Werkzeitschrift 12/1936:

Wozu dient unser schönstes Haus?
Wer auf der Hauptverkehrsstraße einher kommt, die von Frankfurt über Kelsterbach nach Mainz führt, sieht am Westausgange unseres Ortes die langgestreckten Gebäude des Glanzstoffwerkes. Da fällt ein hellleuchtendes Gebäude auf, wie es sich auf unserem Bild zeigt.

Wohlfahrtsgebäude – ein Foto von 1936

...Welchem Zweck mag nun dieses Gebäude dienen? Seinem Äußeren nach könnte man vermuten, daß es vom wesentlicher Bedeutung für den Betrieb sei. Und so ist es auch, obwohl man es den sogenannten, „produktiven" Gebäuden nicht zurechnen kann. Es wird darin weder Viskose hergestellt, noch Seide gesponnen, gezwirnt oder gehaspelt, noch sortiert oder die empfindliche Seide fein säuberlich eingepackt. Nein, dieses Gebäude hat eine ganz

besondere Aufgabe für die einwandfreie Abwicklung aller Arbeitsvorgänge. Unser schönstes Gebäude dient unseren Arbeitern und Arbeiterinnen! Es will die Voraussetzungen schaffen, dass unsere Gefolgschaftsmitglieder als Menschen freudig und gesund ihre Pflicht erfüllen können – Wenn wir den Grünplatz vor dem Gebäude durchschritten haben, treten wir durch weite Portale in das Haus.

Sozialgebäude – Eingang zur „Gesundheitsstation"

Hier finden wir geräumige Umzieh-, Wasch- und Toilettenräume mit modernen Einrichtungen für die Kleiderablage, sauberen weißen Waschbecken und hygienischer Ausgestaltung in den beiden Flügelteilen des Gebäudes untergebracht.

Duschräume im Erdgeschoss

In den Jahren 1934/35 wurden erhebliche Fabrikerweiterungen durchgeführt. Im Zusammenhang mit der Vergrößerung mußten auch die in den einzelnen Betrieben untergebrachten Garderoben-, Wasch- und Aufenthaltsräume verlegt werden. Der Mittelteil beherbergt die Badeanlage, die mit ihren Einzelzellen ein besonderes Schmuckstück darstellt. Sauberkeit und Hygiene waren oberster Grundsatz für die Erstellung aller Räume.
Breite Treppen führten in das Obergeschoß zu den Erholungsräumen. Ein schöner und großer Saal ist durch eine versetzbare Holzwand in eine Männer- und Frauenabteilung aufgeteilt.

Treppenaufgang zum ersten Stock

Hier nehmen unsere Gefolgschaftsmitglieder, immer von Licht und Luft umgeben, ihre Mahlzeiten ein, hier, in den weiten mit Blumen geschmückten Räumen erfreut sie auch Musik und geht ihr Blick durch große Fenster hinaus zu den nahen Bergen des hügeligen Taunus oder auf die Grünanlage des Innenhofes, so dass sie Kraft und Freude zu neuer Arbeit sammeln können. Bei besonderen Anlässen wie Werksfeiern und Jubiläumsgedenktagen bietet der Raum mit seiner schönen Ausgestaltung den rechten Rahmen.

Mittagspause in der Frauenabteilung im Jahr 1940

1938 beispielsweise prägten Fahnen und Uniformen das Bild auch im Wohlfahrtsgebäude

Was übrig blieb von Glanzstoff

Schutzraum

Schon beim Betreten der unteren Räume fielen uns in den Seitenflügeln Stahltüren auf. Gelbrote Schilder zeigen an, daß es hier zu Schutzräumen geht. Im Jahre 1934 entstanden diese beiden Luftschutzkeller, die einem Teil unserer Belegschaft sichern Schutz gegen Giftgase und Sprengkörper geben...

Soweit die Auszüge aus der Werkzeitschrift

Sozialgebäude von der Bahnseite her

Zur baulichen Gestaltung ist anzumerken: Das Gebäude besteht aus massivem Ziegelmauerwerk und einem Pultdach mit Kiesschüttung. Insgesamt entstand eine kubische Großform mit U-förmigem Grundriss.

Der Bau ist von einer konsequent modernen Architektursprache bestimmt, die sofort an das „Neue Frankfurt" und „Neues Bauen" erinnert. Das „Neue Bauen" war eine Bewegung in der Architektur im Deutschland der 1910er bis 1930er Jahre.

Sprossenfenster und Materialwechsel

Kennzeichnend sind das flache Dach, die zu Bändern zusammengefassten Sprossenfenster und der Materialwechsel zwischen hellem Putz und rötlichem Ziegelmauerwerk. Das Bauhaus lässt grüßen!

„Neues Bauen"

Betrachtet man diesen Komplex des Fagus-Werkes, stellt man Ähnlichkeiten mit dem Sozialgebäude in Kelsterbach fest. Es ist die klare kubische Form des Gebäudes mit der Sprossenfensterfassade.

Historisches Foto des Fagus-Werks nach seiner Fertigstellung

Der gesamte Firmenkomplex des Fagus-Werkes in Alfeld (Leine) steht als eines der ersten Beispiele der architektonischen Moderne seit 1946 unter Denkmalschutz. Der Unternehmer Carl Benscheidt erteilte Walter Gropius 1911 den Auftrag, seine neue Schuhleistenfabrik zu gestalten. In seiner schlichten Schönheit beeindruckt das Fagus-Werk noch heute die Besucher. Die Fabrikanlage erhielt 2011 den Titel UNESCO-Weltkulturerbe.

Das Sozialgebäude mit Grünanlage und Brunnen

Brunnen mit Plastik

1954 wurde vor der Nordseite des Gebäudes ein Brunnen mit einer Plastik errichtet. Er war ein Geschenk des Magistrates der Stadt Kelsterbach zum damals 50jährigen Jubiläum des Werkes.

Was übrig blieb von Glanzstoff

1953 Nordseite des Sozialgebäudes mit Grünanlagen

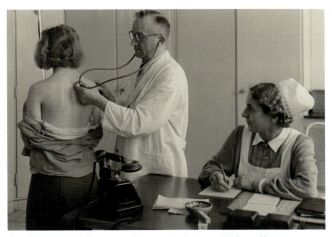

Dr. Ritz mit Schwester Hanna bei einer Behandlung

Gehen wir nun in das Gebäude zu einem kleinen Rundgang. Durch ein eher nüchternes Treppenhaus gelangt man in den ersten Stock zu dem einstigen Wartezimmer des werksärztlichen Dienstes, wo potentielle Patienten früher zunächst mal Platz nahmen. Danach wurden seinerzeit die großen und kleinen Wehwehchen fachkundig behoben, die Mitarbeiter wieder fit gemacht. Um auch schwerere Verletzungen schneller erkennen zu können, stand ein Röntgengerät zur Verfügung.

Wichtiger Bestandteil des Sozialgebäudes war vor allem aber ein großer, mit Holz getäfelter Saal. Dieser Raum hat eine sehr bewegte Geschichte.

Der mit Holz getäfelte Saal

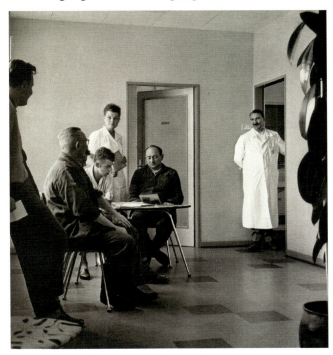

Wartezimmer des werksärztlichen Dienstes. Prof. Dr. Dr. Nesswetha: „Der Nächste bitte"

Hier war Dr. Ritz oder später Prof. Dr. Dr. Nesswetha tätig. Prof. Nesswetha ist zum 31.Mai. 1974 aus dem Werk ausgeschieden, um eine verantwortungsvolle Position bei der Landesversicherungsanstalt Hessen zu übernehmen. Sein Nachfolger wurde Dr. med. Viktor Wacha.

Frauen bei Frühstückspausen 1951 – Frühstückspausen verraten viel über das jeweilige Lebensgefühl, ebenso Mode und Frisuren

Glanzstoff glänzt nicht mehr

Was übrig blieb von Glanzstoff

Hier wurden viele Feste und geselliges Beisammensein gefeiert – immer wieder auch den jeweiligen Zeitgeist widerspiegelnd.

Das war auch so etwa bei einer Weihnachtsfeier im Jahr 1971

Und wer bei solchen Anlässen zu viel geschlemmt hatte, für den gab's im Erdgeschoß des Sozialgebäudes seit 1953 die Saunaabteilung. Die Einrichtung erfreute sich früher lebhaften Zuspruchs, diente der Gesunderhaltung der Beschäftigten und ihrer Angehörigen. All das ist Vergangenheit.

Auch sportlich konnte man sich hier betätigen. Der Frust wurde am Punchingball abreagiert, bevor man sich zur Ruhepause zurückzog.

Punchingball

Saunaabteilung

So stand es einst an der Wand: Doch im Jahr 2000 wurde die Sauna nicht nur um 21.30 Uhr (wie einst üblich), sondern endgültig geschlossen

Im Sozialgebäude waren neben Unterrichtsräumen auch der sogenannte Störfall-Raum für den Notfall. Er mußte nach Inkrafttreten der Störfall-Verordnung eingerichtet werden. Die Initialzündung für diese Verordnung war der Brand einer Chemikalien-Lagerhalle der Firma Sandoz in der Schweiz 1986. In einem Störfall hätte man von diesem Raum aus alle notwendigen Maßnahmen ergriffen.

Was übrig blieb von Glanzstoff

Windgeschwindigkeiten und Außentemperaturen wurden im Störfall-Raum festgehalten

Außerdem bleibt zum Themenkomplex Sozialgebäude festzuhalten: Der Platz südlich vor dem Sozialgebäude ist nach dem langjährigen Betriebsratsvorsitzenden in Herbert-Heckmann-Anlage benannt.

Herbert Heckmann (rechts) in seinem damaligen Betriebsratsbüro im Sozialgebäude

Am Ende ging es um den Bestand des Sozialgebäudes, das manche – so auch die Denkmalpflege - als ein charakteristisches bauliches Zeugnis aus jener Zeit einstuften. Der Stand bei Redaktionsschluss: Das Gebäude war noch im Eigentum der Acordis.

Das Kantinen- und Werkstattgebäude

Überlebt hat als sprichwörtlich Dritter im Bunde das Gebäude J, westlich direkt gegenüber dem Verwaltungsgebäude gelegen. Es beherbergte im Erdgeschoß vormals die Küche und Kantine, außerdem die Werkstatt. Im ersten Stock kamen das Konstruktions- sowie das Planungsbüro und die Arbeitsvorbereitung hinzu.
Auch dieses Bauwerk wurde mehrmals, nämlich in den Jahren 1941, 1953 und 1956, umgebaut und aufgestockt. Das Gebäude befindet sich inzwischen im Eigentum der Stadt Kelsterbach. Hier soll wieder Leben rein. Vielfältige Nutzung wie Gastronomie, kulturelle Veranstaltungen und Events, museale Einrichtung, Vereinsräume, Jugendzentrum und Stadtverwaltung war bis kurz vor Redaktionsschluss dieses Buchs in der Diskussion (Jahresende 2014).

Bis in die frühen Tage des 20. Jahrhunderts erinnern Skizzen und Bilder an das wechselnde Äußere des Gebäudes J, wie an der Nordseite mit Anbau und Eingang.

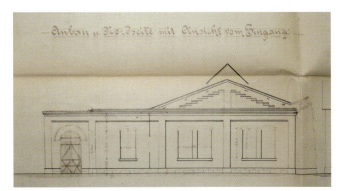

So sah die Planungsunterlage von 1899 für den Anbau an der Nordseite mit dem Eingang von der Rüsselsheimer Straße aus

Das ursprüngliche Gebäude – später Gebäude J - wurde 1899 für die Süddeutsche Waggonfabrik errichtet von der Aktiengesellschaft für Hoch- und Tiefbauten Frankfurt/Main.

Von der Straßenseite her - 1928

Auf einer Aufnahme aus dem Jahr 1928 ist die Fassade des Anbaues in der Rüsselsheimer Straße noch so wiedergegeben, wie im ursprünglichen Plan der Waggonfabrik. In diesem Anbau lag ein Raum für den Pförtner sowie ein Arztzimmer. Es war ein auffälliges Gebäude zur Straßenseite hin. Für die Kunstseidefabrik wurden 1904 in der dahinter

Was übrig blieb von Glanzstoff

liegenden dreischiffigen Halle getrennte Speiseräume für Männer und Frauen eingerichtet.

Konzession von 1907 für die Kunstseide- Fabrik Kelsterbach: Erlaubnis zum Betrieb einer Kantine

Erst 1941 änderte sich mit einer Erweiterung der Küchenanlage zum ersten Mal die Straßenfassade.

Veränderung der Straßenfassade 1941

1953 erfolgte eine Aufstockung über der Küche und Kantine – in Richtung Rüsselsheimer Straße. Das Gebäude erhielt die Außenfassade in der heutigen Form. Im Obergeschoß wurden Büroräume für die Bauabteilung untergebracht. Eine sachlichere Backsteinarchitektur wurde eingeführt, die ohne Verzierungen auskommt.

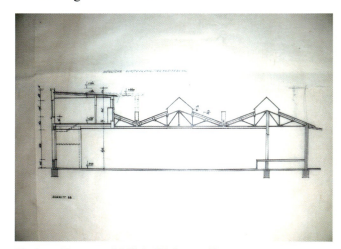

Umbauskizze von 1953 in Richtung Osten

1953/54 Umbau Küchengebäude

1954 Fertigstellung

1955/56 wurde der im gleichen Gebäude J untergebrachte Werkstatttrakt umgebaut und zudem aufgestockt.

Was übrig blieb von Glanzstoff

1956 wurde über der Werkstatt aufgestockt

Nicht nur die „Fabrikhäuser" im Hintergrund haben sich im Laufe der Zeit verändert, sondern auch das Kantinen- und Werkstattgebäude erhielt mit dem Obergeschoss eine zeitgemäß nüchterne Architektur. Außerdem verpasste man dem Eingangsbereich baulich ein neues Gesicht. Architekt war wiederum der Leiter des Zentralbaubüros der Vereinigten Glanzstoff Fabriken, Bruno Halbig.

Nordöstliche Fassade vor dem Umbau

...und zum Vergleich im Jahr 2006

Einer der Eingänge zur Kantine

Von Osten her treten wir bei unserem geschichtsträchtigen Rundgang ein und gelangen in den großen Saal der Kantine, in der Phase der menschenleeren Fabrik weitgehend leer.

Die ausgeräumte Kantine 2004

Früher herrschte hier munteres Leben, wenn die Mahlzeiten eingenommen wurden und Pause angesagt war.

Hinzu kamen im Kantinen-Saal Theateraufführungen oder sogar mal eine Modenschau - als Beitrag zum

Glanzstoff glänzt nicht mehr

Was übrig blieb von Glanzstoff

sozialen und gesellschaftlichen Leben. So etwas war dann ein Besuchermagnet.

Modenschau in der Kantine - 1960

Nach einem großen Brand im Jahr 1967 erfolgte eine umfangreiche Renovierung und Modernisierung dieses Traktes.

Die Kantine kurz nach dem Brand – 1967

Kantine nach der Renovierung

Die neue Essensausgabe

Hier fühlte man sich wohl beim Essen, außerdem wurde der Zusammenhalt in der Belegschaft gefördert.

Ein günstiger Essenspreis wurde bis zu Letzt geboten. Diese Tafel hing über der Ausgabe

Die allgemeine Geschichte spielte immer über den Werkszaun hinweg eine Rolle auch in diesen Räumen…

Betriebsversammlung 1939

… so wie die Betriebsversammlung 1939 nach der Machtübernahme der Nazis im Werk das gleichgeschaltete und uniformierte braune Leben in der alten Kantine widerspiegelt.

Die Bemalung an den Wänden der Kantine verriet auch immer viel über den jeweiligen Zeitgeist – hier eindeutig die Blut- und Boden-Ideologie der NS-Zeit im Jahr 1941

1941 wurde die Kantine als „Kameradschaftshaus" umgebaut. Durch Hinzunahme eines Teiles der früheren Sortierung vergrößerte sich der Aufenthaltsraum. Der Raum erhielt großflächige Fenstern, eine Hängedecke und einen Bühnenaufbau. In Kunstschmiedearbeit wurden die Beleuchtungskörper in der Lehrwerkstatt hergestellt. Die Wände erhielten eine Wandmalerei mit der Ideologie der NS-Zeit.

In der Werkzeitschrift Heft 6 aus dem Jahr 1941 war über diese Wandmalerei zu lesen:

„*Eine große Wandmalerei zeigt eine Bauernfamilie mit ihrem Pferdegespann bei der Arbeit als Sinnbild der in Blut und Boden wurzelnden Volkskraft;*

Ausschnitt aus dem großen Wandbild in der Kantine

seitlich ist auf beiden eine Holzfällergruppe sichtbar; beides soll dem Beschauer sagen, dass nur auf diesen beiden naturgebundenen Berufen alles volkliche und wirtschaftliche Leben sich aufzubauen vermag. Im Hintergrund sehen wir als stolzesten Blickpunkt unserer heimischen Landschaft unseren Feldberg, in der Mainebene zu seinen Füßen breiten sich große Industrien, darunter auch unser Glanzstoffwerk aus. Der Bauernbub grüßt froh eine Kette Göring-Flieger, die stolz über dem Ganzen schweben und symbolisch deuten, dass dort der Pflug ruhig und sicher geführt werden kann, wo eine pflichtbewusste heimische Industrie der tapfersten Wehrmacht die besten Waffen schmiedet."

Essensausgabe 1944

Was übrig blieb von Glanzstoff

Im Herbst 1943 eine Veranstaltung für Frauen und Kindern von Belegschaftsmitgliedern mit Direktor Dr. Mengeringhausen

1948 änderte sich die Wandbemalung. Auf der einen Seite Frankfurt am Main und Sachsenhausen um 1580...

Durch den Einbau von zwei Windfängen ist eine Fensternische entstanden, wo man schön sitzen konnte

Auf der anderen Seite das Kelsterbacher Schloss. Hier feierte man 1954 das 50jährige Jubiläum des Kunstfaserwerkes mit dem hessischen Ministerpräsidenten Dr. August Zinn.

Die leere Kantine mit der Bühne um 1944

Sachlich und nüchtern sah die Kantine in den 70er Jahren aus

Glanzstoff glänzt nicht mehr

Was übrig blieb von Glanzstoff

Danach - gleich um die Ecke im großen Saal - werfen wir einen Blick hinter die Kulissen, gelangen sozusagen ins Allerheiligste des Kantinengebäudes, die große Küche. Noch lange nach der Stilllegung sah es so aus, als würde wenig später wieder gekocht.

Von Erdgeschoss kam man mittels zweier er Wendeltreppen in den ersten Stock

Mit der Entkernung der Küche wurde 2009 begonnen.

Früher wurde hier eine moderne Spülmaschine von Frau Ilse Nieuzyla bedient

Küchenchef Julius Gramlich beim Probieren

Eine geschwungene Treppe führte zum Kasino

Der schnelle Weg nach oben war über die Wendeltreppe von der Küche aus. Man kam in die Teeküche

Glanzstoff glänzt nicht mehr

Was übrig blieb von Glanzstoff

Teeküche

Über das Treppenhaus gelangt man hinauf in den ersten Stock des Gebäudes J. Dort betritt man das einstige Kasino, wo zeitweilig die Werksoberen speisten, in Absonderung von der Belegschaft, was später aber aufgegeben wurde.

Innenansicht Gästekasino im Jahr 2005

Und so sah es früher einmal aus

Auf gleicher Höhe lag das Konstruktionsbüro, bedeutsam für den betrieblichen Ablauf.

Konstruktionsbüro - nach der Werksschließung

Noch lange nach der Werksschließung lag vieles griffbereit zur sofortigen Verwendung. Zugriff zu diesen Zeichnungen und Plänen hatten während des Betriebes die Mitarbeiter der Arbeitsvorbereitung, die die Materialwirtschaft und Kalkulation sowie die Steuerung von Arbeitsabläufen durchführte. Oft griff man auch beim Rückbau der Gebäude nach diesen Plänen und Zeichnungen.

Zeichnungsablage im Konstruktionsbüro

Mit System geordnet waren diese Ablagen

Das Gebäude J hat eine Länge von 54,92 Metern, eine Breite von 38,84 und eine Höhe von 9,40. Das Gebäude erhielt 1956 die Gestaltung in der heutigen Form.

Was übrig blieb von Glanzstoff

Nordostfassade des Gebäudes J, Bereich Werkstatt

Zu dem Gebäudekomplex zählt auch die Werkstatthalle, mit einer für das einstige Werk durchaus typischen Dachkonstruktion.

Werkstatt von Südosten

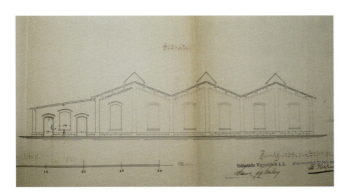
Planskizze aus dem Jahr 1899

Südfassade mit zwei Satteldächern aus der Gründerzeit

Bei der Südfassade des Werkstattgebäudes sind noch zwei der ursprünglichen Satteldächer und das Mauerwerk aus der Gründerzeit (1899) vorhanden.

Die leere Werkstatthalle bei einer Besichtigung

Blick in die entgegengesetzte Richtung

Die Konstruktion des Gebäudes besteht aus massivem Ziegelmauerwerk. Von den drei Satteldächern mit aufgesetztem Oberlicht und Dreiecksbinder auf genieteten Stützen blieben zwei erhalten.

Die erhaltene Dachkonstruktion mit den Dreieckbindern mit einer Spannweite von zehn Metern, Typ B

Glanzstoff glänzt nicht mehr

Was übrig blieb von Glanzstoff

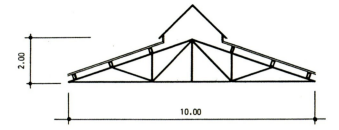

Dachbinder Typ B

Stahlsprossenfenster mit gemauerten Segmentbogen an der südwestlichen Seite des Gebäudes

Drinnen herrschte, wie in dem beispielsweise Schlosserei genannten Trakt quirliges Leben, als der Betrieb noch lief.

Werkstatt 1953 mit der Empore

Schlosserei 1948

In den sechziger Jahren: Obermeister Vollhardt (links) in seinem „Reich". Blick zur Werkstraße hin

Was übrig blieb von Glanzstoff

Um 1995 Werkstattleiter Horst Harich mit seiner Truppe

Küchengebäude von Westen gesehen

Überdachung an der Hauptwerkstatt im Jahr 2000

Von der Rüsselsheimer Straße nach Westen gesehen: links das Küchengebäude...

Nur die Verstrebungen sind 2008 noch vorhanden.

...und in die andere Richtung das Küchen- und Kantinengebäude

Ansicht im Jahr 2014 von gleicher Stelle aus

Mit dem Erhalt der drei denkmalgeschützten Gebäude bleibt immerhin ein Stück Stadt- und Industriegeschichte sichtbar.

Was übrig blieb von Glanzstoff

Verwaltung-, Sozial- und das Kantinen- und Werkstattgebäude

Glanzstoff glänzt nicht mehr

Kelsterbach im Wandel: Vom Bauerndorf zum Industriestandort

Wechselvoll ist die Historie des Werks und seiner Entwicklung. Dies alles war immer auch Spiegelbild der allgemeinen Industrie- sowie der Kelsterbacher Stadtgeschichte: vom armen Hasenhaarschneiderdorf zum Standort von High-Tech-Unternehmen. Es ist zudem oft eine Chronik schwierigen Ringens um den Bestand des Unternehmens und seiner Arbeitsplätze in einer sich schnell wandelnden Welt. Auch die jeweilige Zeitgeschichte machte nicht vor den Werkstoren halt. Und immer ist es vor allem auch die Geschichte der hier arbeitenden Menschen, die in Abwandlung eines Slogans aus dem Opel-Werk im benachbarten Rüsselsheim letztlich so fühlten: „Wir sind Glanzstoff". Diese enge Verbundenheit änderte sich auch nicht, als die Namen des Betriebs manchmal schneller zu wechseln schienen als Schilder und Briefbögen ausgetauscht werden konnten.

Um die volle Tragweite der Bedeutung des Werks für Kelsterbach, seine Entwicklung und seine Einwohner ermessen zu können, empfiehlt sich ein Rückblick in die lokale Geschichte.
Wie es um 1828 in dem kleinen Bauerndorf Kelsterbach aussah und welches Lebensgefühl herrschte, kommt in der Festschrift der Freiwilligen Feuerwehr zum 40jährigen Bestehen im Jahr 1928 gut zum Ausdruck. Es wird ein Abend im Dorf beschrieben.

„Kelsterbach vor 100 Jahren"

„Langsam ging der Tag zur Neige. Schwerfällig legte sich das Mühlrad zur Ruhe, umplätschert von dem klaren Wasser der Kelster. Im Mühlbach quakten die Frösche, als wollten sie das Lied der Arbeit fortsetzen, die soeben beendet wurde. Aus der Porzellan- und Fayence-Fabrik eilten die Arbeitssamen in ihre Lehmhäuser. Ruhe und Erholung suchend von des Tages Last und Mühe.
In der Dorfschenke tagte noch vom frühen Morgen die Zunft der Hasenhaarschneider beim matten Schein der frisch mit Rüböl gefüllten neuen Öllampe, sich mit Schelmenstreichen, Essen und Trinken die Sorgen des Alltags vertreibend. In den Häusern sammelten sich die Familien um die schwach und flackernd brennende Flamme des Dunst und Ruß verbreitenden Kienspans, erzählend, singend und spinnend. Dunkel wurde es in den schlammigen und ungepflasterten Straßen, und nur das einsame Licht des Nachtwächters durchbrach auf geringe Entfernung das Dunkel der Straße. Am seichten Wasser des Mainflusses, das vor Stunden die Dorfjungen durchbadeten, brandete das Feuer der Leinreiter, die ihre Pferde bereits untergebracht, jetzo Wache über das ihnen anvertraute Gut hielten. Gemächlich holte sich einer mit seinem Zängchen glühende Holzstücke aus dem Feuer, sich die Pfeife damit in Brand setzend."

Noch in der zweiten Hälfte des 19. Jahrhunderts war Kelsterbach ein ziemlich verträumtes, aber armes Hasenhaarschneiderdorf am Untermain, in den dort die Kelster mündet. 1852 sind deshalb 39 Kelsterbacher voller Hoffnung nach Amerika ausgewandert.

Hessische Ludwigs-Eisenbahn-Gesellschaft

Für den Bau und Betrieb einer Eisenbahnstrecke, abzweigend von der Rhein-Main-Bahn ab Bischofsheim, am linken Mainufer über Kelsterbach bis nach Frankfurt, wurde vom Großherzogtum Hessen-Darmstadt die Konzession am 15. August 1861 erteilt. Der Bau dieser Strecke dauerte nur anderthalb Jahre. Die Eröffnung fand am 3. Januar 1863 statt. Der auch in diesem Jahr errichtete Kelsterbacher Bahnhof lag außerhalb des Dorfkernes am Kreuzungspunkt der Straßen nach Rüsselsheim und Mörfelden und ist heute noch fast im ursprünglichen Zustand erhalten.

Karte von 1867 mit der Hessischen-Ludwigs-Eisenbahn

Kelsterbach im Wandel

Den Plan "über die von der Hess. Ludwigs-Eisenbahngesellschaft zu erbauende Eisenbahn" von Frankfurt nach Mainz sandte am 19. März 1862 das Kreisamt Groß-Gerau an Bürgermeister Schurr. Die zwischen den Vertretern der Eisenbahngesellschaft und dem Ortsverband „wegen Regulierung der Wege und Übergänge" abgeschlossene Übereinkunft war beigefügt, ebenso ein alphabetisches Verzeichnis der Grundbesitzer, welche Gelände abtreten mussten. Von den "8 Gemeinde-Äckern auf der Hölle" mussten je 66 Klafter abgetreten werden. (Heimatbuch Kelsterbach Band 1)

In der Untergasse war seinerzeit in dem Gasthaus „Zum Löwen" die frühere Porzellanfabrik (Foto Heimatbuch Kelsterbach)

Diese neue Eisenbahnlinie Frankfurt – Mainz, ließ etwas von der heraufdämmernden neuen Zeit erahnen. Dass ein Ort mit so günstigen Verkehrs- und Transportverhältnissen auf die Dauer nicht ohne größere industrielle Unternehmen bleiben würde, war fast vorauszusehen. Trotzdem wurde Dornröschen Kelsterbach zur Jahrhundertwende um 1900 etwas rau wachgeküsst. Der Strukturwandel war rasant: 1898 führte auf dem heutigen Enka-Gelände dessen günstige geographische Lage - zwischen Bahnlinie und Main - zur Industrieansiedlung. Zunächst wurde eine Waggonfabrik gebaut.

Wichtig war damals ein Bahnanschluss

Eine der Kostbarkeiten aus der Kelsterbacher Porzellanmanufaktur ist der „Flötenspieler", welcher im Besitz der Stadt Kelsterbach ist (Foto Heimatbuch Kelsterbach)

Die moderne Industriegeschichte in Kelsterbach begann im Mai 1898 mit dem Bau einer Waggonfabrik. Allerdings, es erfolgte schon ein sehr früher Versuch einer Industrialisierung: 1761 ließ Landgraf Ludwig VIII. die hessen-darmstädtische Porzellanmanufaktur in Kelsterbach gründen. Man erwarb ein Gebäude in der Untergasse, in dem später der Gasthof „Zum Löwen" saß.

Im Jahre 1765 folgte eine Fayencefabrik. Hauptsächlich wurde Gebrauchsgeschirr hergestellt, also Teller, Tassen, Kannen, Schüsseln, Vasen usw. Aber vom Landgraf Ludwig IX. wurde die Manufaktur 1768 wieder stillgelegt.

Glanzstoff glänzt nicht mehr

Kelsterbach im Wandel

Steingut aus Kelsterbach

Im Jahr 1780 kam am Ort eine Steingutfabrik hinzu, bei der fast 200 Arbeitskräfte beschäftigt waren. So fanden viele Kelsterbacher bei diesem Unternehmen über Jahrzehnte Arbeit und Brot. Außer Landwirtschaft war das noch eine zusätzliche Einnahmequelle.

Aber das änderte sich bald. Die Steingutfabrik wurde 1840 geschlossen. Kelsterbach verlor damit seine wichtigste Erwerbsquelle. Eine Zeit großer Armut folgte.
In einem Bericht des Bürgermeisters Becker an die Steuerbehörde hieß es u. a.:
"Die Armut nimmt hier von Tag zu Tag zu. Wenn dieser erbärmliche Zustand noch länger dauert, dann kann die Gemeinde das Geld für die Unterstützung nicht mehr erschwingen".

Diese Misere war übrigens auch der Grund, weshalb eine Reihe von Kelsterbachern nach Amerika auswanderte. Doch mit dem Bau der Eisenbahnlinie Frankfurt – Mainz 1862/63 zeichnete sich eine Besserung ab. Und in Nachbarstädten blühte die Industrie auf, die neue Arbeitsplätze bot.

Versetzen wir uns nun in die Zeit vor Errichtung des Waggon-Werkes, etwa um 1890. In Kelsterbach wurden 1885 noch 1697 Personen gezählt, 1890 mit Claraberg und Mönchhof aber schon 1926, also 229 Personen mehr. Die Bevölkerung war überwiegend in der Landwirtschaft tätig. Allerdings ging schon Ende des 19. Jahrhunderts eine größere Anzahl von jüngeren Männern, die handwerklichen Berufen angehörten, einer Beschäftigung in Höchst bei den Farbwerken oder in Rüsselsheim bei Opel nach. Auch in Fabriken in Frankfurt und Umgebung suchte man Arbeit.

In der Chronik der Martinsgemeinde ist zu lesen:
Das Ergebnis der am 1. Dez. 1890 im deutschen Reich stattgehaltenen Volkszählung war für Kelsterbach mit Claraberg und Mönchhof folgendes:
Es bestehen hiro 249 bewohnte und 5 unbewohnte Häuser, 373 Haushaltungen darunter 15 einzeln lebenden Personen. Nach Geschlecht theilt sich die hiesige Bevölkerung in 1018 männliche und 908 weibliche, zusammen 1926 Personen.
Der Confession nach sind hiro von 1674 Evangelische, 164 Katholische, 87 Israeliten und 1 Menonit.

Welche Verdienstmöglichkeiten gab es in Kelsterbach?

Im Wesentlichen gab es in dieser Zeit etwa vier Arbeitsmöglichkeiten für Kelsterbacher, und zwar:

- Hasenhaarschneidereien
- Höchster Farbwerke
- Wäschereien und
- Landwirtschaft

Kelsterbach im Wandel

Hasenhaarschneider

Eine besondere Stellung nahm die Zunft der „Hasenhaarschneider" ein. Der Beruf kam mit den Hugenotten ins heutige Rhein-Main-Gebiet. Hasenhaarschneider gab es in den Dörfern und Städten entlang des Untermaines. Mitte des 19. Jahrhunderts ernährte dies fast die Hälfte der Einwohner von Kelsterbach. Das Dorf zählte um 1840 etwa 1030 Einwohner. Für viele bedeutete es wohl ein Ausweg aus einer bedrückenden Armut, obwohl es ein sehr gesundheitsgefährdender Beruf war. In Kelsterbach waren bis zu Ende des Jahrhunderts zwischen 100 und 200 Personen so beschäftigt.

Alter Bierkrug aus der Zeit der Hasenhaarschneider

Wie brutal der Arbeitsalltag der Hasenhaarschneider seinerzeit war, das verdeutlicht am besten der folgende Ausflug in die Vergangenheit:

Die geschorenen Haare waren Rohstoff für die Herstellung von Filzhüten und wurden in der Hutstoff-Industrie im Raum Frankfurt-Offenbach weiterverarbeitet. Die Felle stammten aus Thüringen, Sachsen, Böhmen, Polen und Russland. Die Aufgabe der Hasenhaarschneider bestand darin, die zum Teil stinkenden, steifen und von Ungeziefer befallenen Felle zu bearbeiten. Gewaschen wurden sie von Frauen und Kindern an einer Sandbank am Mainbogen. Für diese Tätigkeit waren keine besonderen Kenntnisse erforderlich. Zum Trocknen breiteten die Arbeiter die Felle auf der Wiese aus oder spannten sie in einen Holzrahmen. Darin wurden sie mit den Händen gewalkt und so wieder geschmeidig gemacht.

Anschließend schnitt man Köpfe, Schwänze, Ohren und Pfoten ab, entfernte Hautreste und Fettteile.

Nach dem Nachglätten mit einer Bürste wurden die Felle mit einer Lösung aus Salpetersäure und Quecksilber gebeizt und diese Beize in die Felle eingebürstet. Die Beizküche befand sich in der Schulstraße. Der Gestank, der von dort ausging, muss unerträglich gewesen sein. Aber nicht der Gestank war das schlimmste, sondern die schleichende Vergiftung durch Quecksilber.

Nach dem Beizen wurden die Felle getrocknet, und dann begann das Schneiden mit einer Spezialschere. Tür und Fenster mussten geschlossen bleiben, um nicht die verschiedenen Qualitäten durcheinanderzuwirbeln. Trotzdem wurden die abgetrennten Haare von den Arbeitern eingeatmet. Dies führte zu Lungen- und Kehlkopferkrankungen, und man klagte über verstärkten Speichelfluss. Haare und Felle wurden an die Auftraggeber zurückgegeben, welche sie dann weiterverarbeiteten. Abfälle ergaben Düngemittel für die Landwirtschaft.

Die Hasenhaarschneider verdienten für die damaligen Verhältnisse viel Geld. Im Schnitt konnte jeder Hasenhaarschneider in der Woche je nach der abgelieferten Menge auf einen Lohn von fünf bis sechs Gulden kommen. Andererseits kreidete man ihnen besonders an: Diese Leute tranken gern und viel.

Hasenhaarschneider um 1890 bei der Firma Donner in Ffm.-Niederrad. Oben links: Adolf Hardt aus der Untergasse 11, daneben Philipp Hardt IV. (Foto Heimatbuch Kelsterbach)

Die Hasenhaarschneidereien waren meist nur kleine Zweigstellen oder Werkstätten der Firma Donner aus Niederrad. Mit einem Pferdewagen wurden die Felle in großen Ballen nach Kelsterbach gebracht und in die einzelnen Werkstätten verteilt. Als Werkstätten dienten Ställe und Scheunen. Die Besitzer dieser

Glanzstoff glänzt nicht mehr

Werkstätten waren erfahrene Männer, welche u. a. bei der Firma Donner oder Bloch & Hirsch beschäftigt waren. In einer Art Heimarbeit führten sie ihre Arbeit aus.

Noch heute erinnert ein Schild an eine alte Hasenhaarschneider-Familie in der Schulstraße – früher Hintergasse

Dieses Handwerk kam Ende des 19. Jahrhunderts zum Erliegen, da neuzeitliche Maschinen die anfallenden Arbeiten besser und billiger verrichten konnten. Vor diesem Hintergrund sind die weitere Entwicklung zur Industrialisierung am Ort und die damit einhergehenden Chancen für breite Kreise der Bevölkerung verständlich. Mitten in die Phase des Niedergangs des Hasenhaaraschneider-Gewerbes platzte das Gerücht, in Kelsterbach solle eine Waggonfabrik gebaut werden.

Höchster Farbwerke

Die Höchster Farbwerke, 1863 als „Teerfabrik Meister, Lucius & Co" gegründet, konnte man gut zu Fuß und mit der Fähre erreichen. 1880 wandelte sich dieses kleine Unternehmen in die „Farbwerke Höchst".
Um rechtzeitig zur Arbeitsstätte zu kommen, musste man schon um 4.00 Uhr von zu Hause sich auf den Weg machen. Fahrräder waren sehr teuer und viele konnten sich das bei den damaligen Löhnen nicht leisten. Wer in der oberen Fabrik einen Arbeitsplatz hatte, setzte in Höchst mit der Fähre über den Main, die anderen in Kelsterbach, weil sie ihren Arbeitsplatz in der unteren Fabrik hatten, näher zu Sindlingen. Wenn man die Leute betrachtete, brauchte man sie nicht zu fragen, wo sie arbeiteten, das sah man am Schnurrbart und an den Händen. Die waren rot, grün, blau. So erkannte man sofort die Arbeiter aus der „Rotfabrik", wie die Firma im Volksmund genannt wurde.

Wäschereien

Darüber hinaus war es für viele Kelsterbacher ein guter Erwerb, sich mit Waschen für Frankfurter und Mainzer zu beschäftigen. Anfang des 20. Jahrhunderts gab es noch über zwanzig Wäschereien im Ort. Der größte Teil davon befand sich im Unterdorf. In der Regel war Montag der Tag, an dem man die saubere, gestärkte und gebügelte Wäsche in Frankfurt ablieferte. Um die Wäsche abzuliefern, fuhr man auch mit dem Zug oder mit einem Planwagen nach Frankfurt. Für ein gewaschenes und gebügeltes Herrenoberhemd bekam man 40 bis 50 Pfennige. Für ein Bettlaken etwa die Hälfte dieses Betrages. Zu den Kunden gehörten viele jüdische Familien in Sachsenhausen. Mit der Verfolgung der Juden durch die Nationalsozialisten ging dieser Kundenkreis verloren.

Wäschewagen. (Foto Heimatbuch Kelsterbach)

Als es immer mehr Dampfwäschereien gab, verlor dieser Erwerbszweig jedoch an Bedeutung. Trotzdem ließen noch manche Kunden aus der Stadt ihre Wäsche in Kelsterbach bleichen. Sie wünschten sich wohl eine naturgebleichte Wäsche, die einen erfrischenderen Geruch hatte, als die aus Dampfwäschereien. Sie wurden auf den Wiesen längs der Kelster von der Sonne gebleicht. Die Arbeitszeit war damals sehr lang. Man arbeitete von 6 Uhr bis nachts um 22 oder sogar 23 Uhr. Eine geordnete Arbeitszeit kannten die meisten nicht.

Kelsterbach im Wandel

Landwirtschaft

Die Landwirtschaft war damals ein schwerer Beruf mit geringem Verdienst, zumal die Bodenkultur im oberen Teil von Kelsterbach schlecht war aufgrund der Sandacker-Beschaffenheit. Man hatte höchstens zwei Kühe oder zwei Pferde und ein paar Morgen Feld. Den Lebensunterhalt musste man sich mühsam durch Halten von ein paar Schweinen oder Ziegen erkämpfen.

„Erntesegen um die Fabrik Kelsterbach"

In den 1950er Jahren war Kelsterbach schon lange keine landwirtschaftlich geprägte Gemeinde mehr, sondern hat sich zu einem Industriedorf entwickelt. Dies wird durch den weit sichtbaren Schornstein des Glanzstoffwerkes deutlich.

Um 1950 hatte man noch freie Sicht zu den Häusern in der Waldstraße und zum Glanzstoffwerk. Heute steht hier an der Friedensstraße die Karl-Treutel-Schule und die Mehrzweckhalle Süd,

Das Getreide wurde 1949 mit der Sense gemäht und die Garben wurden zusammengestellt. Im Hintergrund das Glanzstoffwerk.

Die Garben werden zusammengestellt

Das Getreide wurde mit der Sense gemäht

1952 – Landwirt Heinz Sehrig mit dem „Mähbinder" im Bereich des Langen Kornweges.

Glanzstoff glänzt nicht mehr

Die Industrie kommt

Doch kurz vor der Jahrhundertwende erfolgte am Ort der große Schritt nach vorne und der Anbruch einer neuen Zeit: Mit Industrieansiedlung in Kelsterbach eröffneten sich völlig neue Verdienstmöglichkeiten und Lebensperspektiven für die Einwohnerschaft. Zunächst aber die alles entscheidende Frage und eine Antwort darauf:

Warum gingen Investoren nach Kelsterbach?

Dort lag günstig zu kaufendes Gelände - oberhalb der Geländekante der Kelsterbacher Terrasse und weit außerhalb des Dorfkerns. Ackerbau lohnte sich wegen des schlechten Bodens auf diesem Sandacker nicht. Diese Grundstücke konnte man daher zum größten Teil preisgünstig erwerben.

Hinzu kam die verkehrsgünstige Lage. Dazu gehörten die Bahnlinie und die Wasserstraße Main. All dies war ausschlaggebend für die Gründung der Waggonfabrik und auch der späteren Kunstseidefabrik. Die Rüsselsheimer Straße existierte damals noch nicht. Erst die „Süddeutsche Waggonfabrik" wandte sich 1899 wegen der Herrichtung dieses Rüsselsheimer Weges an das Kreisamt Groß-Gerau. Von dort lautete die sehr amtliche Retourkutsche: „Die Angelegenheit geht den Kreis nichts an, da der Bau der Kreisstraße nicht genehmigt ist. Die Herstellung des Weges ist Sache der Gemeinde."

Es geht los: Bau einer Waggonfabrik

Das war in dem noch immer beschaulichen Kelsterbach der Status quo am Vorabend, als ein Frankfurter Bankenkonsortium (Ladenburg, Dreyfuß & Co) mit dem Ankauf von Gelände für den Bau einer Waggonfabrik die bäuerliche Bevölkerung aufscheuchte und so die Zukunft an die Tür der „Perle am Untermain" pochte. Hinter dem Konsortium stand die Aktiengesellschaft für Hoch- und Tiefbauten (die ehemalige Baufirma der Gebr. Helfmann, die spätere HOCHTIEF AG). Wer aber waren die Gebrüder Helfmann?

Ihre Eltern, Johann Balthasar und Susanne Christina Helfmann, wohnten in der Kelsterbacher Untergasse und hatten drei Kinder – Johann Philipp (07.10.1843 - 10.10.1899), Margaretha (03.01.1846 - 14.10.1922) und Balthasar Johann (26.05.1848 - 01.01.1896). In Weißkirchen am Taunus betrieben sie eine kleine Feldbrandziegelei. Philipp absolvierte eine Lehre als Maurer und Balthasar als Schlosser. Nach der Lehre arbeiteten sie in Weißkirchen in einer Mühle und in der Landwirtschaft. Mitte der 1860er Jahre gründeten sie in Nieder-Ursel eine Backsteinbrennerei. Das Wissen um die Ziegelbrennerei stammte von der Feldbrandziegelei der Eltern. Über die Ziegel kamen die Brüder zu einem eigenen Baugeschäft, welches die Keimzelle der späteren Hochtief Aktiengesellschaft für Hoch- und Tiefbau, vorm. Gebr. Helfmann, wurde.

Die Brüder waren von recht unterschiedlichem Charakter. Philipp Helfmann wurde als dominant, dynamisch und weitsichtig beschrieben, während Balthasar als mehr handwerklich eingestellt galt. Doch sie ergänzten sich hervorragend, und das machte auch die Stärke des neu gegründeten Bauunternehmens aus.

Philipp Helfmann wohnte noch bis Juli 1870 mit seiner Familie in Kelsterbach, wo seine Tochter Therese Franziska Caroline geboren wurde. Die Brüder gründeten in einer Zeit des wirtschaftlichen Aufschwungs 1873 in Bornheim, damals noch eine kleine selbstständige und industriefreundliche Kleinstadt, das Baugeschäft „Gebrüder Helfmann OHG". Anfang der 1890er Jahre entwickelte sich das Bauunternehmen der Gebrüder Helfmann zu einem bedeutenden regionalen Betrieb. Dieser baute um 1895 die Papierfabrik in Okriftel am Main. Nach dem Tod seines Bruders Balthasar wandelte Philipp Helfmann das Unternehmen 1896 in die Aktiengesellschaft für Hoch- und Tiefbauten um, das eines der größten in der Welt werden sollte. Im Jahr 1896 erwarb Hochtief in Eschborn Gelände für den Bau eines Ringofens zur Ziegelherstellung. Der Platz für den Betrieb war gut ausgesucht, denn er lag inmitten eines ergiebigen Lehmabbaugebietes. Die letzten Ziegel wurden im Dezember 1973 gebrannt. Heute ist das Areal mit einem Gewerbegebiet überbaut. Zur Erinnerung an den Gründer und Erbauer der Ziegelei wurde die erschließende Straße „Philipp-Helfmann-Straße" genannt und ein Helfmannpark installiert.

Süddeutsche Waggonfabrik

HOCHTIEF - eigene Ziegelei in Eschborn (1896)

Philipp Helfmann war die führende Persönlichkeit im Unternehmen und behielt als Vorstand der Gesellschaft die Oberleitung der Geschäfte in der Hand.

Auszug aus dem Buch: Kelsterbacher- Flur- und Straßennamen von K. Laun – C. Schorling

„Für sein Heimatdorf hatte Philipp Helfmann großes Interesse. Im November 1898 stellte Philipp Helfmann beim Aufsichtsrat den Antrag, ihn zu ermächtigen, 50 bis 60 Morgen Land in der Kelsterbacher Gemarkung zu kaufen, damit Hochtief für etwa zu errichtende Fabriken geeignetes Gelände zu für solche Zwecke annehmbarem Preis in nicht zu großer Entfernung von Frankfurt zur Verfügung stellen könne und sich dadurch die Vorhand auf Bauten-Ausführung sichere. Diesem Antrag wurde vom Aufsichtsrat entsprochen...."

Das Unternehmen beauftragte einen Kelsterbacher Lehrer, mit den hiesigen Landwirten über den Ankauf von 60 Morgen Gelände nördlich der Bahnstrecke Frankfurt – Mainz zu verhandeln, damit Hochtief für eine zu errichtende Fabrik geeignetes Gelände zur Verfügung stellen könne. Weil dieses Gebiet nur aus landwirtschaftlich ertragsarmem Boden bestand, gelang es, 30 Morgen Land (7,5 Hektar) im Oktober und November 1898 für 40.000 Mark in den Besitz des Bankkonsortiums zu bringen. Allerdings versuchte noch eine andere Interessentengruppe Grundstücke am Rüsselsheimer Weg zu kaufen, was ihr auch zu einem höheren Quadratmeterpreis gelang, vielleicht um später bei einem Wiederverkauf Kasse zu machen. Auch damals schon scheint Spekulation offensichtlich nicht einfach nur ein Fremdwort, sondern Praxis gewesen zu sein!

Revolution in Kelsterbach

1898 Im Oktober und November d. J. wurde hier mit dem Geländeerwerb für den Bau einer Waggonfabrik begonnen. Die Bevölkerung ist darüber erfreut und das mit Recht, da der Ackerbau wegen des schlechten Bodens nicht lohnt und Kelsterbach seither nur die Nachteile der Industrie, aber gar keine Vorteile erfahren hat. Ein Bruchteil der Bevölkerung ist zwar nicht Gegner des Projektes, möchte aber für sein Gelände höhere Preise erzielen. Als nun ein Landwirt sein Gelände durch den hiesigen Moritz Jekeler an einen anderen Unternehmer verkaufte und die Fabrikanlage unmöglich gemacht schien, erreichte die Verbitterung eine solche Höhe, daß sich die Bewohner zusammenrotteten und die Wohnung jenes Landwirts und Jekelers demolierten. Ein Nachspiel vor Gericht wird im neuen Jahr wohl folgen. Jekeler fühlte sich danach nicht mehr wohl, hat sein Haus verkauft und Kelsterbach verlassen. Wie jetzt verlautet, soll die Fabrik doch hierherkommen und nur dem Ort etwas ferner gerückt werden.

Auszug aus der ev. Pfarrchronik von 1898

In den alten Werkzeitschriften der Glanzstoff ist nachzulesen, dass wegen dieser Ereignisse Unruhen in Kelsterbach ausbrachen. Die Tageszeitungen des Rhein-Main-Gebietes sattelten verbal noch eine ordentliche Portion drauf und sprachen gar von einer „Revolution" in Kelsterbach. Dazu schrieb Philipp Kunst in der Glanzstoff-Werkszeitschrift:

„Ich leistete von 1897 – 1899 meine Militärdienstpflicht in dem oberhessischen Städtchen Butzbach ab. An einem November-Abend des Jahres 1898 – wir waren etwa 20 Mann auf der Stube und gerade dabei unsere Uniformstücke für den nächsten Tag appellreif zu machen – da riss der Kompaniefeldwebel die Tür auf und schwang drohend den „Frankfurter Generalanzeiger" und brüllte: „Ist hier der Musketier Kunst?" Ich meldete mich und er weiter: „Sind Sie aus Kelsterbach?" „Jawohl, Herr Feldwebel!" Darauf er: „ Das scheint ja ein schönes Nest zu sein, die machen Revolte und wollen die Leute totschlagen. Lesen Sie diesen Artikel zweimal sorgfältig durch und melden Sie sich dann bei mir!" Ich nahm mit einem etwas unbehaglichen Gefühl von dem Inhalt des Artikels Kenntnis, leider schien die Behauptung des Feldwebels den Tatsachen zu entsprechen. Plötzlich schoss mir ein Gedanke

Süddeutsche Waggonfabrik

durch den Kopf, ob sich mit der Sache nicht ein kurzer Sonderurlaub herausschinden lasse. Ich brachte die Zeitung zur Schreibstube und bat den Feldwebel mir zwei Tage Sonderurlaub zu einem Spähtrupp-Unternehmen nach Kelsterbach zu gewähren und sprach die Sorge um meine Angehörige an. „ER" stand der Angelegenheit zunächst ablehnend gegenüber, stimmte schließlich zu. Vorbehalt: Wenn irgendwie Unruhe entstehen, haben Sie sich sofort zum Truppenteil zurückzubegeben, keinesfalls in Feindberührung einlassen! Ich fuhr nach Hause und fand außer demolierter Fenstern alles in bester Ordnung; nur die Polizeistunde für Gasthäuser um 18 Uhr für durstige Soldatenkehlen war ungünstig, weshalb ich meiner Heimat schneller als sonst den Rücken kehrte."

Aber, was führte zu diesen Unruhen, - Revolution oder nur Sturm im Wasserglas?
Der Hintergrund: Das Bankenkonsortium erklärte, wenn nicht das gesamte Gelände zur Verfügung stehe, werde die Fabrik in einer anderen Gemeinde errichtet werden. Das verdross nicht nur jene Kelsterbacher, die in handwerklichen Berufen außerhalb beschäftigt waren, sondern auch die „Hasenhaarschneider". Beide Gruppen hatten wohl schon in der neuen Fabrik ihren künftigen Arbeitsplatz am Ort gesehen.
Die einen hatten gehofft, künftig keinen langen und unbequemen Weg zum Arbeitsplatz anderenorts zu haben. Die anderen sahen im wahrsten Sinne des Wortes ihre Felle fortschwimmen. Fast alle Kelsterbacher hatten wohl ihre Hoffnung auf die neue Fabrik oder sogar einen Arbeitsplatz gesetzt. Man beschloss deshalb zu handeln und warf den „Quertreibern" in Sachen Industrieansiedlung die Fensterscheiben ein, so dass die Polizei und der Ortsgeistliche einschritten. Die Täter erhielten sechs Wochen Haft oder empfindliche Geldstrafen.

Die Gründung der Süddeutschen Waggonfabrik erfolgte am 17. Januar 1899 durch die in Frankfurt a. M. wohnenden Kaufleute Hugo Rosenberger, Hermann Levi (als Vertreter der Commerz- und Discontbank), Ernst Ladenburg (als Vertreter des Bankhauses E. Ladenburg), Isaac Dreyfus und Max Joseph Thoma sowie den Ingenieur Alexander Askenasy. Den Vorsitz im Aufsichtsrat des Unternehmens übernahm Isaac Dreyfus.

Beim Lesen dieser Namen wird die Verflechtung zwischen der 1896 gegründeten „Aktiengesellschaft für Hoch- und Tiefbauten" und der 1899 gegründeten „Süddeutschen Waggonfabrik A.G." deutlich. Dem Aufsichtsrat der „Aktiengesellschaft für Hoch- und Tiefbauten" gehörten auch Isaac Dreyfus, Bankier, August Ladenburg, Bankier, Alexander Askenasy, Ingenieur an. Hochtief bekam den Auftrag für die gesamten Bauarbeiten für die Fabrikgebäude, Verwaltungsgebäude und Wohnhäuser. Das Aktienkapital der Gesellschaft betrug 1,6 Millionen Mark. Dieses Grundkapital der Süddeutschen Waggonfabrik verteilte sich wie folgt: 640.000 Mark auf die Commerz- und Discontbank, 670.000 Mark auf das Bankhaus E. Ladenburg, 60.000 Mark auf den Ingenieur Alexander Askenasy, 30.000 Mark auf den Kaufmann Isaac Dreyfus und 200.000 Mark auf den Kaufmann Max Josef Thoma. Am 18. Juni 1900 erfolgte eine Erhöhung des Grundkapitals auf 2,4 Mio. Mark. Den Vorsitz im Aufsichtsrat des Unternehmens übernahm Isaac Dreyfus.

Öffentliche Bekanntmachung in der Darmstädter Zeitung vom 18. Januar 1899 von der Gründung der Waggonfabrik in Kelsterbach

Der Baubeginn der Waggonfabrik war im Jahr 1899

Süddeutsche Waggonfabrik

Das Großherzogliche Kreisamt Groß-Gerau schrieb am 22.März 1899:

Original des Baugesuches vom 22. März 1899

Text des Schreibens:

Groß-Gerau, am 22.März 1899
Betreffend: Baugesuch der Waggonfabrik zu Kelsterbach

Das Großherzogliche
Kreisbauamt Groß-Gerau
an
Großhl. Bürgermeisterei Kelsterbach

Den angeschlossenen Reversentwurf wollen Sie von genannter Firma in 3 facher Ausfertigung ausstellen lassen und nach ortsgerichtlicher Beglaubigung der Unterschriften hierher zurückzusenden.

Löw

*Der Waggonfabrik
zugestellt am 29.3.99*

Der Großherzogliche Ortsgerichtsvorsteher Vonhof beglaubigte die Unterschriften auf dem Reversvertrag zur Errichtung von Fabriksgebäuden und der Entwurf wurde an das Großherzogliche Kreisbauamt Groß-Gerau zurückgeschickt.

Die Rechtschreibung entspricht dem Original

Betreffend:
Die Straße Raunheim – Kelsterbach hier. Das Gesuch der Süddeutschen Waggonfabrik AG zu Kelsterbach um Erlaubnis zu Errichtung von Fabrikgebäuden.

<u>Revers.</u>
Wenn der Unterzeichneten vom Gr. Kreisamt Groß-Gerau die Genehmigung zur Errichtung rubr. Bauwesens erteilt wird, übernimmt dieselbe für sich & ihre Rechtsnachfolger die folgenden Bedingungen.

1. *Eine Aenderung des Straßenprofils darf ohne Erlaubnis des Gr. Kreisbauinspectors nicht vorgenommen werden.*
2. *Alles aus ihrem Gebiete & ihren Gebäulichkeiten stammende Wasser sowie das aus den Wasserableitungen der Kreisstraße infolge des Bauwesens sich etwa sammelnde oder in seinem Abfluss behindernde Wasser muss die Unterzeichnende in seine Hofraithe aufnehmen & die zur Ableitung des Wassers erforderlichen Einrichtungen auf eigenen Kosten herstellen & unterhalten. Sie darf nach der Kreisstrasse nur dann Regen- oder Abfallwasser aus ihrer Hofraithe & ihren Gebäulichkeiten ableiten, wenn ihr hierzu vom Gr. Kreisamt Erlaubnis erteilt wird, oder wenn in der Strasse Einrichtungen – wie Gossenplaster & Kanäle - sich befinden, welche für die Abteilung des Regen- oder Abfallwassers aus den Gebäuden & Hofraithen angelegt wird.*
3. *Die Unterzeichnende lässt das Bankett auf seine ganze Breite & und auf die Weite der Thoreinfahrt mit flachgestreckter kreissegmentartiger Verbreiterung nach der Fahrbahn hin mit regelmässigem Reihenpflaster befestigen. Im Falle sich sogleich oder später die Nothwendigkeit herausstellen sollte, ist diese Pflasterung auf die ganze Länge des Anwesens auszudehnen.*
4. *Für die oben sub 2 Absatz 1 erwähnten, etwa nöthig werdenden Einrich-*

tungen ist – sofern sie aus Kreisstrassengelände zu liegen kommen – die Genehmigung des Kreisbauinspectors einzuholen. Diese sowie die sub 3 erwähnten Pflasterungen sind unter der Oberleitung des Gr. Kreisbauinspectors dessen Weisungen vor Beginn der Ausführung einzuholen sind unter Aufsicht des Kreisstrassenmeisters auszuführen & immerwährend in geordneten Zustand zu erhalten. Geschieht diese Neuanlage, bzw. Unterhaltung oder eine nach dem Ermessen des Gr. Kreisbauinspectors nöthige oder wünschenswerthe Änderung in beiden Fällen nicht innerhalb einer angemessenen von dem letzteren bestimmenden Frist, so ist dieser befugt solches auf Kosten des Säumigen ausführen zu lassen & die Zahlung der Koste nöthigensfalls auf dem Steuerexecutionsweg zu erwirken.

Text der Beglaubigung:

Süddeutsche Waggonfabrik A. G.
   Thoma   pp Limberg

daß der Direktor der Süddeutschen Waggonfabrik A.G. Kelsterbach Herr Thoma und der technische Leiter dieser Fabrik Herr Limberg, deren Idendität mir durch den hier wohnhaften Lehrer Matthäus Schneider bezeugt worden ist, vorstehende Unterschriften vor mir vollzogen haben, wird hiermit beglaubigt.

Kelsterbach, 4. April 1899.
Der Großhl. Ortsgerichtsvorsteher.
      Vonhof

Am 13. Mai 1899 wurde vom Großherzoglichen Kreisamt Groß-Gerau der Bau einer Waggonfabrik in Kelsterbach mit folgenden Bedingungen genehmigt:

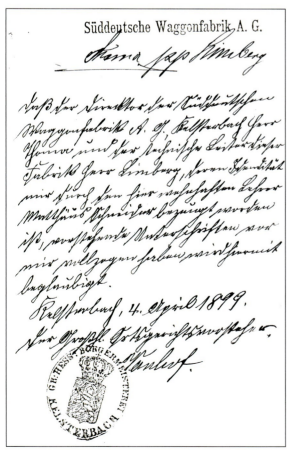

Unterschriften Reversvertrag mit Beglaubigung

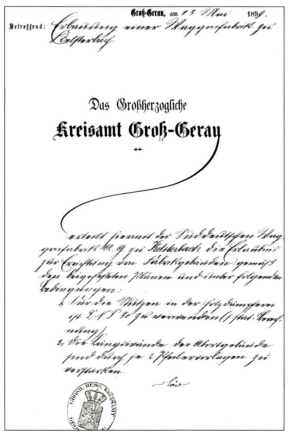

Genehmigungsurkunde vom 13. Mai 1899 im Original

Süddeutsche Waggonfabrik

Text der Genehmigungsurkunde:

Groß-Gerau, am 13. Mai 1899
Betreffend: *Erbauung einer Waggonfabrik zu Kelsterbach*

Das Großherzogliche
Kreisamt Groß-Gerau

erteilt hiermit der Süddeutschen Waggonfabrik A.G. zu Kelsterbach die Erlaubnis zur Errichtung von Fabrikgebäuden gemäß der beigefügten Plänen und unter folgenden Bedingungen:

1. *Für die Stützen in der Holzdämpferei ist D.N.P 30 zu verwenden (s. stat. Berechnung)*
2. *Die Längswände der Abortgebäude sind durch je zwei Pfeilervorlagen zu verstärken.*

Löw

Genehmigungsurkunde mit Planungsunterlagen für den Bau einer Waggonfabrik in Kelsterbach vom 13. Mai 1899

Mit dem Bau der Fabrik - nach den damals modernsten Gesichtspunkten - wurde 1899 begonnen. Bewusst wurden keine großen zusammenhängende Gebäudekomplexe gebaut, sondern der Bau einzelner Werkstätten vorgenommen, um leichter Erweiterungen ohne Betriebsstörungen vornehmen zu können, aber auch um den strengen Vorschriften der Feuerversicherungs-Gesellschaften Herr zu werden. Man baute eingeschossige Hallen mit Fachwerkbindern und Stützen aus Stahl. Diese hatten eine ausreichende Spannweite von zehn oder 20 Metern und waren mit flach geneigten Satteldachgiebeln versehen. In diesem Raster reihte sich Halle an Halle, oder auch mal ein Zwischenhof mit Schiebebühnen, längs der Werkstraße auf.

Für die Baufachleute war es eine gewaltige Herausforderung, unter einem sehr ehrgeizigen Zeitdiktat zu bauen, damit die Produktion so schnell wie irgend möglich aufgenommen werden konnte. Der Bau dieser Fabrik war allein schon deswegen nicht leicht, wenn man sich vorstellt, dass damals vom Bahnhof bis zum Tor 1 (beim Verwaltungsgebäude) freies Ackerland lag ohne ausgebaute Wege oder Straßen. Der Transport des gesamten Baumaterials sowie der gewichtigen Maschinen war hierdurch erheblich erschwert. Der geplante Bahnanschluss wurde erst fertig, als die Waggonfabrik in Betrieb ging. Die Ausstattung der Fabrik erfolgte mit modernen Werkzeugmaschinen (Dampfmaschinen, Eisen- und Holz-Bearbeitungsmaschinen). Nach dem Urteil von Fachleuten – so die zugänglichen Quellen - hatte man eine leistungsfähige, moderne und mustergültige Anlage geschaffen.

Die Abnahme der Fabrikanlage erfolgte im Mai 1900 mit wenigen Beanstandungen.

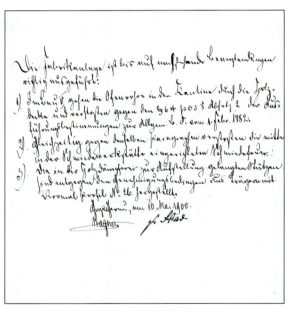

Beanstandungen vom 10.05.1900

Text der Beanstandungen:

Die Fabrikanlage ist bis auf umstehende Beanstandungen richtig ausgeführt.
1. *Im Bau V gehen die Ofenrohre in der Kantine durch die Holzdecke und verstoßen gegen § 64 Pos. 8 Absatz 2 der Durchführungsbestimmungen zur Allgem. B. D. vom 1. Febr. 1882.*
2. *Gleichzeitig gegen denselben Paragraphen verstoßen die mitten in der Schmiedewerkstätte eingerichteten Schmiedefeuer.*

3. Die in der Holzdämpferei zur Aufstellung gelangten Stützen sind entgegen den Genehmigungsbedingungen aus Trägern mit Normalprofil Nr. 26 hergestellt.

Groß-Gerau, am 10. Mai 1900

— Zur Gründungsfeier der Waggonfabrik erhalten sämmtliche Arbeiter von der Direktion ein Festessen. Während demselben werden musikalische Aufführungen stattfinden. Die Feier findet Samstag den 10. d. Mts. im Saalbau zur Friedrichshöhe dahier statt.

Am 17. Februar 1900 wurde in der Presse von der Gründungsfeier mit einem Festessen berichtet

Die ersten Waggons werden gebaut

Mit großem Optimismus und noch größeren Hoffnungen gingen die 600 Mitarbeiter an die Arbeit, und schon im Frühjahr 1900 rollten die ersten Waggons aus dem Kelsterbacher Werk. Übrigens, der erste Stamm von Facharbeitern kam von anderen Waggonfabriken, vor allem aus Görlitz, Raststatt und Mombach.

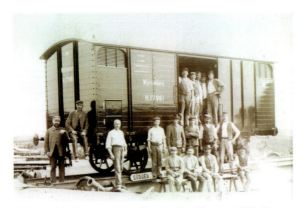

Dieser Packwagen wurde in der Waggonfabrik hergestellt. Stolz präsentieren sich die Arbeiter

Die Einwohnerzahl in Kelsterbach stieg von 1.926 im Jahr 1890 auf 2.942 im Jahr 1900. Das ist auf die Zuwanderung von Arbeitskräften für die neue Industrie zurückzuführen. Das kulturelle Leben in Kelsterbach nahm einen raschen Entwicklungsgang. 1899 kam mit der „Kelsterbacher Zeitung" das erste Lokalblatt. Auch im Gemeindeleben waren die Neubürger aktiv. So veranstaltete man auch karnevalistische Sitzungen. 1903 wurden das neue Postamt und das neue „Schulhaus" bezogen.

— Am 17. ds. Mts. veranstalteten die Beamten der „Süddeutschen Waggonfabrik" im Gasthaus „zur Sonne" eine carnevalistische Sitzung Punkt 8 Uhr 11 Minuten eröffnete das närrische Präsidium unter den Klängen des Büttenmarsches die Sitzung. Die eingeladenen Gäste füllten den festlich geschmückten Saal und bald herrschte animirte Stimmung. Nach der Eröffnungsrede des Präsidenten Herrn Koch, folgte ein gemeinschaftliches Lied, worauf der Narr Bethge einen launigen, theatralisch angehauchten Vortrag über den Lebenslauf des Hektor hielt. — Einige Solos des Herrn Reiche (Tenor) fanden großen Beifall. Alsdann kam ein nicht geladener Stromer in den Saal, welcher erst nach langem Drängen beim Vorsitzenden die Erlaubniß erhielt auch durch einen Vortrag die heitere Stimmung noch zu erhöhen. Der Stromer entpuppte sich später als Herr Braches und war sein Vortrag in kölnischer Mundart von vielem Witz und Humor gewürzt. —

Am 17 Februar 1900 veranstalteten die Beamten der „Süddeutschen Waggonfabrik" im Gasthaus „Zur Sonne" eine karnevalistische Sitzung

Es tat sich was auf der „Teufelsinsel". Diese Bezeichnung prägten Bauern für den von der Industrie bebauten Ortsteil. Davon aber mehr später.

Süddeutsche Waggonfabrik Kelsterbach mit Blick nach Osten. Rechts ist das Magazingebäude zu erkennen. Zur Zeit der Waggonfabrik wurde das Gebäude als Holzsägerei benutzt. Links davon wurde 1938 das Laugenhaus errichtet

Auch von Unfällen war die Waggonfabrik nicht verschont:

Kelsterbach.

— Ein schwerer Unfall hat sich verflossene Woche auf der Waggonfabrik dahier zugetragen. Ein Arbeiter Namens Müller von Ried bei Höchst war mit noch mehreren Arbeitern damit beschäftigt, schwere Eisenplatten abzuladen. Eine dieser Platten kippte um und drückte Müller gegen eine Wand, sodaß er sich eine Quetschung des einen Oberschenkels und innere Verletzungen zuzog. Nach Anlegung des Nothverbandes wurde der Verletzte in die Bodenheimsche Klinik nach Frankfurt verbracht.

Auch von schweren Unfällen ist in der Presse zu lesen. (Kelsterbacher Zeitung 7. Feb. 1900)

Süddeutsche Waggonfabrik

Die Auftragslage der Waggonfabrik ist sehr gut. Viele Bestellungen kamen aus dem Ausland. 16. Februar 1901

Schneidemühle

Das war imponierend: Von Anfang an standen auf dem Fabrikationsprogramm nicht nur D-Zugwagen für das Ausland, sondern auch andere, komplizierte Wagentypen. So wurden beispielsweise auch 23 Meter lange Personenwagen für die St. Gotthardt-Bahn gebaut. Außerdem: Kelsterbach lieferte Personen-, Güter- und Kesselwagen an die Hedschras-Bahn. Die führte im damaligen Osmanischen Reich von Damaskus (heute Syrien) nach Medina (heute Saudi-Arabien) - und war im Ersten Weltkrieg zeitweilig Ziel von Anschlägen des gegen die Türkei kämpfenden legendären „Lawrence von Arabien" und seiner Mitstreiter. Auch die Jernbanen in Dänemark standen in den Auftragsbüchern der Kelsterbacher.

Montagehalle Waggonfabrik

Streik in der Waggonfabrik

Mit diesem insgesamt sehr ambitionierten Programm hatte man sich aber auch ein gerüttelt Maß an Schwierigkeiten eingehandelt, wozu die unpünktliche Anlieferung von Rohmaterialien aus dem Ausland oder der Mangel an geschulten Fach- und Aufsichtskräften zählten. Auswärtige Fachkräfte konnten nur mit sehr hohen Löhnen gewonnen werden. Hinzu kamen Streiks, die den Betrieb erheblich beeinträchtigten: Als man im Frühjahr 1901 Akkordarbeit einführen wollte, stieß dies auf Widerstand bei der Arbeiterschaft. Sämtliche Holzarbeiter, Schmiede und Lackierer legten die Arbeit nieder. Deshalb: 1901 erreichte man nur rund ein Drittel der Auslastung des Betriebs. Insgesamt konnte man bis dahin nur 464 Fahrzeuge – vom einfachen Güterwagen bis zum vierachsigen Durchgangswagen – fertigen.

Fabrikschild 1901

Fabrikschild 1903

Zweiachsige Personenwagen aus Kelsterbach

Die Württembergische Eisenbahngesellschaft (WEG) betrieb von 1901 bis 1985 eine Schmalspurbahn Amstetten – Laichingen. In

der Zeitschrift „Die Museums-Eisenbahn 1/2010" schreibt Hans-Joachim Knupfer einen Artikel über die Personen- und Gepäckwagen der Ursprungsausstattung aus der Süddeutsche Waggonfabrik Kelsterbach am Main.
„1901 wurde die „Alb-Bahn", wie die Meterspurbahn von Amstetten nach Laichingen im Volksmund hieß, mit fabrikneuem Wagenmaterial eröffnet. Die Süddeutsche Waggonfabrik Kelsterbach lieferte fünf Personen- und einen Packwagen, die abgesehen vom vorübergehenden Verleih zweier Wagen alle bis in die 1950er Jahre beieinander blieben. Die Teilverdieselung ab 1954 machte zunächst zwei Wagen überflüssig, der Rest folgte neun Jahre später. Erhalten geblieben ist, abgesehen von der vorübergehenden Fortdauer eines Wagenkastens, keines der Fahrzeuge."

In einer Beschreibung der Wagen aus dem Stuttgarter Staatsarchiv, gehen die „Standesunterschiede" der zwei Wagenklassen deutlich hervor.

Süddeutsche Waggonfabrik A.-G., Kelsterbach am Main, 25.Oktober 1900

Beschreibung

2achsiger Personenwagen II./III. Klasse, 1000 m/m Spur nach Zeichnung T 258 + 258 a mit Dampfheizung, Westinghouse-Bremse und Petroleum-Beleuchtung.
Abmessung des Wagens:
äußere Kastenlänge   8.210 m/m
äußere Kastenbreite   2.600 m/m
lichte Höhe   1.965 m/m

Länge des Untergestells   9.710 m/m
Radstand   5.500 m/m

Der Wagen ist nach dem Durchgangssystem gebaut und erhält ein Abtheil II. Klasse für 8 Personen, ein Nichtraucher-Abtheil III. für 8 Personen und drei zusammenhängende Abtheile für Raucher III. Klasse für 24 Personen, zusammen also 8 Sitzplätze II. Klasse und 32 Sitzplätze III. Klasse. An jedem Wagenende ist eine überdachte Plattform von 750 m/m Länge angeordnet, welche mit herabbklappbaren Übergangsbrücken aus Riffelblech versehen ist.
Der Wagen erhält freie Lenkachsen, auf dem Dache ist ein Lüftungsaufbau angefordnet. Die Heizung erfolgt durch Dampf mittels schmiedeeisernen Heizkörpern. Der Wagen erhält Einrichtung zur automatischen Bremsung mittels Westinghouse-Bremse-Apparat. Außerdem ist an der einen Plattform eine Bremsspindel angebracht, welche die Bedienung der Bremse mit der Hand gestattet.

Das Abtheil II. Klasse erhält doppelten, die Abtheile III. Klasse einfachen Fußboden mit Linoleum belegt. Sämtliche Fenster sind als Doppelfenster construiert: die Fensterrrahmen und das gesamte Leistenwerk in II. Klasse sind aus Nußbaumholz, in III. Klasse aus Eichenholz herzustellen. Die Wandbekleidung der Abtheile II. Klasse unterhalb der Fenster besteht aus gemusterten Linoleum, oberhalb der Fensterbrüstung sind die Wände, sowie die Decke mit bemusterten Wachstuch bespannt. Die Abtheile III. Klasse erhalten weiß gestrichene, einfache Decken, die eichenen Rahmenstücke und die möglichst kleinen Füllungen der Außen- und Zwischenwände sind an den sichtbaren Stellen naturlackiert. Die Beleuchtung der Abtheile erfolgt durch Petroleum-Deckenlampen, deren sichtbare Stellen in II. Klasse aus Neusilber hergestellt und mit Lichtschützer von der Farbe der Fenstervorhänge versehen sind. Das Abtheil II. Klasse erhält feste Sitzpolster mit Rückenlehnen mit Plüsch bezogen, über denselben sind Gepäcknetze anzubringen. Die Sitze III. Klasse bestehen aus einem Holzgestell mit Rotbuchen naturpolirten Latten. Sämtliche Fenster erhalten Schiebegardinen. Das obere Feld der Drehtür in II. Klasse ist als Spiegel ausgebildet. An geeigneten Stellen sind Aschenbecher angebracht.
2 achsige Personenwagen III. Klasse, 1000 m/m Spur, nach Zeichnung T 258 mit Dampfheizung, Westinghousebremse und Petroleum-Beleuchtung. Die Abmessungen der Wagen sind genau wie bei dem Wagen II./III. Klasse. Die Wagen sind ebenfalls nach dem Durchgangsprinzip gebaut und erhalten 40 Sitzplätze III. Klasse. An den Wagenenden sind überdachte Plattformen von 750 m/m Länge angebracht, welche mit herabklappbaren Übergangsbrücken aus Riffelblech versehen sind. Die Lüftung erfolgt mit dem auf dem Dache angeordneten Lüfteraufbau. Die Wagen erhalten freie Lenkachsen. Die Heizung erfolgt durch Dampf mittels schmiedeeisernen Heizkörpern. Die Bremseinrichtung ist genau dieselbe wie bei den Wagen II./III. Klasse. Die innere Einrichtung entspricht genau derjenigen Abtheile III. Klasse.

Süddeutsche Waggonfabrik

Am Anfang, 1901, sahen alle Personenwagen der Albbahn so aus wie Wagen 1 (rechts), der sich bis zum Schluß nicht stark veränderte. Am umgebauten Wagen (links) sind die Unterschiede augenfällig: Einfachfenster und senkrecht heruntergezogene Seitenwände, keine Laternendachlüfter mehr, Öl-Einzelheizung (Blechkasten seitlich am Rahmen). Laichingen, 5.9.1959, Foto: Joachim von Roh

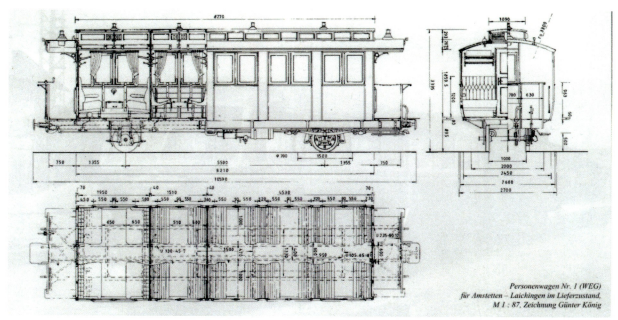

Personenwagen der II. und III. Klasse im Lieferzustand, erbaut von der Süddeutschen Waggonfabrik in Kelsterbach, mit Dampfheizung, Spindel- und Westinghouse-Bremse

Noch heute kann man Güterwagen aus der Produktion der Kelsterbacher Waggonfabrik bei der Härtsfelder-Museumsbahn (Neresheim) bewundern. Diese Wagen wurden 1901 an die Württembergische Eisenbahn-Gesellschaft (WEG) geliefert.

Glanzstoff glänzt nicht mehr

Süddeutsche Waggonfabrik

Diese Gesellschaft stellte 1985 den Personen- und Güterverkehr ein. Verschiedene Waggons kamen zur Museumsbahn nach Neresheim und haben dort bis heute überlebt. Sie wurden schmuck aufgearbeitet und sehen wie neu aus.

Pufferwagen 155, Hersteller: Süddeutsche Waggonfabrik Kelsterbach, Baujahr: 1901

Neresheim - im Hintergrund die Benediktinerabtei, errichtet von Balthasar Neumann. 2001 erfolgte die Wiedereröffnung der 1900 erbauten Härtsfeldbahn als Museumsbahn. Vorne rechts ein Waggon aus Kelsterbach.

Niederbordwagen 303, Hersteller: Süddeutsche Waggonfabrik Kelsterbach, Baujahr: 1901

Niederbordwagen 301, Hersteller: Süddeutsche Waggonfabrik Kelsterbach, Baujahr: 1901

Ein umgebauter Personenwagen aus dieser Zeit

Ein noch nicht aufgearbeitetes Untergestell eines Waggons in Neresheim

Glanzstoff glänzt nicht mehr

Süddeutsche Waggonfabrik

Noch ein Problem: Wohnungsmangel bedingt durch Zuzug

> **1899** Im Frühjahr bereits ist mit dem Bau der Waggonfabrik begonnen worden. Ein Anwachsen der Bevölkerung, das Steigen der Wohnungsmieten, ja Wohnungsnot ist die sofortige Folge. Besser als für Wohnungen wird für Wirtschaften gesorgt, die wie Pilze aus der Erde wachsen. Die Zahl der sonntäglichen Kirchenbesucher ist trotz des Anwachsens der Seelenzahl nicht größer, eher kleiner geworden. Herbst 1899 hat die Waggonfabrik den Betrieb begonnen. Vorher schon hatte sie, um der Wohnungsnot zu steuern, 3 große Miethäuser für 35 Familien und eine Reihe Werkmeisterwohnungen fertiggestellt, aber trotzdem sind die Mieten sehr hoch und keine Wohnungen zu bekommen. Der starke Zuzug von außen macht sich auch in der hiesigen Schule sehr bemerkbar. Es war nötig, eine sechste Klasse zu bilden, die in dem Schulverwalter Rosenthal von Mörfelden einen Lehrer erhielt. Da im nächsten Frühjahr noch viel stärkerer Zuzug erwartet werden muß, wird der Bau eines neuen Schulhauses notwendig.

Aus der ev. Pfarrchronik von 1899

Um einen guten und geschulten Stamm von Arbeitern zu gewinnen, wurde 1899 der Bau von drei Arbeiter-Wohnhäusern mit je zwölf Wohnungen gegenüber dem Haupteingang am Rüsselsheimer Weg für 150.000 Mark sowie eine Reihe Werkmeisterwohnungen in Auftrag gegeben. Ein viertes Wohnhaus folgte. Im Gemeindeprotokoll von 1900 ist hierzu nachzulesen: "Dem Bau von Wohnhäusern am Rüsselsheimer Weg wird zugestimmt; Vorgärten sollen die Häuser nicht erhalten, da die Wohnungen ausschließlich für Arbeiter bestimmt sind". Das entsprach durchaus dem Geist der damaligen Zeit - heute unvorstellbar.

Obwohl die Waggonfabrik hiermit einigen Wohnraum besaß, waren Wohnungen weiterhin sehr knapp. Die Mieten sollen zudem sehr hoch gewesen sein. Der starke Zuzug von außen machte sich auch in der örtlichen Schule bemerkbar. So wurde es notwendig, eine sechste Klasse und im Herbst 1900 sogar eine siebte zu bilden.

Die 1899 erstellten „Meisterhäuser" in der Rüsselsheimer Straße wurden 1970 abgebrochen (Foto Sommer 1949)

Unter Mitbeteiligung des Aufsichtsrates wurde 1900 eine gemeinnützige, der Beschaffung von gesunden und zweckmäßig eingerichteten Arbeiterwohnungen dienende Gesellschaft „Arbeiterheim Kelsterbach G. m. b. H." ins Leben gerufen. So die selbstgewählte Zielsetzung. Das Unternehmen beteiligte sich mit 40.000 Mark. Die neue Gesellschaft übernahm die vier Zwölf-Familienhäuser zum Herstellungspreis in der Rüsselsheimer Straße und baute weitere neun Sechs-Familienhäuser (Helfmannstraße).

Rechts das Verwaltungsgebäude und links die „Hohen Häuser" ohne Vorgärten

Die Arbeitersiedlung Helfmannstraße

Glanzstoff glänzt nicht mehr

Süddeutsche Waggonfabrik

> **Kelsterbach.**
>
> — Wie man hört, beabsichtigt die Waggonfabrik nach vollständiger Inbetriebsetzung ihres Etablissements bis zu 1200 Arbeiter einzustellen. Wie leicht erklärlich, geht es in unserer Gemeinde jetzt schon mit den Wohnungen sehr knapp her und wie wird es erst werden, wenn der Betrieb voll aufgenommen werden wird? Es ist allerdings in letzter Zeit sehr viel gebaut worden und auch die Waggonfabrik hat einige Wohnhäuser erbauen lassen, aber das dürfte alles noch nicht ausreichen, um der Nachfrage auch nur einigermaßen genügen zu können. — Wie wäre es, wenn sich hier ein sogenannter „Bauverein" gründen würde, z. B. ähnlich wie in dem nahen Schwanheim. Ein Risiko wäre doch allem Anscheine nach hier am Platze nicht vorhanden, namentlich, da doch die löbl. Leitung der Waggonfabrik sich erboten hat, evtl. für die Verzinsung die Garantie zu übernehmen. — Einer Versammlung die in diesem Sinne einberufen würde, würde gewiß allgemeines Interesse entgegengebracht werden.   X.

Die Waggonfabrik beabsichtigt, bis zu 1200 Mitarbeiter einzustellen, aber die notwendigen Wohnungen fehlen.
(Kelsterbacher Zeitung vom 18.04.1900)

Die Teufelsinsel

Die „Teufelsinsel": Waggonfabrik mit den „Hohen Häusern"

In der Werkzeitschrift vom Dezember 1936 schrieb dazu der Mitarbeiter V. Taband:

Das Glanzstoffwerk auf der Teufelsinsel
„Ob nicht manchem unserer früheren Glanzstoffmitarbeiter, der zwischenzeitlich den Staub Kelsterbachs wieder von den Füßen geschüttelt hat, heute noch ein heißer Schreck durch die Glieder fährt, wenn ihm unsere Werkzeitschrift an hervorragender Stelle bestätigt, dass er Jahre seines Lebens auf der „Teufelsinsel" verbracht hat? Und doch ist es so!
Als um Ende des 19. Jahrhundert mit für damalige Verhältnisse großem Aufwand und Geräusch eine süddeutsche Industrie AG. in kurzer Zeit Werkräume und Hallen zum Betrieb einer Waggonfabrik aus dem Boden schießen ließ und bald darauf das Gestampfe der Schmiedehämmer den Tag durchdröhnte und der schrille Pfiff der Lokomotiven die Nacht zerriss, da wussten die Kelsterbacher, dass es mit ihrer idyllischen, ländlichen Ruhe zu Ende war. Und in instinktiver Abwehr gegen Industrialisierung und Maschinisierung belegte der bodenständige Bauer den Teil der Gemarkung, welcher zur Erstellung der Fabrikgebäude und Ansiedlung der in großer Zahl zuziehenden Fabrikarbeiter zur Verfügung gestellt wurde, mit dem netten Namen „Teufelsinsel"! Und so ist es bis heute geblieben."

Der Anbruch der neuen Zeit war für manche brave Kelsterbacher eine echte Herausforderung. Sie wurden von der rasanten Entwicklung regelrecht überrollt: Nichts schien mehr so, wie es einmal gewesen war. Dafür mag folgendes Beispiel mit Schmunzel-Effekt stehen: Die Fabrik und das angrenzende Wohnviertel gegenüber – die „Hohen Häuser"– nannten die ortsansässigen Bauern Anfang des 20. Jahrhunderts im Volksmund daher „Teufelsinsel". Drastisch angespielt wurde so auch auf tiefgreifende Veränderungen im dörflichen Leben und Sozialgefüge, etwa die Ankunft neuer und als etwas zu leichtlebig empfundener Neubürger. Der Zuzug von so vielen fremden Menschen –„Landfremde" mit neuen, revolutionären Ideen (Sozialismus, Gewerkschaft, Konsumverein) – veränderte das Leben in der Dorfgemeinde von Grund auf und überforderte wohl zunächst einige. Die alte Kelsterbacher Welt brach zusammen!

Nach Meinung manch „eingeborener" Kelsterbach reiste ein „leichtlebiges" Völkchen in ihre Untermain-Perle. Eines zumindest stimmte: Man verdiente gut und das Geld saß locker. Die einheimischen, sparsamen Bauern sahen die „Fremden" als Verschwender und zudem als moralisch nicht einwandfrei an. Eine der Folgen: Angeblich schnellte am Ort seinerzeit die Zahl unehelicher Geburten hoch - so melden unter anderem Chroniken der Martinsgemeinde.
Längst ist ein Jahrhundert vergangen - die Werkräume und Hallen wurden 2008 zurückgebaut. Die Gebäude in der Rüsselsheimer Straße, welche damals den Fabrikarbeitern Unterkunft gaben, stehen noch und ehemalige Bewohner treffen sich regelmäßig noch als die

Glanzstoff glänzt nicht mehr

Süddeutsche Waggonfabrik

„Teufelsinsler" – heute natürlich kein Schimpfwort mehr, sondern Zeichen des lokalen Selbstbewusstseins.

Wandel

Der Bevölkerungs- und Strukturwandel am Ort schritt unaufhaltsam voran. Durch die Gründung der Fabrik und das Aufblühen der Industrie in der Nachbarschaft (Farbwerke, Adler, Opel usw.) kamen immer mehr Arbeiter auch nach Kelsterbach. Darüber hinaus waren die politischen Auswirkungen am Ort enorm: Die zugezogenen Facharbeiter waren fast alle gewerkschaftlich und politisch organisiert, so dass bald ein Ortsverein der Sozialistischen Partei gegründet wurde. Schon 1903 zogen die ersten sozialistischen Arbeitervertreter in den Kelsterbacher Gemeinderat ein. Des Weiteren gründete man 1901/02 auf Betreiben sozialdemokratisch orientierter Arbeitnehmer einen Konsumverein. Obwohl stark von der Geschäftswelt angefeindet, überlebte diese Einrichtung. Erst 1933 setzten die Nazis den Schlusspunkt, wird in einer Dokumentation des DGB-Ortskartells Kelsterbach von 1977 berichtet. Eine weitere Veränderung im gesellschaftlichen Leben Kelsterbachs: Vermutlich durch im Zuge der Industrialisierung ankommende Neubürger erhöhte sich im zuvor stramm evangelisch-lutherischen Gemeinwesen vom Ende des 19. Jahrhunderts an der Anteil der katholischen Einwohnerschaft kontinuierlich.

> **1900** Die Waggonfabrik hat ihren Betrieb seit Frühjahr bedeutend erweitert, so daß jetzt bereits über 600 Arbeiter beschäftigt sind. Gegenwärtig baut sie am Rüsselsheimer Weg ein Arbeiterheim, Wohnungen für ca. 50 Familien, da die Privatbautätigkeit das Bedürfnis nach billigen Mietwohnungen nicht befriedigt. In Folge des starken Zuzugs mußte Herbst 1900 eine weitere, die siebente Klasse errichtet und im Rathaus provisorisch untergebracht werden.

Aus der ev. Pfarrchronik von 1900

Die Fabrik brachte aber letztlich Vorteile für das ganze Dorf. Vor allem gab es durch den Bau der Fabrik Neugründungen von kleinen Gewerbebetrieben und Gaststätten. So verdienten nicht nur jene, die einen Arbeitsplatz in der Fabrik selbst hatten, sondern der gesamte Ort blühte auf. Auch Agrarprodukte stiegen im Preis, und die Bauern stellten bald fest, dass die ganze Sache vielleicht doch gar nicht so schlecht war! 1900 wurden vom Forsthaus Hinkelstein bis zur Waggonfabrik Fernsprechmasten aufgestellt und damit das Werk mit der großen weiten Welt verbunden. 1903 endlich baute man die lange geforderte Kreisstraße zwischen Raunheim und Kelsterbach und 1910 fiel der Beschluss, elektrisches Licht (Main-Kraftwerke) in Kelsterbach einzuführen. Allerdings wurden die Straßen noch bis 1911 mit Petroleumlampen beleuchtet. 1908 kam der Anschluss an das Frankfurter Wassernetz.

> **1901** Die Stockung in der Industrie macht sich auch in unserer Gemeinde recht fühlbar. Die Waggonfabrik sieht sich gezwungen, ihren Arbeiterstamm, seither 750, stark zu reduzieren.
> Infolge der Industrie-Stockung herrscht gegenwärtig in hiesiger Gemeinde eine sehr gedrückte Stimmung. Überall vernimmt man Klagen über Arbeitslosigkeit und schlechten Verdienst. Die hiesige Waggonfabrik hat mit großen Verlusten, über eine Million, gearbeitet und ihren Arbeiterstamm von 700 auf 300 reduzieren müssen. Hoffentlich bringt das neue Jahr die von allen gewünschte Besserung.

Aus der ev. Pfarrchronik von 1901

Leider hielt die neue Industrie nicht lange, was man sich von ihr versprach. Die Belegschaft ging bald einer ungewissen Zukunft entgegen. Ein äußeres Alarmsignal für Krise: Die Betriebsleitung wechselte häufig. Schließlich wurde zur Gewissheit: Die neue Fabrik arbeitete unwirtschaftlich. Die Erwartungen für eine volle Auslastung der Werkstätten erfüllten sich nicht. 1901 machte sich der Rückgang in der gesamten deutschen Industrie auch in der Kelsterbach Waggonfabrik bemerkbar. Durch einen von der Preußischen Staatsbahn herein kommenden großen Auftrag über Güterwagen ging es zwar vorübergehend wieder aufwärts, doch das war nur ein Strohfeuer für kurze Zeit.

Schließlich sprach man von Verlusten, die eine Million Mark pro Jahr erreichten, was auch auf „personelle Fehlbesetzungen" zurückgeführt wurde. Sprachlich weniger feinfühlig formuliert heißt das: Leitende Angestellte sollen unlautere Geschäfte getätigt haben, was sich negativ auf das gesamte Unternehmen auswirkte. Wie so oft, erfolgten die ersten Konsequenzen aber nicht nur oben in der Werkshierarchie, sondern vor allem unten: Der Arbeiterstamm wurde von 750 auf rund 300 mehr als halbiert. Die Arbeitslosigkeit stieg, und wer überhaupt noch eine Tätigkeit hatte,

Glanzstoff glänzt nicht mehr

klagte über den schlecht gewordenen Verdienst. Bald standen außerdem viele Wohnungen leer.

> **1902** Die Industriekrisis ist noch immer fühlbar. Die Waggonfabrik beschäftigt nur ca. 300 Mann. Viele Wohnungen stehen leer, die Bautätigkeit läßt nach.

Auszug aus der ev. Pfarrchronik von 1902

Schließlich verdichteten sich im Laufe des Jahres 1903 die Gerüchte, die Waggonfabrik werde geschlossen und verkauft. Das rasche Ende der Waggonfabrik drohte und sie geriet tatsächlich aufs Abstellgleis. Am 15. Dezember 1903 war Endstation. Die Generalversammlung der Süddeutschen Waggonfabrik, Aktiengesellschaft, Kelsterbach a.M., beschloss die Liquidation und genehmigte einen Kaufvertrag an die Vereinigten Kunstseide-Fabriken, A. G. (VKF), Frankfurt.

Anzeige vom 5. Jan. 1904 zur Liquidation

Das bedeutete für zahlreiche, nach Kelsterbach zugezogene Spezialhandwerker und ihren Familien, aber auch manchen Einheimischen plötzlich große Ungewissheit und Sorge um Lohn und Brot. Und das, obwohl sich am Ort schnell herumgesprochen hatte, dass eine Gesellschaft, die in Bayern und in der Schweiz bereits Fabriken besaß, auch in Kelsterbach auf dem Gelände der Waggonfabrik künftig künstliche Seidenfäden herstellen wolle.

Die Waggonfabrik stellt ihren Betrieb ein. Groß-Gerauer Kreisblatt 09.02.1904

Das große Rätselraten begann: Man konnte sich zwar unter Metall- oder Chemie-Werken wie Opel in Rüsselsheim, Adlerwerke in Frankfurt oder Farbwerke in Höchst etwas vorstellen, aber einem unbekannten Produkt wie künstliche Seide standen viele doch sehr skeptisch gegenüber: Wieder kam etwas völlig Neues und Unbekanntes auf Kelsterbach zu. Deshalb wanderten zunächst viele Facharbeiter in die metallverarbeitenden Industrien der Nachbarstädte ab. In Kelsterbach indes stand die Welt keineswegs still. Ein Übernahmestab aus einem Schweizer Werk der VKF erschien unter Leitung des Chemikers Fritz Dietler und übernahm die ersten Arbeiter von der Waggonfabrik. Übrigens, am 3. März 1904 verzeichnete das erste Arbeiterbestandsbuch unter der Kontrollnummer 1 den Namen jenes Musketiers Philipp Kunst, der vormals der vermeintlich revolutionäre Kelsterbach für die Obrigkeit inspiziert hatte.

Damit begann – mit einigen Anlaufschwierigkeiten – eine Erfolgsstory in einer völlig anderen Branche. Doch auch das hatte eine Vorgeschichte – allerdings nicht in Kelsterbach, sondern anderswo.

Das sogenannte „RWE-Gleis" 1952 – im Hintergrund das Glanzstoff-Werk

Süddeutsche Waggonfabrik

„Arbeiterheim G .m. b. H"

„Arbeiterheim G .m. b. H" ging 1903 in den Besitz der Vereinigten Kunstseidefabriken AG Kelsterbach über

Als im Jahre 1903 die Süddeutsche Waggonfabrik in den Besitz der Vereinigten Fabriken AG Kelsterbach überging, wurden auch die Gesellschaftsanteile der damals schon bestehenden Arbeiterheim-Gesellschaft mit übernommen. Die Gesellschaft wurde 1900 gegründet. Sinn oder Gegenstand, wie es laut Statuten heißt, war, die Beschaffung von gesunden und zweckmäßig eingerichteten Wohnungen für Minderbemittelte, besonders für versicherungspflichtige Arbeiter. In der Gesellschaft waren die „hohen Häuser", Rüsselsheimer Straße 95 – 109, die Meisterhäuser und die neun Häuser in der Helfmannstraße.

Nach dem ersten Weltkrieg wurde eine Umbenennung in „Wohnstätten G. m. b. H." vorgenommen.

Auch als im Jahre 1928 die Vereinigten Kunstseidefabriken mit den Vereinigten Glanzstoff-Fabriken zusammengeschlossen wurden, blieb die Wohnstätten G. m. b. H. bestehen; erst 1932 wurde die Gesellschaft aufgelöst und ging in den Besitz der Vereinigten Glanzstoff-Fabriken über.

Der Neubeginn mit Kunstseide

Mit dem abrupten Ende der Waggon-Fabrik startete ein völlig neues Kapitel Industriegeschichte in Kelsterbach. Dies begann 1904 mit den Vereinigten Kunstseidefabriken Frankfurt (VKF) und führte zur späteren Fusion, ja letztlich zur Übernahme durch die Vereinigten Glanzstoff-Fabriken AG (VGF). Wir stellen im Folgenden diese beiden Wurzeln des Werks vor, die schließlich nach einer teilweise sehr bewegten Geschichte mit vielem Auf und Ab zusammenliefen.

Zunächst: Wer waren die Vereinigten Kunstseidefabriken, der neue Besitzer auf dem alten Gelände in Kelsterbach? Dazu ein kurzer Ausflug in die Vorgeschichte, bevor es mit der VKF 1904 in der Untermainstadt losgeht. Auf dem zukunftsträchtigen Gebiet „Kunstseide" tummelten sich nämlich starke Wettbewerber, so auch ein gewisser Graf Hilaire de Chardonnet. Den Adligen begeisterte um 1880 bei der Besichtigung einer Zellstoff-Fabrik der seidig glänzende Zellstoff und er hatte die Vision: Daraus müsse doch ein seidig ähnlicher Stoff zu gewinnen sein. Der pfiffige Graf kiebitzte daraufhin in Sachen Seide bei Mutter Natur, nämlich der Seidenraupe.

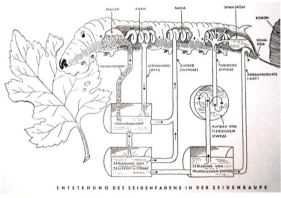

Seidenraupe als Vorbild

Kunstseide-Produktion nach dem Chardonnet-Verfahren

Wie die ihren Faden spinnt, das erkundete Chardonnet im Zuge eines Forschungsauftrags und zog daraus folgenschwere Rückschlüsse. Der Biochemismus hat letztlich den Forscher angeregt, ähnliches zu versuchen: Es musste doch möglich sein, Fäden auf andere Weise zu bilden, künstlich, aus natürlichen Rohstoffen, doch unabhängig von Einflüssen der Natur. Der Graf versuchte, die sehr kurzen Fasern von Pflanzenzellstoff, Zellulose löslich zu machen und diese Zellstofflösung zu verspinnen, zu Fäden, die sehr fein und haltbar waren. Doch die zarten Fäden brannten schnell und die Herstellung der künstlichen Seide, wie der blaublütige Spinner sie nannte, war teuer.

Bis es außerdem soweit war, gingen alledem hektische und oft geheime Forschungen über Jahrzehnte voraus. Das älteste Dokument, worin künstliche Seide zu spinnen erwähnt wird, stammt aus dem Jahre 1664. Robert Hooke schrieb, nachdem er unter einem Mikroskop ein Stück feinstes Seidengewebe betrachtet:

„...und ich dachte oft, es möchte wohl ein Verfahren gefunden werden um eine künstliche leimartige Masse herzustellen, ganz ähnlich, wenn nicht gar genauso gut, besser als Excrement, oder was für eine andere Substanz es sein möge, aus der der Seidenwurm sein Knäuel spinnt. Würde solche Masse ausfindig gemacht, so wäre es sicher leicht, rasch ein Verfahren zu ermitteln, um sie für den Gebrauch in Fäden auszuziehen. Ich brauche den Wert einer solchen Erfindung nicht zu erwähnen und Vorteile, die ein Erfinder aus ihr erzielen würde, sind ganz offensichtlich."

Interessant ist, dass er bei seiner Idee gleich an eine „leimartige Masse" gedacht hat. Denn das taucht später nochmals auf. Auch im nächsten Jahrhundert wurde über Möglichkeiten künstliche Fäden herzustellen geforscht und geschrieben. Man dachte an Seidenfäden aus Gummi oder Harzen. Doch war man im 18. Jahrhundert noch nicht in der Lage, diese Gedanken weiter zu spinnen. Erst ein Jahrhundert später wurde eine Entdeckung gemacht, die diese Gedanken entscheidend förderte.

Es gelang dem deutschen Chemiker Christian Friedrich Schoenbein im Jahre 1846 in Basel, Baumwolle zu nitrieren. Er befasste sich mit Studien über die Natur des von ihm entdeckten Ozons und glaubte, auch im Gemisch von Schwefel- und Salpetersäure ozonähnliche Eigenschaften gefunden zu haben. Er behandelte auch Baumwolle in einem Gemisch von Schwefel- und Salpetersäure. Bei den hauchdünnen Fäden trat äußerlich keine Veränderung ein, aber tatsächlich verwandelte sich das Produkt in einen hochbrisanten Spreng-

Vereinigte Kunstseide-Fabriken A.G.

stoff, in Schießbaumwolle. Das Werk Kelsterbach hatte die Lizenz für dieses Produkt.

Durch Schoenbeins Entdeckung hatte der Gedanke der künstlichen Fadenherstellung auf einmal alles Utopische verloren. Ohne die Notwendigkeit, steigende textile Bedürfnisse einer immer grösser werdenden Bevölkerungszahl zu befriedigen, war aber das Entstehen der Kunstseiden-Industrie nicht vorstellbar.

Patentschrift Graf de Chardonnet 1855

1884 waren die Versuche des Grafen soweit gediehen, dass er sein Verfahren in Frankreich und Deutschland zum Patent (E.P. 165.349; D.R.P. 38.368) anmelden konnte: Ihm war die Herstellung von Kunstseide nach dem Nitrozellouse-Verfahren gelungen. Chardonnet war der erste Erfinder, der seine Fäden allein in der Absicht auf ihre textile Verwendung herstellte.

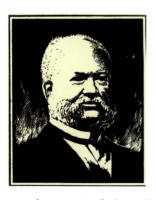

Noch im gleichen Jahr eröffnete er in seiner Heimatstadt Besançon die erste Kunstseide-Fabrik. Auf der Weltausstellung 1889 in Paris erregte die Kunstseide-Spinnmaschine des adligen Chemikers ungeheures Aufsehen. Diese Maschine ließ er von der Firma M. E. Mertz in Basel bauen und meldete sie zum Patent an (D.R.P. 56:331). Graf Chardonnet präsentierte Nitrozellulose, die die Fachwelt durch Glanz, Farbenpracht und Schmiegsamkeit erstaunte, jedoch den Nachteil hatte, dass sie leicht brennbar war. Diese Feuergefährlichkeit wurde besonders bemängelt und bereitete ihm neben der nicht ausreichenden Festigkeit die größten Schwierigkeiten. Erst als ihm gelang, einen völlig denitrierten Faden auf den Markt zu bringen,

wurde das Misstrauen der Kunden überwunden. Der erste große Abnehmer der Nitroseide war die Hutindustrie, welche daraus Bänder herstellte.

Die Gründung der „Vereinigten Kunstseide-Fabriken A.G. Frankfurt" (VKF)

Briefkopf der Vereinigte Kunstseidefabriken A.G

Am 28. Februar 1900 gründeten Graf Hilarire Chardonnet und der Augsburger Chemiker Friedrich Lehner die „Vereinigten Kunstseide-Fabriken AG Frankfurt" (VKF) mit ihren Betrieben in Spreitenbach und Glattbrugg bei Zürich.

Schon 1903 hatte man drei Fabriken, davon zwei in der Schweiz und eine in Bayern. Die älteste befand sich in Glattbrugg mit etwa 300, die andere in Spreitenbach mit 670 Kilogramm Tagesproduktion. Die dritte Fabrik in Bobingen bei Augsburg erreichte rund 700 Kilogramm. Nun wollten diese Pioniere der Branche auch in den Räumen der stillgelegten Süddeutschen Waggonfabrik in Kelsterbach die Fabrikation von Kunstseide nach dem Nitro-Zellulose-Verfahren aufnehmen.

Ankauf der stillgelegten Süddeutschen-Waggonfabrik in Kelsterbach

In der Aufsichtsratssitzung vom 13. Oktober 1903 wurde seitens VKF der Ankauf beschlossen. Der Erwerb kam mit Wirkung vom 1. April 1904 zustande.

> **1903** Im Herbst des Jahres 1903 wurde die hiesige Waggonfabrik nebst Arbeiterheim an eine Frankfurter Gesellschaft verkauft, welche darin eine Kunstseidenfabrik betreiben will. Der Eingang der Waggonfabrik ist recht zu bedauern. Die neue Fabrik wird ein weiteres Anwachsen der Bevölkerung zur Folge haben, für die Gemeinde Vorteile, aber auch Nachteile bringen. Letztere befürchtet der Schreiber dieses, weil auch „weibliche" Arbeitskräfte in der neuen Fabrik beschäftigt werden sollen.

Auszug aus der ev. Pfarrchronik Kelsterbach von 1903

Vereinigte Kunstseide-Fabriken A.G.

Mit dem Schreiben vom 30. Oktober 1903 baten die Vereinigten Kunstseidefabriken um ein Gespräch mit Bürgermeister Hardt, um über die Errichtung einer Kunstseidefabrik in Kelsterbach zu informieren.

Schreiben vom 30.Oktober1903 an Herrn Bürgermeister Hardt

Bis es zum Bau kam, mussten manche Klippen umschifft werden. Denn nicht alle Kelsterbacher waren mit der Errichtung einer Kunstseidefabrik in den Hallen der ehemaligen Waggonfabrik einverstanden. So wurden Einwendungen von Bürgern erhoben, um die Errichtung der Fabrik zu untersagen:

Kornweg mit Staudenäcker um 1950

Es ging um die Wiederherstellung eines alten Verbindungsweges zwischen der Rüsselsheimer-Straße und dem Kornweg. Diese Verbindung ist in alten Plänen eingezeichnet.

Nach dem Bau der Waggonfabrik war sie nicht mehr befahrbar und man musste einen kleinen Umweg machen, um auf die Felder zu kommen.

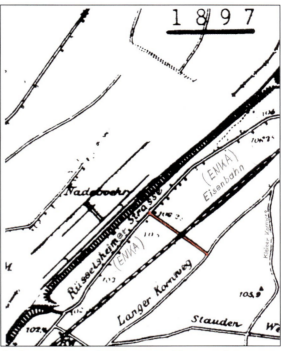

Im Lageplan von 1897 war der Weg, um dessen Streit es ging, eingezeichnet

Bei dem Konzessionsantrag vom 10. Okt. 1903 ist ein Lageplan beigefügt, auf dem der Weg über die Felder eingezeichnet ist

Der Kreisausschuss des Kreises Groß-Gerau stellte in der Sitzung vom 10. Dezember 1903 fest, dass dieser Übergang als überflüssig erachtet werden müsse, da nur viereinhalb Minu-

Vereinigte Kunstseide-Fabriken A.G.

ten von der Waggonfabrik entfernt ein Bahnübergang mit Wärterposten vorhanden sei. Der Ortsvorstand konnte glaubhaft darlegen, dass ein Passieren des neuen Überganges mit Gefahren verbunden und eine Vermehrung des Feldfrevels im fraglichen Gemarkungsteils zu erwarten sei.

Desweiteren hatten die Besitzer der hierdurch betroffenen Liegenschaften beim Verkauf des Geländes an die „Hoch- und Tiefbauten" zu Frankfurt am Main, welche die Waggonfabrik hatten erbauen lassen, die Bedingung gestellt, dass in diesen Gebäuden keine anderen Gewerbe als die Waggonfabrik betrieben werden dürfen. Dies sei auch von Seiten des Bürgermeisters von Kelsterbach ortsüblich bekanntgemacht worden.

Auch diese Einwendung wurde als unbegründet zurückgewiesen. Der erwähnte Vorbehalt sei nicht protokolliert worden und es sei keine Publikation des Bürgermeisters gefunden worden.

Unter Vorsitz von Kreisrat Bichmann wurde am 10. Dezember 1903 beschlossen, den Vereinigten Kunstseide-Fabriken AG zu Frankfurt am Main die Konzession zur Errichtung einer Kunstseidefabrik in den „Gebäulichkeiten" der Süddeutschen Waggonfabrik zu Kelsterbach zu erteilen, aus wirtschaftlichen Gründen zur Weiterbeschäftigung des bisher in der Waggonfabrik beschäftigten Arbeiterpersonals.

Beschluss des Kreisausschusses vom 10. Dez.1903

Weiter wird im Beschluss des Kreisausschusses fortgefahren:

"desselben in die Barauslagen des Verfahrens und Verhüllung eines zur Kreiskasse zu zahlenden Aversionalbetrag von fünf Reichsmark als unbegründet abzuweisen seien, daß dem Unternehmer gemäß §19 a der Gewerbeordnung und §20 der zu selben erlassen den Verzügungsverordnung vom 20. März 1902 die vorläufige Genehmigung zur Ausführung der von ihnen projektierten Gebäulichkeiten zu erteilen sei."

Am 16. Dezember 1903 schrieb das Großherzogliche Kreisamt Groß-Gerau der Großherzoglichen Bürgermeisterei:

"Den Vereinigten Kunstseidefabriken haben wir die vorläufige Baugenehmigung maßgeblich der vorgelegten Pläne erteilt".

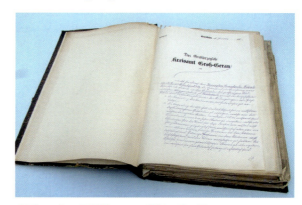

Urkunde mit Plänen und Beschreibungen

Glanzstoff glänzt nicht mehr

Vereinigte Kunstseide-Fabriken A.G.

Anfang Januar 1904 wurde die Konzessionsurkunde für die Errichtung einer Kunstseide-Fabrik ausgestellt.

In Sache Jakob Göbel wird das Kreisamt Groß-Gerau von Bürgermeister Hardt um Rückgabe der Unterlagen gebeten.

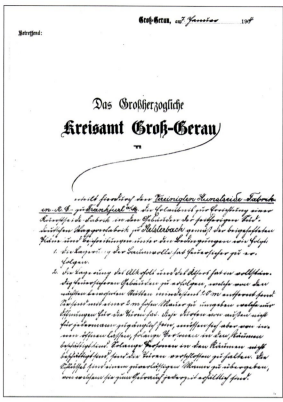

Konzessionsurkunde für die Errichtung einer Kunstseide-Fabrik in Kelsterbach vom 7. Januar 1904 mit Plänen und Bedingungen für den Bau

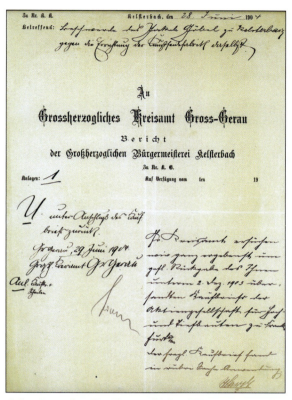

Schreiben der Großherzoglichen Bürgermeisterei Kelsterbach vom 28.01.1904 an das Kreisamt

Groß-Gerau, am 7. Januar 1904
Das Großherzogliche
Kreisamt Groß-Gerau
erteilt hierdurch den Vereinigten Kunstseide-Fabriken A.G. zu Frankfurt die Erlaubnis zur Errichtung einer Kunstseide-Fabrik in den Gebäuden der seitherigen Süddeutschen Waggonfabrik zu Kelsterbach gemäß der beigehefteten Pläne und Beschreibungen unter Bedingungen wie folgt:
1. Die Lagerung der Baumwolle hat feuersicher zu erfolgen.
2. Die Lagerung des Alkohols und des Äthers hat in vollständig feuersicheren Gebäuden zu erfolgen, welche von den nächsten bewohnten Hütten mindestens 20 m entfernt sind. Sie sind mit einer 2 m hohen Mauer zu umgeben welche nur Öffnungen für die Türen hat. Diese dürfen von außen nicht für jedermann zugänglich sein, müssen sich aber von innen öffnen lassen, solange Personen in den Räumen beschäftigt sind. Solange Personen in den Räumen nicht beschäftigt sind, sind die Türen verschlossen zu halten. Die Schlüssel sind einem zuverlässigen Man zu übergeben, von welchem sie zum Gebrauch jederzeit erhältlich sind.

. Zu Nr. B .k   **Kelsterbach,** den 28. Juni 1904

Betreffend: Beschwerde des Jakob Göbel zu Kelsterbach gegen die Errichtung der Kunstseidefabrik daselbst

An
Grossherzogliches Kreisamt Groß-Gerau

Bericht
Der Großherzoglichen Bürgermeisterei Kelsterbach
Zu Nr. k. G.
Auf Verfügung vom   ten   19
Anlagen: 1

Gr. Kreisamt ersuchen wir ganz ergebenst um gefl. Rückgabe des Ihnen unterm 2. Dez. 1903 übersandten Kaufbriefs der Aktiengesellschaft für Hoch- und Tiefbauten zu Frankfurt/Main

*Den fragl. Kaufbrief sanden
in rubri Sache Anwendungen*

Hardt

unter Anschluß des Kaufbriefs zurück
Groß-Gerau, 29. Juni 1904
Großh. Kreisamt Groß-Gerau

Anl. Kaufbr. +
Schreiben

Vereinigte Kunstseide-Fabriken A.G.

1904 – ein geschichtsträchtiges Datum

> Man meldet aus Kelsterbach: Die süddeutsche Waggonfabrik, welche erst im Jahre 1899 erbaut wurde, hat ihren Betrieb eingestellt und das große Fabrikgrundstück von 30 Morgen samt allen Fabrikgebäuden und dem Arbeiterheim an die „Vereinigte Kunstseidefabrik Frankfurt" verkauft. Die erforderlichen Umbauten sind schon im vollen Gange, sodaß der Betrieb noch im Laufe des Jahres aufgenommen werden kann.

Die erforderlichen Umbauten sind im vollen Gange. Groß-Gerauer Kreisblatt 09.02.1904

Am 3. März 1904 verzeichnete das erste Arbeiterbestandsbuch – wie kurz schon erwähnt - unter der Kontroll-Nr. 1 den Namen Philipp Kunst. Es ist derselbe, der während seiner Wehrdienstpflicht zu den „Unruhen" nach Kelsterbach geschickt wurde. Philipp Kunst arbeitete über 40 Jahre bei den Vereinigten Kunstseide-Fabriken bzw. bei den Vereinigten Glanzstoff-Fabriken in Kelsterbach. Er war der Uronkel des im lokalen Vereinsleben bekannten Kelsterbachers Alfred Kunst.

Die Vereinigten Kunstseide-Fabriken AG (VKF) begannen 1904 mit der Produktion der Nitratseide in den stillgelegten Fabrikhallen der Waggonfabrik. Und: 1904 blieb trotz der später veränderten Unternehmensstruktur und des Besitzerwandels das offizielle Gründungsdatum und der Start der Kunstfaserproduktion am Untermain. Dies spiegelte sich beispielsweise auch im Firmenjubiläum 1979 wider, als „75 Jahre Chemiefaserproduktion in Kelsterbach" gefeiert wurde.

> **1904** Im Januar starb der verdiente Direktor der Kunstseidenfabrik Eduard Schulthes. Die Auflösung der Waggonfabrik ging ihrem baldigen Ende zu. Mitte April begann die Aktiengesellschaft „Vereinigte Kunstseidenfabriken Frankfurt" unter Direktor Becker ihren Betrieb. Es werden ziemlich viel weibliche Kräfte, besonders auch Italienerinnen, beschäftigt. Auch bietet sich alleinstehenden weiblichen Personen durch sogenanntes „Strecken" der Seide Gelegenheit zu häuslichem Verdienst.

Auszug aus der ev. Pfarrchronik Kelsterbach

Der Zeitplan auf dem Weg von der Waggon-Fabrik zur Kunstseide-Herstellung war wieder sehr ehrgeizig: Im Februar und März 1904 wurde bereits mit den baulichen Änderungen begonnen, obwohl die letzten Waggons noch während dieser Zeit fertiggestellt wurden und am 26.März 1904 die Fabrik verließen. Am 1. April 1904 erfolgte die Übergabe an den neuen Besitzer. Das Team aus einem Schweizer VKF-Werk unter Leitung des Chemikers Fritz Dietler übernahm die ersten Arbeiter aus der Waggonfabrik. Es ging direkt an die Arbeit, Maschinen und Motoren wurden demontiert. Dann rollte Waggon auf Waggon aus der Schweiz an, und es wurde montiert. August Draisbach leitete als Schlossermeister die Montagen, die Elektro-Installation hatten die Siemens-Schuckert-Werke übernommen. Ziel war, bald mit der Produktion von 1000 Kilogramm Kunstseide täglich zu beginnen.

Die Neue Zeit in Kelsterbach

Jene frühen Jahre führten erneut über den Werkszaun hinaus zu gewaltigen Brüchen in der sogenannten guten alten Zeit Kelsterbachs. Die Entwicklung verlief rasant, der Strukturwandel im doch immer noch eher beschaulichen Kelsterbach war enorm, bis in den Alltag vieler Familien unmittelbar hinein. Neues Arbeiten, neue Ideen, neue Menschen und neues Rollenverhalten beispielsweise von Mann und Frau waren die Folgen.

> **1905** Die Kunstseidenfabrik verteilte eine Dividende von 3,5%. Auch die gemeinnützigen Anstalten und Kleinkinderschule und Volksbibliothek wurden von ihr bedacht; sie erhielten 250 bzw. 50 Mk. Die sittlichen Verhältnisse leiden durch die Beschäftigung jugendlicher Arbeiterinnen Not. Die Zahl der unehelichen Geburten nimmt zu.

Dazu ein Zeitzeugnis aus dem Archiv der evangelischen St. Martinsgemeinde

Revolutionäre Neuerung

Unruhe brachte die Kunstseide in die dörfliche Stille, als weibliche gewerbliche Arbeitskräfte in größerer Zahl gesucht wurden. Frauen als Fabrikarbeiterinnen, das mag wohl was rechtes sein, wird sich mancher damals vermutlich gedacht haben. Es kostete vermutlich manchen Kampf gegen Vorurteile. Aber als man die ersten Lohntüten in Händen hielt, fand man wohl Gefallen an dieser revolutionär anmutenden Neuerung. Es ging dann zur Anlernung sechs Wochen nach Spreitenbach in der Schweiz, also in die weite Welt. Natürlich hatte man auch Zeit, die Schönheiten der Schweizer Berge zu bewundern. Der Neid der daheim Gebliebenen war den Reisenden gewiss!

Vereinigte Kunstseide-Fabriken A.G.

Mitarbeiter bei der Ausbildung in Spreitenbach 1904

Die ersten vier Frauen, die im Einstellbuch von 1904 verzeichnet waren hießen: Anna Becker, Katherina Becker, Anna Doser und Christine Rostan. Sie berichteten der Werkzeitung von den Anfängen:

"Es war schon ein gewagter Schritt und kostete einigen Kampf gegen das Vorurteil der Eltern, sich 1904 zur Aufnahme ganz gewöhnlicher Fabrikarbeit zu entschließen, denn noch waren den jungen Mädchen nur die hausfraulichen Berufe vorbehalten und wer nicht als Hausangestellte tätig sein konnte, verdiente in Kelsterbach sein Geld in einem der zahlreichen Wäscherei- und Plätterei-Betriebe. Auf der anderen Seite lockte der bessere Lohn der Industrie und so wurden wir im März 1904 die ersten weiblichen Arbeiterinnen des neuen Werkes. Und dann hatten wir das Glück, Mitte April für sechs Wochen nach Spreitenbach in der Schweiz zu reisen, um uns dort mit den Arbeitsvorgängen einer Kunstseidenfabrik vertraut zu machen. Man stelle sich vor: man schrieb das Jahr 1904 und 18jährige Mädchen vom Dorfe Kelsterbach gehen in die Schweiz, in die weite Welt. Allein der Neid der Mitbürgerinnen! Es war ein herrliches Gefühl. Zwar war der erste Eindruck nach unserer Ankunft im Schweizer Werk nicht erhebend. Als uns die ersten Arbeiter aus dem Chemiebetrieb begegneten – sie sahen zum Fürchten aus, Arme und Beine waren zum Schutz gegen Säure dick mit Sackleinwand umwickelt – gruselte es uns ein wenig. Auch der Geruch war nicht das, was wir uns unter ozonreicher Schweizer Luft vorstellten. Aber dann war es doch nicht so schlimm."

Außerdem: Die ersten „Gastarbeiter"
– 1904 –

Um in Kelsterbach Kunstseide herstellen zu können, war es zudem erforderlich, eingearbeitete Kräfte aus den Schweizer Werken kommen zu lassen - meist Schweizer und Italiener. Mancher italienische Familienname in Kelsterbach zeugt heute noch von den damals am Ort angesiedelten Fachleuten - und datiert keineswegs erst aus der Zeit nach dem Zweiten Weltkrieg.

So gelang es, am 14. Juni 1904 in der Nitrierung die erste Baumwolle zu tauchen und eine Woche später war die erste Seide hergestellt. Dies war für die damalige Zeit eine große technische Leistung, die man nur mit dem übernommenen guten Handwerkerstamm aus der Waggonfabrik bewältigen konnte. Im Hintergrund: Manche Handwerker, die in die Metall verarbeitende Industrie abgewandert waren, kehrten reumütig wieder zurück.

Das Produkt: Nitroseide aus Baumwolle

Ein paar Bemerkungen zu dem damaligen Produkt aus dem Kelsterbacher Werk. Das Ausgangsprodukt für die Nitratseide war wie bei Viskose-Rayon ebenfalls Zellstoff, der jedoch nicht aus Holz, sondern aus Baumwolle gewonnen wurde.

Sie wurde gewaschen und getrocknet, dann in 50 Liter fassende Tonkübeln mit einem Gemisch von Schwefelsäure, Salpetersäure, Alkohol und Äther zum Löslichmachen „nitriert" (getränkt). Diese Nitrocellulose – nichts anderes als „Schießbaumwolle" – wurde neutral gewaschen und getrocknet bei höchstens 45 Grad Luftumwälzung, wegen ihrer Explosionsgefährlichkeit.

Baumwolle wurde in Töpfe, die Salpeter- und Schwefelsäure enthalten, getaucht. Wie ersichtlich, wurden nur kleine Mengen verarbeitet.

Vereinigte Kunstseide-Fabriken A.G.

Die nitrierte Baumwolle wurde in Waschholländer, die man von der Papiererzeugung kannte, gewaschen. Diese Apparatur wurde anfangs auch bei der Zellwollproduktion verwendet

Die Nitrocellulose (Schießbaumwolle) wurde in einem Gemisch aus Alkohol und Äther gelöst. Man erhielt eine spinnfähige Masse, das Kollodion, eine feuergefährliche Substanz.

Ein Spinnsaal im Werk des Grafen Chardonnet. Die Spinnmasse befindet sich in kleinen Behältern der „Fadenziehmaschine"

Am Schluss des Verfahrens stand die Spinndüse aus Glas, wo die Spinnlösung zum Faden erhärtete. Anschließend wurde die Seide auf Blechhülsen aufgespult und in der Haspelei von jeder Hülse ein Strang hergestellt. Danach kam eine sehr wichtige Behandlung, das „Denitrieren", wobei Entzündbarkeit und Brennbarkeit beseitigt werden sollte.

Aber ganz gelang dies doch nicht. Diese Seide, die in den Jahren von 1904 bis 1910 in Kelsterbach hergestellt wurde, war qualitativ mit dem späteren VISCOSE-Faden nicht zu vergleichen. Dies gilt für die Ungleichmäßigkeit des Fadens; denn das „Denitrieren" beeinträchtigte die Festigkeit des Fadens erheblich.

Aber es ging trotzdem gut voran und besonders in den Jahren 1905 bis 1907 konnten gute Erfolge erzielt werden. Eine Dividende von 35 Prozent (!) konnte ausgeworfen werden.
Allerdings konnte die Nitratseide wegen Feuergefährlichkeit nicht für Kleiderstoffe und Unterwäsche eingesetzt werden. Die Seide fand Verwendung zum Garnieren in der Hutindustrie und wurde später zur modischen Aufmachung verarbeitet. Zum einen musste sie vor Wasser behütet werden, da sonst die Form und der Glanz verloren gingen. Besonders schwerwiegend: Offenes Feuer oder nur eine brennende Zigarette in der Nähe, dies bedeutete Totalverlust der guten Stücke.

Nicht nur diese Probleme bereiteten den Verantwortlichen Sorge, sondern auch das in diesen Jahren anberaumte deutsche Branntweinmonopol, was die Preise für Alkohol und Schwefeläther stark heraufsetzte. Im Hintergrund: Für ein Kilo Nitratseide brauchte man etwa zehn bis zwölf Liter Alkohol und Äther. Man versuchte durch eine Alkohol- und Ätherrückgewinnung, die damals noch in den Kinderschuhen steckte, Ersparnisse zu erzielen.

Durch „Einhausen", eine bessere Ummantelung, der Spinn- und Zwirnmaschinen, konnte man zwar den Verbrauch um etwa 30 Prozent reduzieren, doch trotz dieser Maßnahmen wurde der Gewinn immer geringer. Das war wohl auch einer der Gründe für Bestrebungen, vom Nitratverfahren abzukommen.

Neue Verfahren wurden gesucht

Anfang 1906 stellte man den Antrag für eine Anlage einer Bleicherei loser Baumwolle. Diese Anlage wurde im März 1906 vom Kreisamt Groß-Gerau genehmigt und auf einer freien Fläche in der Nitrirerei aufgestellt.

Glanzstoff glänzt nicht mehr

Vereinigte Kunstseide-Fabriken A.G.

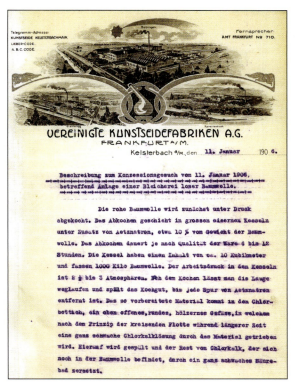

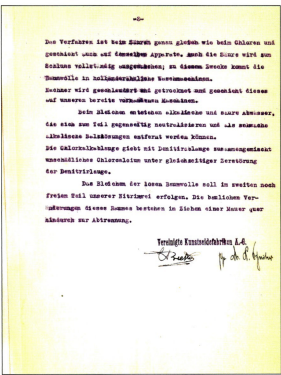

Konzessionsgesuch 1906 für eine Bleicherei

Ganze war immer mehr zu einem Zuschussbetrieb geworden.

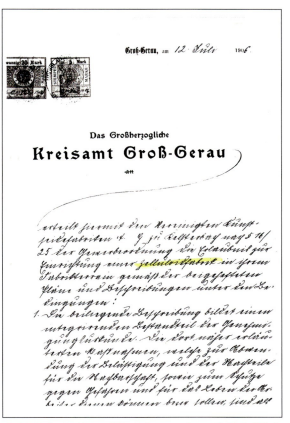

1906 Erlaubnis zur Einrichtung einer Zelluloidfabrik

1907 die Konzession für „Kunstleder"

Vielseitig war man allerdings schon damals im Werk Kelsterbach. Das Hauptprodukt kam allmählich ins Hintertreffen. Schon 1906 wurde der erste Nebenbetrieb eröffnet. Es wurde Zelluloid, ein Kunststoff mit dem Ausgangsprodukt Nitrozellulose, hergestellt. Diese Produktion wurde 1911 wieder eingestellt, ohne große Bedeutung erlangt zu haben. Denn das

Lukrativer schien – im Rückblick - die Herstellung von Kunstleder gewesen zu sein. Bei der Herstellung von Kunstseide hatte man in dieser Zeit mit hohen Abfallmengen zu kämpfen. Sie bestanden aus Fasern mit unterschiedlichen Längen. Für die Verwendung dieser Abfälle fand man einen Weg bei der hauseigenen Kunstlederproduktion. Es wurde ein qualitativ gutes und vielseitig verwendbares Produkt aus Baumwollgewebe (Abfallverwertung) mit Aufstrich von Nitrozelluloselack, dem Mine-

Glanzstoff glänzt nicht mehr

Vereinigte Kunstseide-Fabriken A.G.

ralfarben zugesetzt wurden, in größeren Mengen hergestellt und gut verkauft – aber leider war die Rendite nicht sehr gut. Diesem Betrieb wurde später zeitweilig eine Wachstuchfabrik angegliedert.

> **1906** Die hiesige Kunstseidenfabrik trifft Vorkehrungen zur Vergrößerung ihres Betriebes. Es soll in Zukunft nicht nur Kunstseide, sondern auch Kunstleder und Zelluloid hergestellt werden. Außer 2 Chemikern, z. Zt. Dr. Joseph und Dr. Schnitter, arbeitet im Sommer hier bereits ein Dr. Scriba, zu denen im Herbst noch ein Dr. Lehnert tritt. Es sind umfangreiche Vergrößerungsbauten unter dem Generaldirektor Becker vorgenommen worden. Ein weiteres Anwachsen der Arbeiterbevölkerung läßt sich daraus mit Sicherheit prophezeien.

Auszug aus der ev. Pfarrchronik Kelsterbach

Wie weitreichend diese Erfindung für die Zukunft war, konnte man 100 Jahre später in der Zeitschrift „Industriekultur" über die Geschichte der Vliesstoffe lesen. Kelsterbach spielte auf diesem Gebiet eine besondere Rolle. In der Ausgabe 3/2008 stand:

Von den Anfängen der Vliesstoffe – Das Kelsterbacher-Patent vor 1oo Jahren.

„Vliesstoffe sind ein fester Bestandteil unseres modernen Lebens. Es gibt sie unter anderem in Geotextilien, Isoliermatten, Jackenfutter, Reinigungstüchern, Bodenbelägen und Hygieneartikeln. Am 14. Januar 1908, also vor 100 Jahren, haben die Vereinigte Kunstseidefabriken (Kelsterbach) ein Patent angemeldet, das am Beginn einer Entwicklung stand, die schließlich über Vliesstoffe als Basismaterial für Kunstleder zu den heutigen Vliesstoffe führte...
In diesem Deutschen Patent mit der Nummer 207.385 beansprucht die angemeldete Firma – ein Gewebe oder einen zusammengebundenen Stoff aus kardiertem Fasermaterial – als Grundmaterial für Kunstleder."

Diese Betriebe waren in einem Gebäude auf der Höhe des späteren Chemielabors untergebracht. Dort begann in der Wachstuchfabrik 1908 der größte Brand in der Geschichte des Werkes Kelsterbach. Er verursachte erheblichen Schaden. Wie man in einem Bericht des Meisters Draisbach nachlesen kann, wurde die gesamte Wachstuchfabrik in Schutt und Asche gelegt. Das Gebäude war erst 1907 errichtet worden. 1912 wurde die Kunstlederfabrikation wieder aufgebaut. Allerding schrieb das Unternehmen auch bei diesem Verfahren rote Zahlen.

Die Produktion wurde 1916 infolge der Roh- und Hilfsstoffknappheit während des Ersten Weltkrieges eingestellt, die Einrichtungen nach Sachsen verkauft. 1925 entstand das Laborgebäude (L) an der Stelle der Kunstlederfabrikation. Das Labor war vorher in einem Anbau der Spinnerei untergebracht, in einem zweigeschossigen unterkellerten Gebäude, das längs der Werkstraße mit Büroräumen überbaut war. Nach hinten fügte sich eine eingeschossige Formation mit den Sheddächern an.

Chemielabor (L)

Das Werk schrieb rote Zahlen

Die Entwicklung des Werks spiegelte sich auch in den Dividendenzahlungen wider. Von 35 Prozent Ausschüttung 1905 bis 1907 ging der Ertrag der VKF auf acht Prozent im Jahre 1909 zurück. Nach einer Blütezeit mit beachtlichen Gewinnen geriet die Konkurrenzfähigkeit des Kelsterbacher Produktes in Gefahr, einmal wegen der hohen Kosten für den in enormen Mengen benötigten Alkohol und zum anderen durch die auf den Markt gebrachte Kunstseide nach wesentlich billigeren Verfahren, dem Kupfer- und dem Viskoseverfahren. Die nächsten Jahre wiesen erhebliche Verluste auf und man schloss trotz guter Auslastung und Vollbeschäftigung mit gewaltigen Verlusten ab. Das angewandte Nitroverfahren hatte sich mehr und mehr als verlustbringend erwiesen. Die Zukunft der Nitroseide-Hersteller schien buchstäblich in Rauch aufzugehen: 1904 - Großfeuer in der belgischen Fabrik Tubize. Und 1905 flog eine ungarische Fabrik durch eine schwere Exposition in die Luft.

Glanzstoff glänzt nicht mehr

Die finanziellen Schwierigkeiten waren damals sehr groß. Die Versandlager standen unter Kontrolle der Banken. Da trotz all der enormen Anstrengungen die Lage der Vereinigten Kunstseide-Fabriken sich nicht besserte, musste 1910 die kleine Fabrik in Glattbrugg (Schweiz) geschlossen werden. 1911 folgten Spreitenbach (Schweiz) und 1912 auch Bobingen.

Außerdem wurden auch Zelluloid-Folien, farblos und einfarbig, etwa bis 1912 hergestellt. Damals wurden erste Versuche zur Herstellung von Farbrastern für die Fotografie durchgeführt.

Neues Viskose-Verfahren wird erprobt

Bevor sich das bis zum Schluss in Kelsterbach angewandte Viskoseverfahren durchsetzte, gab es im Werk schon vor 1912 eine Fabrikation, die unter dem Namen „Radium" und „Turicum" bekannt war.

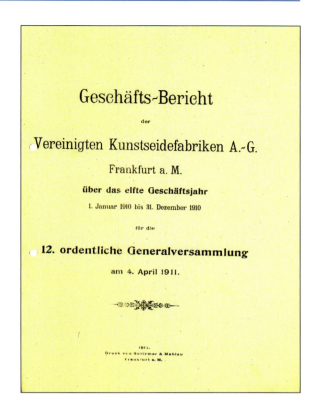

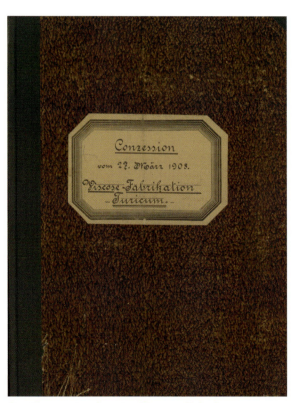

Die Conzession für eine Viscose-Fabrikation „Turicum" wurde vom Kreisamt am 27. März 1908 erteilt

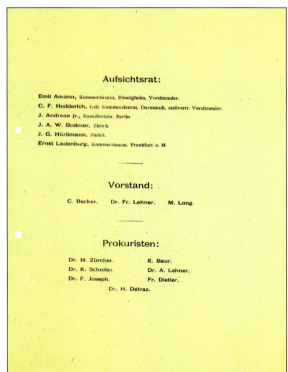

Geschäftsbericht 1910 der Vereinigten Kunstseide-Fabriken AG Frankfurt a. M.

Im Geschäftsbericht der Vereinigten Kunstseidefabriken von 1910 wurde auf das neue Verfahren, welches in kleinen Mengen hergestellt wurde, hingewiesen.

Im Geschäftsbericht für das elfte Geschäftsjahr – 1. Januar 1910 bis 31. Dezember 1910 - steht im Bericht des Vorstandes:
„In unserem größten Werk Kelsterbach arbeiten wir zur Zeit wieder im Vollbetrieb. ...Wir richten dort unter Benutzung der vorhandenen

Vereinigte Kunstseide-Fabriken A.G.

Maschinen nach entsprechender Umänderung unser neues Verfahren ein. Die Fabrikation konnte in kleinem Umfang bereits begonnen werden und wird deren Erweiterung zur Zeit mit aller Kraft betrieben. Wir arbeiten in Bobingen nach dem gleichen Verfahren, wie wir es in Kelsterbach neben unserer Nitrocelluloseseide-Fabrikation in langer Arbeit ausprobiert und zur Ausführung gebracht haben und erzielen damit ein Produkt, welches Beifall der Konsumenten gefunden hat. Wir versprechen uns von dieser Fabrikation nach vollem Ausbau guten Erfolg, da dieselbe vollständig unabhängig von den Alkoholpreisen und teuren Rohstoffen ist."

Im dem Bericht zur VKF-Aufsichtsratssitzung am 13. November 1912 wurde als Ausweg aus den finanziellen Schwierigkeiten eine Sanierung durch Zusammenlegung des Kapitals und Herausgabe neuer Aktien vorgeschlagen.

Viel wirtschaftlicher war, auf eine andere Art künstliche Fäden zu erzeugen. Sie wurde erstmals bei den Vereinigten Glanzstoff-Fabriken AG in der Nähe von Aachen angewendet.

1911 Zeppelin überm Werk. Im Hintergrund der Energiebetrieb

Kontinuität auf einigen Sektoren

Immerhin, es gab auch Kontinuität auf einigen Sektoren des Alltagsleben: Mit den Fabrikhallen wurden von der VKF auch die Geschäftsanteile der Werkswohnungen „Hohe Häuser" und der „Meisterhäuser" in der Rüsselsheimer Straße sowie die neun Häuser in der Helfmannstraße von der Heimstätten-GmbH übernommen.

Auch die Bezeichnung „Teufelsinsel" aus der Zeit der Waggonfabrik wurde im Volksmund beibehalten. So war folgendes in einer Werkzeitschrift zu lesen:

„Im April des Jahres 1909 betrat ich als ebenso blutjunger wie unternehmenslustiger und wissenshungriger Kaufmannslehrling zum ersten Male „unser" Kelsterbacher Industriewerk. Ich kam ohne die finsteren Vorbehalte, mit welchen der überwiegende Teil der Bewohner meiner noch mehr landwirtschaftlich orientierten Heimatgemeinde dem geheimnisvollen „Kunstseidewerk auf der Teufelsinsel" (mit diesem Namen bedachten die „Hiesigen" Werk und Wohnsiedlung) gegenüberstand."

Ehemalige Bewohner aus diesem Quartier kommen noch jedes Jahr zusammen – bei einem Treffen der sogenannten „Teufelsinsler".

Werksbetrieb, Lohn und soziale Leistungen

Die andere Seite des Wandels: Viele Menschen fanden Arbeit, es wandelten und verbesserten sich die Einkommensverhältnisse zahlreicher Kelsterbacher. Ende 1904 hatte das Werk etwa 800 Mitarbeiter.

Wie viel wurde 1904 verdient?

Die Stundenlöhne bewegten sich etwa wie folgt: Anfangslohn für junge Chemiearbeiter 30 - 40 Pfennige, Spitzenlohn für Chemiearbeiter 45 Pfennige, Anfangslohn für weibliche Arbeitskräfte 18 – 20 Pfennige, Spitzenlohn für Frauen 30 Pfennige, Anfangslohn für Junggesellen im handwerklichen Betrieb 30 – 32 Pfennige. Gute Handwerker älterer Jahrgänge verdienten 45 – 48 Pfennige.

Wie lange wurde gearbeitet?

Einen Normalarbeitstag unter zehn Stunden kannte man nicht. Im chemischen Betrieb wurde durchgehend gearbeitet und zwar in zwei Schichten je zwölf Stunden. Am Sonntag früh um 6 Uhr wurde abgestellt und jeden Montag neu angesponnen; zum Hochziehen der Fäden mussten montags von 6 bis 10 Uhr beide Schichten erscheinen. Die Nachtschicht ging um 10 Uhr nach Hause, musste jedoch abends um 22 Uhr wieder für zwölf Stunden antreten.

Während der Essenspause der Spinnereiarbeiter wurden Frauen aus dem Textilbetrieb zur Bedienung der Spinnmaschinen eingeteilt. Umgekehrt wurden des Öfteren auch Spinnereiarbeiter an die Zwirnmaschinen gestellt.

Vereinigte Kunstseide-Fabriken A.G.

Eine Neuerung mit Langzeitfolgen

Am 1. April 1904 wurde die Betriebskrankenkasse als Einrichtung der damaligen Firma „Vereinigte Kunstseidenfabriken AG" ins Leben gerufen. Ihr auf die individuellen Bedürfnisse der Versicherten und die jeweiligen Verhältnisse des Betriebes abgestellte Arbeit, zudem mit günstigen Beiträgen, hat sich in den über 100 Jahren ihres Bestehens bewährt.

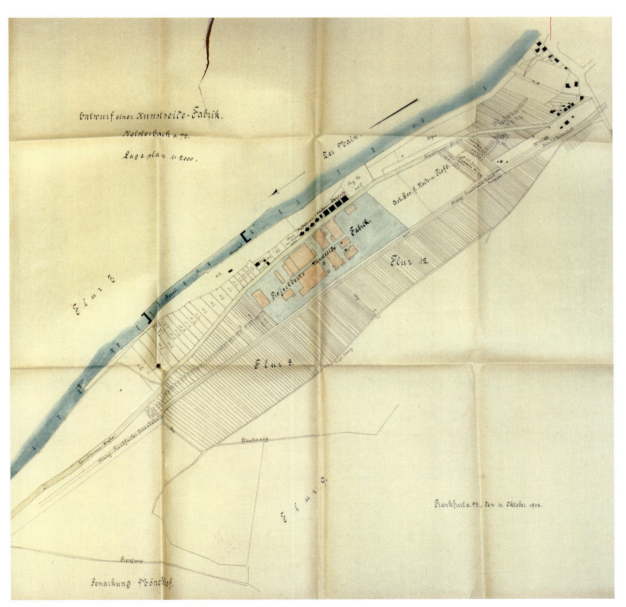

Lageplan: Projektierte Kunstseidefabrik vom 10. Oktober 1903

Vereinigte Kunstseide-Fabriken A.G.

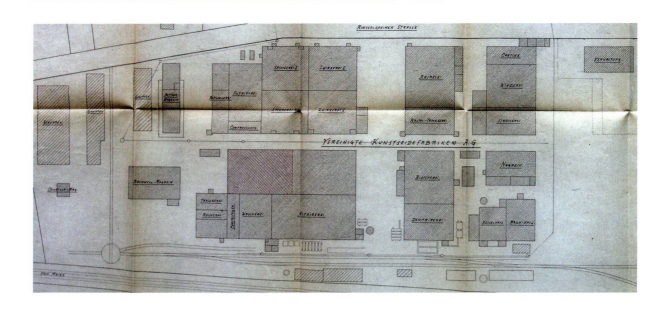

Beschreibung für die Verwendung der einzelnen Räume

Plan 1 und 2: Magazingebäude. In demselben wird eine Trocknerei feuersicher eingebaut, in welcher ein geschlossener eiserner Trockenapparat System Haas aufgestellt wird, um fertige Seide darin zu trocknen.

Plan 3. 4. und 5: Haspelei: In diesem Gebäude wird die auf Bobingen gesponnene Seide mittelst Haspelmaschinen in Strangen aufgemacht.

Plan 6. u. 7. Denitrirerei, Bleicherei. In der Denitrirerei wird die gesponnene feuchte undenitrirte Seide denitrirt. In der Bleicherei wird dann die denitrirte Seide gebleicht.

Plan 8 und 9: Spinnerei In diesem Gebäude werden Spinnmaschinen aufgestellt, aus welchen das Collodium in ganz dünnen Fäden zu Seide versponnen wird. Diesen Fäden wird alsdann in der Zwirnerei die notwendige Drehung gegeben.

Plan 10, 11 und 12: Nitrirerei. In diesem Gebäude wird reine Baumwolle auf bekannte Art nitrirt und gewaschen.

Plan 13 und 14: Aether-und Alkoholmagazin dient zur Aufbewahrung der notwendigen Quantitäten Alkohol und Aether.

Plan 15 und 16 Zwirnerei und Winderei. In diesem Gebäude wird fertige Seide gewunden und zum Faconzwirnen verarbeitet.

Glanzstoff glänzt nicht mehr

Vorgeschichte: Der Weg zum „Glanzstoff", VKF und VGF

Wenden wir uns nun auch der anderen Wurzel des Kelsterbacher Werks, der Glanzstoff, zu. Dies alles steht auch für die Vor- und Begleitgeschichte einer ganzen Branche mit manchmal revolutionär anmutenden Neuerungen. Manches ist vor allem in der Frühzeit des Kelsterbacher Werks sogar nur vor diesem Hintergrund verständlich. Auf jeden Fall ist es Zeitzeugnis in einer Branche, in der gewaltige Innovationen erfolgten und der Erfindergeist Triumphe feierte, gelegentlich ob der Geheimhaltung neuer Produktionswege sogar ein Hauch von Krimi-Stimmung aufkam.

Briefkopf Vereinigte Glanzstoff-Fabriken A.G.

Am Anfang der Unternehmergeschichte von Glanzstoff stehen zwei Personen: der aus Köln stammende Chemiker Dr. Max Fremery und der österreichische Ingenieur Johann Urban.

Mit Textilbekleidung hatten sie nicht das Geringste zu tun. Sie befassten sich mit der Fabrikation elektrischer Glühlampen und arbeiteten an der Produktion von Kohlefäden für dieselben. So gründeten beide Mitte 1891 die „Rheinischen Glühlampenfabrik Dr. Max Fremery & Cie. Commanditgesellschaft". Ein geeignetes Grundstück fanden Sie in der Aachener Gegend.

Sie wählten sich die alte, ausgediente Papiermühle in Oberbruch aus, um dort die ersten Versuche zur Schaffung künstlicher Fäden aus Cellulose durchzuführen. Der ländliche Standort wurde auserkoren, um weit weg von den Augen der lästigen Konkurrenz in aller Stille den Forschungsarbeiten nachzugehen.

Alte Papiermühle in Oberbruch

Glühlampe und Chemiefaden haben sich in ihren Anfängen gegenseitig hochgebracht. Damals kannte man nur die Kohlenfaden-Lampe Edisons. Bei ihr wurden in den birnenförmigen Glaskörper, den der Bläser schuf, die Fadenschlingen eingefügt. Bei der Glühlampenfabrik in Oberbruch kamen etwa 45 Glasbläser aus Thüringen und Böhmen zum Einsatz, die später von Glanzstoff übernommen wurden. Dies wusste der langjährige Leiter der der Produktionsüberwachung des Kelsterbacher Werkes, Günther Weiß, von seinem Großvater, der damals als Glasbläser in Thüringen arbeitete. Kohlefäden für Glühlampen, das war auch zunächst das Produkt, mit dem man im weltabgewandten Oberbruch die Fabrikation aufnahm.

Glasbläser bei der Arbeit

Der Weg zum „Glanzstoff"

Objekt der forschenden Begierde war ein Glühlampenfaden, der größere Wirtschaftlichkeit in der Herstellung und im Stromverbrauch mit längerer Lebensdauer in sich vereinbaren sollte. Die Fabrikation künstlicher Fäden für Glühlampen startete schon 1892. Dabei fand Kupferoxyd-Ammoniak zur Aufbereitung der Zelluloselösung Verwendung. Nach kurzer Zeit lief der Glühlampenabsatz recht gut. Die Tagesproduktion verdoppelte sich bald von 500 auf 1.000 Stück und schnellte später sogar auf 4.000 hoch.

Dass Fremery und Urban mit der Glühlampe den Weg zur Kunstfaserindustrie erhellen sollten, stellte sich später heraus. Es gelang ihnen 1892 erstmals durch Ausfällen, Fäden aus in Kupferoxid-Ammoniak gelöster Zellulose herzustellen.

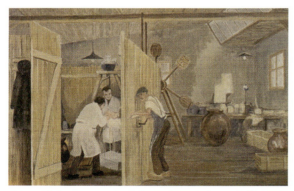

Die Geburtsstunde der Kupferkunstseide in Oberbruch

In der Historie des Werkes Oberbruch ist von einem Zeitzeugen zu lesen:
„Im Anfang hatte ich auch noch Glühlampen mit hergestellt, bis es eines Tages hieß, im Laboratorium gibt es etwas neues, aber das darf keiner sehen. Eines Morgens wurde ich ins Laboratorium gerufen. Dort war ein Raum mit einem Bretterverschlag abgeteilt. Als 15jähriger Junge bekam ich nun die Aufgabe, einen Schwengel, der sich an der Außenseite des Bretterverschlages befand, langsam zu drehen. Es waren die ersten Anfänge einer Spinnmaschine. Herr Dr. Fremery besorgte das Spinnen, und ich markierte den Motor, der die Aufwickelvorrichtung betätigte."

Das Experiment, das hier geschildert wird, war die Geburt der Kupferkunstseide – wegen ihres glänzenden Aussehens „Glanzstoff" genannt – die einige Jahre später zur Gründung der Vereinigten Glanzstoff-Fabriken führte.

1897 meldeten Fremery und Urban ihr Verfahren zum Patent an. Eine dieser Glühlampen nannte man nach dem hellstrahlenden Stern „Sirius".

Im Buch „Zur Geschichte der Kunstfaser" von Dr. Volkmar Muthesius zum 50. Geburtstag der Vereinigten Glanzstoff- Fabriken AG heißt es: Eine Wendung sei eingetreten, als die Aachener Filiale der Bergisch-Märkischen Bank in Elberfeld im Jahre 1895 dem Unternehmen einen Kredit von 100.000 Mark spendierte und damit den Wunsch verbunden habe, die Entwicklungsarbeit an der textilen Kunstfaser möge mehr in den Vordergrund gestellt werden.

Eine Nachbildung der ersten Versuchsapparatur, mit deren Hilfe Dr. Fremery und J. Urban ihre Versuche machten, um künstliche Seide zu spinnen und die günstigste Zusammensetzung des Spinnfadens zu bestimmen

Neue Kupferseide und viel Geheimniskrämerei

So schlug die Stunde der Konkurrenz zum Grafen Chardonnet, nämlich mit der von Fremery und Urban entwickelten nicht brennbaren Kupferseide. Dem ging jahrelanges Experimentieren in Oberbruch in der inzwischen zur Rheinischen Glühlampenfabrik weiterentwickelten alten Mühle voraus.

Die Ergebnisse ihrer Arbeit meldeten sie am 30. November 1897 in Deutschland zum Patent an. Damit ihre Versuche nicht zu früh bekannt wurden, erfolgte die Anmeldung auf den Namen des damaligen Direktors der Textilfachschule Mönchen-Gladbach, Dr. Hermann Pauly. Am 8. Juli 1898 erteilte das Kaiserliche Patentamt darauf das Patent D.R.P. 98.642, auf ein „Verfahren zur Herstellung künstlicher Seide aus Kupferoxydammoniak gelöster Zellulose". Es ist unter dem Namen „Pauly-Patent" zum Grundpatent des Kupferseidenverfahrens geworden.

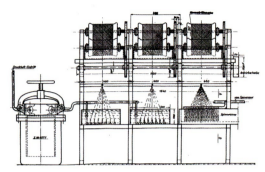

Die Spinnmaschine aus dem Jahr 1900 wurde nach Angaben von Urban in der Firma Konrad Müller in Mönchen-Gladbach hergestellt

„Pauly-Patent"

Weil vermutlich schon damals die Konkurrenz nicht schlief und es wohl auch so unschöne Dinge wie Industriespionage gab, umhüllte die Forschungsarbeit in Oberbruch ein Hauch von Rififi. Um nicht im letzten Augenblick das Interesse der Konkurrenz und die Aufmerksamkeit der Fachwelt unnötig und vor allem zu früh im Hinblick auf die Markteinführung des neuen Glanz-Produktes zu wecken, vertrat der eher unbekannte Dr. Pauly nach außen hin als Strohmann die beiden in der Branche bekannten Erfinder. Trotz solcher Geheimniskrämerei gilt das Pauly-Patent in der Geschichte der Textilindustrie als der Anfang der deutschen Kunstseidenherstellung.

Bevor die Erfolgsstory des schön glänzenden, bläulich schimmernden Fades – der deswegen auch „Glanzstoff" genannten Kupferkunstseide – und vor allem deren Produktion aber in großem Stil beginnen konnte, galt es noch einige Hürden zu nehmen. Denn die kunstseidenen Fäden waren mal zu grob oder mal nicht fest genug. Fremery und Urban mussten daher vor allem eine geeignete und leistungsstarke Spinnmaschine konstruieren. Am Anfang trug diese die Bezeichnung „Fadenziehmaschine".

Schließlich war jedoch die Methode von Fremery und Urban soweit entwickelt, dass der Startschuss für die industrielle Fabrikation fallen konnte. Schon 1899 hatten sie ihr Verfahren so perfektioniert, dass die Tages-Produktion auf 300 Kilogramm erhöht werden konnte, mit einer Belegschaft von 700 Mitarbeitern.

Und so sah dann die erste von Urban konstruierte „Fadenziehmaschine", mit der der Start in die industrielle Produktion der Kupferseide gelang, aus:

Die „Fadenziehmaschine" hatte eine Abzugsgeschwindigkeit von neun Meter pro Minute

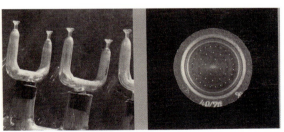

Glas- und Platindüse. Fremery und Urban verwendeten damals feine, ausgezogene Glasröhrchen als Düsen. Glas blieb noch über Jahre hinweg der Werkstoff für Spinndüsen.

Der Weg zum „Glanzstoff"

Die Branche und der Markt waren sofort Feuer und Flamme für den nicht so leicht entflammbaren Glanzstoff. Die Glanzfäden à la Oberbruch leiteten eine neue Epoche in der textilindustriellen Entwicklung ein. Auf die Herstellung von Bändern, Litzen, Kordeln und modische Flechtartikeln spezialisierte Firmen wie in Wuppertal-Barmen stürzten sich geradezu auf das neue Produkt.

Aus dem „Glanzstoff" wurden in den ersten Jahren vorwiegend Bänder und Litzen für Hüte und Kleider und zur Ausschmückung von Vorhängen und Lampen hergestellt, dem Geschmack der damaligen Zeit entsprechend

Gründung der Vereinigte Glanzstoff-Fabriken AG (VGF)

Fremery und Urban benötigten daher bald mehr Kapital, um sowohl das Produkt zu verbessern als vor allem auch die Produktionskapazität auszuweiten. Hierzu nahmen sie Kontakt mit Dr. Hans-Jordan von der Bergisch-Märkischen Bank in Elberfeld auf.

Dr. Hans Jordan (1848–1923) gibt dem Unternehmen als Bankfachmann die finanzielle Basis

Sie fanden in Dr. Hans Jordan genau den Mann, der ihre Finanzierungwünsche erfüllen konnte. Nach Jordan ist übrigens bis heute eine Straße in Kelsterbach benannt. Die Zusammenarbeit der beiden Erfinder mit dem Finanzmann führte zur Gründung einer neuen Firma: Am 19. September 1899 wurde die Gründung unter dem Firmennamen „Vereinigte Glanzstoff-Fabriken Aktiengesellschaft" mit Sitz in Aachen vollzogen. Im Vorstand saßen Dr. Max Fremery, Johann Urban und Dr. Emil Bronnert. Aufsichtsratsvorsitzender war Bankdirektor Dr. jur. Hans Jordan. Am 14. Juni 1901 beschloss die Generalversammlung, den Sitz von Aachen nach Elberfeld zu verlegen.

Wuppertal-Elberfeld: Glanzstoff-Hochhaus mit Schwebebahn über die Wupper

Glanzstoff-Aktie von 1900

Das Wort „Glanzstoff" geht auf einen Vorschlag des Vorstandsmitgliedes Dr. Emil Bronnert zurück.

In den Folgejahren erlebte das Unternehmen einen fast beispiellosen Aufstieg. Der neue Glanzstoff-Faden fegte die Nitro-Kunstseide regelrecht vom Markt. Dazu trug letztlich auch eine modern anmutende, fast aggressive Werbung bei, die gezielt die Schwächen der konkurrierenden Nitratseide ins Visier nahm, vor allem deren Feuergefährlichkeit. Durch die Presse gingen damals Berichte über Unglücksfälle durch Tragen explosiver Kleiderstoffe aus Nitroseide. VGF versah aus diesem Grund die ersten Prospekte für den nach dem neuen Verfahren hergestellten „Glanzstoff" mit der reißerischen Überschrift „Keine Explosionsgefahr!"

Glanzstoff glänzt nicht mehr

Der Weg zum „Glanzstoff"

So sah diese erste Glanzstoff-Werbeschrift aus

In dem abgebildeten Brief bedankt sich Dr. Fremery bei einem Kunden, der 1902 auf der „Düsseldorfer Industrie-, Gewerbe- und Kunstausstellung" kunstseidene Beisätze aus Glanzstoff bestellt hatte

Für die Lage im Jahr 1900 ist dieser Prospekt, welchen die Vereinigten Glanzstoff-Fabriken an ihre Kundschaft herausgaben, charakteristisch. Da die Nitroseide damals Beherrscherin des Marktes war, stellte man ihre Nachteile groß in den Vordergrund, um nachher die Vorteile des „Glanzstoffs" hervorzuheben.

Vereinigte Glanzstoff-Fabriken A.G. Elberfeld Fabrik in Oberbruch 1902/3

Die Obernbrucher Kunstseide-Macher warben spektakulär, meinten damit sowohl die Herstellung als auch die Verwendung des Produktes in fertigen Kleidungsstücken. Ebenso einprägsam operierten sie mit dem griffigen Markennamen „Glanzstoff". Aber auch die bessere Einfärbbarkeit und Lagermöglichkeit ihrer Kunstseide wurden als Kaufargumente ins Feld geführt.

Viskose-Verfahren – Müller-Patent

Nach rund zehn Jahren glanzvollen Glanzstoff-Aufstiegs drohten dem Unternehmen urplötzlich ernste Gefahren. Britische und deutsche Chemiker hatten nämlich ein neuartiges Verfahren entwickelt. Dies bestand in der Auflösung natronlaugegetränkter Zellulose in Schwefelkohlenstoff und der Lösung des so entstandenen Stoffes in Natronlauge zu einer honigartig zähen Flüssigkeit, die Viskose genannt wird. Nach einem gewissen Reifezustand wurde sie durch Düsen in ein saures Spinnbad gepresst, um sie zu Fäden aus reiner Zellulose koagulieren lassen. Den so gewonnenen Faden nannte man zunächst Viskose-Kunstseide, welche sich im Vergleich mit anderen Verfahren bald als wirtschaftlich günstiger erwies.

Glanzstoff glänzt nicht mehr

Der Weg zum „Glanzstoff"

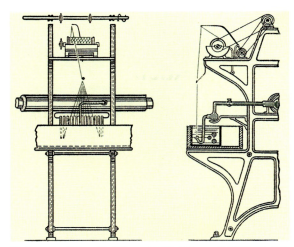

Spinnmaschine für Glanzstoffseide nach Urban. Die zweite Farbe zeigt den Lauf der Spinnlösung und den daraus entstandenen Faden

In Deutschland beschäftigte sich Fürst Guido Henckel von Donnersmarck mit der gleichen Materie und gründete in Sydowsaue bei Stettin eine Fabrik für das Viskoseverfahren. Grundlage für dieses Verspinnen von Viskose war das sogenannte „Müller-Patent". Es wurde am 2. Mai 1905 von Dr. Max Müller, Vorstandsmitglied der Donnersmarck'schen Papierstoff-Fabrik, eingereicht. Diese Anmeldung führte zum D.R.P. 187.947 und wurde unter dem Namen „Müller-Patent" zu einem der wichtigsten Pionierpatente des Viskoseverfahrens. Bis heute ist es die Grundlage für alle Verbesserungen auf dem Gebiet der Spinnbäder geblieben.

Die führenden Männer bei Glanzstoff erkannten: Die neue Viskoseseide war für die auf dem Höhepunkt der Entwicklung stehende Kupferseide existenzbedrohend. Nach sorgfältiger Prüfung entschieden sie, in die neue Entwicklung einzusteigen. In schwierigen Verhandlungen gelang es Dr. Jordan und Fremery am 25. Juni 1911, die Viskose-Patente und –Lizenzen sowie die Donnersmarck'sche Fabrik in Sydowsaue für Glanzstoff zu erwerben, letztere gegen Zahlung von zwei Millionen Mark und für weitere 800.000 Mark alle Viskose-Patente. Am 18. September 1911 lief in Oberbruch die erste Viskose-Maschine mit 72 Spinnstellen an. Das verbesserte Müller-Patent vom 15. Februar 1912 der Vereinigten Glanzstoff-Fabriken A.G. trug die Nummer 287.855.

Nach der Umstellung der Produktion in allen Glanzstoff-Werken setzte eine weitere Aufwärtsentwicklung ein. Die ursprüngliche Kupferseide wurde 1916 wegen Rohstoffmangels aus dem Programm genommen. Sie erreichte ihren Höhepunkt 1912 mit 820 Tonnen. Dass man die Entwicklung richtig eingeschätzt hatte, zeigte die Veränderung der Anteile in der Kunstseide bei den einzelnen Verfahren an der Weltproduktion, so die folgende Tabelle:

Glanzstoff-Werbung

Produkte der Vereinigten Glanzstoff-Fabriken

Der Weg zum „Glanzstoff"

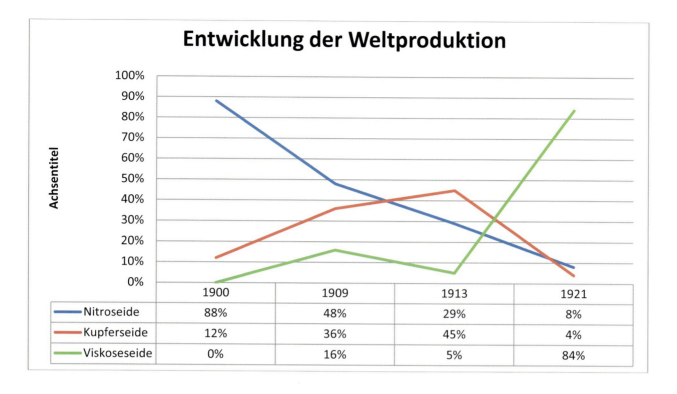

Ein steiler Aufstieg der Viscoseseide erfolgt ab 1913. Kupfer- und Nitroseide waren nicht mehr gefragt.

Textile Viscose zählt zum Basisgeschäft des Faserbereichs von Akzo Nobel. Der Bereich Enka ist zuversichtlich, 1998 eine Wende bei den Erträgen zu schaffen. inform stellt die neue Enka-Strategie und ihre Chancen, ergänzt von Modetrends, als Schwerpunktthema dieser Ausgabe vor.

Glanzstoff glänzt nicht mehr

Glanzstoff fertigte Produkte von Weltruf – worauf in Firmenreklamen auch stolz hingewiesen wurde

Die Geschichte der Viskosegarnproduktion im Kelsterbacher Werk

Als im Kelsterbacher Werk schließlich die Produktion auf Viscose-Seide umgestellt wurde, hatte das Folgen. Bis zum bitteren Ende der Werksschließung im Jahr 2000 blieb dieses Verfahren in Kraft, wenn auch immer wieder modernisiert. Allerdings mussten unterwegs viele Hürden genommen, wirtschaftliche Höhen und Tiefen gemeistert, Patentstreitigkeiten und Prozesse bewältigt und neue Unternehmenskonstruktionen gefunden werden. Hinzu kamen die Auswirkungen externer Faktoren wie Wirtschaftskrisen, NS-Zeit, Weltkrieg, Wirtschaftswunder, neue gesellschaftliche Entwicklungen und ein verstärktes Umweltbewusstsein.

Blenden wir zunächst zurück in jene Zeit, als in Sachen Produktion in Kelsterbach die Karten neu gemischt wurden:

Auch bei den Vereinigten Kunstseidefabriken (VKF) in Kelsterbach gab es starke Bestrebungen, bedingt durch die Entwicklung auf dem Markt, vom Nitratverfahren abzukommen. Für eine Massenproduktion war es wirtschaftlicher, andere Zellulosefasern spinnbar zu machen. So wurden um 1907 umfangreiche Versuche auf Viskosebasis gemacht. 1911 war man soweit, die Fabrikation von Viskoseseide aufzunehmen. Das gewonnene Produkt aus Fichtenholzzellstoff – Lunaseide – fand ein positives Echo auf dem Markt.

Im Protokoll der Aufsichtsratssitzung vom 12. Januar 1913 wurde ausgeführt, dass man seinerzeit wegen der „ungeheuren Feuergefährlichkeit" der Nitroseide-Erzeugung die Produktion dezentralisiert und vier Produktionsstätten errichtet habe. Die dadurch gegebene Kostensituation sei bewusst in Kauf genommen worden. Im Gegensatz hierzu sei bei der „gänzlich feuerungefährlichen" Viskose-Seide Zentralisation das Gegebene, und es sollten nunmehr großzügige Neuanlagen zur Herstellung von Viskose-Seide in Kelsterbach in Angriff genommen werden.

Die Vereinigten Glanzstoff-Fabriken AG, Wuppertal-Elberfeld, stellten damals schon mit gutem Erfolg Viskoseseide her. Mit wachsamem Auge verfolgten sie die Aktivitäten in Kelsterbach.

1911: Patentstreit VKF gegen VGF

1911 begann die Fabrikation von Viskose in Kelsterbach. Dies geschah jedoch unter Verletzung der Glanzstoff-Patente. Deswegen geriet das Unternehmen mit den Vereinigten Glanzstoff-Fabriken AG, die ja 1911 von dem Fürsten Donnersmarck mit dessen Kunstseidefabrik in Sydowsaue auch seine Viskosepatente und das so genannte Müllerpatent für die Spinnbadzusammensetzung übernommen hatte, in einen Rechtsstreit.

Am 30. Juni 1911 erwirkte Elberfeld eine einstweilige Verfügung, wonach Kelsterbach die Viskoseproduktion einstellen musste. Der von den Vereinigten Kunstseidefabriken gegen Donnersmark und Glanzstoff eingeleitete Gegenprozess wegen unlauteren Wettbewerbes wurde im Jahr 1913 mit einem Vergleich beendet.

Vereinigte Kunstseide-Fabriken AG Kelsterbach

Die Verhandlungen führte Dr. Jordan mit dem Aufsichtsratsvorsitzenden der VKF, Kommerzienrat Emil Ammann. Am 26. Januar 1913 kamen die Abmachungen zustande, mit denen die VKF ihre Nichtigkeitsklage gegen das Müller-Patent zurückgezogen und unter Lizenzzahlung von einer Mark je Kilogramm Seide an VGF eine mengenmäßig begrenzte Produktion von Viskoseseide aus Holzzellstoff aufnehmen durften. Diese Abmachung brachte eine Anlehnung des Kelsterbacher Werkes an Elberfeld, verbunden mit einer gründlichen Sanierung und Neuorganisation.

Obwohl Glanzstoff erst durch spätere Aktienzukäufe die Kapitalmehrheit erlangte, übte VGF mit Jordan als neuem Aufsichtsratsvorsitzenden sofort bestimmenden Einfluss aus. Ein Zitat aus dem Aufsichtsrats-Protokoll belegt, wie Jordan seine Position von Anfang an ausfüllte: „Das Betreten der Fabrik

Das Werk und seine Produktion

(Kelsterbach) durch irgendjemanden ohne schriftliche Genehmigung des Herrn Dr. Jordan ist unstatthaft". Wenn auch der Verschmelzungsvertrag VGF/VKF erst im Jahre 1928 zustande kam, so wurde Kelsterbach schon zuvor bald mehr und mehr wie ein Glanzstoff-Werk geführt.

So wurde beschlossen, die Nebenbetriebe – Kunstleder- und Wachstuchfabrikation – abzustoßen und den Viskose-Betrieb in Kelsterbach vorrübergehend einzustellen. Anhand des Know-hows von Glanzstoff sollte neu begonnen werden, die Fabrikations-Einrichtungen völlig auf die Herstellung von Viskoserayon umzustellen. In einer Werkszeitung war zu lesen, wie sich das Werk in jenen Jahren entwickelte: 1912/1913 arbeiteten dort etwa 1.200 Menschen, davon etwa 60 Prozent Frauen. 1913 hat Glanzstoff sein Aktienkapital von fünf Mio. auf 7,5 Mio. Mark erhöht:

Damit beginnt die Geschichte des Werks im Verband der Vereinigten Glanzstoff-Fabriken A.G. Wuppertal-Elberfeld

Im Jahre 1913 beteiligte sich die VGF kapitalmäßig an der Vereinigten Kunstseide-Fabriken A.G. Glanzstoff erwarb zunächst für 750.000 Mark Aktien-Pakete der VKF und zugleich die Berechtigung, eigene Delegierte in den Aufsichtsrat zu benennen. Erst durch spätere Aktien-Zukäufe erlangte Glanzstoff die Kapitalmehrheit. 1928 verschmolzen die Unternehmen vollständig.

Die neue Viskose wurde erstmals – zunächst nur teilweise - am 21. August 1913 hergestellt und das erste fertige Produkt am 10. September 1913 sortiert. Im gleichen Jahr wurden übrigens auch die so genannten „Meisterhäuser" von der Hoch-Tief AG zum Preis von rund 52.000 Mark erworben. Im Frühjahr 1914 gediehen die maschinellen Vorbereitungen soweit, dass die Fabrikation von Viskoseseide im größeren Ausmaß in Gang gesetzt werden konnte. Mit einer Tagesproduktion von 1.000 Kilogramm Viskoseseide wurde eine gewisse Rentabilität erreicht, heißt es in Berichten des Unternehmens.

Mit der Einführung des Viskoseverfahrens war eine erhebliche Änderung der ganzen chemischen und maschinellen Anlagen verbunden. Doch konnte die bereits im Jahre 1897 maßgeblich von Johann Urban entwickelte Spinn-Apparatur beibehalten werden. Die vollständige Umstellung auf das neue Verfahren zog sich bis ins Kriegsjahr 1916 hin.

Viscose-Filamentgarne

VISCOSE-FILAMENTGARN

Die im Werk hergestellten Viscose-Filamentgarne waren keine Fertigerzeugnisse wie Nähgarn oder Strickgarn, sondern ausschließlich Garne für die weiterverarbeitende Textilindustrie. Es gab kaum Textilerzeugnisse, bei denen nicht Viscose-Garn verwendet wurde.
Die Kelsterbacher Garne gingen sowohl an Webereien als auch an Strickereien. So waren sie in Futterstoffen, Krawatten, Dekorations- und Möbelstoffen, Gardinen, Tischwäsche usw. zu finden. In den folgenden Jahren wurde so viel investiert, um den Betrieb für täglich 1.000 Kilogramm nach dem Glanzstoff-System einzurichten.

Produktionszahlen liegen für die ersten fünf Monate des Jahres 1914 vor. Die I a-Ausbeute (Spitzenqualität I a) war noch nicht sehr hoch:

	Kilogramm	davon I a-Ware
Januar	10.400	18 Prozent
Februar	13.800	47 Prozent
März	23.400	27 Prozent
April	24.400	14 Prozent
Mai	17.700	20 Prozent

Das Werk sah damals wesentlich anders aus als später. Leider gibt es aus dieser Phase der Entwicklung kein Bildmaterial, weil die Herstellung von Kunstseide damals ein streng gehütetes Geheimnis war, das nicht preisgegeben werden durfte. In einer Werkszeitung ist das nachzulesen, Fotografieren galt als Todsünde.

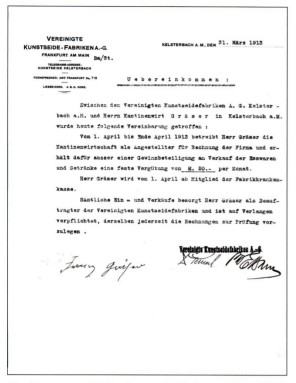

Pachtvertrag mit Kantinenwirt Gräser - März 1913

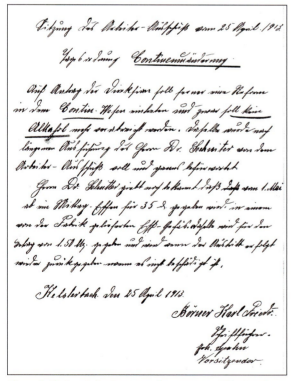

Protokoll des Arbeiterausschusses vom 25. April 1913

Sitzung des Arbeiter-Ausschuß vom 25. April 1913.

Tagesordnung Cantinenänderung

Auf Antrag der Direktion soll ferner eine Reform in dem Cantin.-Wesen eintreten und zwar soll kein Alkohol mehr verabreicht werden. Dasselbe wurde nach längerer Ausführung des Herrn Dr. Schniter von dem Arbeiter-Ausschuß voll und ganz befürwortet.
Herr Dr. Schniter gibt noch bekannt, daß vom 1. Mai ab ein Mittag-Essen für 35 Pfg. gegeben wird in einem von der Fabrik gelieferten Essgefäs. Dasselbe wird für den Betrag von 1,50 Mark gegeben und wird wenn der Austritt erfolgt wieder zurückgegeben, wenn es nicht beschädigt ist.

Kelsterbach, den 25. April 1913

Körner Karl Friedr.
Schriftführer,
Jak. Spahn
Vorsitzender

1914: 1. Weltkrieg - Dörrobstfabrikation und Zwiebeltrocknung

Die gesamte Produktion wurde 1914 durch den Ersten Weltkrieg unterbrochen. Am 8. August 1914 musste die Viskosefabrikation eingestellt werden. Die Mobilmachung rief fast die gesamte männliche Belegschaft zu den Waffen.

Erst. Bataillon Landwehr Infanterie Regiment 71, 1.Comp., 4. Korp. Einquartiert 1915 in der Helfmannstraße

Von der Belegschaft einschließlich Direktion blieben nur noch etwa 17 Personen im Werk. Damit diese übrig gebliebene Mannschaft Arbeit hatte, begann man für die Kelsterbacher Bevölkerung mit der Trocknung von Obst und Gemüse. Im Laufe der Zeit wurden Trockenanlagen installiert, welche für die Trocknung von Zwiebeln zu Lieferungen an die Armeekonservenfabrik benötigt wurden. Diese Heeresaufträge beschaffte der damalige rührige Direktor Dr. Schniter.
Es gelang auch, mit den Pomosinwerken Frankfurt a.M. Aufträge für Trocknung von Gemüse abzuschließen. Monatlich wurden bis

Das Werk und seine Produktion

zu 1,7 Millionen Kilogramm Frischgemüse verarbeitet, was rund 250 Frauen und 100 Kriegsgefangene beschäftigte. Nachdem diese Aufträge ausblieben, wurden später Zündladungskörper (Pikrinsäurezünder) für Granaten und Haubitz-Zünder für Geschütze hergestellt. Man begann außerdem noch mit der Herstellung von Stapelfasern, eine Art Zellwolle als Ersatz für Wolle und Baumwolle. Damit standen das Werk und seine Belegschaft die Zeit bis zum Kriegsende durch. Nach dem militärischen und politischen Zusammenbruch im Jahr 1918 besetzten französische Truppen Kelsterbach.

Vertrag 1917 über Gestellung von Kriegsgefangenen für die Vereinigte Kunstseiden-Fabriken AG

Im Jahr 1918 wurde das Gelände zwischen dem Werk und der Helfmannstraße (ca 37.000 m²) von der AG für Hoch- und Tiefbauten Ffm käuflich erworben (Mark 3/m²).

1919: „Energiekrise"
Im August 1919 konnte man neben einer kleinen Menge Stapelfasern wieder richtige Kunstseide herstellen. Die bescheidene Produktion musste bald eingestellt werden, da es unmöglich war, mit der geringwertigen Kohle alle Fabrikräume zu heizen. Man versuchte, mit Kohlengrus in einer Brikettier-Anlage Briketts für Heizzwecke herzustellen. Bevor dies gelang, hatte man Probleme, „Schwefelsäure" zu beschaffen. In jenen Jahren hieß es oft Improvisieren, bevor es ans Produzieren ging.

Zu diesen Problemen gesellte sich die Sorge über die fortschreitende Entwertung der deutschen Mark. Die Preise für Rohstoffe und Betriebsmaterialien stiegen an - im Jahre 1919 etwa um das Vierfache des Vorjahres. Doch Mitte 1920 produzierte Kelsterbach wieder Kunstseide.

Arbeitsordnung der Kunstseidefabrik von 1921

1922: „Modernisierung – Glanzstoff investiert"
Im Laufe des Jahres 1922 wurde der Betrieb modernisiert, Säurehaus, Mischraum, Zellstofflager und Sulfidierung wurden neu errichtet, die Spinnerei erweitert und das Verwaltungsgebäude erhielt einen Anbau. 1924 begann man mit dem Neuaufbau des Textilbetriebes. Die tägliche Produktionshöhe lag bei zwei Tonnen.

Personalbestand des Werkes Kelsterbach:	Tagesproduktion:
Gewerbliche Arbeitskräfte ....rd. 2100	ca. 4500 kg
Angestellte ....rd. 100	
	Stundenlöhne
Löhne: Betr. Arbeiter über 21 Jahre alt	88 Pfg. (40 Pfg.)
Handwerker über 21 Jahre alt	101 Pfg. (44 Pfg.)
Hilfshandwerker über 21 Jahre alt	88 Pfg. (42 Pfg.)
Frauen über 20 Jahre alt	58 Pfg. (27 Pfg.)
Die in Klammern gestellten Zahlen entsprechen den Löhnen sofort nach der Währungsstabilisierung 1923.	

Personalstand und Löhne 1923

Das Werk und seine Produktion

Erweiterungsarbeiten am Zellstofflager. Gut erkennbar die Tore der Waggonfabrik mit gemauerten Segmentbogen

1927: Neubau Kesselhaus

1927 wurde mit dem Neubau des Kesselhauses begonnen. Die Eisenkonstruktion wurde von der Firma Lavis – Offenbach, die Ausmauerung von der Firma Helfmann - Kelsterbach, Fenster und Türlieferung durch die Firma Vogel – Schweinfurt ausgeführt. Die Aufstellung des Kessels Nummer 1 erfolgte durch die Firma Borsig. Im Jahr 1928 erfolgte die Aufstellung der Kessel zwei und drei.

Neubau des Schornsteines und dahinter die Stahlkonstruktion vom Kesselhaus

Schwere körperliche Arbeit war beim Neubau des Kesselhauses erforderlich. Die Verbindungen der Stahlkonstruktionen im Kesselhaus wurden durch Nieten hergestellt. So konnte sich Heinrich Treutel von der Arbeitsvorbereitung noch an seine Zeit als Junghandwerker erinnern, als das Kesselhaus gebaut wurde. Die Nieten wurden in einem Holzkohlefeuer auf Gelbglut erwärmt. Seine Aufgabe war, sie mit einer Schmiedezange nach oben zu dem dort stehenden Handwerker zu werfen. Der fing sie mit einem Fangeimer aus Blech auf und steckte den glühenden Niet mit einer Zange durch das Nietloch und drückte den Kopf mit dem Setzeisen fest. Der eigentliche Nieter auf der anderen Seite formte das überstehende Ende des Nietes mit einem Hammer zu einem Nietkopf. Beim Abkühlen zog sich der Niet zusammen und verspannte die zu verbindenden Teile. Anhand der Größe der Stahlkonstruktion ist zu sehen, dass tausende Nieten eingeschlagen wurden.

Der Neubau vom Kesselhaus ist fast abgeschlossen. Rechts ist noch der alte Schornstein zu sehen

Ein altes Fabrikschild

Glanzstoff glänzt nicht mehr

Das Werk und seine Produktion

Werksansicht Bahnseite mit dem neuen Kesselhaus von 1928

1928: Das Werk wird vollständig von Glanzstoff übernommen

Durch Beschluss der Generalversammlung vom 20. April 1928 ging das Gesamtvermögen der Vereinigten Kunstseidefabriken AG Frankfurt a. M. auf die Vereinigten Glanzstoff-Fabriken AG über und damit war das Werk Kelsterbach als ein weiterer Spulenseide-Betrieb hinzugekommen. Im Vereinigungsjahr wurden 2200 Beschäftigte gezählt.

Die Strangsäuberei galt als Schmuckstück des Textilbetriebs

1929: Wirtschaftskrise

Mit der 1929 beginnenden Weltwirtschaftskrise erfolgte der Absturz: Zeitweilig drohte sogar das Aus. Die Zahl der Mitarbeiter sackte auf 300 ab. Mit der vorübergehenden Stilllegung der Produktion im Herbst 1932 wurde es auch dem letzten Kelsterbacher Bürger bewusst, was Glanzstoff als Wirtschaftsfaktor für die Gemeinde bedeutete: Kleinbetriebe brachen zusammen und der Einzelhandel hatte beim Tagesabschluss fast kein Geld in der Kasse; denn man ließ anschreiben. Die Zahl der Arbeitslosen erreichte in Kelsterbach 1932 ihren absoluten Höhepunkt. Durch die Arbeitslosigkeit wuchsen die Fürsorgelasten der Gemeinde ins Uferlose.

Dokumentiert ist diese schwierige Zeit unter anderem durch Zeitungsberichte in der „Kelsterbacher Zeitung". Dieses Lokalblatt erschien seit 1899 zweimal in der Woche.

25. August. 1932 - Bericht von der Gemeinderatsitzung

Man berichtete von einer damals am 23. August abgehaltenen Krisensitzung des Kelsterbacher Gemeinderates wegen dieser drohenden Katastrophe. Festgestellt wurde, dass die Ge-

Glanzstoff glänzt nicht mehr

meindeverwaltung nach Bekanntwerden der geplanten Stilllegung sofort Schritte unternahm, um dies zu verhindern. Ein Ergebnis war noch nicht bekannt.

Die Stilllegung der Kunstseidefabrik war auch Thema im Hessischen Landtag. Die kommunistische Landtagsfraktion brachte im August 1932 folgenden Antrag ein:
„Nach Pressemeldungen soll der Betrieb der Kunstseide Kelsterbach stillgelegt werden. Durch diese Stillegung werden 1.100 Arbeiter und Arbeiterinnen brotlos. Die Betriebsstillegung hätte aber nicht nur die Vernichtung dieser Existenzen zur Folge, sondern würde auch eine untragbare Belastung für die Gemeinde Kelsterbach und Nachbargemeinden bedeuten. Durch die Betriebsstillegung erhöht sich allein für Kelsterbach die Zahl der Unterstützungsempfänger um mehr als 600 Köpfe...
Wir beantragen daher: Der Hessische Landtag beschließt: Der Betrieb Kunstseide Kelsterbach wird weitergeführt. Entlassungen werden keine vorgenommen. ...“

Am 1. September 1932 war zu lesen, dass von den 1.100 Mann Gesamtbelegschaft 900 Mann zur Entlassung anstehen.

Vereinigte Glanzstoff-Fabriken AG. Werk Kelsterbach a. M.

Im Werk Kelsterbach der Ver. Glanzstoff-Fabriken kommen nach Informationen des Fwd. bis zum 10. September 1932 900 Mann von der 1100 Mann Gesamtbelegschaft zur Entlassung. Eine völlige Stillegung soll möglichst vermieden werden. Vielmehr soll mit der Restbelegschaft von 200 Mann auch ab Ende September weitergearbeitet werden, wenn die Konjunkturhoffnungen sich als berechtigt erweisen und wenn die augenblicklich in Darmstadt und Berlin schwebenden Verhandlungen mit den Regierungen über steuerliche Erleichterungen erfolgreich sind. Bekanntlich hat Glanzstoff erst kürzlich das Werk Elsterberg im Vogtland mit 600 Mann Belegschaft stillgelegt. Die übrigen Werke, einschließlich der kleinen Veredelungsbetriebe in Obernburg a. M., Obruch bei Aachen, Breslau und Stettin arbeiten mit größeren Einschränkungen.

1. September 1932 - Entlassungen stehen an

Ende September wurde damit gerechnet, dass die inzwischen stillgelegten Fabriken Elsterberg und Kelsterbach vom Glanzstoff-Konzern wieder in Betrieb genommen werden.

Wiederinbetriebnahme der Kelsterbacher Glanzstoffwerke?

Besserung auf dem Kunstseidenmarkt.

Wie die „Kölnische Volkszeitung“ berichtet, hat in den letzten Tagen der deutsche Kunstseidenmarkt eine erhebliche Belebung des Geschäfts zu verzeichnen. Da die saisonmäßige Herbstbesserung sich in diesem Jahr stark verzögert hat, setzte das stärkere Geschäft sozusagen über Nacht ein. Von der Verarbeiterindustrie wurden nicht nur große Posten sofort in die Fabrik hereingenommen, sondern es konnten auch Aufträge mit längerer Lieferzeit erteilt werden. Bei einzelnen Spezialgarnen ist die Produktion bis November bereits ausverkauft. In den durchschnittlichen Kunstseidensorten ist zurzeit jedoch noch genügend Vorrat am Lager, um den Bedarf der Kundschaft, die plötzlich alle Hände voll zu tun hat, befriedigen zu können. Vielleicht kann unter diesen Umständen, wenn das Geschäft einige Zeit anhalten sollte — und das dürfte bestimmt der Fall sein —, damit gerechnet werden, daß auch die inzwischen stillgelegten Fabriken Elsterberg und Kelsterbach vom Glanzstoff-Konzern wieder in Betrieb genommen werden. Dieser Aufschwung ist in erster Linie der Tatsache zuzuschreiben, daß der Handel wie die Konfektion ihre Lager fast vollständig geräumt hatten. Die Nachfrage nach Ware wurde dann sofort derart lebhaft, daß die Produktion alle Mühe aufwenden muß, um die vorliegenden Aufträge erledigen zu können. Besonderen Wert darf man vor allem dem Umstand beilegen, daß diese Besserung sich nicht auf einzelne Zweige der Produktion erstreckt, sondern daß nahezu fast die gesamte Verarbeiterindustrie von ihr erfaßt worden ist. Das Geschäft mit kunstseidenen Kleiderstoffen, Krawattenstoffen, Futterstoffen usw. hat fast gleichmäßig angezogen.

Den stärksten Anteil an diesem Auftrieb hat der innerdeutsche Markt, dessen Bedarf außerordentlich groß ist. Dagegen kann man kaum hoffen, daß auch ein wesentlicher Teil der Aufträge dem Exportgeschäft zugute kommen wird. Die Zollmaßnahmen der früheren Absatzländer bilden nach wie vor ein großes Hindernis. Wie weit die Betriebseinschränkungen, die man im Lauf der vorigen Monate in der Verarbeiterindustrie vorgenommen hatte, wieder aufgehoben werden können, hängt von der Entwicklung in den nächsten Tagen ab; doch dürfte die Wiedereinstellung von Arbeitern und die Inbetriebsetzung stillgelegter Stühle und Maschinen in kurzer Zeit erfolgen. Die ganze Anlage der Geschäftsbelebung ist jedenfalls so, daß sie auf längere Dauer eingestellt ist. Nach den außerordentlich ruhigen Vormonaten ist diese Besserung um so begrüßenswerter, als es vielleicht gelingen kann, den in der letzten Zeit erlittenen Geschäftsverlust durch eine vermehrte Tätigkeit in den Herbstmonaten in etwa auszugleichen. Was die Zahlungsweise der Kundschaft betrifft, so erklären sich einzelne Firmen sogar bereit, im voraus zu zahlen, wenn sie nur Rohware bekommen können. Der Umschwung in der Industrie ist jedenfalls, selbst bei vorsichtiger Beurteilung der Lage, ganz unverkennbar.

23. September 1932 Wiederinbetriebnahme der Glanzstoffwerke?

Tariflöhne bei Glanzstoff Juli 1932
(Zentralarchiv)

Tariflohn in Pfennigen, je Stunde

	männlich	weiblich
Kelsterbach	72	48
Obernburg	63	40
Oberbruch	60	40
Sydowsaue	58	39
Breslau	53,5	36

Der starke Wettbewerb um Arbeitskräfte im Frankfurter-Raum hat für ein höheres Lohnniveau gesorgt.

1932: „Belebung des Kunstseidemarktes?“

Am 18. Oktober 1932 war in der Kelsterbacher Zeitung zu lesen: Wie die „Kölnische Volkszeitung“ zu berichten weiß, ist mit einer Belebung des Kunstseidemarktes zu rechnen. Die Aufträge des Handels und der Konfektion an kunstseidenen Erzeugnissen hatten auch in letzten Tagen wieder einen erheblichen Umfang. ......Die sich schließlich, so wollen wir hoffen, auch recht bald für Kelsterbach günstig auswirkt.“
Die Belegschaft im Kelsterbacher Werk wurde im Oktober noch auf 750 Mann gesteigert. Die Werksleitung hoffte, die Belegschaft in dieser Höhe zumindest für die nächsten Monate beschäftigen zu können.

Anfang 1933 hatte Kelsterbach 5.500 Einwohner.

Das Werk und seine Produktion

> **Kelsterbach**
> Die hiesige Glanzstoff-Fabrik hat ihren Betrieb vorläufig wieder eröffnet und etwa 800 Arbeitskräfte eingestellt.
> **Erntedankfest.** Morgen wird in der evangelischen Kirche das Erntedankfest gefeiert.

22. Oktober 1932 - Arbeitereinstellung

Doch sprichwörtlich über Nacht – nach wenigen Wochen - war 1932 die Krise überwunden. Alle Anlagen wurden wieder angefahren. Die Belegschaft zählte zu Weihnachten 1932 wieder rund 660 gewerbliche Kräfte und 80 Angestellte.

> **Kelsterbach**
> **Arbeitsjubiläen.** In den Vereinigte Glanzstoff-Fabriken A. G. Werk Kelsterbach konnten im Jahre 1932 folgende Herren ihr 25jähriges Arbeitsjubiläum feiern: Jos. Lochbühler, Karl Zech, Ludwig Kohlmann, Wilhelm Otto, Georg Handschuh, Adam Doser, Franz Rostan, Otto Glasmeyer, Lorenz Heizer, Karl Draisbach, Georg Krist.

24. Dezember 1932 – 25jähriges Arbeitsjubiläum

Unruhe brachten auch in den Betrieb die politischen Ereignisse im Frühjahr und Sommer 1933. Es gab anfangs auch Widerstände gegen die Diktatur Adolf Hitlers und dies vor allem aus den Reihen der örtlichen Arbeiterbewegung, für die in der Weimarer Zeit am Ort SPD und KPD kommunalpolitisch standen und Widerhall bei der Bevölkerung gefunden hatten. Nicht wenige Glanzstoff-Mitarbeiter – so der spätere SPD-Bürgermeister Wendelin Scherer – bekamen erhebliche Probleme mit dem braunen Regime und wurden zeitweilig inhaftiert.
Ab 1933 griff das Muster der nationalsozialistischen Betriebsgemeinschaft, in der der allein verantwortliche „Betriebsführer" (Werksleitung) vor seiner „Gefolgschaft" (Arbeiter) stand. In der nationalsozialistischen „Betriebsgemeinschaft" herrschte ein militaristisches Strukturprinzip, also militärische Schichtung, Befehl und Gehorsam nach dem „Führerprinzip".

Am 29. Oktober 1933 fand die Fahnenweihe der Nationalsozialistischen Betriebszellenorganisation-Ortsgruppe Kelsterbach (NSBO) statt. Vom Glanzstoffwerk ging es in einem Festzug mit 1.500 Teilnehmern zum Saalbau zur Friedrichshöhe. Dabei waren eine NSBO-Kapelle und ein Spielmannszug. 1935 wurde die NSBO zu Gunsten der DAF aufgelöst.

Rückseite der Festschrift zur Fahnenweihe in Kelsterbach am 29. Oktober 1933

01.Mai 1933 Kundgebung – Ausmarsch aus dem Werk

Weitere Veränderungen standen an. Mit dem Beginn der NS-Diktatur 1933 zeigte es sich mit voller Schärfe: Immer spiegelte sich nämlich bei Glanzstoff über den Werkszaun hinweg die allgemeine Geschichte wider und spielte der jeweilige Zeitgeist in der Fabrik eine gewisse Rolle.
Sehr deutlich wurde das eben nach der Machtübernahme durch die Nazis im Jahr 1933. Auch auf dem Werksgelände spielten bei offiziellen Anlässen, Treffen und Feiern plötzlich Uniformen eine Rolle und an der Wand hing

Das Werk und seine Produktion

dann - wie ein Foto von einer Betriebsversammlung 1937 zeigt - ein Bild von Adolf Hitler und von Robert Ley (rechts), Leiter Deutsche Arbeitsfront (DAF).
Das gleichgeschaltete und uniformierte braune Leben machte auch vor den Werkstoren nicht Halt.

Versammlung im Kantinengebäude am 09. September 1937. Männer und Frauen an getrennten Tischen. Am Rednerpult der Betriebsführer Rathgeber, danach ergriff Betriebsobmann Baumhauer das Wort. Vorm Rednerpult steht eine Gruppe Uniformierter mit Hakenkreuzfahne. Die Werksblaskapelle trat an diesem Tag erstmalig auf

Wirtschaftlich lief es aber gut: Schon im September 1933 wurde der tausendste Mitarbeiter eingestellt. Technisch ging es ebenfalls rasant voran: Bis 1934 war drei Viertel der Produktion als Strang und der Rest als zylindrische Kreuzspule aufgemacht. Die Aufmachung als „Cones" – so die Mehrzahl für eine konisch zulaufende Spule, daher Cone abgekürzt - war seinerzeit zunächst fast unbekannt gewesen. Doch 1935 waren schon 200 moderne Cones-Maschinen in Kelsterbach in Betrieb.

01. Mai 1934 Kundgebung

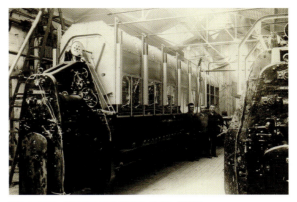

Der neue Spinnsaal II im Jahr 1935

Im Laufe des Jahres 1934 wurde der „Spinn-Saal II" projektiert. Schon Anfang 1935 liefen 30 Maschinen im neuen Saal.

Cones-Maschinen 1935

Das Gemeinschaftsbuch

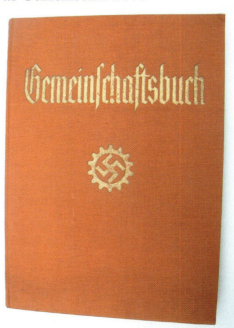

Das Gemeinschaftsbuch wurde von dem Zentralbüro der Deutschen Arbeitsfront herausgegeben. Darin sollten die Geschichte

Das Werk und seine Produktion

des Betriebes und die Protokolle der Vertrauensratsitzungen eingetragen werden. Es sollte alles, was den Betrieb, seine Menschen, aber auch seine Entwicklung angeht, niedergeschrieben werden.

Im Jahr 1936 begann man in Kelsterbach, Artikel aus dem Mitteilungsblatt des Werkes „Wir vom Glanzstoff" einzukleben. Der letzte Artikel wurde 1939 eingefügt.

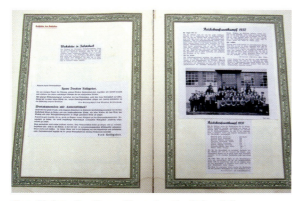

Das Kelsterbacher „Gemeinschaftsbuch"

Ziel könnte gewesen sein, die Verleihung der Auszeichnung „Nationalsozialistischer Musterbetrieb" anzustreben. Dies berechtigte, die Flagge der Deutschen Arbeiterfront mit goldenen Fransen zu führen.

24. März 1934 Kelsterbacher Zeitung

Im März 1934 wurde von Dr. Brauer berichtet, dass die Mitarbeiterzahl auf 1.350 gestiegen ist. Die Absatzverhältnisse verschlechterten sich 1935 jedoch und man musste Kurzarbeit einlegen. Schließlich kam es sogar zu Entlassungen. Doch 1937 war das Werk Kelsterbach wieder vollbeschäftigt und man konnte zusätzliche Arbeitskräfte einstellen. Im Herbst 1939 waren im Werk 1.700 Gewerbliche und 120 Angestellte beschäftigt. Die Tagesproduktion betrug 10.500 Kilo.

1939 bis 1945: Der Zweite Weltkrieg

Kräftig wehte der Mantel der Geschichte auch über Glanzstoff Kelsterbach im Zweiten Weltkrieg – brachte reichlich Veränderungen und Wirrungen: Eine Flakstellung gegen Bomberangriffe der Alliierten gehörte plötzlich ebenso zum Alltag wie der Einsatz von Fremdarbeiterinnen, die hierher durch den Eroberungskrieg der Nazis verschleppt worden waren. Zeitzeugen berichten, dass diese Frauen vergleichsweise anständig behandelt worden seien. Nur wenige Fotos sind vom Schicksal dieser Opfer des braunen Wahns erhalten geblieben.

Ums Leben kamen als Soldaten auch viele Glanzstoff-Mitarbeiter in den Kriegsjahren, woran ein Gedenkstein auf dem Werksgelände erinnerte. An Gedenktagen wurden hier Kränze niedergelegt.

Die Heimatwappen aller Werke der Glanzstoffgruppe 1941 – Oberbruch, Kelsterbach, Breslau, Sydowsaue, Obernburg, Elsterberg, Köln, Kassel, Lobositz, Tannenberg, St. Pölten, Waldniel, Wuppertal

Dennoch, das Unternehmen selbst und ein nicht unerheblicher Teil seiner Belegschaft

Das Werk und seine Produktion

kamen vergleichsweise glimpflich über die Jahre des Völkermordens. Laut Werksunterlagen beeinflusste das Kriegsgeschehen lange Zeit nicht grundlegend den Betriebsablauf trotz mannigfaltiger Schwierigkeiten. Die direkten Kriegsschäden blieben am Ende gering, während ringsum Fabriken in Schutt und Asche versanken. Daher konnte der Betrieb nach Kriegsende rasch wieder hochgefahren werden.

1938 Betriebsführer Rathgeber und Betriebsobmann Baumhauer am Rednerpult

Der Ausgangspunkt 1939: Bei Ausbruch des Zweiten Weltkrieges war das Werk vollbeschäftigt mit etwa 2.000 Mitarbeitern. Im Laufe des Zweiten Weltkrieges wurde das Werk auf zehn Tagestonnen Kordseideproduktion für technische Aufmachung, wie Reifen für Militärfahrzeuge, umgestellt.
Mitarbeiterinnen des Werkes erhielten 1940 eine Ausbildung als Sanitäterinnen, um am Bahnhof beim Halt von Transporten von Kriegsverletzten eingesetzt zu werden.

1940 Sanitätskurs im Werk. Mit dabei Anneliese Stenzinger (geb. Krämer) – erste Reihe dritte von links

Kohlemangel führte im Februar 1942 zu einer Stilllegung der Produktion. Die Spinnerei spann am 7.2.1942 ab. Danach erfolgten weitere Betriebsstillstände. Im Monat Juli erhielt man erstmals Saarkohlen. Danach betrug der Kohlenbestand ca. 2.000 Tonnen und die Aussichten für den Winter wurden als befriedigend bezeichnet.

Betriebsappell 1943 auf dem Werksgelände

Trotz aller kriegsbedingten Probleme und immer häufigerer Fliegeralarme gelang es lange, mit einer Belegschaft von 1.600 Arbeitern und Angestellten eine Tagesproduktion von rund zehn Tonnen aufrechtzuerhalten.

1941 Schweineaufzucht mit frischen Grün und anfallenden Küchenabfällen auf dem Werksgelände

Viele der deutschen Mitarbeiter waren an der Front, viele gefallen oder in Gefangenschaft. Die Heimat litt unsagbar unter dem Bombenkrieg, ebenso der Betrieb, in dem nun zum zweiten Male ausländische Männer und Frauen mit den verbliebenen Deutschen arbeiteten. Neben diesen Deutschen wurden Franzosen, Holländer, Belgier, Russen und Polen eingesetzt – 1943 zeitweilig über 750.

Mitarbeiter der Lohnbuchhaltung im Februar 1940

Glanzstoff glänzt nicht mehr

Das Werk und seine Produktion

Verdunklungszeit: 20.00 bis 6.00 Uhr – mahnte ein Schild

Flakstellung im Westen des Werkes

Ab 1943 wurde in Kelsterbach auch Fallschirmseide hergestellt. Die Cordkunstseideproduktion wurde auf Anordnung des Reichswirtschaftsministers vom 10. März 1943 von fünf auf 15 Tonnen Tagesleistung erhöht. Noch immer waren im Werk keine größeren Kriegsschäden festzustellen. Daher konnte bis zum Herbst 1944 die volle Produktion in Kelsterbach ohne nennenswerte Störung aufrechterhalten werden.

Ab Oktober 1944 war das allerdings nicht mehr möglich. Arbeitskräfte wurden abgezogen, für Arbeiten am „Westwall". Im November trat eine erhebliche Stromkürzung ein, so dass Spinnpausen eingelegt werden mussten.

Zehn Jahre später: Glanzstoff in voller Beleuchtung

Heimatflak

Das Werk lag im Sperrgürtel von Frankfurt. Deshalb war nicht nur eine Einsatzgruppe zum Werkluftschutz vorhanden, sondern war auch eine Heimatflakbatterie mit sechs Zwei-Zentimeter-Geschützen aufgebaut. Davon waren drei im Nordostteil und drei im Südwestteil des Werkes – auf acht- bzw. fünf Meter hohen Flaktürmen – zur Abwehr von Tiefangriffen aufgestellt. Die Besetzung der Geschütze erfolgte, abgesehen von der Batterieführung und den Geschützführern, in der Hauptsache durch Mitarbeiter des Werkes.

Unterhaltungsprogramm 1944 im Werk

Glanzstoff glänzt nicht mehr

Aus diesem Unterhaltungsprogramm von 1944 ist ersichtlich, dass für „Westarbeiter" und für „Ostarbeiter" unterschiedliche Veranstaltungen durchgeführt wurden. In einer Werkzeitschrift stand von 1944 stand: *„Im vergangenen Monat wurde von der NS-Gemeinschaft „Kraft durch Freude" für die Westarbeiter unseres Werkes ein Varieté-Abend durchgeführt; für die Ostarbeiter gastierte eine Tanz- und Spielgruppe".*

Die Freizeit verbrachten Ostarbeiter wohl größtenteils nur auf dem Werksgelände.

Frauenchor Herbst 1943 - „Kraft durch Freude"

Bericht über Bombenschäden am 27. Dez. 1944

Trotz größerer Zahl von Artillerietreffern traten kaum nachhaltige Schäden ein. Am Heiligen Abend 1944 fielen einige kleinere Sprengbomben auf das Werksgelände. Eine davon durchschlug das Dach der Kantine und verwüstete den Innenraum erheblich. Sechs andere Bomben fielen in umliegende Gärten, richteten aber keinen größeren Schaden an.

Ritterkreuzträger sprachen zur Belegschaft

Im Januar 1945 ging aber der Bittersalz-Vorrat zu Ende. Es wurde zunächst weitergesponnen, ohne dass dem Spinnbad Magnesium-Sulfat (Bittersalz) zugesetzt werden konnte. In der zweiten Januarhälfte arbeitete man dann nur noch mit halber Maschinenzahl. Die freigewordenen Arbeitskräfte wurden zu Aufräumarbeiten auf dem durch Angriff zerstörten Bahnhof Bischofsheim eingesetzt.

1945: Die Produktion im Glanzstoff-Werk wurde eingestellt

Am 12. März 1945 musste abgesponnen werden. Ein großer Teil der Arbeitskräfte wurde auf den umliegenden Flugplätzen dienstverpflichtet. Dann wurde die Arbeit eingestellt. Der Textilbetrieb allerdings arbeitete weiter und konnte noch einen Teil der Zwischenbestände, das waren noch vorhandene und nicht fertig gestellte Materialien, aufarbeiten. Schließlich musste am 22. März 1945 auch die Arbeit im Textilbetrieb eingestellt werden, da der Befehl kam, dass alle ausländischen Arbeitskräfte nach Langen transportiert werden sollten. Dies gelang auch mit erheblicher Mühe. Da aber die ersten amerikanischen Truppen bei Oppenheim den Rhein überschritten hatten, war ein Weitertransport kaum denkbar. Viele kamen vor Einrücken der Amerikaner wieder in ihre Werksunterkünfte zurück.

Der Betrieb verharrte dann in völliger Ruhe, nachdem die Viskoseanlage unter Lauge gesetzt wurde. Außerdem wurden Spinnmaschi-

Das Werk und seine Produktion

nen konserviert, um im Falle eines vorübergehenden Stillstands die Anlagen funktionsfähig zu erhalten und wieder problemlos anfahren zu können. Im Kesselhaus und in anderen wichtigen Betriebsteilen traf man entsprechende Vorkehrungen, weil mit der Abwesenheit des Personals über längere Zeit zu rechnen war. Dann wurde die Arbeit eingestellt.

Die Spinndüsen wurden nach Obernburg gebracht

Die wertvollen Spinndüsen wurden am 23. März 1945 nach Obernburg in Sicherheit gebracht.

Am 24. März wurde der Volkssturm aufgerufen. Ein großer Teil der leitenden Angestellten, Abteilungsleiter und Meister war davon betroffen. Nur mit Mühe gelang der Werkleitung, den Parteistellen klar zu machen, dass einige Personen zur Beaufsichtigung des nicht unbedeutenden Werksvermögens am Platz verbleiben mussten. Es blieben schließlich Herr Dr. Mengeringhausen und Herr Jüngst im Werk zurück.

Der Einmarsch der Amerikaner am Montag, 26. März 1945, und die Besetzung des Werkes durch amerikanische Truppen

> *Über die Zeit am und nach Kriegsende im Werk ist in Berichten zu lesen, was Mitarbeiter im Auftrag des Unternehmens für dessen Archiv verfassten:*

„Die Bewohner der dem Werk gegenüberliegenden Wohnungen waren angewiesen worden, den fast fertig gewordenen Luftschutzstollen an der Mainböschung aufzusuchen. Im Werk selbst blieben nur die notwendigen Wach- und Sanitätsmannschaften zurück. Zwischen 9 Uhr und 10 Uhr begann das erwartete Artilleriegefecht. Eine amerikanische Batterie stand 1 bis 2 km südlich vom Werk im Wald, während die deutsche Batterie in der Flakstellung bei Sindlingen aufgestellt war. Das Werk lag genau in der Schusslinie der beiden Gegner. Während die amerikanischen Granaten gut gezielt waren und bis auf einzelne Ausnahmen das Werk nicht trafen, schoss die deutsche Batterie fast ausnahmslos zu kurz, offenbar in der Annahme, der Amerikaner stünde im oder unmittelbar hinter dem Werk. Die Folge davon war, dass ein großer Teil der Glasdächer durch krepierende Schrapnells beschädigt wurde und einige Volltreffer die Gebäude trafen, u.a. das Treppenhaus des Kesselhauses und der Fahrstuhlschacht der Vorreife. Ebenfalls stark beschädigt wurden mehrere mainseitige Wohnungen in den zum Werk gehörenden großen Häusern. Von dem im Werk tuenden Wachen wurde zwei erheblich verletzt. In einer Feuerpause waren Frau Barbara, die im Russenlager Dienst tut und Herr Weiler, der sich auf einem Rundgang befand, in der Nähe des Chemischen Labors, als unverhofft wieder eine Granate anflog, explodierte und die beiden verletzte. Herr Weiler bekam Splitter in den Rücken während der linke Unterarm von Frau Barbara so beschädigt wurde, dass noch am selben Tag Dr. Ritz den Unterarm amputieren musste. In den Werkswohnungen gab es drei Tote, Herr Eichel, Frau Ruppert und ein Junge.

Die Gesamtsituation am Besetzungstag in Kelsterbach war dadurch gekennzeichnet, dass das linke Mainufer bereits von Amerikanern besetzt war, während noch drei Tage lang das rechte Mainufer von schwachen deutschen Kräften besetzt war. Da von beiden Seiten sowohl mit Artillerie als auch mit Infanterie noch häufig Geschosse gewechselt wurden, musste sich die Zivilbevölkerung noch weitgehend in den Kellern aufhalten. Erst allmählich kehrte das Leben auf den Straßen zurück und man bekam auch die Übersicht, wer von den ausländischen Arbeitskräften noch oder wieder in Kelsterbach war. Diese stellten für die Werksleitung in jenen Tagen das Hauptproblem dar, nicht nur wegen der Verpflegung, derentwegen erhebliche Auseinandersetzungen stattfanden, sondern auch wegen zahlreicher anderer Wünsche, ununterbrochen vorgebracht wurden."

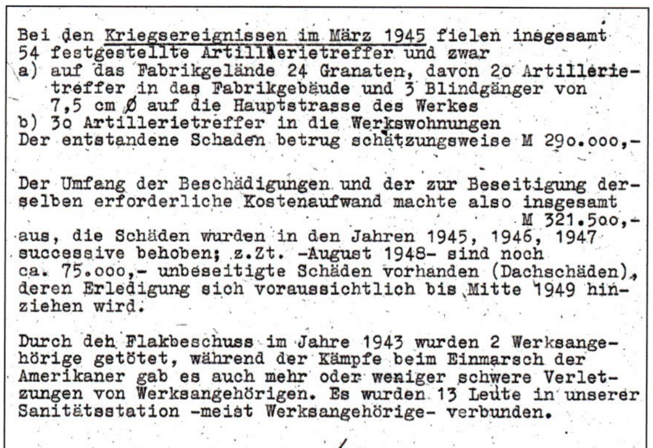

```
Bei den Kriegsereignissen im März 1945 fielen insgesamt
54 festgestellte Artillerietreffer und zwar
a) auf das Fabrikgelände 24 Granaten, davon 20 Artillerie-
   treffer in das Fabrikgebäude und 3 Blindgänger von
   7,5 cm Ø auf die Hauptstrasse des Werkes
b) 30 Artillerietreffer in die Werkswohnungen
Der entstandene Schaden betrug schätzungsweise    M 290.000,-

Der Umfang der Beschädigungen und der zur Beseitigung der-
selben erforderliche Kostenaufwand machte also insgesamt
                                                  M 321.500,-
aus, die Schäden wurden in den Jahren 1945, 1946, 1947
successive behoben; z.Zt. -August 1948- sind noch
ca. 75.000,- unbeseitigte Schäden vorhanden (Dachschäden),
deren Erledigung sich voraussichtlich bis Mitte 1949 hin-
ziehen wird.

Durch den Flakbeschuss im Jahre 1943 wurden 2 Werksange-
hörige getötet, während der Kämpfe beim Einmarsch der
Amerikaner gab es auch mehr oder weniger schwere Verlet-
zungen von Werksangehörigen. Es wurden 13 Leute in unserer
Sanitätsstation -meist Werksangehörige- verbunden.
```

Umfang der Beschädigungen durch die Kriegsereignisse

Glanzstoff glänzt nicht mehr

Das Werk und seine Produktion

Luftbild vom 23. März 1945 - Werk Kelsterbach

Glanzstoff glänzt nicht mehr

Das Werk und seine Produktion

Ein Sanitätsdepot soll eingerichtet werden

„Bereits wenige Tage nach dem Einrücken der amerikanische Truppen erschien ein Major, der das Werk besichtigte und zu bekennen gab, dass er Teile des Werkes beschlagnahmen müsse zur Einrichtung eines größeren Sanitätsdepots. Er ordnete an, dass das gesamte Verwaltungsgebäude, das Wohlfahrtsgebäude und der neue Versand und die bei uns als Hülsenschuppen bekannten Nebenräume vollständig zu räumen hätten. Um diese Aufgabe zu bewältigen wurden Freiwillige aus der deutschen Belegschaft zur Arbeit aufgefordert und mit einem Stamm von etwa 50 Leuten der in den nächsten Wochen auf 100 anstieg, begonnen."

Die Seidenbestände aus dem Versand wurden in der Conerei und Zwirnerei untergebracht. Der Inhalt aus den übrigen Räumen wanderte in den Spinnsaal II. Das Inventar aus dem Verwaltungsgebäude wurde in der Lehrwerkstatt, Chemielabor und umliegende Räume untergestellt. Angedacht war, dass der gesamte östliche Teil des Werkes dem Sanitätsdepot zur Verfügung gestellt wurde. Im chemischen Betrieb wurde Aufräumungs- und Reparaturarbeiten durchgeführt. Zur Abtrennung der Bereiche wurde eine Trennwand zwischen Hauptwerkstatt und Feuerwehrschuppen errichtet. Diese wurde aus Gestellen des Fahrradschuppens in Form einer Barrikade ausgeführt.

Panzer kamen ins Werk

„Als Werkseingang wurde zwischen Schreinerei und Anstreicherei ein Mauerdurchbruch gemacht und dort ein neues Tor eingesetzt. Das eigentliche Werkstor stand der amerikanischen Truppe zur Verfügung. Als diese Arbeiten gerade beendet waren, teilte der Offizier, der bereits Tag und Nacht das Verwaltungsgebäude besetzt hielt, mit dass die Pläne sich geändert hätten und das Sanitätsdepot nicht einziehe. Es kam jetzt eine Abteilung leichter Panzer, die sich leider auch im westlichen Teil der Fabrik häuslich niederließ, nachdem inzwischen die Ausländer in ein vom Werk unabhängiges Sammellager übergesiedelt waren. Da nun ein vollkommenes Durcheinander- und Nebeneinander-Arbeiten und Leben von Deutschen und Amerikanern einsetzte, war eine Übersicht und Kontrolle praktisch unmöglich In dieser Zeit sind zunächst durch Soldaten später auch durch eigene Belegschaft die ersten Diebstähle vorgekommen. Für eine Reihe von beschlagnahmten Gegenständen u.a. auch die privaten Kraftwagen konnten ordnungsgemäße Requirierungsscheine verlangt werden. Außer dem Verlust einiger Schreibmaschinen, Mikroskope, Fotographien und Zeichnungen sind empfindliche Eingriffe in das Werksinventar vermieden worden.

Da eine Kommandantur in Kelsterbach nicht bestand und die Truppenoffiziere sich kurz nach dem Einmarsch für nicht zuständig erklärten, irgendwelche Maßnahmen zu unserem Schutz zu ergreifen, nahmen wir schon am 29. oder 30. März in Groß-Gerau die Fühlung mit der Kommandantur auf. Es herrschte dort aber noch ein solcher ungeordneter Betrieb und ein solcher Andrang, dass es nicht verwundern darf, wenn sich zunächst von der Kommandantur niemand in unserem Werk sehen ließ und die zu Protokoll gegebenen Angaben über das Werk und die vorgebrachten Wünsche in keiner Weise beachtet wurden. Erst am 01.Mai gelang es, dem zuständigen Capt. vorzutragen, welche Bedeutung die Fabrik hat und welche Aussichten und Möglichkeiten zu Arbeiten bestände. Dies führte dazu, dass eine Arbeitserlaubnis zum Durchführen von Reparaturen gegeben wurde. Die Zahl der Beschäftigten stieg am Ende des Jahres 1945 auf 317."

Mit dem Fahrrad nach Obernburg und zurück

Eine Episode jener Wochen und Monate des Umbruchs mutet heute eher putzig an, war damals aber eine sehr ernste Angelegenheit und zeugt von Improvisationsgabe und Mut. Dies war oft für unkonventionelle Taten zum Überleben des Werks und seines Betriebs notwendig:

„Die Verbindung mit unserer Hauptverwaltung wurde Mitte April 1945 aufgenommen, indem Fräulein Schumann mit dem Fahrrad nach Obernburg fuhr und dort mit Herrn Dr. Rathert Bericht erstattete. Am 1. Mai 1945 war Herr Dr. Rathert zusammen mit Herrn Dr. Vaubel zum ersten Mal in Kelsterbach, um sich von der Lage zu überzeugen. Die spätere Verbindung und Postvermittlung geschah durch Kurierdienst von und nach Obernburg."

Im „Ein Tagebuch aus der Wirtschaft 1945 – 1949" von Ludwig Vaubel wurde auch die Fahrradtour der Vorstandsmitglieder nach Kelsterbach erwähnt: *„Am 28.April 1945 suchte Dr. Hermann Rathert, gestützt auf eine mündliche Zustimmung des Oberlandrats in Miltenberg, den ersten Kontakt mit dem ca. 50 km entfernten Werk Kelsterbach, das die Besetzung trotz Artilleriebeschusses und einiger Schäden „im allgemeinen gut überstanden hätte".* **Ludwig Vaubel** *begleitete ihn. Man fuhr mit Werksfahrrädern auf Nebenstraßen und Waldwegen in Richtung Kelsterbach. Die Personalausweise waren nur im Umkreis von sechs Kilometer um Erlenbach gültig. Man musste vermeiden, auf den mit Militärtransporten überfüllten Hauptstraßen amerikanischen Kontrollen in die Hände zu fallen. Die Nacht verbrachte man bei einer Familie eines Kelsterbacher Mitarbeiters."*

Soweit Ludwig Vaubel in seinem Buch.

Glanzstoff glänzt nicht mehr

Das Werk und seine Produktion

Dr. Hermann Rathert, technisches Vorstandsmitglied, Ludwig Vaubel, war Vorstandsmitglied beim Glanzstoff-Konzern. 1969 wurde er Vorsitzender des Vorstandes – gleichzeitig war er Stellv. Vorsitzender der niederländischen Enka Glanzstoff b.v

Anfang August 1945 beabsichtigte die amerikanische Armee erneut, ein Sanitätsdepot im Werk einzurichten. Zusätzlich sollten jetzt noch die Conerei und ein Teil der Zwirnerei geräumt werden. Argumente, wie ortsfeste Maschinen und die Absicht, dass man bald in Produktion gehen will, halfen zuerst nicht. Durch die inzwischen guten Kontakte von Herrn Funcke zum Hauptquartier, erreichte man, dass dieser nachteilige Plan für das Werk nicht verwirklicht wurde. Er hatte Erfolg. Es wurde eine pro forma Produktionsauflage erteilt, dass die übrig gebliebenen Bestände in der Zwirnerei aufzuarbeiten waren. Man ließ zeitweise einige Zwirnmaschinen laufen und konnte damit nach außen bekunden, dass man im Auftrag der Militärregierung produzierte.

Reste eines 2010 auf dem Gelände gefundenen amerikanischen Sturmgewehres

Die Panzereinheit verließ das Werk und es kam eine Abteilung der zum Flughafen gehörenden Luftwaffenpioniere. Die nahmen weiterhin das Verwaltungsgebäude, Kantine Wohlfahrtsgebäude und Versand in Anspruch. Im Versand und in den umliegenden Räumlichkeiten wurde eine Autoreparaturwerkstatt eingerichtet.

Die Spinndüsen wurden zurück geholt

In alten Werksunterlagen heißt es:
„Am 27. Juli 1945 wurden Dr. Ernst Mengeringhausen, dem technischen Werksleiter in Kelsterbach, vier Pakete mit Goldplatin-Spinndüsen übergeben. Damit waren sämtliche Düsen, die nach Obernburg verbracht und dort an einem sicheren Ort verwahrt wurden, wieder nach Kelsterbach zurückgegangen."

Der politische Hintergrund jener Tage: Der technische Werksleiter in Kelsterbach, Dr. Ernst Mengeringhausen, war als früherer PG (Parteigenosse - Mitglied der NSDAP) vorübergehend seiner Funktion enthoben worden. Der kaufmännische Werkleiter, Schlüter, ein aktiver Nationalsozialist, war ausgeschieden.

Ein neuer Anfang mit 378 Personen. Die Produktionsgenehmigung wird von der amerikanischen Besatzungsmacht erteilt

Anfang September 1945 etablierte sich in Wiesbaden das Landeswirtschaftsamt mit entsprechenden Vollmachten der Militärregierung. Man nahm Verbindung mit dem Industriereferenten, Regierungsrat Dr. Wilhelmi, auf. Der interessierte sich sofort für das Werk und erteilte noch im September eine Produktionsgenehmigung für täglich 1.700 Kilogramm Cordseide und 300 Kilogramm Spezial-Kunstseide für die Weberei. Bedingt durch die Rohstofflage und die Vorbereitungsarbeiten konnte man aber noch nicht in Betrieb gehen. Vor allem schien es gewagt, wegen der Kohlenlage vor dem Winter in Produktion zu gehen. Im Oktober 1945 wurde das Entnazifizierungsgesetz (Gesetz Nr. 8) veröffentlicht, wodurch eine Reihe organisatorischer und persönlicher Maßnahmen notwendig wurden, die aber das Inbetriebnahme-Programm nicht wesentlich störten. 1946 begannen die Kohlelieferungen wieder, jetzt konnte man überhaupt wieder ans Produzieren denken.

1946: Es wird wieder angesponnen

Am 5. Januar 1946 bekam das Werk die Genehmigung zur Wiederaufnahme der Produktion von Textilreyon. Mit einer Belegschaft von 378 Personen begann am 24. Januar alles wieder. Den Bemühungen des damaligen technischen Werksleiters, Herrn Dr. Mengeringhausen, war zu verdanken, dass man trotz erschwerter Bedingungen im Februar 1946 anspinnen konnte. Der Werkleitung gelang es auch, zusätzliche Lebensmittel für die Belegschaft heranzuschaffen. Aber es bestand weiterhin Kohlemangel und Schwefelkohlenstoff-Knappheit. Dies führte wieder zu Einschränkungen und Betriebsunterbrechungen. Eine hohe Abfallquote und Minderqualität verbuchte man als Folge. Neben dem Rohstoff war dafür auch der Mangel an Ersatzteilen verantwortlich.

Das Werk und seine Produktion

Bescheinigung 28. Januar 1946

1947 stieg die Produktion, und das Werk beschäftigte wieder 1.250 Mitarbeiter. Viele Heimatvertriebene fanden nach dem Krieg im Werk einen Arbeitsplatz und halfen mit beim wirtschaftlichen Aufschwung. Bald nach der Währungsreform im Juni 1948 wurde bereits wieder die Vorkriegsproduktion von rund 11.000 Kilogramm erreicht und die Anlagekapazität voll ausgenutzt.

Aus: „Ein Tagebuch aus der Wirtschaft 1945 – 1949" von Ludwig Vaubel :

- *26. Juli 1946 In der amerikanischen Zone sind Untertreuhänder für die Betriebe von VGF bestellt worden, **Aretz** für Kelsterbach.*
- *26. September 1946 Die erste Werksleitersitzung nach dem Krieg findet in Obernburg statt.*
- ***Aretz** entwickelt wieder Ideen für eine paritätische Unternehmensleitung. Einwand von **Vaubel**, dass bei formaler Parität zwischen Eigentümern und Mitarbeitern eine effiziente Unternehmensleitung zu sehr vom Zufall geeigneter Persönlichkeiten abhängig sein würde. **Vits** sieht diese Gefahr ebenfalls sehr deutlich.*
- *18. März 1947, Werksleitersitzung in Kelsterbach. Man traf sich zum ersten Mal im größeren Kreis der „Glanzstoff-Familie".*
- *April 1948, Auf Initiative von **Werner Aretz** war in Kelsterbach frühzeitig ein „Sachprämiensystem" - z. B. Kompensation Seide gegen Offenbacher Exportlederartikel - für Mitarbeiter entwickelt worden, die behördliche Anerkennung fand, für die gesamte hessische Industrie beispielgebend wurde.*

Werner Aretz, *Rechtsanwalt, Leiter der Arbeits- und Sozialabteilung der Haupt-verwaltung in Wuppertal , war schon Mitte Mai 1945 als Berater (Adviser) des Arbeitsamtes für den Aschaffenburger Bezirk und für die Militärregierung in Miltenberg eingesetzt worden. Als Nicht-PG war es ihm auch frühzeitig gelungen, Verbindung mit dem in Aschaffenburg eingesetzten amerikanischen Wirtschaftsoffizier Oberleutnant, später Captain John P. Varda aufzunehmen. Werner Aretz wurde am 10.07.1946 im Rahmen der US Vermögenskontrolle zum Treuhändler für das Werk Kelsterbach bestellt.*

Wieder begann eine Phase des wirtschaftlichen Aufwärts. Daran erinnern Produktions- und Beschäftigtenzahlen aus jener Zeit. Vor dem Krieg bestanden schon Pläne, die ganze Produktion zu conen. Diese Entwicklung wurde durch den Krieg unterbrochen, konnte sie aber nicht aufhalten. Im Jahr 1935 umfasste die Conerei bereits 152 KS-Maschinen. Von da an wuchs der Maschinenpark ständig, so dass der Höchststand vor dem Krieg 841 betrug. Man musste aber während des Krieges K.-S.-Maschinen nach Obernburg und Colmar abgeben.

Personalstand am 31. Juli 1948

1949 konnte das 50jährige Jubiläum der „Vereinigte Glanzstoff-Fabriken AG" in Wuppertal gefeiert werden. Eine Delegation aus Kelsterbach war dabei.

Das Werk und seine Produktion

Eine Delegation aus Kelsterbach fuhr 1949 nach Wuppertal

Wappen von Kelsterbach in Kupfer getrieben. Teil der Festgabe des Werkes für die Hauptverwaltung zum fünfzigjährigen Glanzstoffjubiläum 1949

Ende 1932 noch kannte man den Begriff „Conerei" nicht. Die damalige Produktion wurde zu etwa 80 Prozent als Strang und 20 Prozent als zyl. Kreuzspulen aufgemacht.

Die 1000. Conesmaschine wurde 1950 in Betrieb genommen

Die neue Aufmachung „Cones" wurde von der Kundschaft in immer stärkerem Maße verlangt. 1950 war der Maschinenpark schon wieder auf 1.000 Cones-Maschinen angewachsen, obwohl während des Krieges KS-Maschinen an die Werke in Obernburg und Kolmar abgegeben werden mussten. Die Anzahl der Maschinen soll im nächsten Jahr noch erhöht werden.

Anfang der fünfziger Jahre kamen fast alle Beschäftigten mit dem Fahrrad zur Arbeit. Für sie war eine bewachte Fahrradhalle in der Nähe des Verwaltungsgebäudes. Aus Sicherheitsgründen wurde das Radfahren im Fabrikgelände verboten.

Nur Privilegierte erhielten einen Erlaubnisschein zum Radfahren im Werk - wie z. B. Wilhelm Döbler als Kraftfahrer - da die Garage am südwestlichen Zipfel des Werkes lag

Das letzte Werksfahrrad

Im Jahr 1951 erfolgte erstmalig eine Ausschüttung eines Leistungsanteiles an die 2.300 Mitarbeiter.

Glanzstoff glänzt nicht mehr

Das Werk und seine Produktion

1950: Das legendäre Werkstoto

1950 wurde ein sogenanntes Werkstoto mit Gewinnen eingeführt. Es waren zehn Fragen zum Werk und Unternehmen zu beantworten wie Spulengewichte, Frauenanteil der Belegschaft oder der Art der Werksabgaben an die Gemeinde Kelsterbach. Die Zahl der richtigen Antworten war immer sehr groß, so dass eine Auslosung stattfand.

Werkstoto

1954: 50 Jahre Kunstseideproduktion in Kelsterbach

Vor diesem Hintergrund konnte 1954 der 50. Geburtstag des Werkes – der Jahrestag des Beginns der Produktion von Kunstfasern am Ort – richtig groß gefeiert werden. Glanzstoff war auf dem Markt des begonnenen Wirtschaftswunders ein Begriff. Rechtzeitig zum Jubiläum strahlte das Verwaltungsgebäude in seiner neuen Gestalt.

Hessischer Ministerpräsident Dr. Georg August Zinn in der ersten Reihe rechts

Wie wichtig Glanzstoff im demokratischen Nachkriegs-Deutschland auch für das neue Hessen war, das unterstrich zum Jubiläum ein Besuch des legendären Ministerpräsidenten Georg August Zinn. Er erinnerte daran, wie er vor vier Jahrzehnten als Sachsenhäuser Bub mit seinem Vater schon das Werk besichtigt hatte. Dr. Zinn unterstrich, es sei richtig, dass das Werk über die Forschung den Menschen nicht vergessen habe, von dem letzten Endes der Fortschritt abhängig sei.

Bürgermeister Scherer am Rednerpult

Kelsterbachs Bürgermeister Scherer gab namens der Stadt die Schenkung eines Springbrunnens bekannt, dessen Modell vor der Bühne beim Fest aufgestellt war. Scherer erinnerte daran, wie er beim 25. Werksgeburtstag als Betriebsratsvorsitzender die Wünsche der Belegschaft übermittelt hatte. Inzwischen seien diese erfüllt worden.

Auch für Kelsterbach selbst war Glanzstoff als bei weitem größter Arbeitgeber am Ort von erheblicher Bedeutung. Bei „der Glanzstoff" zu schaffen, das war für viele Kelsterbacher nicht nur eine sichere Erwerbsquelle – und das in Familien oft über Generationen hinweg. Das war auch ein Teil des Lebens und Alltags vieler Menschen in der Stadt am Untermain. Und darauf waren sie auch stolz.

Glanzstoff glänzt nicht mehr

Das Werk und seine Produktion

Das sahen auch die Kommunalpolitiker so, die zudem oft aus den Reihen der Glanzstoff-Belegschaft kamen - sei es bei SPD oder CDU. Beispielhaft soll hier für alle der langjährige Betriebsratsvorsitzende Herbert Heckmann stehen. Besuche des Magistrats im Werk oder beispielsweise die enge Zusammenarbeit bei der Schaffung von Wohnraum gehörten zu den Selbstverständlichkeiten des örtlichen Lebens.

Der Magistrat der Stadt Kelsterbach besucht 1969 das Werk. V. l.: Dr. Karl Friedrich Nau, Karl Friedrich. Hardt, Franz Pleier, Friedrich Treutel, Dr. Joseph Buchkrämer, Wilhelm Laun, Hermann Steinbrech, Karl Krolopper, Friedel Schmuck

1960 – 1963: Umgekehrter Völkerwanderungsstrom erreicht Kelsterbach

1960 bis 1964 kam wieder etwas Neues auf die Kelsterbacher zu: „Gastarbeiter" reisten aus dem Süden an, um hier zu arbeiten. Wir begegneten plötzlich Menschen, die wir bisher nur auf unseren Urlaubsreisen in den sonnigen Süden anzutreffen gewohnt waren.

Neue Mitarbeiter aus Griechenland und Italien helfen in Kelsterbach die Produktion zu bewältigen.

1966: Alles dreht sich um die Vollsynthese

Um ein zweites Standbein zu haben, wurde 1966 auf der anderen Bahnseite eine moderne Perlon-Fabrik gebaut. Seit dem 9. August 1966 produzierte Glanzstoff-Kelsterbach neben Rayon nun auch Perlon.

Synthese-Fabrik 1965

Die neue Fabrik, südlich der Bahnstrecke Frankfurt-Mainz, wurde termingerecht fertig. Der Bau, die Maschinen, Apparate und nicht zuletzt die neuen Mitarbeiter – alles war damals rechtzeitig an Ort und Stelle. Am 26. Juli 1966 wurde das erste Caprolactam, der Rohstoff für PERLON, angeliefert. Ein neues Kapitel für die Kelsterbacher Werksgeschichte: Aus Plänen war Produktion geworden.

Presseartikel: Glanzstoff baut Kelsterbach aus

1968 wurde die Polymerisation ab- und die Perlon-Produktion eingestellt. Für die nachfolgende Nylon-Produktion wurden vom Werk Obernburg Nylonschnitzel geliefert und im Werk Kelsterbach versponnen. Die neue Fabrik wurde 1973 erweitert, doch bedingt durch die Chemiefaser-Krise kam es schon 1977 zur Schließung der Perlon/Nylon-Fabrik.

Das Werk und seine Produktion

Hoher Besuch: Ministerpräsident Albert Osswald besucht 1970 das Werk

**Die 1970er Jahre:
Investitionen in Umweltschutz und Modernisierung**

Schreiben: Abwasserreinigungsanlage

In den 1970er Jahren investierte man verstärkt in Umweltschutz und Modernisierung in der „alten Rayon-Fabrik". Man war auf dem Weg, die wirtschaftliche Festigkeit des Rayon-Werkes auszubauen. Zwei große Umweltschutzprojekte wurden in Angriff genommen, die Abwasserreinigungsanlage und der Bau eines 120 Meter hohen Kamins für die Zentralabsaugung. Die Folgen der Ölkrise 1973 allerdings, durch den Nahostkrieg ausgelöst, waren zunächst schwer einzuschätzen. 1974 wurden die wirtschaftlichen Probleme größer. Zum Jahresende wurde Kurzarbeit eingeführt, um einen Teil der Überproduktion abzubauen. 1975 wurde Kurzarbeit angemeldet. Noch nie nach 1960 war ein Wirtschaftsabschwung so ausgeprägt, noch nie gab es seit 1960 so viele Arbeitslose und Kurzarbeiter. Die Verluste waren für Enka/Glanzstoff außerordentlich schmerzlich. Im Werk gab es Einsparungen, außerdem wurden Instandhaltungs- und Investitionskürzungen vorgenommen. Eine Studie von McKinsey-Institut – Mitte 1975 - zeigte neben konjunkturellen auch strukturelle Probleme auf.

Am Horizont war schon zu erkennen, dass das zweite Standbein, die „Synthese-Fabrik" auf Sand gebaut war. Daher fasste man die Entscheidung, die Nylonfabrik im Laufe des Jahres 1977 zu schließen. Ende des Jahrzehnts nahm die Rayon-Produktion wieder einen günstigen Verlauf. Weitere geplante Investitionen sollten den Erfolg absichern. Nun zu den einzelnen Investitionen:

1973: Umweltschutz hat Priorität

Der 22. März 1973 war ein bedeutender Tag im Werk. Er galt als Meilenstein und leitete den Bau von Anlagen ein, die der Verbesserung der Umweltbedingungen dienten. Nach einer kleinen Feierstunde mit Vertretern aus den Konzernwerken, den staatlichen Behörden, der Stadt Kelsterbach und der Presse wurde der Grundstein einer Abwasserreinigungsanlage (Zinkfällanlage) gelegt. Die gesamten Abwässer des Rayon-Betriebes wurden vor der Einleitung in den Main gereinigt. Im Dezember 1973 konnte die Anlage in Betrieb genommen werden. Die Gesamtkosten des Projektes betrugen 4,5. Millionen Mark.

Glanzstoff glänzt nicht mehr

Das Werk und seine Produktion

> Der umbaute Raum aller Beckenanlagen beträgt 9 600 m³
>
> In der Anlage wurden insgesamt 2 200 m lange Kanäle mit Durchmessern von 200–700 mm verlegt
>
> 147 t Stahl und 4 000 t Beton wurden verbaut
>
> 7 000 m² Straßen mußten wegen der Kanalbauten neu erstellt werden.
>
> 18,5 km Elektroleitungen wurden verlegt; für den Anschluß waren 9 250 Klemmstellen erforderlich
>
> **Gesamtkosten: 4,5 Millionen DM**

Das Projekt Abwasseranlage war noch nicht zu Ende geführt, schon wurde das nächste Umweltproblem in Angriff genommen. Nur einige Monate später begann man auch mit dem Bau einer Zentralabsaugung mit Abluftkamin (120 Meter hoch). Der Gesamtaufwand betrug 6,5 Millionen Mark.

Hintergrund dieser Maßnahme waren Beschwerden über Geruchsbelästigung durch das Kelsterbacher Glanzstoff-Werk. Sie vermehrten sich, so dass 1970/71 im Umkreis des Werkes Immissionsmessungen vorgenommen wurden. Es wurde nachgewiesen, dass als hauptverunreinigendes Gas Schwefelwasserstoff auftrat und dass die zulässigen Immissionsgrenzwerte nach der technischen Anleitung zur Reinhaltung der Luft überschritten wurden. Im Rahmen des Genehmigungsverfahrens zur Erweiterung der Produktion von 25 auf 30 Tonnen am Tag wurde vom Regierungspräsidium der Glanzstoff die Auflage erteilt, die Abgase der Viskoseproduktion so zu reinigen, dass nur noch eine Restkonzentration von fünf Milligramm Schwefelwasserstoff pro Kubikmeter in die Atmosphäre austreten durfte. Zur Umsetzung gab es eine Frist von zwei Jahren. .
Man hatte allerding auch in den Jahren zuvor stetig an Verbesserungen der Abluftverhältnisse gearbeitet. Im Mai 1971 wurde ein Bauantrag für eine zentrale Absaugung mit einem etwa 120 Meter hohen Abluftkamin gestellt.

Viele Jahre war der faule Eier-Geruch für Glanzstoff typisch gewesen - bis 1973. Dies änderte sich mit dem Bau der zentralen Abluftanlage mit dem 120 Meter hohen Abluftkamin.

Neue Zentralabsaugung mit Abluftkamin

Insgesamt wurden stolze 23 Millionen Mark investiert.

Zentrale Absaugung:
Rohrleitungsnetz von 1.750 Meter Länge, 800.000 Kubikmeter Abluft aus dem Chemie-Betrieb wurden stündlich abgesaugt, drei Gebläse mit einem Luftraddurchmesser von 2,50 Meter
Nach Fertigstellung der Abwasserreinigungsanlage (März 1974) und der Zentralabsaugung mit Abluftkamin (April 1975) war im Mai 1975 die Umstellung von Heizöl auf Erdgas ein wesentlicher Beitrag zum Umweltschutz.

1978: Rationalisierung Viskosefabrik durch Installation von Sund-Presse und Wet-Churn

Ende der 1970er Jahre begann man mit der Modernisierung der Anlagen im Chemiebetrieb. Die Vorbereitungsarbeiten für die Übernahme einer der modernsten Viskoseanlagen aus dem stillgelegten Werk in Kassel starteten im Mai 1977.

Das Werk und seine Produktion

Im ersten Umbauabschnitt wurde die Kasseler Alkalisieranlage installiert. Sie ersetzte die bisherigen Tauchpressen, Förderbänder und die alten Zerfaserer.

Der zweite Abschnitt: Der Wet-Churn (Naß-Barrate) wurde 1978 aufgestellt. Am 3. November 1978 wurde dieses Herzstück der neuen Sulfidierung mit zwei schweren 50-Tonnen-Kränen von der Rüsselsheimer Straße aus ins Werk gehoben. Der Wet-Churn konnte 16 Füllmengen der Alkali-Cellulose-Behälter aufnehmen. Drinnen lief der Prozess ab, der vorher in den Sulfidierbaratten und in den Vormischern erfolgte.

Beim dritten Umbauabschnitt wurde die Siedeentlüftung installiert, damit konnten 60 Nachreifebehälter entfallen. In einem kontinuierlichen Prozess wurde die Viskose in einem sogenannten Siedeentlüfter unter Vakuum entlüftet. Die moderne Viskosestraße mit Wet-Churn wurde 1979 in Betrieb genommen.

Der Wet-Churn wurde 1979 in Betrieb genommen

Der Ersatz der alten Anlagen wurde ohne Betriebsunterbrechung vorgenommen. Die Neuerungen kosteten 3,154 Millionen Mark.

Die 1980er Jahre

In der Werkszeitung war zu lesen, dass die Großinvestitionen in den 1980er Jahren als Vertrauensbeweis des Akzo-Vorstandes in den Standort Kelsterbach gesehen wurden. Die Nachfrage nach dem Werksprodukt war sehr hoch. Man produzierte aus vollen Rohren. Das Werk hatte noch nie eine so gute Zukunftsaussicht wie in dieser Zeit gehabt. Gewaltige Summen wurden für Modernisierung und Umweltschutz aufgebracht. Und: Es wurden 12.720 Tonnen Viscose-Seide produziert. Als erstes Rayonwerk erhielt Kelsterbach eine Ablufttreinigungsanlage. Auch Ende des Jahrzehnts war der Absatz des Werkproduktes unverändert gut.

1982: Für den Gewässer-Umweltschutz wurde weiter investiert.

Im September 1982 war es dann so weit: Aus der bisherigen Abwasseranlage wurde eine moderne vollbiologische Kläranlage. Diese Neuerung ergänzte die schon 1974 gebaute Zinkfäll-Anlage. Die auf 70.000 Einwohner-Gleichwerte ausgelegte Anlage konnte bis zu 450 Kubikmeter Betriebswasser in der Stunde aufbereiten. Das in den Main fließende Wasser wies danach sehr gute Werte auf.

Über 500 Filterkerzen bliesen stündlich bis zu 3.000 Kubikmeter Luft in das Belebungsbecken ein.

Die Dachkonstruktion, bevor die Haut darüber gezogen wurde.

Eine Überdachung aus PVC-beschichtetem Diolen-Gewebe verhinderte Geruchsbelästigungen.

Beckengröße und Verweilzeit für 450 m³/h Betriebswasser

	Größe	Verweilzeit
Neutralisationsbecken	80 m³	11 Min.
Belebungsbecken	3.600 m³	8 Std.
Nachklärbecken	1.800 m³	4 Std.

Rechnet man die Kosten zusammen, die von 1972 bis 1982 im Werk allein für das Abwasser aufgewendet wurden, ergibt sich die stattliche Summe von 10,5 Millionen Mark. Es begann mit der Zinkfäll-Anlage (4,5 Millionen Mark), für Trennung Kanalsysteme – Prozess und Regenwasser - (1,2 Millionen Mark), für Wassereinsparung (eine Million Mark) und die Erweiterung zur Biologischen Kläranlage (3,8 Millionen Mark).

Das Werk und seine Produktion

Bau einer Abluftreinigungsanlage

27 Millionen Mark investierte das Werk bis Ende 1989 in die Reinigung der Abluft. Immissionsquellen wurden direkt abgekapselt, hochkonzentrierte Luftströme abgesaugt (20.000 Kubikmeter) in der Abluftreinigung gereinigt und dem allgemeinen Luftstrom wieder zugeführt. Die Rückgewinnung von chemischen Stoffen galt als Pilotprojekt und Vorbild von bundesweiter Bedeutung.

Das Herzstück der Umweltmaßnahme filtert CS_2 und H_2S aus der konzentrierten Abluft. Vier Absorber, mit Aktivkohle gefüllt hatten den Ausstoß von Schwefelkohlenstoff (CS_2) und Schwefelwasserstoff (H_2S) erheblich reduziert. CS_2 floss in die Produktion zurück. H_2S wurde als Reinstschwefel für die Schwefelsäureherstellung verkauft. Offiziell startete die Anlage im November 1989. Die Grenzwerte von CS_2 und H_2S lagen anschließend deutlich unter den von der TA-Luft geforderten Werten.

Abluftreinigungs-Anlage mit Aktivkohle-Adsorber

Man konnte danach außerdem feststellen: Der früher für das Werk typische „Duft" gehörte der Vergangenheit an.
Damals kursierte im Werk der Witz: Unsere Kunden, die früher der Nase nach zu uns gefahren sind, hatten plötzlich Probleme uns zu finden. Denn es gab fast keine Geruchsbelästigungen mehr!

> **54,6 Mio DEM wurden im Werk Kelsterbach von 1984 - 1989 für den Umweltschutz investiert.**

Investitionen für den Umweltschutz

1989 gab das Unternehmen 2,5 Millionen Mark für ein Rückhaltebecken - in der Nähe der Abwasseranlage – mit einem Fassungsvermögen von 1.500 Kubikmetern aus. Bei Störfällen sollten die Abwässer erst einmal in dieses Rückhaltebecken fließen. Damit wurde verhindert, dass mit Schadstoff belastetes Abwasser in den Main gelangen konnte. Der „Pool" war 1991 fertig.

Investitionen und Folgekosten

Investitionen (in DEM)	27,00 Mio.
- davon Zuschuss Umweltbundesamt	6,65 Mio.
Folgekosten/Jahr	
- Betriebskosten/Jahr	1,85 Mio.
- Abschreibungen	1,43 Mio.
Rückgewonnene Stoffe/Jahr	
-Schwefelkohlenstoff	438.000 kg
-Schwefelwasserstoff	88.000 kg

Zweite Viskosestraße wird installiert

Für eine zweite Viskosestraße kamen 1989 die Teile aus Greenfield/North Wales. Sie wurden in der Hauptwerkstatt überholt. Die Teile - bestehend aus Wet-Churn, Pumpen und Behältern - wurden 1991 montiert, eine neue Messwarte mit einem modernen Prozeßleitsystem eingerichtet. Der Ablauf der Umbauarbeiten erforderte ein hohes Maß an Zusammenarbeit zwischen Technik und Produktion, da die Produktion ungestört weiterlaufen musste.

Die 1990er Jahre

Zu Beginn des Jahrzehntes war Viscose weiterhin ein gefragtes Produkt. Das ließ aber bald nach. Mit Hochdruck arbeitete man, um die zweite Viskosestraße fertig zu stellen. Es entstanden moderne Arbeitsplätze, die auch eine Sicherung der Produktion im Werk darstellten. Mit dem Thüringer Kunstseidewerk in Elsterberg wurde 1991 mit der Akzo Nobel eine Betriebsführungsgesellschaft in Zusammenarbeit mit dem Werk Kelsterbach gegründet. Elsterberg wurde dann am 1. September 1993 von der Akzo übernommen.

In einer Betriebsversammlung 1992 machte damals der Betriebsratsvorsitzende Manfred Kaminski neben stehende Aussage:

Das Werk und seine Produktion

„Draußen, längs der Rüsselsheimer Straße, steht ein großes Schild, mit der Aufschrift:

Wir gratulieren 40 Jahre Stadt Kelsterbach 100 Jahre Viskose!

Der Betriebsrat hofft, dass in zehn Jahren an gleicher Stelle zu lesen ist:

Wir gratulieren 50 Jahre Stadt Kelsterbach 110 Jahre Viskose!

Viskose wurde zehn Jahre später zwar noch produziert, aber nicht mehr im Werk Kelsterbach. Denn das war inzwischen geschlossen.

40 Jahre Stadt Kelsterbach 100 Jahre Viskose

1992 erfolgte als Einsparungsmaßnahme im Werk der Abbau von 35 Stellen. Ein schwacher Markt zwang das Werk, die Produktion zurückzufahren. Nach zwanzig Jahren war 1993 wieder neun Monate lang Kurzarbeit angesagt. Die Produktion wurde auf 85 Prozent zurückgefahren. Der Absatz im Werk von jeweils 11.000 Tonnen in den Jahren 1991 und 1992 standen 1993 nur 8.890 gegenüber.
Bedingt durch Absatzeinbußen und sinkende Verkaufspreise stand ein weiterer Personalabbau bevor. . Mitte des Jahrzehnts lief eine Studie über eine mögliche Verlagerung des Textilbetriebes. Man befürchtete einen Personalabbau von 200 beziehungsweise im ungünstigsten Fall von 500 Mitarbeitern.

1995: Verlagerung der Nachbehandlung nach Gorzów

Die Bedeutung von Viskose auf dem Textilmarkt nahm ab und die Belegschaft schrumpfte. 1995 überlegte sich das Enka-Management, bedingt durch den Preisdruck, Produktion in das kostengünstigere Ausland zu verlegen. Wirtschaftlich wurde es als sinnvoll und logistisch machbar angesehen, die Textilierung der Spulenwerke in Niedriglohnländer zu verlagern. Man entschied sich für Gorzów, das frühere Landsberg an der Warte, in Polen. 1996 erfolgte die Verlagerung eines Teils der Conerei nach Polen. Man ging davon aus, dass im dortigen Gorzów 5.000 Jahrestonnen produziert würden. Es sollte der Erhaltung des Standortes Kelsterbach dienen. In Kelsterbach hatte die Produktion nur noch eine Auslastung von 80 Prozent. In einer Belegschaftsversammlung wurde von General-Manager Business Unit Enka, Dr. Moritz Gimpel, 1997 mitgeteilt, dass bis Ende 1999 mit keiner betriebsbedingten Kündigung zu rechnen sei. Im Augenblick brauche keiner der 1.030 Mitarbeiter um seinen Arbeitsplatz zu bangen. Rund 60 Mitarbeiter demonstrierten zur selben Zeit vor dem Werkstor für den Erhalt ihrer Arbeitsplätze.

1995 Ausstellung in der Kantine

Wie in manch anderen Betrieben zeigte sich auch in Kelsterbach: Trotz sinkender Beschäftigtenzahl stieg andererseits die Produktivität enorm. Trotz vieler Bemühungen lief es mit dem Werk in den folgenden Jahren nicht gut, gaben sich externe Unternehmensberater die Türklinke in die Hand und mühten sich darüber hinaus mehrere eigene Arbeitsgruppen gezielt um verschiedene Themenbereiche, um den Kostenblock zu reduzieren: Gesucht wurde so ein Ausweg, um einen drohenden weiteren Niedergang aufzuhalten.

Die Chancen schienen nicht schlecht, das Kelsterbacher Werk wieder flott zu machen und in die Gewinnzone zu gelangen. Aber neben dieser lokalen Ebene am Untermain gab es die letztlich entscheidende, nämlich die Konzernspitze. Konkret ging es darum, welches Werk überleben sollte, weil es am günstigsten produzierte. Für Insider war damals klar, es lief auf einen Showdown zwischen Kelsterbach und Ede (Niederlande) hinaus.

Glanzstoff glänzt nicht mehr

Das Werk und seine Produktion

Das Werk Kelsterbach hatte im Jahr 1998 mit 12.345 Tonnen Spinnereiproduktion eine Auslastung von nahe 100 Prozent. Der Start der neuen, rechtlich selbständigen Firma „Enka GmbH & Co. KG" wurde mit einigen Wehen gut gemeistert. Im nächsten Jahr ging es wieder bergab. Ab 1. April 1999 wurde Kurzarbeit für sechs Monate eingeführt.

1996 machte man verstärkte Werbung – wie hier am Zaun

Am 16. Juni 1999 wies der Betriebsrat auf die schwierige Situation des Werks hin, wonach unter Umständen Kelsterbach geschlossen werden könnte. Darauf erfolgte am 20. Juni 1999 eine Demonstration. Deutlich warnte man erneut vor den Gefahren einer Schließung mit allen sozialen und wirtschaftlichen Problemen für die Stadt Kelsterbach.

In den letzten Jahren wurde noch viel investiert

- 1997 wurde die Homogenisierungsanlage in der ersten Viskosestraße fertiggestellt. Die Investition für diesen Umbau betrug 1,857 Millionen Mark.
- 1997 wurden mit dem Ziel, den Standort Kelsterbach langfristig zu sichern, zehn Spinnmaschinen überholt - was einer Investition von 2,5 Millionen Mark entsprach.
- Eine große Investition von einer Million Mark erfolgte in eine Spulen-Palettieranlage. Sie wurde im August 1997 im Bereich der Zwirnerei montiert. Die Aufgabe dieser neuen Anlage war, volle Spinnspulen automatisch zu einem sogenannten Spulenturm für den Versand nach Gorzów aufzustapeln.
- Der Abluftkamin wurde mit rund 700.000 Mark saniert.
- Die Dachsanierung der Druckwäsche erfolgte 1999 und es wurden 500.000 Mark investiert.

Enka macht „noch" nicht dicht

Dennoch – groß war die Betroffenheit, als im Jahr 1999 sich Gerüchte um ein weiteres Herunterfahren der Produktion oder sogar einer Stilllegung des Kelsterbacher Werks mehrten. Schließlich waren ja erst in den Jahren zuvor wichtige und kostenträchtige Zukunftsinvestitionen vorgenommen worden. Doch das zunächst Undenkbare rückte näher.

Nach kurzen Sondierungen hatte sich Mitte Juli 1999 der Acordis-Vorstand in Wuppertal entschlossen, die Produktionskapazität zu drosseln. Damit wollte man Werksschließungen vermeiden. Kelsterbach musste die Kapazität von 12.000 auf 6.900 Jahrestonnen zurückfahren. Diese Reduzierung der Produktion führte zu einem Personalabbau von 300 Mitarbeitern. Die Belegschaft sackte von 860 auf 560. Es sah so aus, als ob die Schließung des Werkes vorerst vom Tisch sei.

Verhandlungen für einen Sozialplan wurden aufgenommen. Sie scheiterten im Oktober und die Einigungsstelle wurde angerufen. Am 26. Oktober haben sich nach einem Verhandlungsmarathon Werksleitung und Betriebsrat auf einen umfangreichen Interessenausgleich und Sozialplan geeinigt. Im Oktober erfolgte der Abbau von 300 Mitarbeitern. Ein Teil ging in Rente. Die Anderen konnten neben einer hohen Abfindung nahtlos in eine Qualifizierungsgesellschaft übergehen. Die gesamte Abwicklung des Arbeitsabbaus kostete Enka einen zweistelligen Millionenbetrag. Aus unternehmerischer Sicht bereitete dies dem damaligen Werksleiter Walter Herz einiges Kopfzerbrechen: „Ich hätte lieber in die Zukunft als in die Vergangenheit investiert."

Das Werk und seine Produktion

1999: Ein geplanter Stillstand im August

Ab 23. August 1999 erfolgte bei allen Produktionsabteilungen sukzessive eine Produktionsunterbrechung – geplant waren zuerst vier Wochen. Dann wurde dies bis zum 3. Januar 2000 verlängert - um die erhöhten Lagerbestände abzubauen. Während dieser Stillstandzeit wurde alles auf Vordermann gebracht. Zunächst freilich war es ja nur vorübergehend und nicht wenige hofften auf ein erneutes Anfahren der Produktion – vor allem auch weil das Kelsterbacher Werk im konzerninternen Vergleich ganz gut dastand.

Als Gründe für den rapiden Absatzrückgang wurde die Veränderung des Modemarktes genannt: Viskose werde derzeit kaum nachgefragt. Ein weiterer Grund sei, dass die Fernostländer "auf Teufel komm raus exportieren" und fertige Faser zu günstigeren Preisen anbieten als das Vorprodukt in Europa zu haben ist.

Treffen mit Ministerpräsidenten

Bundes-, Landes- und Kommunalpolitiker setzten sich für den Erhalt des Werkes ein. So auch Bürgermeister Erhard Engisch (SPD) und der Landtagsabgeordnete Rudi Haselbach (CDU). Haselbach arrangierte im Dezember 1999 ein Treffen zwischen Vertretern von Enka und der Hessischen Landesregierung mit dem Ziel das Werk von der Grundwasserabgabe zu befreien.
Von Seiten des Werkes führten Walter Herz, Dr. Michael de Frênes und Alfred Wiegand die Gespräche in Wiesbaden mit Ministerpräsident Roland Koch und Finanzminister Karlheinz Weimar. Auch Bürgermeister Engisch war in Wiesbaden aktiv für das Werk und seine Belegschaft. Das von allen angestrebte Ziel wurde erreicht: Die Grundwasserförderabgabe war vom Tisch. In einem Schreiben vom Hessischen Umweltministerium wurde bestätigt, dass man beim Erhalt des Werkes die Grundwasserabgabe in Höhe von 2,5 Millionen Mark nicht zu bezahlen hat. Dies aber hat leider nichts mehr an der Entscheidung der Unternehmensleitung, den Standort zu schließen, geändert.

In der „Frankfurter Rundschau" war am 18. Dezember 1999 zu lesen:

Kelsterbach   FR 18.12.99
Spitzengespräch wegen Enka in Wiesbaden

In den nächsten beiden Wochen erwartet CDU-Landtagsabgeordneter Rudi Haselbach ein konkretes Angebot der Landesregierung, dem Kelsterbacher Enka-Werk die Grundwasserabgabe zu erlassen und dessen finanzielle Belastungen zu verringern. Dies sei das Ergebnis eines Spitzentreffens in Wiesbaden, um den Werksstandort zu retten. Teilgenommen haben Ministerpräsident Roland Koch, Finanzminister Karlheinz Weimar und Staatssekreterin Dr. Maria Gundelach (Umweltministerium). Das Werk war durch Walter Herz, Michael de Frênes und Alfred Wiegand vertreten.

Vom Gesprächsergebnis zeigte sich Haselbach sehr angetan. Er habe den Eindruck, dass die sehr engagiert vorgetragenen Argumente der Werksvertreter auf fruchtbaren Boden gefallen seien. Der CDU-Landtagssabgeordnete geht auch davon aus, dass in jedem Fall ein Junktim zwischen Leistungen der Regierung und Zusagen des Unternehmens zur Erhaltung des Standortes hergestellt werde.

Presseartikel Spitzengespräch am 18.12.1999

Akzo-Nobel-Tochter weckt Interesse

Der niederländische Chemiekonzern Akzo Nobel hat ein Kaufangebot über 825 Millionen Euro (1,613 Milliarden Mark) für seinen Faserbereich Acordis erhalten. Das Angebot des Kapitalanlegers CVC Capital Partners sieht vor, daß CVC und das Management von Acordis die Mehrheit an Acordis übernehmen, teilte das niederländische Unternehmen am 10.08.1999 mit. „Akzo Nobel und das Management von Acordis halten das Angebot für attraktiv", hieß es in einer Mitteilung. CVC Capital Partners verwaltet Fondsvermögen von mehr als vier Milliarden Euro. Das Unternehmen habe Niederlassungen in zehn europäischen Ländern mit Beteiligungen an mehr als 200 Unternehmen.

Neuer Mit-Eigentümer

Das Hessische Fernsehen berichtete über die aktuelle Lage. Hierbei wurden auch Beiträge des Betriebsratsvorsitzenden und des Werkleiters gebracht

Glanzstoff glänzt nicht mehr

Das Werk und seine Produktion

Ende 1999 verdichtete sich bei Betriebsversammlungen und über andere Nachrichtenkanäle die Gewissheit über eine bevorstehende Werksschließung. Es warteten noch 570 Mitarbeiter auf den Startschuss für die neue Produktion. Man war bestens auf das Wiederanfahren am 3. Januar 2000 vorbereitet. Aber es nahte nun doch das Ende des Standortes.

Eine Epoche ging zu Ende

Der Markteinbruch war zudem so eklatant, dass das Werk wegen der schwachen Marktnachfrage, nach einer Phase der Kurzarbeit und dem langen, aber geplanten Stillstand im Januar 2000 endgültig geschlossen wurde: Globalisierung und wachsende Konkurrenz aus Billiglohnländern trugen am Ende zur Entscheidung der Konzernspitze bei, die Werkstore für immer zu schließen. Formell beschloss am 17. Januar 2000 die Geschäftsleitung der Enka GmbH & Co. KG in Wuppertal die Schließung der Filament-Produktion am Standort Kelsterbach.

Die Werkstore wurden für immer geschlossen

Konzern beschließt Aus für ENKA in Kelsterbach

Der Textilgarnhersteller ENKA in Kelsterbach steht vor dem Aus. Gestern hat der Aufsichtsrat des Accordis-Mutterkonzern in Wuppertal beschlossen, das Werk in Kelsterbach zu schließen. Das teilte am Dienstagabend die Industriegewerkschaft Bergbau, Chemie, Energie (BCE) mit.

Von der Schließung sind 570 Arbeitsplätze betroffen. Noch am Montagnachmittag gingen 500 Beschäftigte des ENKA-Werkes in Kelsterbach auf die Straße, um für den Erhalt ihrer Arbeitsplätze zu demonstrieren. Wegen des schlechten Absatzes von Viskose ruht seit Sommer 1999 bereits der gesamte Betrieb. dok

Presseartikel: Aus für Enka in Kelsterbach

Wie tief die Kelsterbacher Seele, sei es in der Werksleitung oder auf Arbeitnehmerseite von alledem getroffen war, das machte eine kleine und doch spektakuläre Aktion am Rande des großen Geschehens deutlich. Als die Konzernleitung die Stilllegung des Traditionsbetriebs am Untermain verkündete, ließ Werksleiter Walter Herz spontan die Fahne von Acordis – damals Besitzer – auf Halbmast setzen.

Die Acordis-Fahne auf Halbmast gesetzt

2000: Sozialplan für die Mitarbeiter steht

Mancher Mitarbeiter stand dann plötzlich buchstäblich draußen vor der Tür und fürchtete um Existenz und Zukunft. Immerhin folgte der Startschuss für die Verhandlungen über einen zweiten Sozialplan. Er konnte nach langwierigen Gesprächen am 17. März 2000 von der Geschäftsleitung und Betriebsrat unterzeichnet werden. Betroffen waren noch 540 Arbeitnehmer. Man erreichte, dass der Verlust der Arbeitsplätze nicht direkt in die Arbeitslosigkeit führte. Die von der Entlassung Betroffenen erhielten eine Sozialabfindung und hatten die Möglichkeit in eine Beschäftigungs- und Qualifizierungsgesellschaft überzuwechseln. Nach dieser Einigung konnte nun das Werk planmäßig zum 31. März 2000 stillgelegt werden.

Protest der Mitarbeiter am Tor 1

Das Werk und seine Produktion

Auch außerhalb des Werkszauns war die Betroffenheit groß: In den Familien, weil man um Gefährdung der Existenz und wirtschaftliche Not, Verlust preisgünstiger werksgeförderter Wohnungen sowie geschwundene Ausbildungschancen für die Kinder fürchtete.

Gemeinsam ging man auf die Straße

Aber auch örtliches Gewerbe und Handwerker sahen wegen drohender wirtschaftlicher Not und geschwundener Kaufkraft dunkle Wolken am Himmel. Und die Kommunalpolitiker wussten, dass gewaltige Sorgen und Aufgaben auf sie zukamen.

In großer Eintracht zeigten für den Erhalt des Werks beispielsweise am Tor 1 Vertreter der Geschäftsleitung, des Betriebsrats und der Kommune gemeinsam Flagge – alle zogen an einem Strang.

Gemeinsam standen bei Mahnwachen für den Erhalt des Werks bis zuletzt Werksleitung, Gewerkschaften und Kommunalpolitiker mit der Belegschaft zusammen – leider erfolglos! V.l. Erhard Engisch, Jürgen Zeller, Manfred Kaminski, Walter Herz, Franco de Astis und Günter Niessner

Viele gingen bei Demonstrationen gegen das Aus für Enka, wie das Werk in der Schlussphase wieder hieß, auf die Straße: deutsche und ausländische Kollegen gemeinsam. Symbolisch wurde ein Sarg durch die Straßen rund um das Werk getragen, wurde so spektakulär auf das Ende eines fast 100 Jahre alten Werks hingewiesen.

Menschenkette

Schüler der örtlichen Gesamtschule bildeten von der IGS bis zum Werkstor I quer durch Kelsterbach eine Menschenkette.

Mahnwache Kelsterbach

Nichts konnte darüber hinweg täuschen: Die Lage war ernst, die Furcht saß tief. Auch die winterliche Eiseskälte jener Wochen hielt viele nicht vom Protest ab, der leider am Ende doch keinen Erfolg hatte.

Der Protest verlief engagiert und friedlich. Auch wenn dabei alles irgendwie entspannt wirkte: Nur vordergründig herrschte wie beim Würstchengrillen für die Demonstranten am Tor so etwas wie Volksfestatmosphäre.

Das Werk und seine Produktion

Am Tor 1 wurden Würstchen gegrillt

2002: Weitere Werke wurden geschlossen

Die Marktnachfrage für textile Viscosegarne schwächte sich 2001 weiter ab, so dass auch für das vormals konkurrierende Werk im niederländischen Ede im Jahr 2002 das Toten-Glöckchen geläutet wurde.

Rückbau im Werk Ede

Bei der Schließung des Werks Elsterberg in Sachsen, nach der Wende 1989 vom Konzern übernommen und modernisiert, wurden 2009 beim dortigen Aus ganz ähnlichen Erfahrungen wie in Kelsterbach gemacht. Fast 400 Menschen verloren auf einen Schlag ihren Arbeitsplatz.

Mahnwache Elsterberg im Jahre 2009

Der Niedergang der Enka-Werke machte auch beim Stammwerk in Oberbruch nicht halt. Hier war die historische Wurzel des Viskosespinnens in Deutschland. Ende 2007 wurde der Standort geschlossen, die Maschinen demontiert und nach Jilin in China transportiert. Die Ära Enka-Glanzstoff endet damit auch in Oberbruch endgültig. Wo einst 10.000 Beschäftigte bei „Glanzstoff" in den 1970er Jahren Arbeit fanden, ist nun ein Industriepark mit unterschiedlichen Firmen. 2012 befanden sich 18 Unternehmen mit etwa 1.500 Mitarbeitern im Industriepark.

Glanzstoff glänzt nicht mehr

Das Werk und seine Produktion

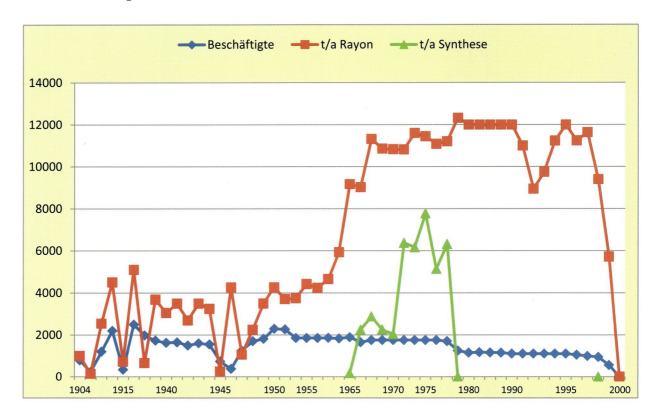

Glanzstoff glänzt nicht mehr

Rohstoffe

Ein roter Faden durch die Produktion in Kelsterbach

Blenden wir nochmals in die Vergangenheit, als das Werk noch stand und in Betrieb war, und gehen der Frage nach: Was und wie wurde in diesem Werk produziert? Wie arbeiteten die Menschen in dieser inzwischen verschwundenen Fabrik im Westen Kelsterbachs? Denn nur noch wenig erinnert daran, was hier über rund 100 Jahre hinweg – immer nach dem aktuellen Stand der Technik – geschah. In den folgenden Darlegungen geht es um die Produktion und die dabei angewandten Verfahren, deren oft rasante Entwicklung und Veränderungen sowie die mannigfaltigen Arbeitsgänge, aber auch den Arbeitsalltag und die Produkte. Vieles dreht sich aber auch um die Aufgaben und Verantwortung der Mitarbeiterschaft. Außerdem werden einige chemische Prozesse erläutert, damit auch Außenstehende die Zusammenhänge verstehen.

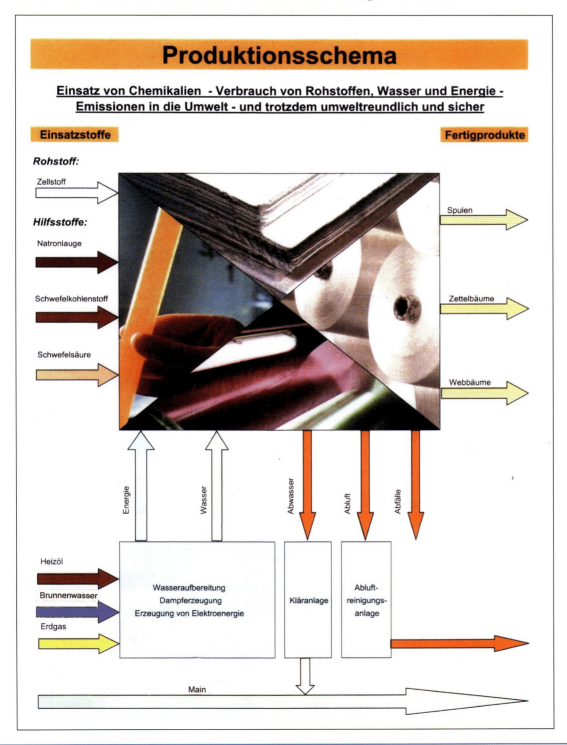

Glanzstoff glänzt nicht mehr

Rohstoffe

Spulen wir zu alledem die Geschichte des Fadens à la Kelsterbach – die Enka Viscose Filamentgarne - noch einmal auf. Ausgangspunkt ist das Jahr 1913, die Umstellung in Kelsterbach vom Nitrocelluloseverfahren zum Viskoseverfahren, wonach bis zur Schließung gearbeitet wurde.

Vom Zellstoff zur Kunstseide

Erinnern wir zunächst ans Grundsätzliche der Viskose-Herstellung und ihre Bedeutung für die Textilbranche. Der Ausgangspunkt: Durch die chemische Einwirkung von Natronlauge und Schwefelkohlenstoff auf Zellstoff entsteht eine goldgelbe, zähflüssige Spinnlösung zur Herstellung von Kunstseide. Nachdem das in England entwickelte Viskoseverfahren 1913 Produktionsreife erreicht hatte, setzte es sich schnell durch.

Zum einen erwies es sich im Vergleich zum Nitrocelluloseverfahren als wirtschaftlich günstiger, da es auf viel billigeren Rohstoffen basierte. Außerdem bot sich eine Änderung des Produktionsverfahrens aber auch deswegen an: Das bisherige Verfahren hatte dem Kelsterbacher Werk, auch wegen der Feuergefährlichkeit des Materials, den Verlust vieler Marktanteile beschert.

Zunächst einige Informationen über die Holzarten, aus denen der Zellstoff gewonnen wurde. Man verwendete für die Herstellung von Zellstoff jenes Holz, das bei raschem Wachstum die günstigste Zusammensetzung aufweist. Wegen der relativen Holzarmut hierzulande wurde Zellstoff aus Skandinavien und später Übersee, vor allem aus Nordamerika, eingeführt.

Zellulose ist ein Naturprodukt

Daran erinnerten jahrelang einige Pinien auf dem Kelsterbacher Werksgelände. Denn just aus dem Holz solcher Bäume wird Zellstoff, der Rohstoff des im Werk gefertigten Produkts, hergestellt. Georgia und Florida in den USA sind die Heimat dieser Pinien.

Im Herbst 1993 wurden diese als kleine Bäumchen (Bild) auf der Wiese hinter dem Feuerwehrhaus gepflanzt. So sahen sie noch im Oktober 2005 – lange nach der Werksschließung – aus

Holzfällung in Georgia

Über diese Bäume war in der Werkszeitschrift „AKZO NOBEL informiert" 1/1994 nachzulesen: Sie sollten einmal, so Gott und unser Klima es wolle, bis in den Himmel wachsen. Weil aber auch in Kelsterbach die Bäume bekanntlich nicht in den Himmel wachsen, waren dafür etwa 40 Meter Höhe anvisiert. Aber es kam anders. 2008 wurden im Zuge des Abbruchs der Traditionsfabrik auch diese symbolträchtigen Pinien gefällt und wie die meisten Bäume und Büsche auf dem Gelände zur Entsorgung entfernt.

Rohstoffe

Die erste Phase der Produktion im Werk war die Aufgabe, die Spinnlösung – Viskose genannt - herzustellen. Die Hauptrohstoffe des Viskoseverfahrens waren der mit der Bahn in die Fabrik transportierte Zellstoff sowie die per Schiff angelieferte Natronlauge (NaOH). Weiterhin wurde Schwefelkohlenstoff (CS_2) und im folgenden Schritt, in der Spinnerei Schwefelsäure (H_2SO_4) benötigt.

Zellstoff

Die mit der Bahn angelieferten Zellstoffballen wurden im Zellstofflager gesammelt. Dort lagen riesige Stapel von Zellstoffballen, wie von den Zellstoff-Fabriken geliefert, und so entstand oft eine regelrecht internationale Gesellschaft von Zellstoffballen.

Aufgestapelte Zellstoffballen im Lager

Gabelstapler heben die aus weißen, kartonähnlichen Blättern bestehenden Zellstoffballen vom Waggon und befördern sie ins Lager

Zellstoffblätter

Natronlauge und Schwefelsäure

Seit 1943 wurden Natronlauge und Schwefelsäure per Schiff über den eigenen Hafen am Main – am westlichen Stadtausgang – angeliefert und von der dortigen Pumpstation durch Rohre unter der Erde ins Werksgelände zu den jeweiligen Behältern wie in der ehemaligen Laugenstation geführt. Dies wurde damals erforderlich, da der Transport dieser Rohstoffe per Bahn durch Fliegerangriffe und zerstörte Gleise unmöglich wurde.

Das leere Zellstofflager im Jahr 2005

Laugenschiff „Karl Staib" legt an und löscht seine Ladung

Glanzstoff glänzt nicht mehr

Rohstoffe

Hafen mit Wohngebiet „Mainhöhe"

Heute fast schon eine Idylle –nach der Werksschließung und der Aufgabe des Hafens

Natronlauge
Vom Tankschiff wurde die Lauge direkt in die Laugetanks gegenüber vom Chemielabor gepumpt.

Ein Blick auf die riesigen Behälter in der Laugenstation

Schwefelsäure
Die Schwefelsäre wird wie die Natronlauge mit dem Tankschiff angeliefert und in die Vorratstanks gepumpt.

Von Mitarbeitern des Chemielabor wurden Proben von der Schwefelsäure entnommen

In diese sechs Behälter wurde die Schwefelsäure vom Schiff aus gepumpt

Schwefelkohlenstoff
Den Rohstoff Schwefelkohlenstoff erhielt man in großen Kesselwagen als farblose Flüssigkeit. CS_2-Dämpfe sind giftig und leicht entzündbar.

Ein Kesselwagen mit Schwefelkohlenstoff ist eingetroffen. Die Abfüllung in dir Tanks wird vorbereitet

Rohstoffe

Der Schwefelkohlenstoff wurde durch doppelmantelige, mit Stickstoff gefüllte Leitungen in die Vorratstanks umgefüllt und dort unter Stickstoff gelagert.

CS$_2$ Anlage

In unterirdischen Tanks wurde aus Sicherheitsgründen der Schwefelkohlenstoff gelagert. 1912 benötigte man, vor der Umstellung auf das Viskoseverfahren, die Erlaubnis vom Kreisamt Groß-Gerau zur Lagerung von Schwefelkohlenstoff.

Erlaubnis zur Lagerung von Schwefelkohlenstoff 1912

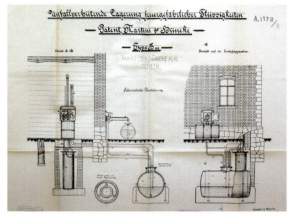

Schematische Darstellung der CS$_2$-Lagerung 1912

Schwefelkohlenstofflager mit Kesselwagen

Vor dem Ausbau der Tanks

Die ausgebauten Tanks wurden dann zerkleinert

Glanzstoff glänzt nicht mehr

Rohstoffe

Georgia und Florida sind die Heimat dieser noch kleinen Pinien. Aus dem Holz solcher Bäume wurde Zellstoff, der Rohstoff der Produktion in Kelsterbach hergestellt. Der Samen dieser Bäume musste, damit er keimen konnte, ca. acht Wochen im Kühlschrank bei 4° C aufbewahrt werden. Im Herbst 1993 wurden diese kleinen Bäume durch Georg Piehler, Hasan Uslu und Wolfgang Scholze auf der Wiese in Nähe des Verwaltungsgebäudes gepflanzt. Unser Bild zeigt Wolfgang Scholze und Georg Piehler beim Anpflanzen der Setzlinge

Der Viskosebetrieb

Wie entsteht Viskose?

Zunächst soll auf die alte Produktionsweise zur Viskose-Herstellung eingegangen werden, vor Inbetriebnahme der neuen Viskosestraße 1979.

Zellstoffvorbereitung.

Aus verschiedenen Ballen wurden die Zellstoffblätter vermengt und gewogen, um eine Einheitlichkeit der Chargen zu erreichen.

Zellstoffcharge wird gewogen

Diese „gemischten" Zellstoffchargen gelangten mittels Rollenbahn in die Taucherei. Dort wurde der Zellstoff mit Natronlauge zusammengebracht. Dies geschah in Tauchpressen.

Die Taucherei im Jahre 1935...

...und dann 20 Jahre später. Eine Bestückung der Tauchpresse 1955. Der Zellstoffstapel (rechts) ist schon kleiner geworden, ein Teil der Blätter sind schon in der Tauchpresse

Durch die Natronlauge verwandelte sich der Zellstoff in die chemische Verbindung Alkalizellulose

Die Tauchpresse bestand aus einer Tauchwanne, kombiniert mit einer hydraulischen Presse. Die vorbereiteten Zellstoffpäckchen wurden der Reihe nach in die Fächer eingesetzt, in welche die zum Quellen des Zellstoffs dienende Tauchlauge von unten hochstieg. Damit begann die Tauchzeit von etwa 80 Minuten bei 26 bis 27 Grad Celsius. Durch die Behandlung mit Natronlauge verwandelte sich der Zellstoff in die chemische Verbindung Alkalizellulose (AC).

Glanzstoff glänzt nicht mehr

Der Viskosebetrieb

Das Tor der Tauchpresse hat sich geöffnet. Die großen Blätter gleiten in den bereitgestellten Wannenwagen

Übrigens: Ein Zellstoffblatt ist nach dem Aufquellen in Lauge mindestens dreimal so dick wie in trockenem Zustand. Auch durch sehr starkes Pressen lässt sich nur ein Teil der aufgenommenen Lauge wieder entfernen.

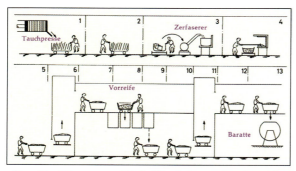

Altes Verfahren vor 1962. Hierbei wurden fast alle Transportarbeiten von Hand ausgeführt

Nächste Station war die Zerfaserung: Dort wurde die abgepresste Alkalizellulose zu Flockengröße zerfasert.

Zerfaserer der Firma Werner & Pfleiderer 1954. Die Zerfaserer waren noch durch Transmission miteinander verbunden. 1956 wurde auf Einzelantrieb umgestellt

Nach Abschluss des Zerfaserungs-Vorganges wurde die AC durch Kippen und mit einer Holzkratze in einen Transportwagen entleert

Dieses Arbeitsverfahren, welches durch viel Handarbeit sehr kraftaufwendig und unrationell war, wurde Anfang der 1960er Jahre aufgegeben. Das neue Verfahren wurde allgemein als „Kontinuierliche Zerfaserung" bezeichnet, weil der Zerfaserungsvorgang durchlaufend erfolgte. Die getauchten Zellstoffblätter fielen auf ein Transportband und gelangten so in den Vorzerfaserer. Von dort ging es über ein weiteres Transportband zu den Feinzerfaserern, auch Condux-Mühlen genannt, um noch weiter zerkleinert zu werden. Die zerfaserte AC wurde hiernach durch eine sogenannte Verdichter-Schnecke in einen AC-Transportwagen gefüllt. Später gelangten AC-Behälter mit einem Stapler in die Vorreife.

Der Viskosebetrieb

Die zerfaserte Alkalicellulose wurde ohne Handarbeit in den Transportwagen gefüllt, der dann in die Vorreife gefahren wurde. Bei einem Rundgang wird hier das neue System erläutert

Schema Tauchen und Zerfasern. Von den Tauchpressen über ein Transportband zu den Vorzerfaserern, über ein Förderband in die Feinzerfaserern (Condux-Mühlen) und über die Verdichterschnecke in die AC-Behälter

Mischen, Tauchen und Zerfasern, das waren die drei entscheidenden Anfangsschritte, die der Zellstoff in seiner Entwicklung zum Faden durchlief.

Die zerfaserte Alkalizellulose gelangte schließlich in die Vorreife, wo sie etwa 31 Stunden bei gleichbleibender Temperatur von 30° Celsius lagerte.
Beeinflusst wurde durch die Vorreife die Viskosität der späteren Spinnmasse. Durch Abbau der Kettenmoleküle brachte man die Alkalizellulose zur Reife. Es galt: Je länger die Vorreife - desto dünnflüssiger die Spinnmasse.

So sah es vor 1935 in einer Vorreifekammer aus. Der Vorreifekasten hatte einen Inhalt von 20kg

So sahen die AC-Behälter zuletzt aus. Sie wurden während der Entkernung als Schrottbehälter verwendet. Die Uhr signalisiert, dass die Zeit abgelaufen war

Als ein weiterer chemischer Prozess schloss sich die Sulfidierung an, wo die Alkalicellulose mit Schwefelkohlenstoff in Verbindung gebracht wurde. Daraus entstand das Xanthat, eine orangefarbene krümelig-feuchte Masse als Zwischenprodukt auf dem Weg zur Viskose-Herstellung. Xanthat ist die Kurzform des chemischen Zungenbrechers Natriumcellulosexanthogenat.

Über den in einer Reihe nebeneinander aufgestellten Sulfidiertrommeln *(Fachmännisch „Baratten" genannte zylindrische doppelwandige Trommeln)* führten Schienen. Auf diesen lagerte eine Schiebebühne, auf der sich ein

Der Viskosebetrieb

Behälterdrehwagen befand. Zum Füllen der Baratten wurde der Wagen gedreht und Alkalizellulose fiel durch eine trichterförmige Öffnung nach unten, in die Baratten- Öffnung. 1955 bekam die erste Baratte einen Einzelantrieb.

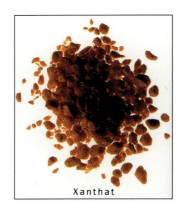
Xanthat

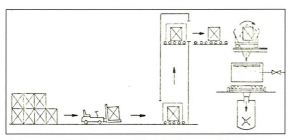

Schema Sulfidierung: AC-Behälter wird mit einem Gabelstapler aus der Vorreife zum Aufzug und von dort zum Sulfidierraum gefahren. Mittels Behälterdrehwagen wird der AC-Behälter gedreht und die Baratte gefüllt. Das Xanthogenat wird in die Vormischer befördert

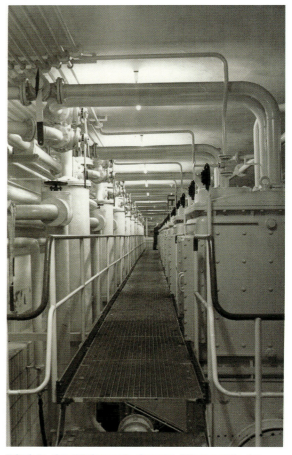

Blick in den Viskosemischraum. Hier wurde das Xanthat in verdünnter Natronlauge gelöst

Die Luken an der Baratte werden geöffnet

Drinnen kamen Alkalizellulose und Schwefelkohlenstoff zusammen und reagierten: Fertig war das Xanthogenat, abgekürzt Xanthat. Damit war ein entscheidender Schritt zur Viskose-Herstellung getan.

Weiter ging es in den Mischraum: Im Gegensatz zur Alkalizellulose ist das Xanthat in Natronlauge löslich. Dies geschah im alten Viskosemischraum. Dort wurde in großen, mit Rührwerken versehenen Mischern das Xanthat mit Natronlauge vermischt. So entstand während der fünfzehnminütigen Vormischzeit eine honigähnliche Flüssigkeit, die „Viskose". Sie durchlief auf dem Transport zum Nachmischer einen Eirich-Mischer. Beim Nachmischer wurde die Viskose ständig umgewälzt. Die Nachmischzeit betrug 90 Minuten. Nach Beendigung der Mischzeit waren rund 2.200 Liter Viskose entstanden.

Der Viskosebetrieb

Fertig war somit die Spinnlösung. Diesem Stadium der Produktion schloss sich eine wichtige Kontrollstation an: Mit Schöpfbechern entnahm man Viskose und füllte sie vorsichtig in ein Viskosimeterglas. Auf diese Weise wurde überprüft, ob die gewünschte Viskosität (Zähflüssigkeit) des Materials erreicht war. Dazu ließ man eine kleine Stahlkugel in die Flüssigkeit fallen und maß die Zeit, die die Kugel für eine genau abgemessene Strecke brauchte.

Viskose-Entlüftung (Nachreife)

Wenn dem Spinnkessel das Schild „Kessel spinnt!" angehängt wurde, war der vielfältige Vorbereitungsprozess abgeschlossen, der aus den einzelnen Zellstoffblättern spinnfertig Viskose macht. Dann trat die Spinnerei in Aktion und es begann die Laufbahn des sichtbaren Fadens.

Die Viskosität wurde in bestimmten Zeitabständen überprüft – hier von Franz Wiegand

Obermeister Dreilich (rechts) im Gespräch mit Meister Braun und einem Mitarbeiter im Nachreifekeller

Die Viskose wurde hiernach weitergeleitet zum Blender (ein liegender Viskosekessel), der mehrere „Chargen" aufnehmen konnte und diese mit einem Rührwerk vermischte. Vom Blender aus wurde die Viskose in die Nachreifekessel gedrückt. Anschließend musste die Viskose gelagert werden, um die richtige „Reife" zum Spinnen zu erhalten. Dies geschah in großen Stahl-Kesseln. Das war die sogenannte „Nachreife" oder „Alterungsprozess". Bei einem bestimmten „Alter" der Viskose ist ein optimaler Punkt erreicht (Spinnreife), bei dem es „am besten spinnt".

Letzte Station des Viskosebetriebes war die Nachreife. Hier wurde die Viskose entlüftet und gereinigt.

Durch Rahmenfilterpressen wurde die Viskose im Verlauf der Nachreife in einen anderen Kessel gepumpt, um jedes ungelöste Fäserchen und jedes Schmutzteilchen auszuscheiden

Glanzstoff glänzt nicht mehr

Der Viskosebetrieb

Filtration in den 1930er Jahren.

Ein Foto um 2002, als die Entkernung in der Nachreife begann

Das Kelsterbacher Werk stellte nach diesem alten Verfahren Viskose mit vielen kleinen Chargen her. Dies war sehr arbeitsintensiv, mit viel körperlicher Arbeit verbunden - teilweise sehr schwer und vor allem wegen des Geruches unangenehm. Mit der Übernahme einer hochmodernen Viskosestraße aus Kassel änderte sich das tiefgreifend.

Die neue Viskosestraße

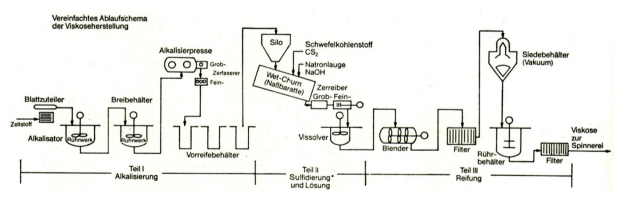

Schema Viskosestraße

1979 wurde in Kelsterbach eine moderne Viskosestraße in Betrieb genommen, die das geschilderte ursprüngliche Tauchpressenverfahren ablöste. Diese hochmoderne Anlage, in Kassel bereits erprobt, wurde mit einem Schwertransporter nach Kelsterbach gebracht. Eine entscheidende Verbesserung: Wo bisher viel Körpereinsatz von Mitarbeitern notwendig war, überwachte, kontrollierte und steuerte nach der Neuerung der Mensch nur noch den maschinellen Ablauf. Zudem hatten die älteren Anlagenteile einen sehr hohen Instandhaltungsaufwand bedingt, was sich durch die Umstellung ebenfalls besserte. Verdeutlich wird dies alles durch das obige Herstellungsschema.

Die neue Messwarte für den Viskosebetrieb

Der Viskosebetrieb

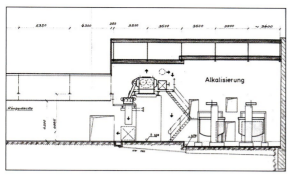
Schema: Alkalisierung

Sund-Impco-Presse

Das Alkali-Cellulosevlies aus der AC-Presse wurde zu Flockengröße zerfasert und kam in die Vorreife. Unter Einwirkung des Luftsauerstoffes bei vorgegebener Temperatur begann dort ein Abbau der Kettenmoleküle, was maßgeblich für die spätere Viskosität der Spinnlösung war.

Sulfidierung

Anschließend ging es über den Wiegebunker in den Wet-Churn zum Sulfidieren und Mischen. Herzstück der buchstäblich gewaltigen Neuerungen war der 52 Tonnen schwere Wet-Churn, eine Naßbaratte. Die konnte 16 Füllmengen der früheren „Sulfidierbaratten" aufnehmen. Unter Vakuum, durch Einwirkung von Schwefelkohlenstoff auf die Alkali-Cellulose, entstand Cellulose-Xanthogenat. Dieses wurde mit verdünnter Natronlauge gelöst und es entstand Viskose. Das Sulfidieren und das Mischen wurden zwar nacheinander, aber doch im gleichen Behälter vorgenommen.

An dieser Stell stand einmal eine der modernsten Viskoseanlagen Europas – Stand 2004

Das war neu: Statt Tauchpressen gab es nunmehr Alkalisatoren.

Blattzuteiler zum Alkalisator

Alkalisierung

In der Alkalisierung wurde zuerst der Zellstoff chargenweise in den Alkalisatoren mit Natronlauge versetzt. Ein Rührwerk und eine Umpump-Vorrichtung sorgten dafür, dass eine gleichmäßige Masse entstand, ein dicker Brei aus gequollenen Fasern (Alkali-Cellulose). Dieser Brei wurde in die Siebtrommel der kontinuierlich laufenden Alkalisier-Presse (Sund-Impco-Presse) gefördert und durch Abquetsch-Walzen vom Überschuss der Lauge befreit. Übrigens, die Presse hatte das stolze Gewicht von 18 Tonnen!

Am 03. 11. 1978 traf der Wet-Churn, das Herzstück der neuen Sulfidierun,g aus Kassel ein. Es erfolgte eine Sperrung der Rüsselsheimer Straße

Übrigens, die Montagearbeiten für die fast revolutionären Veränderungen im Produktionsprozess fanden statt ohne Unterbrechung der regulären Produktion im Werk! Diese Neuerungen kosteten 3,154 Millionen Mark, machten Tauchpressen, Zerfaserer, Mischer, Barat-ten und 60 Nachreifebehälter überflüssig.

Der Viskosebetrieb

Montage Wet-Churn

Eine zweite Viskosestraße wurde 1991 montiert, womit das Unternehmen einen zeitweiligen Engpass in der Viskoseherstellung endgültig beseitigte.

Siedeanlage (Nachreife)

Auch die anschließende Nachreife wurde modernisiert. Bis dahin war die Viskose durch Anlegen von Vakuum an die einzelnen Nachreifebehälter entlüftet worden. Sehr umständlich! Danach wurde im Siedeentlüfter die Viskose zwar auch unter Vakuum entlüftet, aber die Viskose in diesem Apparat so geführt, dass sie in einer dünnen Schicht über einen „Pilz" floss, so dass die Entlüftung besser und in einer sehr kurzen Zeit erfolgte.

Siede-Anlage über zwei Stockwerke

Die in der Viskose enthaltene Luft wurde vollständig entfernt. Die vorgewärmte Viskose wurde fortlaufend zu- und abgeführt, danach - wie zuvor - durch Filterpressen gedrückt und gereinigt. Die filtrierte, entlüftete und durch mehrstündiges Verweilen bei niedriger Temperatur in Lagertanks „nachgereifte" Viskose wurde der Spinnerei zugeführt.

Und von der neuen Messwarte aus wurde dies alles relativ bequem gesteuert.

Bis 2008 war hier nur noch eine leere Stahlkonstruktion zu sehen, wo vorher der Sieder montiert war.

Wenn man durch den modernen Viskosebetrieb ging, traf man nur wenige Beschäftigte an den Anlagen. Die chemischen Vorgänge vollzogen sich meist unsichtbar in den Behältern und Apparaturen. Insgesamt wurde alles in der Messwarte überwacht. Wichtig blieben jedoch – nicht zu vergessen - die Wachsamkeit und die Zuverlässigkeit der dort arbeitenden Menschen.

Steuergruppe vor Ort in der Viskose: Besichtigung der zweiten Viskosestraße 1992. Von links: Walter Herz, Dr. Erwin Muth, Dr. Hartmut Stenzel, Gerhard Thutewohl, Dr. Jörg Beugholt, Hans-Joachim Tzschoppe / Leiter Ing.-Büro Obernburg, Hermann Erbacher / Produktion Manager der Business Unit Textil und Gerhard Grebing

Die Spinnerei – das Herz der Produktion

Im folgenden Kapitel geht es um die nächste große Station in der Produktion, die Spulenspinnerei. Diese einstige Spinnerei-Abteilung des Werks hatte gewaltige Dimensionen. Spektakulär war dort vor allem die Laufbahn des sichtbaren Fadens.

Geburt eines Fadens – Die Viskose tritt aus feinen Löchern der Spinndüse und erstarrt zum Faden

Herzstück der Produktion im Kelsterbacher Werk war die Spinnerei. Dort erwachte der Faden aus dem Spinnbad zum Leben. In der Geburtsstunde eines vom Menschen erfundenen Fadens wurde die chemisch gelöste Viskose durch die feinen Öffnungen einer Düse gepresst und in einem säurehaltigen Bad, dem Spinnbad, ausgefällt. Die Kapillaren wurden zu einem Bündel zusammengefasst: Sie bildeten den Viskosefaden.

In der Spinnerei wurde der Spinnprozess der Seidenraupe und Spinne nachgeahmt und zwar mittels Spinndüsen aus Gold/Platin mit einer unterschiedlichen Anzahl von Spinnlöchern. Dies waren Düsen mit feinen Bohrungen (0,07 – 0,09 mm), aus welchen die Spinnmasse in dünne Strahlen austrat und dann zu festen Fäden erstarrte.

Spinndüse aus Platin

Solche Düsen waren ziemlich wertvoll und wurden daher von Mitarbeiterinnen nach einer mikroskopischen Untersuchung immer wieder in der Düsenstation für den erneuten Einsatz in der Spinnerei auf- und vorbereitet. Spinndüsen haben die Form von kleinen Hütchen, die wie die Brause einer Gießkanne kleine Löcher aufweisen.

Düsenmontage in der Düsenstation

Das Spinnbad spielte für die Entstehung des Viskosefadens in der Spinnerei eine entscheidende Rolle. Denn es hatte die Aufgabe, den aus den Düsen austretenden Viskosefaden zum Erstarren (Koagulieren) zu bringen und die Zellulose zurück zu verwandeln. Dieses Bad der besonderen Art enthielt Schwefelsäure sowie Natrium- und Magnesiumsulfat. In der Spinnbadstation wurde der Gehalt von Säure, Salzen und Wasser und die Temperatur genau kontrolliert und laufend korrigiert. Hierzu dienten Eindampfanlagen, mit denen die Wasserkonzentration konstant gehalten wurde, und Kristallisationsanlagen, um das beim Spinnvorgang entstehende überschüssige Natri-

Die Spinnerei

umsulfat (als Glaubersalz) zu entfernen. Die Vorwärmer sorgten für eine konstante Temperatur des Spinnbades, mit dem in der Spinnerei die Spinnmaschinen versorgt wurden.

Spinnbadvorwärmer

Spinnmaschinen im Saal I

In den anschließenden beiden Spinnsälen standen 138 Spinnmaschinen mit 23.660 Spinnstellen, die Tag und Nacht in Betrieb waren.

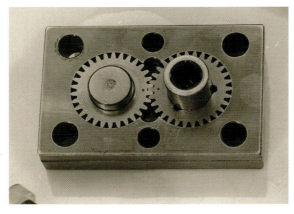

Zahnradpumpe

Die Viskose wurde mit Hilfe von Zahnradpumpen jeder einzelnen Spinnstelle zugeleitet und durch Platindüsen gedrückt. Danach kam die Düse ins Spinnbad und im gleichen Augenblick wurde jeder der winzigen Viskose-strahlen zu einem haarfeinen Fädchen, den Kapillaren. Diese vielen Fädchen verbanden sich zu einem einzelnen Faden von Viscose-Kunstseide, zu einem ENKA-VISCOSE-Faden. Dieser passierte Seilrollen und andere Führungskörper genau den Weg hinauf zur gelochten Spule, die in drehender Bewegung den Faden aufnahm. Der noch spinnfrische Faden wurde beim Fadenlauf vor dem Aufwickeln „verstreckt", um eine höhere Festigkeit des Fadens zu erreichen.

Die Abzugsgeschwindigkeit der Spulen – somit die Spinngeschwindigkeit – lag je nach Spinnsorte bei 60 bis 90 Meter in der Minute. Somit wurden im Kelsterbacher Werk in 24 Stunden beeindruckende 2,5 Millionen Fadenkilometer produziert. Solch eine perforierte und lackierte Aluminiumspule nahm den spinnfrischen Faden nach der Verstreckung auf. Durch unterschiedliche Farblackierungen der Spulen wurden die verschiedenen Spinnsorten - so genannte Titer - getrennt. Die Titerangabe in der Maßeinheit dtex ist das Maß für die Feinheit der Fäden. Sie gibt das Gewicht in Gramm von 10.000 Meter Fadenlänge an.

Der leere Spinnsaal

Die Spinnerei um 1940 – „Senkrecht-hoch" ohne Verstreckung

Glanzstoff glänzt nicht mehr

Die Spinnerei

Die Fadenführung vor dem Aufwickeln, das „Spinnschema", wurde zu Anfang der 1950er Jahre geändert. Statt des Spinnschemas der „Wippmaschine" wurde durch einen Umbau der Spinnmaschinen, das „2 Rn- Schema" mit Stufengaletten eingeführt. Der Name „2 Rn" stand für die technische Typenbezeichnung der Maschinen mit einem modernisierten Spinnschema.

Auf einem Keramik-Sockel standen die gusseisernen Rahmen der neuen Maschinen. Schlosser, Schreiner rückten für den Umbau an

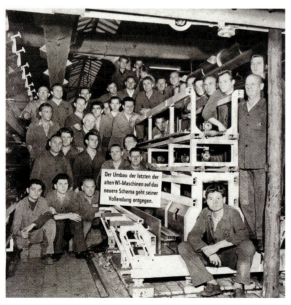

1957 stellte man sich bei Umbau der letzten Maschine im Spinnsaal II dem Fotografen

Im Gegensatz zu dem bis dahin üblichen WI-Schema wurde der Faden über neuartige Führungsorgane geleitet. Der Vorteil des neuen Verfahrens lag in einer gleichmäßigeren Verstreckung des Fadens. Das bedeutete zugleich eine gleichmäßigere Anfärbbarkeit sowie bestmögliche Festigkeit des Fadens.

Gespinnstaufbau

Der ausgefeilt berechnete Gespinstaufbau auf der Spinnspule war maßgeblich für die Durchlässigkeit der Waschflüssigkeiten in der Druckwäsche und den Ablauf der Gespinste in der Zwirnerei.

Verschiedene im Lauf der Zeit entwickelte Absteckzangen

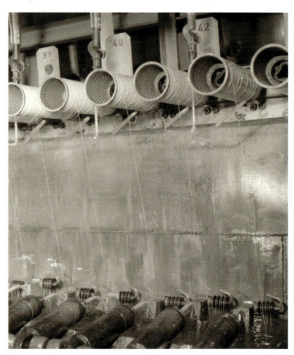

So sah das einfache WI-Schema und so...

Die Spinnerei

Das ist so eine Spinnmaschine. Hinter Scheiben rotierten die Spulen mit einer Genauigkeit eines Uhrwerks. Auf diesem Foto sind die Scheiben hochgeklappt und ein Spulenwechsel steht an

... das neue 2Rn-Schema an einer Einfach-...

Sobald sie eine festgelegte Fadenmenge aus dem Spinnbad aufgenommen hatten, wurden die Spulen von einer Sechs-Mann-Kolonne in acht Minuten gewechselt. Im Einsatz waren zwei Spulenwechsel-Kolonnen pro Schicht.
Die Belegschaft war in drei, später in vier Schichten eingeteilt.

Vorbereitungsarbeiten zum Spulenwechsel

Wer in dieser Abteilung arbeitete, kam zwangsläufig mit Spinnbad in Berührung. Daher gehörten Gummihandschuhe, -stiefel und -schürzen und später auch Schutzbrillen zur säurefesten Schutzkleidung.

... an einer Doppelmaschine aus

Die Rayon-Spinnerei war ein Nassbetrieb. Dort wurde im großen Umfang mit Flüssigkeiten, mit verdünnten Säuren und Wasser, gearbeitet.

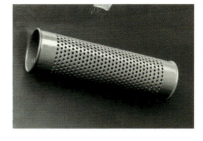

Eine leere perforierte Spinnspule aus Aluminium mit einer Länge von 275 mm

Glanzstoff glänzt nicht mehr

Die Spinnerei

Mit der Zange nahm der Spulenwechsler die volle Spule ab, mit der anderen Hand steckte er fast gleichzeitig die leere Spule auf

Der Wechsel von 140 bzw. 280 Spulen bei einer Doppel-Maschine musste in einer aufeinander abgestimmten Arbeitsweise möglichst gleichzeitig erfolgen. Damit war bei allen Spulen die gleiche Fadenmenge gewährleistet.

Geschickte Hände leiteten danach den Faden von der Düse über verschiedene Abzugsorgane wieder auf die leeren Spinnspulen

Bestückung eines Stapelwagens

Nach dem Abnehmen der Spulen, dem „Abstecken", brachten zwei Mitarbeiter die Spulen vom Absteckwagen auf einen speziellen Stapelwagen.

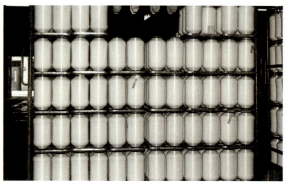

Stapelwagen

Diese Spulen wurden im nächsten Prozess-Abschnitt der Druckwäsche unterzogen.

Stolz und selbstbewusst: Spulenwechsler

In der Spinnerei entstand aus Viskose unter Einwirkung von Säure und Salzen das Viscose-Filamentgarn, und zwar als Glanzgarn, Matt- und Spinngefärbte-Filamentgarne. Hierfür wurden der Viskose weiße oder farbige Pigmentfarbstoffe zugesetzt bzw. Titandioxid für Mattgarne.

Saubermänner – Schichtende

Die Spinnerei

Das Kelsterbacher Textilprogramm beinhaltete für das Budget 1999 folgende Titer:

ENKA GmbH &
Co.KG
Werk Kelsterbach

Textilprogramm Budget 1999

Aufmachung	Prod.-Nr.	Titer dtex	Fadenzahl	Drall	kg/Woche
tm	450	110	f40	S95	24.841
tm	450	133	f48	S95	29.271
tm	450	167	f120	S95	1.503
gl	432	84	f30	S95	6.290
gl	430	84	f60	S95	1.131
gl	430	110	f40	S95	38.686
gl	430	110	f40	S440	
gl	432	135	f24	S95	30.366
gl	436	135	f24	S65	
gl	430	167	f42	S95	13.056
gl	430	200	f36	S95	2.147
gl	430	330	f60	S95	39.657
gl	430	330	f60	S45	
gl	430	330	f60	S130	
gl	430	330	f60	S320	
spg	470	84	f30	S95	1.609
spg	470	110	f24	S95	4.906
spg	470	133	f24	S95	2.115
spg	470	167	f42	S95	2.423
spg	470	330	f60	S95	2.456
tm					55.616
gl					131.334
spg					13.508
gesamt					200.457

Der Titer dtex gibt das Gewicht von 10.000 Meter Faser an. Dabei gilt „f" für Filament (Einzelfaser). Außer dem Titer wurde die Fadenzahl und Drehung angegeben. „S" bedeutet eine Rechtsdrehung in der Zwirnerei.
Die danach stehende Zahl gibt die Zahl der Drehungen pro Meter an.

tm = tiefmatt
gl = glanz
spg = spinngefärbt (verschiedene Farben)

Die Druckwäsche

Aufgabe der Druckwäsche war, die Kunstseide von allen während des Spinnens eingebrachten Chemikalien und Verunreinigungen zu befreien und für die weitere Verarbeitung im Textilbetrieb vorzubereiten. Dazu wurde das Waschwasser von innen nach außen durch die gelochte Spule und das Gespinst gedrückt.

Die Umstellung von der alten Saugwäsche auf die moderne Druckwäsche erfolgte am 24. März 1951. Ein neues, besseres Verfahren wurde damals wegen der immer größer werdenden Spinnspulen und der Forderung nach kürzeren Waschzeiten erforderlich.

Abstellgleise vor der alten Feuchtkammer

Bevor das moderne Hochregallager 1989 gebaut wurde, mussten die gesponnenen Fäden aus der Spinnerei kommend mit dem Stapelwagen in die „Feuchtkammer" gefahren werden, um einige Stunden bei bestimmter Feuchtigkeit und Temperatur zu stehen. Die Gespinste bedurften einer solchen Feuchte, um ein „Versalzen", d. h. Absetzen winziger Salzkristalle, zu vermeiden, was die Qualität des Fadens verschlechtert hätte.

Die Druckwäsche war zweistöckig. Aus der Feuchtekammer wurde die Spulenpartie mit einem Aufzug auf die Waschbühne gehoben und einen Waschwagen gesetzt. Als nächstes erfolgte die Vorentsäuerung, wo man das an den Fäden noch anhaftende saure Spinnbad mit Wasser auswusch. Danach wurde in der Kesselentgasung der noch in den Spulen enthaltene Schwefelkohlenstoff entfernt. Diese entgasten Spulen wurden in weiteren Druckwaschstufen entschwefelt, gewaschen und mit Avivage behandelt. Soweit eine Kurzbeschreibung der alten Anlage.

Umweltschutz und Automatisierung

Nach der neuen TA (Technische Anleitung)Luft für die Herstellung und Verarbeitung von Viskose waren in den 1980er Jahren Auflagen hinsichtlich zulässiger H_2S/CS_2- Emission zu erfüllen. Vorhandene Anlagen mussten abgekapselt, neue Einrichtungen gebaut und die konzentrierten Abgase einer Reinigung zugeführt werden. Daher fielen auch im Bereich der Druckwäsche Veränderungen an.

Hochregallager

Die Inbetriebnahme wesentlicher Anlagenteile in der Druckwäsche erfolgte 1989. Dazu zählte auch das Hochregallager, welches sich über mehrere Stockwerke erstreckte und 96 Abstellboxen umfasste. Hier verweilten die Spulen drei bis maximal 18 Stunden - bis der chemische Prozess abgeschlossen war. Ziel der Abkapselung war, einige Emissionsquellen so zu verschließen, dass hochkonzentrierte Luftströme abgesaugt und diese wiederum gereinigt werden konnten. Der Ausstoß von Schwefelkohlenstoff und Schwefelwasserstoff wurde durch diese Maßnahme erheblich gesenkt.

Mittelgang des Regallagers mit Abstehboxen und Regalförderzeug. Gerhard Thutewohl, Leiter Ingenieurtechnik, öffnet eine Box

Die Druckwäsche

Wo früher schwere Handarbeit den Arbeitsalltag bestimmte, gab es von 1989 an kein aufwändiges Schieben und Heben mehr. Das Regalförderzeug (RFZ) übernahm vom Übergabeplatz die Stapelpalette und lagerte diese in die vorgegebene Box ein, wobei der die Box verschließende Rollladen vom RFZ aus zu öffnen und schließen war. Nach der vorgesehenen Lagerzeit wurde die Stapelpalette vom RFZ aus der Box entnommen und entsprechend der Vorgabe auf die Auslagerungsstrecke aufgesetzt. Wie von Geisterhand gesteuert bewegten sich Paletten mit den Spulen im Hochregallager. Steuerung und Überwachung des gesamten Verfahrensablaufs erfolgte von einer zentralen Messwarte aus. Die neue Anlage von der Spinnerei bis zum Umstockplatz kostete zehn Millionen Mark.

Als nächster Schritt erfolgte die Beladung des Druckwaschwagens mit dem speziellen Beladegerät.

Auslauf der neuen Vorentsäuerung mit Einhausung, Absaugung, Rolltor, seitlicher Vorschubeinrichtung und Schiebebühne

Automatikbereich des Beladeplatzes mit Beladegerät und Einlauf Vorentsäuerung (rechts)

Ehemalige Vorentsäuerung

Anschließend gelangte der Waschwagen mit einer Schiebebühne zum Entgasungskessel.

Beladen der Druckwaschwagen mit Hand vor Durchführung der Investitionsmaßnahme

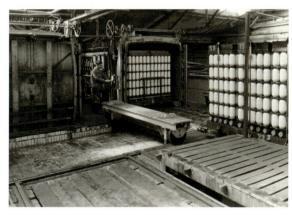

Entgasungskessel

Eine Transporteinrichtung bewegte die beladenen Druckwaschwagen durch die Vorentsäuerung. Dort wurden Säure und Salze vom Spinnvorgang ausgewaschen, das Waschwasser wurde in der Spinnbadstation eingedampft und dem Spinnbad wieder zugeführt.

Hier befreite man das Gespinst von Schwefelkohlenstoff. Der Kessel wurde mit Schutzgas abgedrückt, um sauerstoffhaltige Luft aus dem Kessel zu verdrängen. Danach begann die eigentliche Entgasung, bei der in heißem Wasser unter Vakuum Schwefelkohlenstoff entfernt wurde. Hierbei wurde der Schwefelkohlenstoff durch Kondensation zu rund 75% zurückgewonnen. Die übrigen Anteile des insgesamt zurückgewonnenen Schwefelkohlenstoffs fielen durch Reinigung in der 1989 in Betrieb

Die Druckwäsche

genommenen LURGI-Abluftreinigungsanlage an.

Im weiteren Verlauf der Wäsche wurden die Gespinste entschwefelt, gebleicht und mit Avivage behandelt. Die Avivage, eine Ölsuspension in Wasser, diente als Schutz gegen mechanische Belastungen der Fäden bei der späteren textilen Verarbeitung. Die Gesamtwaschzeit betrug etwa 28 Stunden.

In diesen Waschkanälen wurden Chemikalienreste aus den Fäden entfernt

Waschkanal von der Seite aus gesehen

Spulen während der Druckwäsche

Druckwäsche bei der Entkernung im Jahr 2002

Nach der Druckwäsche stand auf dem Programm die Trocknung des Garns. Es wurde langsam durch den lang gestreckten Trockenkanal, den Spulentrockner, gefahren.

Spulentrockenöfen um 1940. Zur Spulentrocknung standen drei Trockenöfen zur Verfügung

Nächste Station: die Konditionierung. Das aus dem Trockenofen ausgefahrene Garn wurde hier abgestellt, etwa 24 Stunden lang bei 50 Prozent relativer Luftfeuchtigkeit.

Konditionierung nach der Spulentrocknung

Das Garn brauchte für den anschließenen Zwirnvorgang einen bestimmten Feuchtigkeitsgehalt. Die Einhaltung und die Überprüfung nannte man Konditionierung.

Die weitere Behandlung bestand aus Zwirnen und Aufwickeln des Materials.

Die Druckwäsche

Blicken wir noch einmal zurück auf die unterschiedlichen Waschverfahren.

Strangwäsche in den 20er Jahren

So um 1920 wurden die damals verwendeten 130 mm Spulen in Holzbarken eingesetzt (Barkenwäsche). Durch die Barken ließ man dann solange Frischwasser laufen, bis keine Spinnbadreste mehr nachweisbar waren. Dann wurden die Spulen getrocknet und nach dem Zwirnen und Haspeln in Strangform entschwefelt und gebleicht.

Saugwäsche für Spinnspulen

Im Jahr 1925 ersetzte man die sogenannte „Barkenwäsche" durch die „Rieselwäsche".
Die sauren Spulen wurden auf Waschrahmen gesteckt und von oben mit Wasser berieselt Dies war eine langwierige Waschprozedur und auf Dauer nicht befriedigend. Nachdem in anderen Betrieben erfolgreiche Versuche nach einem „Saugwaschverfahren" durchgeführt wurden, entschloss man sich 1929 in Kelsterbach eine Saugwaschbarke aufzustellen. 1931 stellte man die gesamte Produktion auf das Spulen-Saugwaschverfahren um. 1935 waren 40 Waschbarken in Betrieb.

So wurde dann rund 20 Jahre lang entsäuert, entschwefelt und aviviert. Schon in den vierziger Jahren wurde mit dem Bau einer modernen Druckwäsche begonnen.

Am 24. März 1951 wurde die Saugwäsche endgültig stillgelegt und es kam das Druckwaschverfahren.

Ostern 1951 nahm man Abschied von der Saugwäsche

Druckwäsche im Januar 1953

Nach diesem Verfahren wurde bis zur Schließung im Jahr 2000 gearbeitet.

Der Textilbetrieb

In der folgenden Abteilung, dem so genannten Textilbetrieb, beschäftigte man sich mit der endgültigen Verarbeitung des Viscose-Filamentgarns. Die Weiterverarbeitung des Fadens richtete sich hier schon hauptsächlich nach den späteren Einsatzgebieten bei den Kunden.

Zwirnerei – die Maschinen standen in Reih und Glied

Die erste Abteilung des Textilbetriebes war die Zwirnerei, wo Tausende Zwirnstellen von morgens bis abends rotierten. Der in der Spinnerei hergestellte Viscose-Faden bestand aus zahlreichen Einzel- oder Kapillarfäden, die zunächst parallel zueinander verliefen. In der Zwirnerei wurden diese haarfeinen Einzelfäden miteinander verdreht, einem Zwirnprozess unterworfen. Dazu setzte man die Spinnspulen auf rasch rotierende Spindeln, und der Faden wurde auf einem Zwirnkörper (Walze) umgespult. Die 18 bis 120 Einzelfilamente eines Viscose-Fadens wurden gegeneinander verdreht, also gezwirnt. Normalerweise erhielten die Garne einen Drall von etwa 95 Drehungen pro Meter in S-Drehung, dem Rechtsdrall. Hinter dem Buchstaben Z verbarg sich demgegenüber Linksdrall. Darüber hinaus wurden die Drall-Sorten S 130, S 250, S 320 und Z 45 angewandt. Das alles verlieh ihnen größere Haltbarkeit und machte sie für spätere Verarbeitungsprozesse unempfindlicher.

Farbviskose (die als Spezialitäten des Werks geltenden bewusst satten Farben und im Kontrast dazu die naturfarbenen Garne)

Waren im Chemiebetrieb fast ausschließlich Männer beschäftigt, so dominierten im Textilbetrieb Frauen.

Vorabzug der Spinnspulen

Aber auch Männer waren in der Zwirnerei zu finden

Die weiche Frauenhand galt als im besonderen Maße für den Umgang mit dem feinen Viskosefaden geeignet.

Der Textilbetrieb

Qualitätskontrolle in den frühen Nachkriegsjahren (von links): Werkleiter Werner Aretz, Betriebsratsvorsitzender Wilhelm Draisbach und Leiter der Arbeitsforschung, Albert Netsch

Spulentransport in der Zwirnerei

Fertig gezwirnte Wickel gelangten in die Wickeltaucherei. Dort wurden die durch das Spinnspulenverfahren entstandenen Spannungsunterschiede der Gespinste und die daraus resultierenden Schrumpfungsunterschiede aus den verschiedenen Gespinstlagen eliminiert. Die lockeren Zwirnwickel zog man auf einen Tauchstab. Als Wickelpaket wurde es in die Tauchanlage mit Permutit-Wasser gesenkt, wo Zentrifugen die überschüssige Feuchtigkeit wieder entzogen. Der ursprünglich schrumpffreudige Viscose-Faden verlor damit diese störende Eigenschaft.

Auf dem Bild werden Wickelpakete in die Tauchanlage gesenkt

Zentrifugen-Bestückung

Nachdem die Wickelpakete die Zentrifuge passiert hatten, bereitete man sie zur weiteren Trocknung vor und schob sie in den Trockenofen. Auch nach dieser Trocknung war vor einer weiteren Verarbeitung der Gespinste eine Konditionierung notwendig, um eine gleichmäßige Fadenfeuchtigkeit zu erhalten.

Eine Trockenpartie wird in den Ofen geschoben.

Der Textilbetrieb

Zu den Kunden gelangten die Viscose-Filament-Garne entweder in der X-Spulaufmachung – etwa zu 60 Prozent - oder als Baumaufmachung. Ein kleiner Teil der Produktion wird auch in Form von Wickeln zum Versand gebracht.

Konditionierung nach der Wickeltrocknung

Eine wichtige Station war die Conerei. Dort vollzog sich der letzte Arbeitsprozess für die X-Spulenaufmachung, was an der Cones-Maschine geschah. Hier wurde der getrocknete und konditionierte Rayon-Faden vom Zwirnwickel auf conische bzw. zylindrische Papierhülsen umgespult. Diese Aufmachungsart hatte sich für die Weiterverarbeitung des Garns in den Webereien und Wirkereien eingebürgert.

Hergestellt wurden:
2,5 Kilogramm konische X-Spulen (Cones)
4,0 Kilogramm konische X-Spulen (Cones)
4,5 Kilogramm zylindrische X-Spulen
5,0 Kilogramm zylindrische X-Spulen

Blick in die Conerei

Die Kelsterbacher Conerei war übrigens eine der größten in Europa. Bis zu 1200 Maschinen mit rund 8000 Spindeln liefen tagein, tagaus in zwei Schichten.

Eine Conerin arbeitete in einem bestimmten ihr zugeteilten Maschinenbereich. Hier geht man gerade einem Fadenbruch zuleibe

War der Cones fertig bespult, wurde er auf einen Wagen gesetzt und in die Cones-Sortierung transportiert.

Nun noch ein Blick zurück, zu der früheren Strangaufmachung. Anfang der 1930er Jahre kannte man in Kelsterbach den Begriff „Conerei" noch nicht. Es wurden bis dahin etwa 80 Prozent der Produktion in Strängen und 20 Prozent als zylindrische Kreuzspulen aufgemacht.

Strangsäuberei

Als der „Cone" als eine neue Aufmachung auf den Markt kam, wurde dieser von der Kundschaft in immer stärkerem Maße verlangt. Die Aufmachung „Strang" war nicht mehr gefragt, da die feinen Titer im Wesentlichen in Wirkereien Verwendung fanden, musste diese dem „Cone" weichen. Der Vorteil gegenüber der Strangware war wohl die einfachere Verarbeitungsmöglichkeit und die größere Gewichtseinheit.

Der Textilbetrieb

Auch im Kelsterbacher Glanzstoff-Werk stellte man daher um. Im Jahre 1935 umfasste die Conerei bereits 152 KS - Maschinen und wuchs ständig, so dass die Anzahl von 841 Maschinen noch vor dem Krieg erreicht wurde.

Stolz präsentierte man sich 1950 vor der tausendsten „KS-Maschine" in der Conerei

Als im Frühjahr 1946 der Betrieb wieder langsam anlief und Kelsterbach das Werk für „feine Fäden" wurde, musste man Abschied von Traditionsabteilungen nehmen. Haspelei und Strangsortierung gehörten damals zu den größten Abteilungen im Werk.

Die alte Haspelei. 1951 wurde die letzte Maschine demontiert

Innerhalb weniger Jahre hatte der „Cone" den „Strang" völlig verdrängt. Immer mehr KS-Maschinen wurden aufgestellt. Die Abteilungen „Haspelei" und „Strangsortierung" kamen zum Erliegen. Anfang 1951 wurde die letzte Haspelmaschine demontiert.

Während einer Absatzkrise Mitte der 1950er Jahren wurde die Strangproduktion noch einmal aufgenommen. Bald liefen die ersten Spinnmaschinen mit dem Titer 300 für die Webereien an. Mengenmäßig spielte die wiedererstandenen Haspelei und Strangsortierung aber nur eine kleine Rolle innerhalb der Gesamtproduktion.

Besonders augenfällige Wandlungen hat die Aufmachung der Ware in dieser Zeit durchgemacht: von der Strang- zur Baumaufmachung.

In der Zettelei wird das Viscose-Garn für das Weben vorbereitet

Im Verlauf eines ereignisreichen und wechselhaften Daseins erfuhr die Viskose-Aufmachung manchen Wandel. Speziell für den Einsatz in der Weberei bekamen die Kunden Webketten (Webbäume) mit etwa 4.000 bis maximal 15.000 Fäden pro Kette. Im Zettelverfahren wurden bis maximal 850 Wickel parallel auf einen Zettelbaum gewickelt.

Else Walter (geb. Pfister) in der Baumaufmachung

Der Textilbetrieb

Durch gleichzeitiges Aufarbeiten von mehreren Zettelbäumen und Aufwickeln auf einen Webbaum erhielt man Webketten mit den hohen Fadenzahlen.

Hier überwachten die Mitarbeiter das Aufwickeln des Garns auf Zettelbäume. Deshalb hieß diese Abteilung „Baumbereich".

Ein Teil der Garnketten wurden auf einer Schlichtmaschine behandelt. Apropos Schlichten: Schlichten ist eigentlich ein irreführender Ausdruck – besser wäre „leimen" oder „stärken". Die Fäden wurden bei diesem Arbeitsgang mit einer Präparation (Schlichte) behandelt. Damit schützte man die Garnketten vor der mechanischen Belastung auf den Webstühlen.

Ein Teil des Farbspektrums

Schlichtmaschine

Aufmachungsarten
Das Unternehmen bot vielfältige Aufmachungsarten seiner Produkte. Die Kunden spezifizierten daher vorab ihre Wünsche und Anforderungen nach Fadenstärke, Fadenanzahl und Fadenlänge, was jeweils in der Produktion berücksichtigt wurde. Neben der normal glänzenden Viskose wurde auch mattiertes Garn produziert.

Außerdem: Farbviskose war eine Spezialität des Werkes. Auf Wunsch stellte man in der Spinnerei nämlich auch gefärbtes Garn her - weit über 100 Farbvariationen – von den feinsten Pastelltönen bis zum kräftigem Blau/Rot/Grün. Aufmachungsarten waren unter anderem Cones, Wickel- und Färbespulen, Strangware, Webketten usw.

Die Spezialität des Werkes:
Spinngefärbt mit vielen leuchtenden Farben

Endstationen des Produktionsweges waren Sortierung und Versand. Doch bevor die Ware in den Versand gelangte, durchlief sie die Cones-Sortierung. Auch hier waren Frauen am Werk. Sie lösten diese Aufgabe mit besonderem Geschick.

Jeder Cone wurde, bevor er verpackt wurde, sorgfältig nach mehreren Qualitätsmerkmalen kontrolliert und in eine entsprechende Qualitätsklasse eingeordnet. Es bedurfte großer Konzentration und Sorgfalt, Cones einwandfrei zu begutachten, bevor sie in durchsichtiges Papier gehüllt und in bereitgestellte Kartons gebettet wurde.

Der Textilbetrieb

Cones-Sortierung und Qualitätskontrolle

Dann ging es zum Versand, der allerletzten Station. Hier blieb der Zu- und Abgang ständig im Fluss. Stapler traten in Aktion - die weißen oder gefärbten Rayon-Fäden gingen zu den Kunden wie Webereien, Strickereien und Dekorationsindustrie. Der größte Teil der Ware gelangte mit Speditionsunternehmen per LKW vom Werk an die Kundschaft.

Konen wurden in Kartons verpackt und

im Versand auf einen LKW beladen (1999)

Noch etwas zu den belieferten Branchen: Die ENKA-Viskose-Produkte wanderten zum einen in die Bekleidungsindustrie und sogar Haute Couture. Aus rund 80 Prozent des Kelsterbacher Viscose-Garnes entstand übrigens Futterstoff für Textilien. Der „Rest" fand aber auch als Alltagsprodukte wie etwa Schwammtücher Verwendung. So breit war die Palette. In allen Fällen aber galt: Lang war die Tradition, und deutsche Qualitätskunstseide genoss Weltruf wie eben unter dem Markenname ENKA.

Werbung in der Kantine

Werbung 1996

All dies zeigte man gerne öffentlich und weithin sichtbar wie an der Reklametafel an der Rüsselsheimer Straße. Und all dies ist Vergangenheit – ein Kapitel Kelsterbacher Industriegeschichte.

Der Textilbetrieb

Zum Abschluss nochmals die Viskose-Produktion auf einen Blick:

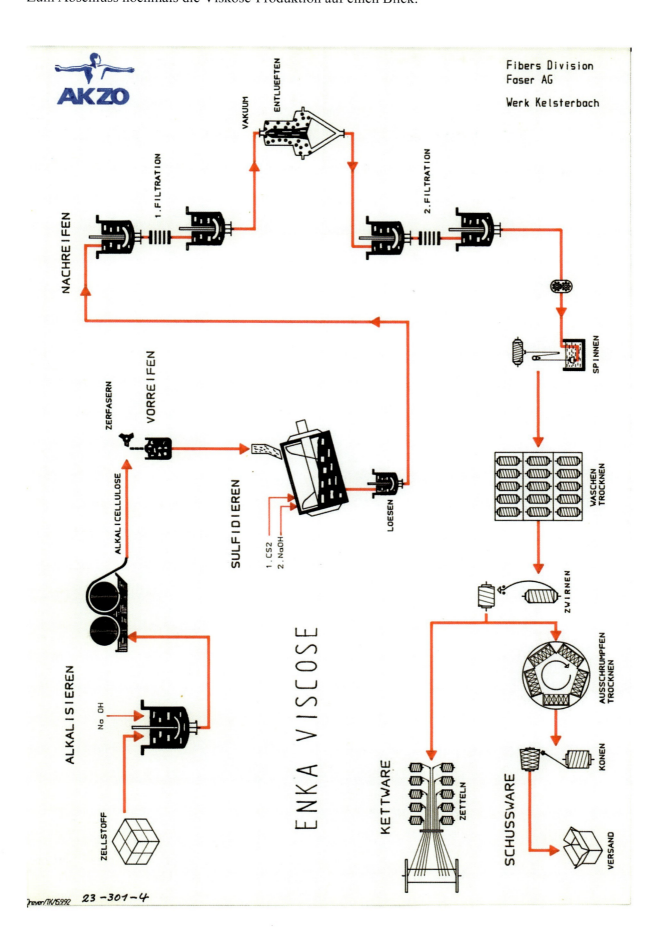

Glanzstoff glänzt nicht mehr

Der Textilbetrieb

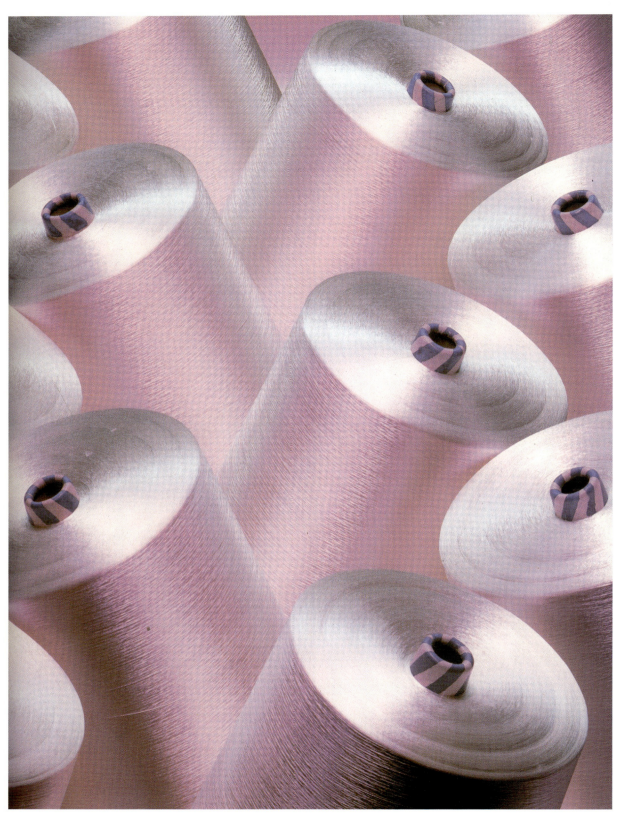

Foto Akzo

Ganz nach individuellen Wünschen der Seidenweber und entsprechend ihrer Maschinenausstattung wurde das Viscose-Garn auf Kreuzspulen, Zettel- und Webkettbäumen in verschiedenen Titern und Fadenzahlen geliefert.

Kunstseide, Reyon oder Viskose?

Einem Verwirrspiel ähneln manchmal für Außenstehende die Verwendung der Begriffe und die unterschiedliche Schreibweise von Viskose und Viscose. Oder von Reyon und Rayon. Deshalb hierzu eine Erklärung – ernst und heiter.

Das alles kam so: Bei den Vereinigten Glanzstoff-Fabriken wurde die hergestellte Kunstseide von Anfang an „Glanzstoff" genannt. Dieser Name ist auch bei der Umstellung auf das Viskose-Verfahren als Markenname beibehalten worden, auch später als sich der Begriff „Kunstseide" als Gattungsbegriff mehr und mehr durchsetzte.
In Kelsterbach wurden im Volksmund die Fabrik und das hergestellte Produkt als „Kunstseide" bezeichnet. Man arbeitete in der Kunstseide.
Anfang der 1950er Jahre erhielt die Viskose-Kunstseide in Deutschland als Gattungsbegriff den Namen „Reyon", in Anlehnung an die internationale Bezeichnung „Rayon".

Diese Namensänderung hatte 1950 der Mundartdichter und Mitarbeiter im Werk, Ludwig Wetteroth, in folgende Verse zusammengefasst.

> Es Kättche an de Haustür steht
> un denkt — ob des gelingt —
> mit moine Wäsch', ob gut des geht,
> die „Kunstseide",*) die stinkt!
>
> Do is de Reje net mehr weit,
> do kann mer stets druff geh',
> liet in de Luft der Duft wie heut
> kann mer bald Troppe seh'.
>
> Ihr'n Seppel kimmt grad von de Schicht.
> Wie er soi Fraache sieht,
> fragt er: was soll doi bös' Gesicht,
> was drückt uff doi Gemüt?
>
> Ach, Seppel, secht es Kättche do,
> weil ich doch wäsche muß,
> in dere Woch, do sinn mer dro
> un jetzt macht mir Verdruß — — —
>
> die „Kunstseide" — halt, secht ihr'n Mann,
> der Name fällt jetzt flach,
> „R e y o n" heest's jetzt, mer's lese kann
> net nur in Kellerschbach!
>
> Die Nas' es Kättche schnuppern läßt,
> secht dann: ich will koan Krach,
> wie du halt willst, doch oans steht fest:
> die „R e y o n", die stinkt aach!   Luwe
>
> *) Unter Kunstseide versteht der Kelsterbacher die Fabrik.

Werkzeitschrift Juni 1950

Der Name hat sich geändert – und schließlich auch das Problem mit dem Geruch!
Lange vor dem Ende der Produktion.

Aber woher kam der Name Reyon?

Im Jahre 1924 wurde in den USA die Bezeichnung „**rayon**" für Kunstseide eingeführt. Dieser Name setzte sich in den englisch sprechenden Ländern durch und wurde auch in Italien gebräuchlich. In Frankreich bürgerte sich später der Name „**rayonne**" ein. Anfang der 1950er Jahre beschlossen die Mitglieder der „Industrievereinigung Chemiefaser", in Deutschland künftig die Bezeichnung „**Reyon**" anzuwenden, nicht zuletzt, um eine Angleichung an die internationale Bezeichnung zu finden.

Kunstseide, Reyon oder Viskose?

Als Beitrag zur Geschichte dieses Namens gibt folgende Übersetzung aus einem 1925 von der American Viscose Company herausgegeben Buch „The Story of Rayon".

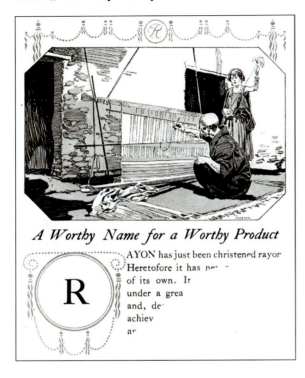

Ein trefflicher Name für ein treffliches Erzeugnis

Rayon ist soeben Rayon getauft worden. Bisher besaß es keinen eigenen Namen. Es hat sich abgemüht unter einer Vielzahl unzutreffender Bezeichnungen, und trotz dieses Hemmschuhes hat es einen beneidenswerten Platz unter den Textilien der Welt errungen.
Noch vor vier Jahrzehnten unbekannt, ist es heute so allgemein in Gebrauch, dass es in der ganzen Welt als „künstliche Seide", oft abgekürzt als Kunstseide, oder als „fiber silk" (Faserseide) mit der Abkürzung „fiber" bekannt ist. Diese Bezeichnungen sind nicht angemessen und in den meisten Fällen sogar irreführend. Rayon ist nicht Seide...

...Heute ist die Zeit gekommen, den Schleier der Zweideutigkeit und Verwirrung wegzuziehen, der das neuste Textilmaterial umhüllt, wenn es auch einige Merkmale mit anderen Faserstoffen teilt, so ist es doch ganz eigenständig mit nur ihm eigenen Qualitäten und verdient einen eigenen Namen, der es auszeichnet, und eine Herkunftsbezeichnung, die in der öffentlichen Meinung klarstellt, um was es sich handelt.

Dies ist eine lange Zeit von verschiedenen Interessenten erwogen worden und hat sich zur Tat verdichtet, als ein Komitee von Kunstseideverarbeitern und –Erzeugern empfahl, das Wort Rayon als künftigen Namen für die Kunstseide anzunehmen und dem Handel vorzuschlagen. Rayon wurde ausgewählt, weil es leicht zu sprechen, klang- und ausdrucksvoll ist.

Änderung des Namens in Viskose

Die Bezeichnung Reyon - im amerikanischen oder englischen Rayon für Viskose-Filamentgarn wurde in Deutschland bis 1972 benutzt. Eine weitere Änderung kam mit dem Textilkennzeichnungsgesetz (TextilKennzG) von 1972. Die Bezeichnung „Reyon" oder „Rayon" für Textilfasern die nach dem Viskoseverfahren hergestellt wurden, sind durch den Begriff **„Viskose"** ersetzt worden. Die internationale Bezeichnung dafür ist **„Viscose"**.
Alte Begriffe wie „Kunstseide" oder „Reyon" bzw. „Rayon" durften als Markenname nicht mehr verwendet werden. Die Bezeichnung „Seide" war nur noch in Verbindung mit Fasern aus Kokons (Naturprodukt) seidenspinnender Insekten zu gebrauchen. Damit waren Begriffe wie Seidenglanz, Seidenlook usw., auch in der Werbung, nur für Produkte ausschließlich aus Seide erlaubt. Zulässig waren Angaben von Markennamen und Unternehmensbezeichnungen in der Nähe der Rohstoffbezeichnung.
Für die Produkte, die das Werk verließen, verwendete man die internationale Bezeichnung **„Viscose"** und dies in Verbindung mit dem Firmennamen **„Enka Viscose"**.
Im Chemiebetrieb des Werks hieß die entsprechende Abteilung aber weiterhin **„Viskose"**, ebenso das dort hergestellte Halbfabrikat bis zur Spinnerei.

Kokons des Seidenspinners und Enka-Viscose

Die Werksbrunnen

Noch ein Aspekt der jahrzehntelangen Produktion bedarf der Klärung: „Woher kam das Wasser"? Da man in chemischen Betrieben sehr viel Wasser benötigt, sind wir dieser Frage nachgegangen. Ab den 1960er Jahren wurde es in Brunnen mit einer Rohrtiefe von etwa 150 Metern aus Grundwasser gewonnen. Davor gab es Flachbrunnen mit einer Tiefe von nur ca. 25 bis 35 Meter. Im Zuge der Schließung mussten noch vier Flachbrunnen aus den 1930er Jahren zurückgebaut werde. Bei diesen war auf der Sohle des Schachtes eine Kreiselpumpe montiert. Die seinerzeit übliche Fördertechnik erforderte den Bau solch aufwendiger Schachtbauwerke, da erst mit der Verfügbarkeit von leistungsfähigen Unterwasser-Motorpumpen auf reine Bohrbrunnen in den 1960er Jahren umgestiegen werden konnte.

Ansicht des 15 Meter tiefen Brunnenschachtes. Auf dessen Grund stand die Kreiselpumpe und förderte in die Steigleitung

Das Schachtbauwerk war aus gelben Klinkern gemauert, Durchmesser vier Meter, Tiefe von rund 15 Metern, Wendeltreppe bis zur Schachtsohle, wurde um 1962 stillgelegt

Moderne Unterwassermotorpumpe

Kreiselpumpe war auf der Sohle des Schachtes montiert

Brunnenkopf eines modernen Tiefbrunnens

Das Werk lag auf der sogenannten „Kelsterbacher Terrasse", eine Aufschüttung von sehr durchlässigen Flugsanden sowie eiszeitlichen Kiesen und Sanden des Mains. Diese Terrasse fällt nach dem Main hin etwa 18 Meter steil ab.

Die Werksbrunnen

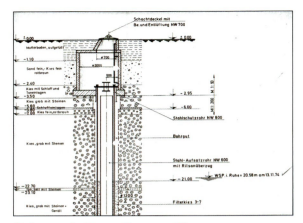

Teilquerschnitt vom Brunnen 10

Die Sand- und Kiesaufschüttungen wirken wie ein Sieb, Niederschläge dringen bis zum Grundwasser durch. Das Wasser tritt als Grundwasser unterirdisch in den Main ein. Die Mainsande und Kiese liegen ihrerseits auf Tonen und Feinsanden, die eine Mächtigkeit von stellenweise über 200 Metern besitzen. Die Werks-Brunnen reichten in die Schichten des „Pliozäns", einer etwa eine Million alten Erdformation. Von den Höhen des Odenwaldes über Langen bewegt sich ein Grundwasserstrom langsam auf den Main zu und geht in diesen über, falls er nicht durch menschliche Eingriffe gestört wird. So die wissenschaftlichen Aussagen. Eine solche „Störung" trat durch die Brunnenanlagen der Enka ein.

Über die Brunnen wurde das Grundwasser in das Werk geleitet. Am Ende verliess dieses Wasser das Werk als Abwasser, gereinigt in der Biologischen Kläranlage und wieder dem Main zugeführt. Das Grundwasser wurde zu einem kleinen Umweg gezwungen, in eine Ringleitung, die rings um das Werk lief, befördert. Das geförderte Rohwasser war zum Teil sehr eisenhaltig, so dass eine Enteisenung vorgenommen werden musste. Um eine Wasserreserve und einen konstanten Druck in der Leitung zu gewährleisten, stand die Leitung mit einem stets gefüllten Hochbehälter von 300 Kubikmetern in Verbindung, der auf dem Kesselhaus lag.
Der Rohwasserbedarf des Werkes wurde ausschließlich aus Brunnen gedeckt. In der Endphase des Betriebs standen vier Tiefbrunnen zu Verfügung. Der größte Teil des geförderten Wassers wurde aus der Ringleitung von den einzelnen Betriebsteilen direkt entnommen und diente zum Betreiben von Klimaanlagen, Kühlern, Kondensatoren, Wärmetauschern und sanitären Anlagen. Im Sommer zählte auch das Schwimmbad dazu. Je nach Verwendung wurde das Wasser vorher aufbereitet.

Man benötigte Wasser als
- Prozesswasser (83 Prozent)
- Kühlwasser (16 Prozent)
- Trinkwasser (0,7 Prozent)
- Schwimmbad-Wasser (0,3 Prozent)

Ein wichtiges Ziel bei alledem war die Schonung der Grundwasser-Ressourcen. Dies geschah durch wassersparende Maßnahmen, wie z.B. Mehrfacheinsatz von Wasser (Zweit- und Drittwasser). Hinzu kamen Einsatz von Kältemaschinen, Verwendung gereinigten Abwassers, moderne Kühltürme und Oberflächen-Kondensatoren sowie disziplinierter Wasserverbrauch.
Durch sparsame Verwendung von Wasser bzw. konsequenter Schonung der Grundwasser-Ressourcen konnte man übrigens die Grundwasser-Förderung in den letzten Jahren senken.

- 1965 Jahresförderung: 4,38 Millionen Kubikmeter - mittlere Wasserfördermenge: stündlich 500 Kubikmeter (ohne Synthesebetrieb)
- 1969 Jahresförderung: 5,49 Millionen Kubikmeter - mittlere Wasserfördermenge: stündlich 590 Kubikmeter (mit Synthesebetrieb)
- 1995 Jahresförderung: 2,80 Millionen Kubikmeter - mittlere Wasserfördermenge: 320 Kubikmeter stündlich
- 1996 Jahresförderung: 2,44 Millionen Kubikmeter - mittlere Wasserfördermenge: 278 Kubikmeter in der Stunde
- 1997 Jahresförderung: 2,28 Millionen Kubikmeter - mittlere Wasserfördermenge: 260 Kubikmeter stündlich.

Ein durchaus wichtiger Aspekt, der neben ökologischen Gesichtspunkten im Hintergrund gesehen werden muss: Mit der Senkung der Grundwasserförderung reduzierte man auch die zu zahlende Grundwasser-Förderabgabe an das Land Hessen.

Bei diesen Wassereinsparungen konnte man freiwillig beim Regierungspräsidium (RP) auf die Förderung von einer Million Kubikmeter im Jahr verzichten. Nach dem alten Wasserförderungsrecht hatte man bis 1991 ein Förder-

Die Werksbrunnen

recht von jährlich 5,5 Millionen Kubikmeter Wasser, danach ein Förderrecht von 4,5. Auf Basis der Wasserrechte von 1960 durfte man aus Tiefbrunnen bis zu einer Tiefe von 160 Metern aus fünf Brunnen fördern.

Rückbau der Brunnen

Nach der Schließung des Werkes wurde auf die Wasserrechte verzichtet und wurden die Brunnen stillgelegt. Für jeden der neun Brunnen erarbeitete man ein Rückbaukonzept und stimmte dies mit dem RP ab. Danach konnte der Rückbau von einer Fachfirma durchgeführt werden. Insbesondere wurde darauf geachtet, dass bei einem stockwerksübergreifenden Ausbau bei den Tiefbrunnen die hydraulische Trennfunktion der Sperrschicht wieder hergestellt wurde.

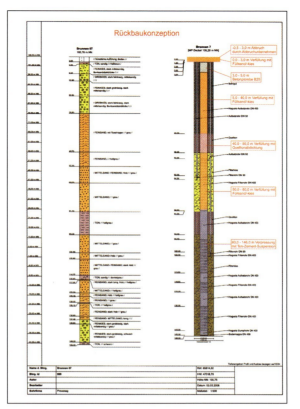

Rückbaukonzept vom Brunnen 7

Brunnen 10 wird mit Dämmer verpresst

Mit einer Verrohrungsmaschine wurde die Unterwassermotorpumpe und das Steigrohr ausgebaut

Rückbau Brunnen Nr. 7

Um die Stockwerkstrennung wieder herzustellen, wurden in diese Bereiche Dämmer verpresst und darüber eine Betonplombe eingebaut. Dies betraf nur die Tiefbrunnen. Die Flachbrunnen gingen nur bis zum oberen, quartären Stockwerk. Anschließend verfüllte man die Schachtbauwerke mit Kiessand. Diese Rückbauarbeiten erfolgten in der Zeit November 2008 bis August 2009.

Eine Überraschung in Sachen Brunnen erlebte man im Zuge des Rückbaus des Kesselhauses. An der südlichen Seite, in Höhe der Gleisanla-

Die Werksbrunnen

gen, wurde im April 2009 ein alter Brunnenschacht entdeckt, über dessen Existenz bis zu dieser Zeit keinerlei Informationen vorgelegen hatten.

Ein alter Brunnenschacht wurde entdeckt

Doch nach Sichtung sehr alter Pläne der Waggonfabrik von 1899 wurde festgestellt, dass dieser Unbekannte dort eingezeichnet war. Sein mit Ziegeln gemauerter Schacht hatte einen Durchmesser von rund vier Metern und er war 15,5 Meter tief.

Über 15 Meter tief

Offensichtlich war dieser Brunnen in den 1920er Jahren aufgegeben worden. Aus statischen Gründen wurde er damals mit Doppel-T-Trägern ausgesteift und oben abgedeckt. Diese Träger waren bei der Entdeckung schon stark korrodiert.

Besichtigung des Brunnens durch Alfred Wiegand

Bis zwei Meter unter Flur...

...wurde der Schacht mit Magerbeton verfüllt

Damit von dem Schacht künftig kein Baugrundrisiko mehr ausgeht, und dass auch der darunter liegende Bohrbrunnen nicht zu Nachsackungen führen kann, wurde er mit Magerbeton bis zwei Meter unter Flur ausgegossen.

Die Synthese-Fabrik

Das kurze Leben der Synthese-Fabrik Kelsterbach

Mit zum Rückblick auf die Produktion gehört noch ein ganz spezielles, selbst bei Kennern der Branche fast schon in Vergessenheit geratenes Kapitel der Kelsterbacher Werksgeschichte: Planung, Bau und Betrieb einer Perlon-Fabrik. Doch dies war keine Erfolgs-Story. Das kurze Leben der Perlon- bzw. Nylon-Fabrik dauerte von 1964 bis 1977.

Voraussetzung war der Kauf eines zusammenhängenden Baugeländes von 110.000 Quadratmetern südlich des alten Werksgeländes. Die ersten Bauarbeiten für dieses Vorhaben begannen am 14. Dezember 1964. Zunächst wurde die Verbindung zwischen der Rayon-Fabrik und der geplanten neuen Fabrik auf der anderen, südlichen Bahnseite (heute Gewerbegebiet Kornweg) durch einen Fußgänger- und Rohrleitungstunnel unter dem Schienenstrang hergestellt.

Der Tunnel wurde am 25. Februar 1965 offiziell eröffnet

Die Pressgrube

Der erste Bauabschnitt (rot eingezeichnet) kostete mehr als 20 Millionen Mark

Die Grundsteinlegung erfolgte am 18. Mai 1965.

Auf einem Foto (oben) sieht man die Pressgrube, von der aus die Durchpressung des Rohrleitungstunnels unter den Bahngleisen mit einer Länge von 55 Metern in Richtung Energiegebäude vorgenommen wurde. Es wurden 17 Rohrstücke etwa drei Meter unter der Bahnstrecke vorgetrieben, ohne dass der Zugverkehr eingestellt werden musste. Ende Februar 1965 konnte man zum ersten Mal durch den „begehbaren Rohrkanal" zum PERLON-Gelände gehen.

Schatulle aus Kupfer mit Tageszeitungen, Geld usw.

Glanzstoff glänzt nicht mehr

Die Synthese-Fabrik

In einer handgefertigten Schatulle aus Kupfer wurden wurde mit eingemauert: Pläne der Perlon-Fabrik, Proben von Rayon- und Perlon-Garnen, der Freitags-Anzeiger, Frankfurter Allgemeine Zeitung vom Tage, eine Werksbroschüre sowie Münzen deutscher, griechischer und italienischer Herkunft.

Am Rednerpult: der kaufmännische Werkleiter Otto Esser bei der Grundsteinlegung

Dann nahte die Zeit, die neue Fabrik zu erstellen und die Produktion termingemäß anzufahren. Planung für Bau und Einrichtungen, Beschaffung der Apparate und Maschinen, Personaleinstellung für Montage und Produktion, Ausbildung des Personals, Wohnungsbeschaffung, Kostenüberwachung: Alles musste Schritt für Schritt abgestimmt und entschieden werden.

Modell erster Bauabschnitt der Perlonfabrik

An einem Modell ist die Unterbringung der einzelnen Produktionsabteilungen am besten zu erklären: Der Bau war in zwei Gebäudeteile gegliedert, den Spinnerei-Hochbau mit der Polymerisation - rechts vom Haupttreppenhaus - und einen Flachbau für die Verstreckung. Der Behälter rechts im Bild am Kopfe des Hochbauteiles dient zur Lagerung von Caprolactam, dem flüssigen Ausgangsstoff für „Perlon". Im Hochbau waren noch die Werkstatträume, Sozialräume und Büros. Zum Flachbau gehör-

ten noch die Sortierung, der Kops-Pufferplatz, die Packerei und das Lager.

Stahlgerüst für den Spinnerei-Hochbau.

Viele Mitarbeiter der technischen Abteilung des Werks hatten die Inneneinrichtung gemeinsam mit Monteuren der Fremdfirmen montiert und installiert.

Von links nach rechts die Herren Ernst Kühnel, Willi Grabitzki, Heinrich Beckmann, Alfred Häder, Rudolf Döring und Günter Ortmann

Die fertig erstellte Synthesefabrik 1966

Die Synthese-Fabrik

Seit dem 9. August 1966 – dem Produktionsstart im neuen Werksteil - produzierte Glanzstoff Kelsterbach fortan neben Rayon, welches aus dem naturgegebenen Zellstoff (Holz) gewonnen wurde, auch Perlon. Im Gegensatz zu Rayon ist Perlon allerdings eine synthetische Chemiefaser. Die entsteht aus einer Substanz, die es in der Natur nicht gibt und wird in einem langen chemischen Prozeß aus einem Bestandteil des Steinkohle-Teers gewonnen. Nach Inbetriebname der zweiten Maschine wurde die Perlon-Fabrik am 5. Oktober in einer Feierstunde offiziell eingeweiht.

PERLON - PRODUKTION

Die erste Stufe der Perlon-Produktion war die Polymerisation. Sie war im Hochbau mit fünf Stockwerken untergebracht. Über Rohrleitungen gelangte das Caprolactam dahin. Der Rohstoff Caprolactam wurde im sogenannten VK-Rohr kontinuierlich bei Temperaturen um 250 Grad chemisch zu Perlon-Polyamid polymerisiert. In „Nudelform" wurde das heiße Polymerisat aus dem VK-Rohr abgezogen, dann in einem Wasserbad abgekühlt und anschließend zu kleinen Körnern zerschnitten (ein Millimeter), gewaschen, getrocknet und in einen Vorratsbehälter geblasen. All diese Schritte verliefen kontinuierlich. Dies war das Ausgangsprodukt für die Herstellung der Perlon-Fäden.

Im nächsten Schritt wurden diese Polyamid-Schnitzel im Extruder zu einer zähflüssigen wasserklaren Masse geschmolzen und unter hohem Druck durch die winzigen Öffnungen der Spinndüsen gepresst. Das geschah auf der Spinnbühne des Werks.

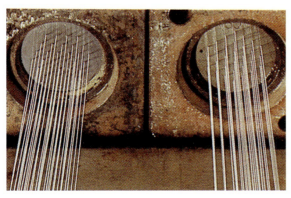

Geburt der Perlon-Fäden aus der Spinndüse

Die heiße Schmelze erstarrte im Spinnschacht und wurde im Aufwickelraum bei einer Abzugsgeschwindigkeit von über 1.000 Meter auf die Spulen gelegt. Jede Spinnmaschine hatte 192 Spinnstellen und produzierte täglich 3,5 Tonnen Perlon. Im ersten Bauabschnitt waren zwei Spinnmaschinen aufgestellt.

Extruder-Spinnmaschine. Oben befinden sich die Extruder, auf der mittleren Ebene die Spinnbühne und unten der Aufwickelraum

Die gesponnenen Polyamid-Fäden waren noch sehr dehnbar und mussten in dem anschließenden Flachbau um das Drei- bis vierfache verstreckt werden. Dabei wurden die Fäden auf sogenannte Kopse aufgewickelt. Durch das Verstrecken erhielten die Perlon-Fäden ihre bekannte hohe Festigkeit. In der sogenannten Verstreckung wurde der Perlonfaden um das Dreifache ausgestreckt und auf Kopse gespult.

Perlon-Verstreckung (SZ-Maschinen)

Ein Blick in die Perlon-Verstreckung erinnert an den Rayon-Textilbetrieb. Aber: Perlon muss nicht - wie Rayon – noch besonders gezwirnt werden.

Im weiteren Produktionsprozess folgte nur noch die Sortierung. Dies war eine letzte Prüfung, um den hohen Anforderungen der Kunden gerecht zu werden.

Die Synthese-Fabrik

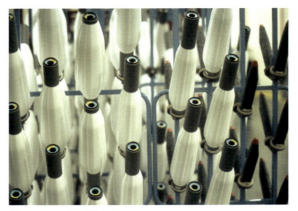

Kopse aus PERLON

Umstellung auf NYLON 66

Schon ein Jahr nach der Produktionsaufnahme war die Perlon-Fabrik wieder im Gespräch. Ende 1966 und Anfang 1967 zeichnete sich ein Umschwung im Markt ab und man stellte im Juli 1967 auf NYLON-Produktion um. Grund war der stagnierende PERLON-Absatz und eine große Nachfrage auf NYLON 66 im Markt. Es folgte die Bildung von Produktionsschwerpunkten in den einzelnen Glanzstoff-Werken. Für Kelsterbach bedeutete dies, textiles Rayon und NEVA NYLON herzustellen.

Der „Perlon-Tunnel", unter den Gleisen der Bahnstrecke Franfurt – Mainz, verband das alte Rayon-Werk mit der neuen Perlon-Fabrik

Zur Ausgangslage der Umstellung: Perlon und Nylon sind chemisch eng verwandte Faserarten aus der Familie der Polyamide. Die Polymerisation (Perlon) wurde außer Betrieb genommen, danach Nylonschnitzel vom Werk Obernburg bezogen und verarbeitet. Im Produktionsablauf und im Verfahren waren nach der Polymerisation, also Spinnen und Verstrecken, keine grundsätzlichen Veränderungen im Vergleich zur Perlon-Produktion nötig.

In der spektakulären Traglufthalle aus „Diolen" (Foto unten) wurden 1970 die Maschinenteile und Apparate für die Erweiterung untergebracht.

Synthesebetrieb mit Traglufthalle 1971

Synthese Ausbau

Aufgrund des weiteren Bedarfs an synthetischen Fäden erfolgten 1969 bis 1973 insgesamt fünf Ausbaustufen mit einer Gesamtinvestition in Höhe von 112 Millionen Mark.
Zur Erinnerung: Die Experten der Marktforschung hatten bei der stürmischen Entwicklung der Synthese-Produktionen Reyon nur geringe Überlebenschancen gegeben!

Bei einer Arbeitsbesprechung von links nach rechts: Die Herren Döring, Rieken, Scholl, Dr. Mohr, Ettinger, Dr. Buchkrämer, Dr. Riehl, Fischer stehend: Grünewald, Engel, Ewald und Recknagel

Die Situation auf dem Weltmarkt änderte sich jedoch bald. 1976 schrieb man selbst bei einer Vollauslastung rote Zahlen. Die Preise gerieten wegen Importen aus Billiglohnländern unter Druck. Ende 1976 fiel die Entscheidung des Konzerns, im Laufe des Jahres 1977 die Nylonfabrik in Kelsterbach zu schließen.

Die Synthese-Fabrik

Schließung der Synthesefabrik

Die Produktion wurde schrittweise runtergefahren. Ende Mai 1977 lief die Produktion aus. Zu diesem Zeitpunkt waren im Nylonbetrieb insgesamt 315 Mitarbeiter beschäftigt. 75 Prozent der Mitarbeiter konnten in den Rayonbetrieb umgesetzt werden. 22 schieden freiwillig sowie 27 Mitarbeiter im Rahmen eines Sozialplanes aus. Das gesamte Gelände auf der anderen Bahnseite wurde veräußert.

Die Synthesefabrik im Jahre 1970

Rückbau des Hochbaues in Juni 1978

Nach der Schließung der Synthese-Fabrik - 1977 - ist im Gewerbegebiet West das Logistikzentrum „EUROPORT" entstanden. Der Hochbau des einstigen Werks wurde komplett zurückgebaut.

Ein Teil der Gebäude wurden erhalten

Die beiden langgestreckten Gebäude der einstigen Werkserweiterung - mit den beiden Fensterreihen des Flachbaues - wurden erhalten und stehen heute noch. In ihnen befanden sich damals im unteren Stockwerk der Aufenthaltsraum für die Mitarbeiter und ein Kiosk sowie ein Selbstbedienungssystem.

Blick vom alten Kesselhaus zum EUROPORT - 1997

Lebenszyklus der Synthese-Fabrik

- 14. Oktober 1964 Beschluss des Vorstandes eine PERLON-Fabrik in Kelsterbach zu bauen.
- 28. Oktober 1964 genehmigt der Aufsichtsrat den Vorschlag des Vorstandes.
- 04. Dezember 1964 Beginn mit den Pressarbeiten des 55 Meter langen Tunnels.
- 14. Dezember 1964 Beginn der Bauarbeiten auf dem Grundstück.
- 25. Februar 1965 Tunnel zum Gelände der Perlon-Fabrik wird offiziell eröffnet.
- 18. Mai 1965 Grundsteinlegung.
- 27. Mai 1966 erstes Caprolactam wird angeliefert.
- August 1966 Polymerisation wird angefahren.
- 09. August 1966 erste Maschine wird angesponnen.
- 05. Oktober 1966 nach Inbetriebnahme der zweiten Maschine feierliche Einweihung.
- Juli 1967 Umstellung auf Nylonproduktion.
- 1969 die neue Fabrik wird erweitert. Insgesamt wurden fünf Baustufen durchgeführt und 112 Millionen Mark investiert. Damit wurde eine Kapazität von 34 Tonnen geschaffen.
- 23. November 1976 Beschluss des Vorstandes, die Synthesefabrik zu schließen. Zu diesem Zeitpunkt werden 315 Mitarbeiter beschäftigt.
- 14. Februar 1978 letzte Fertigprodukte werden zum Versand gefahren.

Die Synthese-Fabrik

Die Perlon-Fabrik nach ihrer Fertigstellung im Mai 1966 ...

... und von gleicher Stelle das Logistikzentrum „EUROPORT" im Jahr 2006 aufgenommen

Die Belegschaft: Wir von Glanzstoff

Was waren das für Menschen, die bei Glanzstoff und später Enka oft jahrzehntelang ein und aus gingen, dort einen großen Teil ihres Lebens verbrachten? Das wollen wir mit dem Kapitel „Wir von Glanzstoff" erhellen - und versuchen dazu dem Werk anhand einiger Mitarbeiter ein Gesicht zu geben. Denn letztlich lebt und funktioniert ein Betrieb nur mit einer Belegschaft – somit vielen Einzelpersonen – die sich dafür einsetzt und damit identifiziert. Im Falle von Glanzstoff und später Enka konnten das die Beschäftigten vor allem auch in der Gewissheit tun, einen guten und sicheren Arbeitsplatz, somit ein vernünftiges Ein- und Auskommen für sich und ihre Familien zu haben. Etwas, was heute, im 21. Jahrhundert, keineswegs mehr selbstverständlich ist.

Beispielhaft für all dies soll eingangs eine Anzeigenkampagne der Glanzstoff in den 1960er Jahren stehen, als mit dem Foto und Name des damaligen Personalchefs Gunter Vogt neue Mitarbeiter geworben wurden. Beziehungsreicher Titel „Ein Arbeitsplatz bei Glanzstoff eine lohnende Sache".

Anzeigenkampagne

Gezielt wurden für das damals rund 1600 Mitarbeiter umfassende Kelsterbacher Werk gute und zuverlässige Leute gesucht.

In der Nachkriegszeit warb man so um neue Mitarbeiter

Das war jahrzehntelang der Status quo: Jeden Tag passierten hunderte von Menschen das Werkstor – unter anderem am Tor 1 in der Rüsselsheimer Straße. Die Pförtnerloge lag zunächst auf der westlichen, später der östlichen Seite.

Tor 1 an der Rüsselsheimer Straße

Der Wandel in der Belegschaft, ihrer Zusammensetzung, Eigenheiten und besonders ihrer beruflichen Zielrichtung war – über Jahrzehnte hinweg gesehen – enorm. Dies spiegelt letztlich die rasante Entwicklung des Industriezeit-

Die Belegschaft

alters und den Wandel herkömmlicher Berufsbilder aus der Zeit des Handwerks in eine arbeitsteilige Gesellschaft mit wachsender Differenzierung der Tätigkeiten wider. In der neuen Arbeitswelt der Industrie war das notwendig, um alles zum Laufen zu bringen und in Gang zu halten wie ein großes, wohl aufeinander abgestimmtes Räderwerk.

So zeigt beispielsweise ein altes Foto aus dem Glanzstoff-Archiv von 1902 eine Gruppe von Handwerkern aus der Waggonfabrik, noch mit offensichtlich stark ausgeprägtem, fast familiär zu nennendem Wir-Gefühl in einer für den einzelnen zu überschauenden Arbeitswelt.
Eine Szene mit den Handwerkern der Dreherei, als man sekundenlang für den Fotografen still hielt.

Eine Gruppenaufnahme aus dem Jahre 1902. Dreher der ehemaligen Süddeutschen Waggonfabrik. Großteil der Männer hat später am Seidenfaden maßgeblich mitgewirkt. Namen wie August Draisbach, Philipp Börner, Jakob Engisch, Phil. Kunst, Georg Mohr, Hermann Müller und Johann Treutel

Wenig später jedoch war der Wandel vom Handwerker zur Industriearbeiterschaft schon deutlich – auch bei Glanzstoff in Kelsterbach. Eine neue Epoche der Arbeitswelt brach an, mit immer stärkerer Spezialisierung in verschiedenste Berufssparten, um einen komplizierten Maschinenpark zu bedienen und hochwertige Produkte für den Massenmarkt herzustellen.

Stolz und selbstbewusst war diese neue Arbeiterschaft in einer faszinierenden Technikwelt, aber auch mit neuen sozialen Konflikten.

Jubiläum 1962 in der technischen Abteilung. Von links: H. Fischlin, Hans Becker, Wilhelm Eichel, Ernst Handschuh, Ernst Freese, H. Rottert, Georg Treutel, Josef (Seppel) Bilzer, Heinz Plum, Philipp Seng, Ludwig Rostan, Cleto Zampieri (sein Vater kam 1904 als italienischer Gastarbeiter in die neueröffnete Kunstseidenfabrik), Willi Gabler, Philipp Noll - sitzend: Wilhelm Reviol, Philipp Korn

Zu den tiefgreifenden Veränderungen im Kelsterbach des beginnenden 20. Jahrhunderts trugen aber auch viele „Neuankömmlinge" bei, beispielsweise die so genannte Spreitenbach-Gruppe im Jahr 1904, die nach der Ausbildung in der Schweiz zur Einrichtung des Werks an den Untermain gekommen sind.

Früh gab es darüber hinaus Gastarbeiter oder Migranten, wie man jeweils zeitweilig sagte und sagt. Daran erinnert aus dem Firmenarchiv das Foto mit den Gebrüdern Martini aus Italien, die 1904 an den Untermain kamen.

Gebrüder Martini mit Familie 1904

Diese Entwicklung setzte sich später deutlich mit vielen Nationalitäten fort. Manche allerdings kamen nicht freiwillig, wie etwa russische Fremdarbeiterinnen während des Zweiten Weltkriegs. Sie sollen hier aber, so berichten Zeitzeugen, vergleichsweise human behandelt worden sein.

Die Belegschaft

Fremdarbeiterinnen in der Nähe der Unterkünfte im westlichen Teil des Werkes

Auch wenn Handwerkertradition im Laufe der Jahrzehnte immer mehr von der industriellen Arbeitswelt abgelöst wurde, die Identifikation der Menschen mit „ihrem" Unternehmen – „ihrer Glanzstoff" – blieb. Es war schon etwas, bei dieser Firma beschäftigt zu sein. Das vermittelte soziale Sicherheit und gesichertes Einkommen für einen selbst und die Familien. Manchmal wurde dieses zur Firma stehen wie etwa bei einem Sicherheitswettbewerb mit einer zusätzlichen Prämie belohnt, die dann beispielsweise Werksleiter Dr. Kleekamm überreichte.

Nach der positiven Sicherheitsüberprüfung am Arbeitsplatz überreicht Werksleiter Dr. Fritz Kleekamm die Prämie von DM 50,-- an Achmet Chalil/Conerei. Mit dabei Peter Härtl, Emilios Vertzagias und Ali Yesil vom Betriebsrat

Zum besonderen Flair des jahrzehntelang größten Arbeitsgebers am Ort gehörten auch immer wieder durchgeführte „Tage der offenen Tür". Solch demonstratives Öffnen des Werkstors für alle stand ebenfalls für das Selbstverständnis und Engagement der Glanzstoff. Dann schauten nicht zuletzt die Familien dort vorbei, wo Mama oder Papa arbeiteten und mancher Heranwachsende gewann so bleibende Eindrücke für das eigene spätere Berufsleben.

Eine Besuchergruppe wird über den Produktionsablauf in der Zwirnerei informiert

Informationen und Sachlichkeit standen bei allen Gesprächen und Führungen im Mittelpunkt.

Hoher Besuch beim Tag der offenen Tür im Jahre 1996. Werksleiter Walter Herz (links) begrüßt Gäste wie Bürgermeister Erhard Engisch, Pfarrer Fedler-Raupp, Stadträtin Karin Domin, Amtsrat Karl-Heinz Wagner, Stadtrat Kurt Linnert und Pfarrer Herbert Köhl

Eine gute Adresse zum Informieren war das Kelsterbacher Werk übrigens auch für Besuche hochkarätiger Vertreter der Konzernspitze, wenn beispielsweise Peter Wack vom Acordis-Vorstand und eine Delegation von Werksleiter Walter Herz durch den Betrieb geführt wurden.

Werksführung (v. l.) Walter Herz, Dr. Gimpel, Peter Wack und Dr. Erwin Muth 1996 im Textilbetrieb

Die Belegschaft

Oder der Bundesforschungsminister Dr. Heinz Riesenhuber besuchte 1993 das Akzo-Werk. Sehr präzise fragte Riesenhuber, selbst promovierter Chemiker, nach den Prozessen und ließ sich den Ablauf der Produktion zeigen.

Dr. Riesenhuber beim Rundgang in der Messwarte der Viskose

Somit waren es eben über Jahrzehnte hinweg nicht nur die Produkte, sondern vor allem auch die Menschen, die Belegschaft, die das Bild von Glanzstoff und Enka in der breiten Öffentlichkeit prägten.

Auf dem Kettwirkstuhl wurden Probenstücke für die färberische Prüfung gewirkt. Hier Herr Rotter bei der Arbeit

Dazu zählten beispielsweise im Textil-Technikum Männer und Frauen mit Fingerspitzengefühl für die sensiblen Produkte oder fachkundige Frauen wie in der Qualitätskontrolle oder früher in der wichtigen Strangsäuberei.

Strangsäuberei

Frau Seibert am „Titergleichmäßigkeitsprüfer" im Textillabor. Sie kennt alle Prüfarbeiten im Textillabor

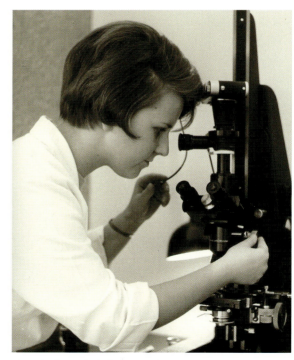

Geschulter Blick für Details. Frau Eigenbrodt beherrschte die Möglichkeiten des Mikroskops. Gute Augen, geschickte Hände und viel Erfahrung braucht man hier

Glanzstoff glänzt nicht mehr

Die Belegschaft

Unvergessen sind noch viele Namen, um deren Inhaber sich oft schon zu Lebzeiten Geschichten und Geschichtchen rankten. Erinnern wir uns an Respektspersonen wie an die Obermeister Jakob Vollhardt (Hauptwerkstatt) und Hans Dreilich (Viskose). Im alltäglichen Arbeitseinsatz in der Fabrik wirkten Männer wie Günter Ortmann, der manchen auch durch den evangelischen Posaunenchor bekannt ist, oder Hans Wachendörfer in der Schreinerei oder Herbert Knappe und Albert Kleemann mit. Lange Jahre war Dr. Erwin Muth Leiter des Rayonbetriebes und Dr. Werner Klostermeier Leiter des Qualitätsmanagements.

Jakob Vollhardt

Dr. Erwin Muth

Albert Kleemann und Herbert Knappe

Hans Dreilich

Günter Ortmann

Hassan Uslu

Dr. Werner Klostermeier

Hans Wachendörfer

Wilhelm Bomarius

Walter Scholl und Günther Weiß

Hassan Uslu war für die Grünanlagen im Werk bis zur Schließung zuständig und Wilhelm Bomarius in den 50er Jahren als Vorarbeiter der Hofkolonne tätig.

Über Jahre waren im Werk tätig beispielsweise Walter Scholl, zuletzt als Obermeister der Spinnerei oder Günther Weiß als Leiter der Produktionsüberwachung.

Glanzstoff glänzt nicht mehr

Die Belegschaft

Zu den weit über den Werkszaun hinaus bekanntesten Werksangehörigen zählte Alfred Kunst, ein Qualitätsbegriff im Kelsterbacher Kulturleben und langjähriger Leiter des Gesangsensembles „Die Mainspatzen". Einer seiner Vorfahren, Philipp Kunst, war schon bei der Waggonfabrik beschäftigt und auch anschließend bei der „Kunstseide" bzw. „Glanzstoff".

Alfred Kunst

Zu den bekannten Mitarbeitern gehörte auch Bleilöter Hermann Vonhof.

Hermann Vonhof

Selbstbewusste Frauen arbeiteten im Werk, ob in der Produktion, in den Labors, in der Sanitätsstation oder in der Verwaltung.

Selbstbewusst im Vorzimmer des Personalchefs – Chefsekretärin Erika Weichwald

oder in der Sozialabteilung Frau Lugauer und Frau Stolle am PC

oder die Frauen aus dem Textilbetrieb – hier bei der Mittagspause

Als Hahn im Korb fühlte sich wohl Lothar Heppner zwischen der damalige Chefsekretärin Anni Otto („Technisch Anni") und Jutta Lugauer.

Viele bekannte Gesichter von links: Erika Weichwald, Christa Rausch, Jeannette Dornbusch und Helga Gesswein

Die Belegschaft

Ob Schwester Christa beim Werksarzt ...

... oder Christine Thorn im Rechnungswesen ...

... oder in der Sortierung ...

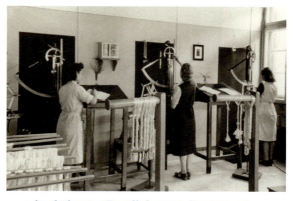

... oder früher im Textillabor mit Strangware ...

oder in der Sozialabteilung Frau Gerlach

Ein fröhliches Sextett bei einer Wiedersehensfeier 1999. Von links: Greta Schmitt, Anni Laun, Else Hegel, Rosel Reichert, Helene Wagner und Lotti Spengler

Viele Frauen und Männer, die bei Glanzstoff und Enka arbeiteten, wirkten über das Werksgelände hinaus und waren beispielsweise feste Faktoren – mit unterschiedlicher politischer

Die Belegschaft

Couleur – in der Kommunalpolitik und auch sonst im örtlichen Geschehen.

Dafür stand zum einen der Sozialdemokrat Günther Niessner als Stadtverordnetenvorsteher – und damit als Parlamentschef ein Begriff.

Stadtverordnetenvorsteher Günter Niessner (rechts) 1997 bei der Vereidigung von Erhard Engisch

Beliebt und bekannt war auch der Christdemokrat Hermann Steinbrech, viele Jahre der Oppositionsführer am Ort.

Hermann Steinbrech (links) mit Innenminister Gottfried Milde bei der Verleihung des Bundesverdienstkreuzes am Bande im Jahre 2002

Ludwig Börner war nicht nur Enka-Betriebsratsmitglied, sondern als engagierter Gewerkschafter zeitweilig auch Vorsitzender des DGB-Ortskartells Kelsterbach

Christdemokrat Karl Laun zeigte sich immer wieder in der Heimatgeschichte als Mann des Volksbildungswerks sehr versiert

Ali Yesil mag beispielhaft für die vielen ausländischen Enka-Kelsterbacher genannt sein: Mitglied des Betriebsrats, am Untermain heimisch geworden, hier vielfältig engagiert und geschätzt

Ein Mann, der ganz besonders mit und für „seinen" Betrieb lebte, das war der letzte Werksleiter Walter Herz. Bis zum Schluss hatte er gehofft, das Kelsterbacher Werk werde überleben. Leider war dem nicht so und vielleicht hatte Walter Herz darunter mit am meist gelitten. Ein Mann mit Herz, so hatte einst Altbürgermeister Fritz Treutel den inzwischen ebenfalls Verstorbenen letzten Mann an der Spitze des Werks trefflich charakterisierend gelobt. Walter Herz starb 2. Oktober 2002.

Walter Herz mit dem damaligen Bürgermeister Fritz Treutel

Viele Verbindungen und Freundschaften aus und in dem Werk hielten ein Leben lang, wozu wir an das Senioren-Treffen 1999 fröhlicher ehemaliger Glanzstoffler erinnern.

Die Belegschaft

Treffen der Ehemaligen

Stolz war man bei Arbeitsjubiläen, wenn etwa die 25-jährige und längere Werkszugehörigkeit gefeiert und ein Glas getrunken wurde.

25jähriges Betriebsjubiläum von Willi Fischer 1956 in der technischen Abteilung

40jähriges Jubiläum der Meisterin Kuckta

Jubiläum von Herrn Motsch, Chemielabor

Jubiläum von Andreas Born in der Werkstatt

Denn da war eben nicht nur die anstrengende Arbeit im Produktionsalltag, sondern gab es auch die kleinen und doch so wichtigen schönen Szenen und Freuden am Rande des großen Geschehens.

Man traf sich auch mal zu einer kleinen Geburtstagsfeier, wie auf dem nächsten Bild.

Ein lustiges Quartett, die Herren Edelmann, Stuckert, Platz und Vonhof

Das wirkte bis in die Freizeit in einem überschaubaren Gemeinwesen wie Kelsterbach nach, das sich gern selbstbewusst „Perle am Untermain" nennt und eine hohe Vereinsdichte sein eigen nennt.

Treffen nach Feierabend in der „Spinnstubb"

Glanzstoff glänzt nicht mehr

Die Belegschaft

Bitte lächeln - das Verwaltungsteam

Manchmal ging es jedoch auch auf dem Werksgelände selbst recht lustig zu, wenn beispielsweise an Feierabend eine Kapelle zu Tanz und geselligem Beisammensein aufspielte.

Obermeister Jakob Vollhardt schwingt das Tanzbein

Recht turbulent und nicht stur geschäftsmäßig war es auch, wenn es nach bekanntem Kelsterbacher Motto hieß: Die Kerb is do. Dann zogen Kerweborsche durchs Werk und die Firma feierte mit...

In der Werkskantine wurde man gut verpflegt. Im Hintergrund der Glanzstoff-Küchenchef Alois Znamenany

Ähnlich war es an Fastnacht, wenn es sogar in der Produktion oder in den Werkstätten ein wenig närrisch zuging und mancher im Kostüm erschien.

Glanzstoff glänzt nicht mehr

Die Belegschaft

So in der Zwirnerei oder ...

... an der Drehbank

Man traf sich auch nach Feierabend im Schwimmbad oder auf dem Tennisplatz, wie hier Gerhard Thutewohl mit Tochter Lena.

Gerhard Thutewohl mit Tochter Lena

Freilich, es gab auch ernste Anlässe wie Kranzniederlegungen, mit denen der im Krieg ums Leben gekommenen Werksangehörigen gedacht wurde.

Kranzniederlegung des Vorstandes am Gedenkstein für die Toten bei der 50-Jahrfeier des Werkes.

Der Gedenkstein fand nach der Schließung einen Platz auf dem Kelsterbacher Friedhof

Ein wichtiges Markenzeichen des Betriebs war bis zuletzt gute Kommunikation. 1991 wurde mit der Führungsmannschaft ein sogenannter KKK-Tag (Kelsterbach kreativ & kommunikativ) gestaltet, um positive Erlebnisse weiter zu geben und über den Tag hinaus eine kreative Atmosphäre zu erhalten.

Vorbereitung zum KKK-Tag mit Seminarleiterin Antje Lingemann (rechts). Von links: Dr. Michael C. de Frênes, Gerhard Thutewohl, Walter Herz, Dr. Werner Klostermeier, Dr. Erwin Muth, Fedor von Sichart

Glanzstoff glänzt nicht mehr

Die Belegschaft

Informationen gab es darüber hinaus auch bei den Betriebsversammlungen

1949 in der alten Kantine

1958 Herbert Heckmann am Rednerpult

Ein Blick in die Betriebsversammlung

Männer mit Bärten

Offenheit und Gesprächsbereitschaft herrschten, wenn etwa beim Pensionärs Treffen 1990 bei nebeneinander Sitzenden unterschiedliche politische Welten aufeinander prallten – dennoch wurde der menschliche Kontakt untereinander gehalten.

Alfred Wiegand im Gespräch Josef (Seppel) Safran

Heinrich Beckmann und Ludwig Börner schwelgen in der Vergangenheit

Der ehemalige Leiter des Rayonbetriebes Dr. Erwin Muth im Gespräch mit dem Leiter Ingenieurstechnik Thomas Bürkel

1999 fand die letzte Pensionärsfeier statt

Glanzstoff glänzt nicht mehr

Die Belegschaft

Ob der Arbeitsplatz in der Verwaltung, im Konstruktionsbüro, in der Bauabteilung oder in der Produktion war, er galt als gleich wichtig.

Unterweisung im Textilbetrieb

Die Mitarbeiter der technischen Arbeitsvorbereitung: Heinrich Treutel, Karl Treutel, Walter Michel, Heinz Hölbl und Ludwig Hardt.

Stolz präsentierte sich in der Spinnerei die Absteckkolonne dem Fotografen

Der Leiter des Werkschutzes, Philipp Breser, bei einer Besprechung mit seiner Mannschaft

Konstrukteure Herbert Christmann und Kurt Otto bei der Arbeit

Willi Börner beim Messen in einer Baugrube

Kalkulationsunterlagen der Arbeitsvorbereiter

Wie in vielen anderen Industriebranchen vollzog sich auch bei der Produktion im Kelsterbacher Werk der Wandel von der einst oft den Arbeitsalltag bestimmenden schweren Handarbeit zur Automatisierung. Beispielsweise brachten bis 1966 zwei Mitarbeiter pro Schicht 16 Tonnen zur Hochstrecke. Abgelöst wurde das durch Automatisierung und Modernisierung mit neuem Beladegerät.

Glanzstoff glänzt nicht mehr

Die Belegschaft

Handarbeit

Nach getaner Arbeit kam die wohlverdiente Pause …

… am Sozialgebäude …

… bei einem Gespräch …

… oder bei einer Zigarette

Manch früherer Mitarbeiter besuchte nach der Schließung seinen ehemaligen Arbeitsplatz. An den Gesichtern konnte man ablesen was die Einzelnen empfanden, wenn sie das Chaos sahen, das sie vorfanden.

Inzwischen ist alles verschwunden. Nur die Erinnerung bleibt an die Arbeitsplätze und an die ehemalige Belegschaft, die wir hier in Beispielen vorstellten.

Robert Mehrwald (ehemaliger Leiter Bauabteilung) mit Alfred Wiegand im Jahr 2006 auf dem Dach des Versandes

Helmut Stamm 2008 im Chemielabor

Chemielabor 1954 mit Helmut Stamm (links) bei einer Analyse

Glanzstoff glänzt nicht mehr

Die Belegschaft

Emil Hardt, Meister im Energiebetrieb, 2008 in der Messwarte. Ungebetene Besucher haben ein Chaos hinterlassen

So sah es in der Messwarte des Energiebetriebes 1998 beim Probelauf des Standartkessels 1 aus

Ehemalige Mitarbeiter, bei einem Treffen im Jahr 2009, auf dem Werksgelände

Herbert Knappe mit Spinndüsen am Tresor in der Düsenstation

Die wertvollen Düsen sind 2008 nicht mehr im Tresor

Glanzstoff glänzt nicht mehr

Die Belegschaft

Kelsterbacher Gruppe beim fünfzigjährigen Glanzstoff Jubiläum am 20. September 1949 im Werk Oberbruch

Unsere Kelsterbacher Werksabordnung auf dem Weg am 17. August 1964 nach Wuppertal-Elberfeld zur Feier des 25. Jubiläums von Herrn Dr. Abs und Herrn Dr. Vits. Anschließend war man Gast der Jubilare auf Burg Hohenscheid bei Solingen

„Gastarbeiter"

Ende der 1950er Jahre herrschte eine schwierige Lage auf dem Arbeitsmarkt: Es gab kaum noch Arbeitssuchende in der Bundesrepublik. So war man damals froh, nachdem die Bundesrepublik ein Anwerbeabkommen mit Italien im Dezember 1955, mit Griechenland und Spanien im März 1960 und mit der Türkei 1961 geschlossen hatte, dass man für das Kelsterbacher Glanzstoffwerk ausländische Arbeitskräfte gewinnen konnte. Das Abkommen mit Portugal datiert von 1964. Der Aufenthalt der neuen Arbeitskräfte in Deutschland war allerdings zeitlich befristet.

Italienische Mannschaft für die Spinnerei, im Jahr 1962, mit Dolmetscher Dr. Tuinetti

Das war damals und vor allem in diesem Ausmaß etwas Neues für die Kelsterbacher: Um hier zu arbeiten, reisten aus dem sonnigen Süden „Gastarbeiter" an. Der Begriff freilich war geschönt. Denn diese Menschen trieb ja nicht Urlaubssehnsucht oder Abenteuerlust in die Ferne, sondern der Mangel an Arbeitsplätzen und die Armut in ihren Heimatsländern. Viele wollten nur ein paar Jahre bleiben und dann wieder in ihre Heimat zurückkehren. Damals ahnte niemand oder wollte es auch nicht, dass daraus für viele ein dauerhafter Aufenthalt in Deutschland wurde. Viele Familien kamen nach und blieben.

Zwei junge Frauen aus Griechenland werden angelernt

Als die ersten ausländischen Arbeitskräfte kamen, hatte die Firma Schwierigkeiten mit der Wohnraumbeschaffung. Zunächst war es möglich, möblierte Privatzimmer in Kelsterbach oder in der Umgebung anzumieten. Allerdings versiegte diese Quelle schnell und man suchte nach anderen Möglichkeiten.

Im Werk hatte man die Errichtung von Gemeinschaftsunterkünften in Angriff genommen, um weitere Mitarbeiter unterzubringen. Diese entstanden in der Nähe der Lehrwerkstatt. In der Werkzeitung von 1960 stand:

"Nun hat jeder dort wohnende Ausländer wenigstens sein eigenes Bett, seinen eigenen Schrank und kann die freie Zeit mit seinen Landsleuten verleben. .... Aber die Schwierigkeiten, im fremden Land mit fremder Sprache sein täglich Brot zu verdienen müssen, werden gemildert, wenn man einigermaßen untergebracht ist."

Tisch und Bett

„Gastarbeiter"

Über die sprachlichen Schwierigkeiten hinaus war auch das Einleben in den Betrieb für alle Beteiligten nicht ganz einfach. Obwohl viele Ausländer es schnell gelernt hatten, sich ohne fremde Hilfe in den wesentlichen Dingen verständlich zu machen. Auch hatte das Werk zur besseren Verständigung Sprachkurse eingerichtet. Für den Betrieb bedeutete der Einsatz ausländischer Mitarbeiter eine fühlbare Entlastung und half dem Werk, seine Existenz zu sichern.

Drei Griechen in ihrem Zimmer. Jede Schlafstelle war mit einem Bett, Matratze, Kopfkissen und einer daunenartigen Decke ausgestattet. Jeder verfügte über einen zweiteiligen Schrank und einen Nachttisch. Gemeinsam wurden Dusch- und Waschräume sowie die Küche benutzt

Mit neuen Mitarbeitern für die Produktion sowie die Beschaffung einer Schlafstelle für diese, glaubte man wohl, alle Probleme gelöst zu haben. Man sah in ihnen Gastarbeiter, die nach einer gewissen Zeit wieder in ihre Heimat zurückkehrten. Man hat lange nicht erkannt, dass eine wirksame Integrationspolitik nottat.

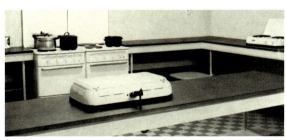

Die geräumigen Küchen hatten nach Schichtende ihre großen Stunden. Pfanne neben Pfanne brutzelte die heimatliche Kost

Im Produktionsbereich wurden um 1960 ca. 13 Prozent Ausländer aus acht Nationen beschäftigt. 1963 konnte man schon den 500. ausländischen Mitarbeiter begrüßen. Zahlenmäßig standen damals die Griechen an erster Stelle, dann die Italiener und hiernach die Spanier. Etwa 30 Mitarbeiter gehörten verschiedenen Nationen von Norwegen bis Pakistan an. Schon 1962 musste das Wohnheim erweitert werden. Zuerst war es nur eine Unterkunft der griechischen Mitarbeiter. Dann wurden verschiedene Nationen unter einem Dach beherbergt. Es gab ein Mit- und Nebeneinander von Griechen, Italienern und Spaniern.

Das Werk hatte 1966 ein weiteres Ausländerwohnheim in der Rüsselsheimer Straße 155 - 157 fertig gestellt. Es enthielt Einzelzimmer und Wohnungen für ausländische Mitarbeiter mit ihren Familien

Ein Klein-Europa entstand so mitten in Kelsterbach. Als nächster Schritt wurde dann die Errichtung eines größeren Wohnheimes geplant, in dem deutsche und ausländische Mitarbeiter Unterkunft erhalten sollten. Man beschäftigte sich mit der Frage, was werden solle, wenn die im Werk beschäftigten Ausländer ihre Familien nachholen würden und sesshaft werden wollten.

„Gastarbeiter"

Zweibettzimmer

In den 60er Jahren trafen sich die italienischen und spanischen Mitarbeiter wöchentlich zu gemeinsamen Spielen im Michaelsaal der katholischen Kirchengemeinde. Dieser Raum wurde zur Verfügung gestellt, um ihnen das Leben fern der Heimat, in einem zunächst fremden Land, zu erleichtern. Manches Fest wurde dort gefeiert.

Michaelsaal der katholischen Kirchengemeinde

Anfang der 1970er Jahre hatte das Werk 152 Werkswohnungen, 612 werksgeförderte Wohnungen und 603 Bettplätze in Unterkünften. Ende des Jahrzehnts hatte das Werk 1.250 Mitarbeiter. 59 Prozent der Gesamtbelegschaft waren ausländische Mitarbeiter aus 18 Ländern der Welt. Die größten Gruppen kamen aus Griechenland, Türkei, Portugal, Italien und Spanien.

Im ehemaligen Wohnheim „Feldbergblick" wurden später verschiedene Räumlichkeiten – neben der sogenannten „Spinnstubb" – von Griechen, Portugiesen, Spaniern, Türken und West-Thraziern als Vereinsheime verwendet. In diesen Räumen waren Spiel und Spaß angesagt sowie Feste, Zusammentreffen aller Art und die berühmten Fernsehabende bei Fußballspielen.

Italienischer Familienverband

Griechisches Vereinsheim

Blick hinter die Theke

Portugiesischer Verein

Glanzstoff glänzt nicht mehr

„Gastarbeiter"

Beispielhaft, für die ersten im Werk tätigen ausländischen Mitarbeiter, sollen zwei Familien gezeigt werden:

Drei Schwestern in der Konerei
Die Geschwister Petraki stammen aus der weit entfernten griechischen Mittelmeerinsel Kreta. Wegen der hohen Arbeitslosigkeit verließen sie ihre Heimat. Über die Deutsche Kommission wurden sie zum „Glanzstoff" Werk Kelsterbach vermittelt.

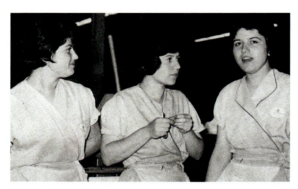

Maria, Chryssoula und Chariklia arbeiteten in der Konerei. Diese Aufnahme von 1962 stammt aus einer Werkszeitschrift

11 Mitarbeiter - eine Familie aus Italien
Aus Montario al Vomano in Mittelitalien kam 1959 Vittorio Merlini als einer der ersten Gastarbeiter nach Kelsterbach. 1962 holte er seine Familie hierher. So hat auch der Bruder seiner Frau - Pancracio Jachetti - den Wohnort nach Kelsterbach verlegt. Sein Sohn Rolando wurde der erste ausländische Betriebsschlosserlehrling im Werk. Insgesamt kamen aus dieser Familie elf Mitarbeiter.

Familie MERLINI

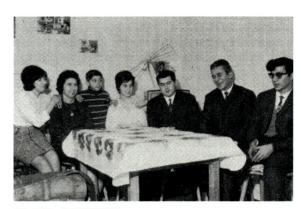

Familie JACHETTI

Inzwischen leben viele dieser Familien in der dritten Generation in Kelsterbach und fühlen sich als „alte" Kelsterbacher. Sie sind mit ihren Familien in Kelsterbach geblieben und deutsche Staatsbürger geworden.

Zwangs- und Fremdarbeiter

Der Zweite Weltkrieg beeinflusste den Betrieb und die Produktion des Werkes nicht grundlegend, brachte aber durch Zwangs- und Fremdarbeiter wieder Veränderungen mit sich. 1943 beispielsweise waren das immerhin weit über 700 Menschen. Darüber verweisen wir auf die ausgezeichnete Arbeit des Lehrers Harald Freiling zu diesem Thema. Beispielhaft schildern wir im Folgenden das Schicksal eines Ehepaars.

Blenden wir zurück: Bei Ausbruch des Zweiten Weltkrieges im Jahr 1939 war das Werk vollbeschäftigt mit etwa 2.000 Mitarbeitern. Den Betrieb hielt man während der Kriegsjahre trotz mannigfaltiger Schwierigkeiten aufrecht. Trotz aller kriegsbedingten und immer häufigeren Fliegeralarme gelang es, mit einer Belegschaft von 1.600 Arbeitern und Angestellten eine Tagesproduktion von rund zehn Tonnen aufrechtzuerhalten. Aber nur mit Fremdarbeitern konnte diese Produktionshöhe erreicht werden.

Russische Arbeitskräfte bei ihren Unterkünften im Westen des Werkes

Die Belegschaft setzte sich neben den verbliebenen Deutschen aus Franzosen, Holländern, Belgiern, Russen und Polen zusammen. Diese während des Zweiten Weltkrieges eingesetzten neuen Arbeitskräfte wurden als Ausländer, Ost- oder Westarbeiter bezeichnet. Die meisten Fremdarbeiter in Kelsterbach hatten ihre Arbeitsstelle im Glanzstoffwerk. Desweiteren wurden einige in der Landwirtschaft und in privaten Haushalten eingesetzt.

Der Hintergrund: In den besetzten Gebieten wurde um ausländische Arbeitskräfte „geworben". Man führte Kampagnen durch, um „freiwillige" Arbeitskräfte anzuwerben. Wenn dies nicht gelang, schritt man zur Zwangsverpflichtung. Die wenigsten kamen wohl relativ freiwillig. Der Arbeitskräftebedarf für die deutsche Kriegswirtschaft stieg, je länger der Krieg dauerte.

1943 waren 746 Zivilarbeiter und –arbeiterinnen sowie 21 französische Kriegsgefangene im Werk beschäftigt. Dort wurde von 1943 an Fallschirmseide hergestellt. Offiziell wurde zwischen Kriegsgefangenen und Zivilarbeitern unterschieden. Die Zivilarbeiter aus den besetzten westlichen Ländern (Frankreich, Holland, Belgien) und die aus dem Osten wurden unterschiedlich behandelt. Innerhalb der Hierarchie standen die Westarbeiter oben, gefolgt von den westlichen Kriegsgefangenen. Die Ostarbeiter und die sowjetischen Kriegsgefangenen rangierten am Ende der Skala. Die Ostarbeiter und -arbeiterinnen waren durch ein aufgenähtes Abzeichen „OST" zu erkennen.

Das an den Kleidern aufgenähte Logo „Ost" ist auf Fotos aus jenen Jahren gut zu erkennen

Im Gleichschritt und unter Bewachung kamen die Ostarbeiterinnen vom Essen

Zwangs- und Fremdarbeiter

So mussten auch während der Arbeit Jüdinnen am linken Arm eine rote und Polinnen eine schwarze Armbinde tragen, um sie eindeutig von Gefolgschaftsmitgliedern unterscheiden zu können. Dies stand in einem Bericht der Zwirnerei vom 19.8.1940.

Die Aufnahmen wirken teilweise wie gestellt. Inwieweit sie der Realität entsprechen, das ist heute nicht mehr zu verifizieren.

1944 Schlafraum für russische Frauen. Er wurde nach dem Krieg mit Heimatvertriebenen belegt

Auch eine Säuglingsstation gab es demnach auf dem Werksgelände.

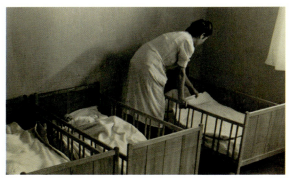

1944 Säuglingsstation mit Frau Barbara

Schwangere Arbeitskräfte mussten dem „Rasse- und Siedlungshauptamt" (RuS) gemeldet werden. In der schon erwähnten Schülerarbeit mit dem Lehrer Harald Freiling wurde ein Schreiben des RuS-Führers an die Ärztekammer von Hessen-Nassau vom 24. Mai 1944 zitiert:
„*Es besteht ein Interesse daran, dass von der Möglichkeit der Schwangerschaftsunterbrechung bei Ostarbeiterinnen weitgehendst Gebrauch gemacht wird. Ebenso besteht aber auch ein Interesse daran, dass möglichst aller Nachwuchs, der für das deutsche Volk voraussichtlich von Wert sein werde, erhalten und entsprechend behandelt wird.*"

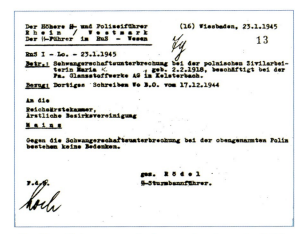

Ob diese Schwangerschaftsunterbrechung im Hilfskrankenhaus des Durchgangslagers für Ostarbeiter in Kelsterbach (heutiges Gewerbegebiet Am Taubengrund) durchgeführt wurde, ist nicht bekannt.

Aber auch die Polinnen und Ostarbeiterinnen, denen die Nazis es erlaubten, wegen ihrer guten rassischen Eigenschaften das Kind auszutragen, hatten kein leichtes Schicksal. Die Nazis betrachteten diese Kinder als Quelle für neuen Zuwachs für das deutsche Volkstum. (Schülerarbeit)

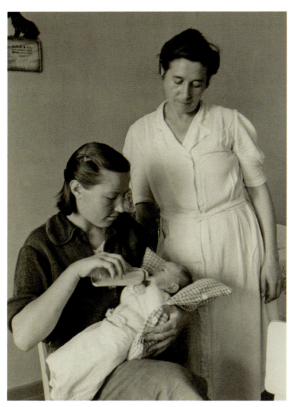

Russische Frau mit Kind und Frau Barbara

Wir konnten nicht in Erfahrung bringen, was mit diesen Kindern passiert ist. Ob sie z.B. einer deutschen Familie übergeben werden sollten, um dort deutsch erzogen zu werden.

Glanzstoff glänzt nicht mehr

Zwangs- und Fremdarbeiter

Russinnen in der Nähstube

1944 Die erstellten Unterkünfte für die Ostarbeiterinnen

West- und Ostarbeiter

Im Glanzstoffwerk waren von 1939 bis 1945 insgesamt 1673 ausländische Arbeiterinnen und Arbeiter eingesetzt. Als größter Arbeitgeber im Ort war das Werk auch der wichtigste Einsatzort für Kriegsgefangene und Fremdarbeiter während dieser Zeit. Deutsche und ausländische Beschäftigte arbeiteten in einer Schicht in einem „Zweier-System" und hatten damit auch die gleiche Arbeitszeit. Das Verhältnis untereinander soll gut und ohne Vorurteile gewesen sein. Die Entlohnung war demnach gleich, allerdings gab es bei den Fremdarbeitern verschiedene Abzüge.

Die Zwangsarbeiter aus den Ostländern wurden im westlichen Teil des Werkes untergebracht. Das Gebäude wurde 1928 als Werkstatt errichtet. 1939 baute man eine Gemeinschaftsunterkunft für 50 Gefolgsleute der Nazis an. Auf einer bestehenden Unterkellerung, wurde 1942 eine Gemeinschaftsunterkunft für Ostarbeiter aufgebaut. 1946 waren dann Heimatvertriebene in diesen Räumlichkeiten untergebracht. 1962 erfolgte die Erweiterung der bestehenden Gemeinschaftsunterkunft für ausländische Arbeitskräfte

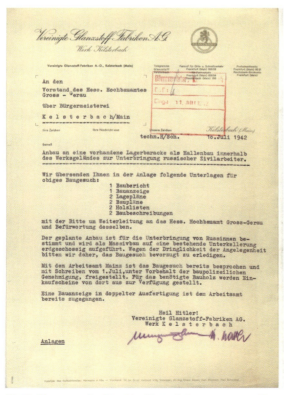

1942 Baugesuch für die Unterbringung von Russinnen auf eine bestehende Unterkellerung innerhalb des Werkes

Holzbaracke (l) neben der damaligen Cerini (Gebäude R) für die Unterbringung von Zwangsarbeitern und später von Heimatvertriebenen

Die Westarbeiter waren in Höhe des Versandes, auf den ehemaligen Grünanlagen, untergebracht. Dort standen Holz-Baracken, in denen sich Schlafsäle und Aufenthaltsräume befanden.

Zwangs- und Fremdarbeiter

Werkstraße mit Wohnbaracken (rechts) für Fremd- und Zwangsarbeiter

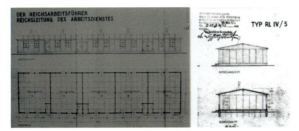

Bauzeichnung von Baracken für Fremd- und Zwangsarbeiter

Im Bericht der technischen Abteilung ist im August 1943 zu lesen:
„*01.08.1943: Baracke Nr. 5, Lager 1, ist fertiggestellt und wird am 13.8.1943 durch Holländer bezogen, Platz für 110 Personen.*"

1944 Unterkünfte für die Westarbeiter (Belgier, Holländer, Flamen, Franzosen)

Stellvertretend für das Schicksal dieser Menschen soll ein Ehepaar erwähnt werden, das aus unterschiedlichen Ländern zur Arbeit ins Werk am Untermain kam. Hier lernten sich die beiden kennen und lieben, schlossen den Bund fürs Leben. 1941 wurde Arnold Sterk aus Holland, seine spätere Frau Anja Plaksina - geboren in Smolensk (Weißrussland) - nach Kelsterbach gebracht. Sie sprach übrigens sehr gut deutsch.

Eintrittsbuch des Glanzstoffwerkes Kelsterbach: Arnold Sterk 11.12.1941

Holländer vor ihren Wohnbaracken

Anja Plaksina war im westlichen Teil des Werkes mit anderen Frauen und Arnold Sterk, geb. in Culemborg (Niederlande), war im östlichen Teil des Werkes in einer Wohnbaracke untergebracht.

Ostarbeiterinnen 1944 vor der Gemeinschaftsunterkunft im westlichen Teil des Werkes, Anja Plaksina 4.v.r.

Zwangs- und Fremdarbeiter

Dieses Ehepaar stand im Jahr 2000 überraschend mit ihrer Tochter Irene Bakker vor dem Tor des inzwischen geschlossenen Enka-Werkes in Kelsterbach. Hintergrund des Besuches war die Aufsuchung der ehemaligen Arbeitsplätze im Werk, die sie während des Zweiten Weltkrieges im Glanzstoffwerk als Fremdarbeiter innehatten. Sie wollten sich an Ort und Stelle noch einmal umschauen, wo sie früher gearbeitet und gelebt hatten.

Dieses Foto von Anja Plaksina wurde damals in Frankfurt aufgenommen.

Begrüßung im Jahr 2000 durch Alfred Wiegand

Anja Sterk-Plaksina und Arnold Sterk im Chemielabor im Jahr 2000

Anja Plaksina besuchte bei der Stippvisite 2000 ihren einstigen Arbeitsplatz im Chemielabor und betonte: Sie wären während dieser Zeit in Kelsterbach human und gut behandelt worden. Arnold Sterk arbeitete an verschiedenen Stellen in der Produktion.

Im Bericht des Chemielabors ist im März 1944 zu lesen:
„09.03.1944 Im chem. Labor sind in letzter Zeit 3 Ostarbeiterinnen eingesetzt, die für Ausführung der Viskose- und Spinnbadanalysen angelernt werden. Die seinerzeit eingesetzten Flamen sind wieder in den Betrieb abgegeben worden".
Eine der Ostarbeiterinnen war Anja Plaksina.

Sie erzählten, dass Fremdarbeiter grundsätzlich ihren Aufenthaltsort nicht verlassen durften. Auch der Kontakt zur deutschen Bevölkerung wurde ihnen verboten. Das ging so weit, dass sie keine öffentlichen Veranstaltungen, in Kirchen oder im Theater, in Kinos oder Gaststätten besuchen durften. Trotz der drohenden Strafen bei Zuwiderhandeln hätte man sich nicht immer daran gehalten.

Sie sprach auch von ihrer deutschen Freundin Leni S., mit der sie trotzdem freundschaftlich verbunden war. Mit ihr wäre sie oft zusammen gewesen und auch z.B. nach Frankfurt gefahren, um sich fotografieren zu lassen. Allerdings habe es deswegen Ärger gegeben.

Besuch im Kelsterbacher Stadtmuseum

Zwangs- und Fremdarbeiter

Beide besuchten auch eine Ausstellung im Stadtmuseum in Kelsterbach. Dabei wurde manche Erinnerung wieder wach.

Diese Geschichte von Anja Sterk-Plaksina und Arnold Sterk sollte und könnte vor allem auch Mahnung und Erinnerung sein, dass bei anderen Betroffenen jener unheilvollen Jahre im Schatten der menschenverachtenden braunen Barbarei alles keineswegs mit einem relativen Happy End schloss.
Die Rückkehr der ausländischen Arbeitskräfte nach Kriegsende in die Heimat begann oft mit einem Leidensweg. Nahe Angehörige waren nicht mehr da. Haus oder Wohnung waren zerstört. Dann wurden sie manchmal auch der Zusammenarbeit mit dem Feind verdächtigt und zum Teil aus ihrer Heimat verbannt.

Als Beispiel der amtliche Stand 1942:
39 Flamen, 14 Fläminnen, 33 Holländer, eine Holländerin, 55 Polinnen, 25 Litauer, 25 Litauerinnen, 63 Russen und 172 Russinnen.

```
Bestand Ausländer-Männer:
Flamen            96
Holländer         71
Franzosen         50
Litauer           12    =    229

Die Westländer sind in folgenden Arbeitseinsätzen.
Aschaffenburg      7
Gernsheim         75
Weiterstadt       98
Kassel             2
Bunker            12
im Betrieb        23
dem Arbeitsamt
z.Verfügung gest.  3
Kleinmeister       1
                 221
ferner sind:
krank
in Haft            1
geflüchtet         2    =    229

Ostländer:
Ostarbeiter       97
Polen              6    =    103

Die Ostarbeiter sind in folgendem Arbeitseinsätzen.
Flughafen         16
Reichsbahn        15
Weiterstadt       25
Lager II           5
Kleinmeister       4
Westwall           9
Kesselhaus         1
Kassel             1
RWE                2
Garage             1
im Betrieb        23
Krankenhaus        1    =    103
```

Auflistung Ausländer-Männer vom 16. März 1945

Anfang März 1945 waren noch 330 Männer und 250 Frauen als Zwangsarbeiter beschäftigt. Die Anzahl der deutschen Mitarbeiter schrumpfte auf 25 Personen.

Auch in der Werkszeitschrift wurde von früheren Besuchen ehemaliger Fremd- bzw. Zwangsarbeiter berichtet:

Unvergessenes Kelsterbach
Besuch eines ehemaligen französischen Kriegsgefangenen

Jean Huchon — mit diesem Namen verbinden noch einige unserer älteren Mitarbeiter lebhafte Erinnerungen an eine Zeit, in der alles in unserer Umgebung so ganz anders aussah als heute: Bombenangriffe, Geschütze am gegenüberliegenden Mainufer, rationierte knappe Verpflegung und zahlreiche Fremdarbeiter im Werk, ausländische Kriegsgefangene, unter ihnen auch der Franzose Jean in der Elektrowerkstatt.

Es war eine Zeit der Sorgen und Ängste — aber auch immer wieder voller Bereitschaft zu gegenseitiger Hilfe in der allgemeinen Not. Als Jean Huchon Ende 1941 mit weiteren Kriegsgefangenen in die Baracken an der Rüsselsheimer Straße gegenüber dem Werk einzog, reichte die Werksverpflegung zunächst nicht aus. Am nächsten Tag schon wurde er von den deutschen Arbeitskollegen mit Weihnachtskuchen und Plätzchen versorgt. Positive Eindrücke dieser Art reihten sich aneinander und ließen in Monsieur Huchon den Wunsch lebendig werden, einmal in Friedenszeiten in unser Werk zurückzukehren, diesmal mit seiner Frau.

So gab es vor kurzem nach mehr als zwanzig Jahren ein freudiges Wiedersehen mit den alten Kollegen aus der Werkstatt, allen voran Adolf Lock und Lorenz Lock. Viele gemeinsame Erlebnisse wurden ausgegraben. Besonders herzlich gelacht wurde über die lange Wurst, die Jean unserem damaligen Kantinenchef mit viel List und Tücke aus dem Kühlhaus entwenden konnte — zur Freude seiner davon mitprofitierenden Kollegen.

Für uns war es eine erfreuliche Erfahrung, daß unser Werk über so lange Zeit und über damals trennende Landesgrenzen hinweg in Frankreich in so guter Erinnerung geblieben ist.

gs

Werkzeitung „Wir vom Glanzstoff" Nr.: 4, 1964

Zwei Franzosen besuchten das Werk

Meister Stuckert war nicht wenig überrascht, als ihm im Juli 1971 André Carré nach 26 Jahren wieder gegenüberstand. Erst als er den Werksausweis aus dem Jahre 1941 hervorholte, erkannte er den jungen Mann aus Pringny, der von 1941 bis 1945 als französischer Kriegsgefangener im Werk eingesetzt war. Er wurde als Jungschmied und Elektroschweißer ausgebildet. Gearbeitet habe er beim Bunkerbau am Ufer des Mains, unterhalb der „Hohen Häuser". Er erinnere sich gern an die Glanzstoff-Zeit, war sie doch nach dem Lageraufenthalt mit einer gewissen Bewegungsfreiheit verbunden. Mit ihm kam Jean Demay, der während seiner Kriegsgefangenschaft bei einem Landwirt in Kelsterbach arbeitete.

Zwei belgische Ehepaare

Schon 1950 besuchten zwei belgische Ehepaare aus Antwerpen, die als Zwangsarbeiter im Werk arbeiteten, ihren alten Standort während des Krieges. Sowohl die Männer als auch die Frauen waren in der Zeit von 1940 bis 1945 im Werk beschäftigt. Einer in der Spinnerei, einer in der Saugwäsche und die beiden Frauen im Textilbetrieb. Sie wollten Kelsterbach, die alte Arbeitsstätte, ihre früheren Arbeitskollegen und Ihren alten Patron Dr. Mengeringhausen wiedersehen.

Ausländische Arbeitskräfte im Glanzstoffwerk	21.09.1942	01.04.1943
Französische Kriegsgefangene		21
Holländer, männlich	33	108
Holländer, weiblich	1	4
Flamen, männlich	39	146
Flamen, weiblich	14	46
Wallonen, männlich		6
Franzosen, männlich		45
Polen, männlich		8
Polen, weiblich	55	48
Litauer, männlich	25	25
Ukrainer, männlich		41
Ukrainer, weiblich		146
Russen, männlich	60	13
Russen, weiblich	172	76
Weißruthenen, männlich		24
Tatarejn, weiblich		10
	399	767

Zwangs- und Fremdarbeiter

Auszüge aus den Abteilungsberichten über „Einstellungen" bzw. „Entlassungen" bzw. Arbeitsleistungen von Fremd-und Zwangsarbeitern aus den Jahren 1940 bis 1944

15.06.1940 Die anhaltende Knappheit an Gefolgschaftsmitgliedern zwang uns auch in der Konerei **24 Polinnen** einzustellen. Ein Teil der Leute ist trotz angeblicher vorheriger Generalreinigung mit Ungeziefer behaftet. <u>Im Allgemeinen stellen sich die Leute willig und geschickt beim Arbeiten an.</u>

22.06.1940 In der Haspelei wurden ebenfalls **20 Polinnen** eingestellt.

29.06.1940 Zwirnerei: Um die Arbeiterknappheit zu beheben, wurden **45 Polinnen** eingestellt. Bis auf geringe Ausnahmen sind die dabei gemachten Erfahrungen befriedigend.
05.08.1940 Die **Juden** werden aus der Kollektivverrechnung der Spinnerei herausgenommen und einzeln verrechnet.

19.08.1940 Aus den gleichen Gründen, die zur Einstellung von **polnischen Arbeiterinnen** geführt haben, wurden am 19.8.1940 **21 Jüdinnen** in der Zwirnerei eingestellt.

19.08.1940 Um Jüdinnen und Polinnen eindeutig von unseren Gfm. zu unterscheiden, tragen **Jüdinnen** am <u>linken Arm eine rote</u> und **Polinnen** <u>eine schwarze Armbinde</u>. Die Jüdinnen haben die für die Polinnen vorgesehenen Closetts zu benutzen. (Zwirnerei)

19.12.1940 Die Zwirnerei erhielt **15 französische Kriegsgefangene**. Im Auftrag der zuständigen Dienststellen <u>ist strengstens darauf zu achten, dass die Kriegsgefangenen nicht mit den zur Zeit beschäftigten Polinnen und Jüdinnen in Verbindung treten können.</u>

17.01.1941 In der Konerei wurden 45 französische Kriegsgefangene eingestellt. Sie werden an den KS-Maschinen und beim Wickelaufspannen angelernt und beschäftigt.

18.02.1941 Da die Kriegsgefangenen seither immer unter der Normalleistung lagen und all Versuche, sie auf die Normalleistung zu bringen scheiterten, wurde ab 18.03.1941 jedem einzelnen Gefangenen die Erfüllung der Normalleistung zur Pflicht gemacht. Erreicht er das vorgeschriebene Pensum in 7,5 Std. nicht, so muss er entsprechend länger dableiben. Diese Maßnahme führte dazu, dass alle Kriegsgefangene in ganz kurzer Zeit die Leistung erreichte.

17.04.1941 Zwei kriegsgefangene **Franzosen** wurden entlassen.

18.04.1941 Die Arbeitszeit der **Franzosen** wurde unter den schon genannten Bedingungen auf 9,5 Std. reine Arbeitszeit erhöht.

23.04.1941 Von den französischen Kriegsgefangenen wurden 23 Mann abgegeben.

19.05.1941 In der Konerei wurden **78 Fläminnen** eingestellt.

05.06.1941 Am heutigen Tag schieden die letzten französischen Kriegsgefangenen aus der Konerei aus.

15.04.1941 wurden **52 männliche und 13 weibliche flämische Arbeitskräfte** in der Zwirnerei eingestellt, von denen am 19.5.41 ein Teil auf Veranlassung des Arbeitsamtes wieder abgegeben werden musste. Der Gesamt-Bestand von **flämischen Arbeitskräften** in der Zwirnerei am 20.5.41 – **47 Männer und 5 Frauen**.

18.04.1941 Die Arbeitszeit der Franzosen wurde unter der schon genannten Bedingungen auf 9,5 Std. reine Arbeitszeit erhöht.

05.06.1941 Die noch verbliebenen französische Kriegsgefangenen mussten auf Veranlassung des Arbeitsamtes entlassen werden.

01.07.1941 Infolge Beschäftigung nichtdeutsche Arbeitskräften in der Zwirnerei **(Polen, Jüdinnen, Flamen und Tschechinnen)** ist, da zum Teil eine Verständigung mit diesen Leuten nur schwer möglich ist, die Kontrolle verschärft worden.

18.02.1941 Da die Kriegsgefangenen seither immer unter der Normalleistung lagen und all Versuche, sie auf die Normalleistung zu bringen scheiterten, wurde ab 18.03.1941 jedem einzelnen Gefangenen die Erfüllung der Normalleistung zur Pflicht gemacht. Erreicht er das vorgeschriebene Pensum in 7,5 Std nicht, so muss er entsprechend länger dableiben.

12.11.1941 Trotz wiederholten Ermahnungen lässt die Arbeitsleistung der **Flamen** in der Konerei noch sehr zu wünschen übrig.

05.06.1942 In die Zwirnerei wurden **25 litauische Arbeiterinnen** eingestellt. Diese unterlie-

Zwangs- und Fremdarbeiter

*gen nicht den Einschränkungen wie die **Polinnen**, sondern sind als <u>freie Arbeiterinnen</u> ähnlich wie die Flamen zu behandeln.*

25.06.1942 *Am 24.6.42 wurden **2 russische** und am 25.6.42 weitere **20 russische Arbeiterinnen** für die Zwirnerei eingestellt. Die Leute machen einen sehr heruntergekommenen Eindruck.*

26.06.1942 *Es wurden **18 russische Arbeitskräfte** in der Konerei eingestellt, von denen 10 jedoch, da sie sich für die Konerei nicht eigneten, an die Zwirnerei abgegeben.*

02.09.1942 *Ab 36. Woche wird die Arbeitszeit im Textilbetrieb auch für die deutschen Gefolgschaftsmitglieder, die bisher nur 45 Stunden arbeiteten, auf 48 Wochenstunden erhöht.*

25.09.1942 *Von den in der letzten Zeit eingestellten Ausländern kamen viele nicht auf ihre Normalleistung. ... <u>weil es ihnen offensichtlich am guten Willen fehlte.</u> Wir sahen uns zu folgendem veranlasst: Alle Ausländer die während der vorgesehenen Arbeitszeit die Normalleistung nicht erreichen, erhalten Gelegenheit, solange nachzuarbeiten, bis die Minderleistung aufgeholt ist. <u>Die Nacharbeitszeit wird nicht bezahlt. (Zwirnerei)</u>*

14.10.1942 *Die **Russen** arbeiten unabhängig von dem 2-Schichtenbetrieb von 7.30 Uhr – 18.30 Uhr mit einer Unterbrechung von 2 mal einer 0.5 Stunde.*

21.10.1942 *Ostarbeiterinnen im Viskosebetrieb erhalten eine Zusatzlagerverpflegung.*

27.10.1942 *Sämtliche **litauischen** Zwirnerinnen werden entlassen und dafür erhalten wir **30 neue Russinnen**.*

09.11.1942 *Bei den **Russinnen** in der Konerei werden russische Kontrollen eingesetzt.*

10.12.1942 *Um eine Leistungssteigerung bei den Russinnen zu erreichen, wird eine Pflichtleistung von 70 Kones in 10 Stunden in der Konerei angeordnet, die bis auf geringe Ausnahmen erreicht wird.*

16.01.1943 ***50 französische Zivilarbeiter*** *treffen ein und werden der techn. Abteilung zugewiesen.*

19.01.1943 *Die **Russenküche** ist fertiggestellt und wird in Betrieb genommen.*

22.01.1943 *Da **die Ausländer** Ungeziefer mitbringen, wird ein Aufenthaltsraum in ihrer eigenen Garderobe eingerichtet. (Spinnerei)*

23.01.943 *Die Ostarbeiter der 1. und 2. Schicht erhält ihr Essen in der Cerinianlage, nur die 3. Schicht isst im Betrieb. (Spinnerei)*

29.01.1943 *Es wurden **2 Zivilfranzosen** und **10 neue Russinnen** in der Zwirnerei eingestellt.*

30.01.1943 *Eine **Russinnen-Garderobe** wurde im Nebenraum der Vakuumeindampfer eingerichtet. (Spinnerei)*

30.04.1943 *Pförtnerhaus für das **Russenlager** mit Verlegung des Eingangs wird fertiggestellt.*

20.05.1943 *Da die als Maschinenputzer in der Konerei tätigen **Holländer** für andere Zwecke freigemacht werden mussten, wurden **Russinnen** eingesetzt. Sie bewähren sich gut.*

05.09.1943 *Weil eine zwangsweise Erhöhung der Russenleistung wegen der ohnehin schon hohen Mussleistung bei 10 Stunden Arbeitszeit nicht zweckmäßig erschien, <u>wurde den Russinnen als Lohn ein kompl. Kostüm zugesagt.</u> Von den in der Konerei beschäftigte Russinnen hatten die meisten bis zu dem vorgeschriebenen Zeitpunkt die verlangten Mehrkones abgeliefert.*

04.01.1944 *Während eines Fliegerangriffes auf Frankfurt a.M. krepiert ein Flakblindgänger auf der Fabrikstraße vor der Befehlsstelle. Hierdurch werden zwei Gefolgschaftsmitglieder getötet und zwar: Philipp Kunz und der **französische Zivilarbeiter** Jules Plichon. (Techn. Abt.)*

19.02.1944 *Die Arbeitsleistung der Russinnen und Polinnen in der Zwirnerei wird bei 10 stündiger Netto- Arbeitszeit nochmals erhöht.*

08.05.1944 *Auf Aufforderung des Arbeitsamtes mussten an die Landwirtschaft eine Anzahl Leute abgegeben werden, davon 12 aus der Zwirnerei. (5 Russen, 5 Polen und 2 Volksdeutsche)*

10.05.1944 *Die Besetzung der Spinnerei ist sehr knapp. **13 Ostarbeiterinnen** die uns im Frühjahr aus Frankfurter Betrieben zugewiesen worden waren, wurden bereits wieder abgerufen.*

Zwangs- und Fremdarbeiter

Es war eine schwere Zeit für Fremdarbeiterinnen in den NS-Jahren – aber wie dieses Archivbild von damals mit drei Russinnen bei Glanzstoff zeigt, gab es auch Augenblicke der Freude und der Freundschaft

Die Werksleitungen

Technische Direktion	Kaufmännische Direktion	Zeit von		bis
Karl Becker		1904	-	1913
	Manfred Long	1910	-	1915
Dr. Pemsel		1913	-	1918
Dr. Carl Schniter		1918	-	1924
Dr. Arthur Zahrt		1924	-	1925
	Carl W. Scherer	1924	-	1928
Dr. Erich Brauer		1928	-	1934
Dr. J. Struwe		1934	-	1935
Dr. Hermann Rathert		1.12.1934	-	15.12.1935
Karl Bauer		15.12.1935	-	15.02.1937
Ferdinand Rathgeber		01.04.1937	-	0.06.1938
J. C. Funcke		01.07.1938	-	1940
H. Schlüter (keine Unterlagen mehr vorhanden)		1940	-	1945

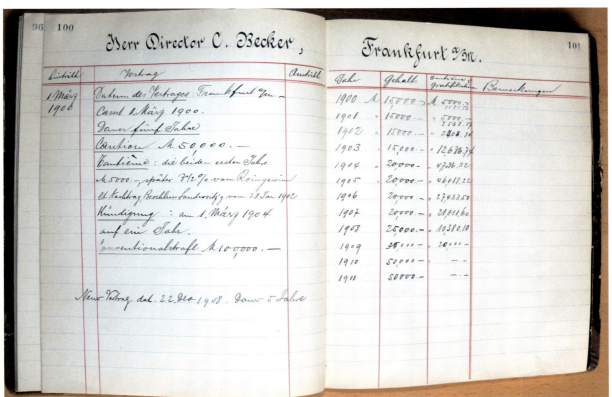

In dem Buch „Anstellungsverträge" der Vereinigten Kunstseide Fabriken, Frankfurt ist der erste Direktor des Werkes in Kelsterbach auch vermerkt

Die Werksleitungen

Nach dem Zweiten Weltkrieg waren folgende Werksleiter bis zur Schließung 2000 tätig:

Dr. Ernst Mengeringhausen
01. 09 1941 - 31.12.1960

Fing 1925 an für Glanzstoff zu arbeiten. Er war fast 25 Jahre Werksleiter, und zwar in Oberbruch, in St. Pölten als technisches Vorstandsmitglied und ab 1941 technischer Werksleiter in Kelsterbach. Er hatte die Tage des Zusammenbruchs und die des langsamen Wiederaufbaus miterlebt. Sein Nachfolger wurde Dr. Buchkrämer.

Dr. Joseph Buchkrämer
07.06.1960 - 31.03.1971

Dr. Buchkrämer begann seinen Weg bei Glanzstoff in verschiedenen Werken – Obernburg, Kassel, St. Pölten, Oberbruch – schließlich 1960 als technischer Werksleiter in Kelsterbach. Für das Werk Kelsterbach war besonders seine vielseitige Erfahrung auf dem Reyongebiet eine unschätzbare Hilfe in schwierigen Zeiten.

Werner Aretz
01.11.1945 - 30.03.1955

Begann 1945 als kaufmännischer Werksleiter in Kelsterbach. Als seine bedeutendste Leistung wurden Verdienste beim Wiederaufbau des Werkes Kelsterbach nach dem Krieg gesehen. Direktor Aretz übernahm 1955 eine verantwortliche Aufgabe im Vorstand eines bekannten Berliner Unternehmens. Seine Nachfolge trat Otto Esser an.

Otto Esser
01.04.1955 - 31.12.1967
1970 -   1972

Otto Esser begann 1942 im Werk Obernburg. 1954 übertrug man ihm die kaufmännische Leitung des Werkes Kelsterbach. Das Werk Kelsterbach, ganz auf die im Schatten der Syntheseexpansion geratene Reyonprodukte verwiesen, kämpfte ums Überleben. Unter Leitung von Otto Esser wurden Lebensenergien geweckt, heißt es in den Chroniken. Am 1. Januar 1968 ging Direktor Esser als kaufmännischer Werksleiter nach Obernburg, um schließlich von 1970 bis 1972 mit der kaufmännischen Leitung beider Werke betraut zu werden. Ende September 1972 beendete Otto Esser seine Tätigkeit bei Glanzstoff und wurde persönlich haftender Gesellschafter in der Geschäftsleitung der Firma Merck, Darmstadt. Otto Esser war Präsident der Bundesvereinigung Deutscher Arbeitgeberverbände (BDA). Er starb am 28.11.2004. Nach ihm wurde 2013 eine Straße im Zuge der Neubebauung auf dem ehemaligen Enka-Gelände benannt.

Dr. Karl Friedrich Nau
06.11.1967 - 30.09.1970

Sein erster Arbeitsplatz bei Glanzstoff war 1953 die Revision in der Hauptverwaltung Wuppertal. Am 1. Januar 1968 übernahm er die kaufmännische Leitung des Werkes Kelsterbach als Nachfolger von Otto Esser. Am 07.10. 1970 übernahm Dr. Nau die gleiche Aufgabe in Oberbruch.

Die Werksleitungen

Wolfgang Venitz
01.10.1970 - 27.12.1971

Wolfgang Venitz gehörte dem Unternehmen, von 1954 bis zu seinem frühen Tod am 27.12.1971 im Alter von 50 Jahren, an. Anfang Dezember 1970 kam er als stellvertretender kaufmännischer Werksleiter nach Kelsterbach. Viele erinnerten sich an ihn aus der Zeit, die 16 Jahre zurücklag. Damals begann er seine Tätigkeit bei Glanzstoff als junger Jurist in Kelsterbach.

Dr. Wolfgang Zippel
01.05.1972 - 31.03.1982

Dr. Zippel trat 1953 ins Unternehmen ein. 1972 wurde er stellvertretender kaufmännischer Werksleiter in Kelsterbach. Er war für die kaufmännische Verwaltung und das Personal- und Sozialwesen zuständig. 1983 kehrte Wolfgang Zippel in den Kasseler Raum zurück. Sein Nachlass wird in Form einer Stiftung zur Förderung junger Künstler und künstlerischer Vorhaben in Kassel verwendet.

Dr. Fritz Kleekamm
01.04 1971 - 30.09.1990

Dr. Fritz Kleekamm wurde zum 30. März 1971 zum technischen Werksleiter in Kelsterbach bestellt. Im Mai 1955 trat er in Obernburg in die NF-Forschung ein. Im April 1962 ging er als Produktionsleiter des Perlon-Betriebes zur Bemberg AG. Ab Mai 1969 bis September 1970 war er in Indien bei Century Enka als „plant manger" tätig. 1972 übernahm er die Gesamtleitung des Kelsterbacher Werkes.

Walter Herz
01.10.1990 – 05.11.2007

Walter Herz trat 1971 als junger Verfahrensingenieur in das zentrale Ingenieurbüro des Konzerns am Standort Obernburg ein. 1974 übernahm er die technische Leitung des Synthesebetriebes. Mitte der 80er Jahre wechselte er als Oberingenieur und später als Chefingenieur ins Werk Oberbruch. Dort betreute er auch maßgeblich den Aufbau der Kohlefaserproduktion. Im Jahre 1990 übernahm Walter Herz die Werkleitung des Werkes Kelsterbach, welches er bis zur Schließung im Jahre 2000 führte, was für ihn als Enka-Mann mit Leib und Seele auch ganz persönlich bittere Stunden mit sich brachte. Im Zuge der Verlagerung der Nachbehandlung 1995 nach Gorzow (Polen) war er dort als Geschäftsführer bis 2002 tätig. Am 5. November 2007 starb Walter Herz.

1954 - Dr. Ernst Mengeringhausen am Schreibtisch. Nach dem Anbau des östlichen Seitenflügels 1950 an das Verwaltungsgebäude war hier bis zum Schluss das Büro des Werksleiters

Die Werksleitungen

Symbolbild für einen tiefgreifenden Wandel in der kaufmännischen Leitung von Glanzstoff in der Nachkriegszeit: Werner Aretz (links), der kaufmännische Leiter in der schwierigen Aufbauphase von 1945 bis 1955, und sein Nachfolger Otto Esser

Der Betriebsrat

Sie verstanden sich als Sozialpartner – die Betriebsräte des Werks. Klar, manchmal waren sie auch Kontrahenten der Werksleitung. Meist wurde jedoch schnell eine gemeinsam tragbare Lösung gefunden. Doch bei aller Bereitschaft zur Einigung waren sie immer engagierte Interessenvertreter der Belegschaft. Übrigens, auch in der Trauer über die Werkstilllegung waren sich beide Seiten sehr einig, standen Seite an Seite.

Im Herbst 1945 fanden nach dem Zweiten Weltkrieg die ersten Betriebsratswahlen statt. In der ersten Werkszeitung 1950 wurde von den alljährlichen Neuwahlen zum Betriebsrat im November 1949 berichtet. Von den 14 Mitgliedern waren drei Angestellte, drei kamen aus der Spinnerei und acht aus der Handwerkerabteilung. Frauen waren nicht im Betriebsrat, was bedauert wurde, da 800 Frauen im Werk tätig waren. Die Wahlbeteiligung war damals mit 74 Prozent relativ hoch. In der Spinnerei erreichte man sogar 98 Prozent.

Der 1949 neugewählte Betriebsrat, eine reine Männerrunde, beginnt mit der Arbeit.
Von links nach rechts Gustav Schlang, Philipp Kerkmann, Georg Kerkmann, Rudolf Stein, Gustav Noah, Wilhelm Draisbach, Herbert Heckmann, Ludwig Wetteroth, Jakob Born, N.N., Paul Decker, Alfred Schlape und Johann Schreiweis

1951 beteiligten sich achtundachtzig Prozent der Werksangehörigen an der Betriebsratswahl am 15. und 16. Oktober. Neu in den Betriebsrat wurden diesmal auch Frauen gewählt: Susanne Auer (Konerei), Maria Becker (Textillabor), Elfriede Gerlach (Werksfürsorge) und Paula Rudolph (Spulen-Sortierung).

Wilhelm Draisbach wurde wieder der Vorsitz übertragen.

Der 1955 neu gewählte Betriebsrat - mit Wahlvorstand - stellte sich dem Fotografen:
Hintere Reihe v. l. Josef Hutter, Rudolf Stein, Paula Rudolph, Wilhelm Draisbach, Herbert Heckmann, Valentin Traband, Josef Safran, Johann Schreiweis, vordere Reihe v. l. Georg Kerkmann, Karl Wurm, Paul Decker, Wilhelm Schwappacher (Wahlvorstand), Susanne Schmidt, Bernhard Wirth (Wahlvorstand), Irma Jarzombek

Am 10. April 1957 übernahm Herbert Heckmann den Vorsitz im Betriebsrat. Weitere Mitglieder waren: Georg Kerkmann, Irma Jarzombek, Pauline Rodolph, Susanne Schmidt, Otto Zebisch, Walter Polak, Erwin Heinrich, Valentin Traband, Rudolf Stein, Willi Loos und Josef Safran.

Der neu gewählte Betriebsrat 1965: Herbert Heckmann, Karl Wurm, Elfriede Gerlach, Hilde Beck, Willi Knobling, Bruno Zecha, Kurt Krüger, Robert Grünewald, Georg Kerkmann, Josef Safran, Ernst Kuhne, Franz Zachmann, Leni Kern, Ludwig Börner, Heinrich Treutel

1978 wurde Manfred Kaminski Nachfolger von Herbert Heckmann.

Der Betriebsrat

Manfred Kaminski (r) und Herbert Heckmann im Gespräch mit einem Mitarbeiter

Der Gesamtbetriebsrat besichtigt 1979 das Werk Oberbruch. Von links die drei Kelsterbacher: Franco De Astis, Alfred Wiegand und Manfred Kaminski

Der 1981 neu gewählte Betriebsrat stellte sich zum Gruppenfoto: Von links nach rechts: Walter Polak, Werner Brune, Gerhard Haedtke, Günter Greulich, Erich Arndt, Erwin Paproth, Marianne Nemetz, Werner Schulz, Gerda Stern, Manfred Kaminski, Irma Haas, Wilfried Müller, Ludwig Börner, Alfred Wiegand und Franco De Astis

1997 trat Francesco De Astis die Nachfolge von Manfred Kaminski als Betriebsratsvorsitzender an.

Die letzte Betriebsratswahl fand am 17. und 18. März 1998 statt. Von 128 Wahlberechtigten gaben 111 ihre Stimme abgegeben. Dies entsprach einer Wahlbeteiligung von 86 Prozent.

Als Mitglieder des Betriebsrates wurden gewählt: Francesco De Astis, Helmut Breser, Karl Gesang, Martina Klug, Ömer Demir, Ali Yesil, Chousein Ntente, Werner Schulz, Mpahri Ougiour, Ali Seyfi, Erol Iman, Akif Üzcan, Sali Tuban, Houssein Sar und Kasim Schabanov,

Die Stimmzettel wurden zum letzten Mal ausgezählt

An all dies erinnert eine von uns Autoren aufgefundene Kandidatenliste der letzten Betriebsratswahl vor dem Aus.

Die letzte Kandidatenliste vom März 1998

Der Betriebsrat

Vier Betriebsratsvorsitzende von 1945 bis zur Schließung des Werkes

Auf Arbeitnehmerseite sorgten Männer wie der Betriebsratsvorsitzende Wilhelm Draisbach oder der Nachfolgende Herbert Heckmann, auch in der Kommunalpolitik verankert als ehrenamtlicher Erster Stadtrat, einerseits für die Interessen der Belegschaft, aber auch ein vernünftiges Klima mit der Geschäftsleitung. Das war auch unter seinen Nachfolgern wie Manfred Kaminski so, der wie mancher Enkaianer als ehemaliger Bergmann aus dem Ruhrpott in den 1960er Jahren an den Untermain gekommen ist. Franco de Astis amtierte als letzter Betriebsratsvorsitzender bis zur Stilllegung.

Wilhelm Draisbach war Betriebsratsvorsitzender des Werkes Kelsterbach von 1945 bis 1957. Er hatte sich große Verdienste erworben, als der Betrieb wieder zum Anlaufen kam und als in den Jahren der Inflation das Kapitel „Ernährung" die ganz große Sorge bereitete. Damals soll Wilhelm Draisbach umsichtig, unverdrossen und mit dem ihm angeborenen Humor manche kritische Situation überwunden haben. Sein Hausname war „Baron". Er war von 1947 bis 1957 Vorsitzender des Gesamtbetriebsrates. Sein Sohn Ewald war lange Jahre als ehrenamtlicher Erster Stadtrat im Kelsterbacher Magistrat tätig.

Danach folgte 1957 **Herbert Heckmann** im Vorsitz des Betriebsrates und des Gesamtbetriebsrates. Er war zudem zwölf Jahre im Aufsichtsrat des Unternehmens tätig. In seiner Amtszeit fand 1971 ein Arbeitskampf statt. Er trug dazu bei, dass die Zustände nach diesem Streik sich schnell wieder normalisierten und die Wunden bald heilen konnten. Er wurde als ein zielstrebiger und fairer Verhandlungspartner beschrieben. Ende April 1978 schied Herbert Heckmann aus dem aktiven Arbeitsleben aus.

Sein Nachfolger wurde 1978 **Manfred Kaminski.** Er war bis zum 30. April 1997 Betriebsratsvorsitzender. Manfred Kaminski kam nach Kelsterbach als die ersten Zechen im Ruhrgebiet schließen mussten. Bei seiner Verabschiedung wurde er als sachkundiger, engagierter und fairer Vorsitzender gewürdigt. In der Sache war er ein harter, aber kompromissbereiter Streiter, der die Werksziele und das Machbare in seine Entscheidungen mit einbezog. Er gehörte auch dem Gesamtbetriebsrat an.

Am 1. Mai 1997 übernahm **Franco de Astis** die Aufgaben als Vorsitzender der Arbeitnehmervertretung. Seine Amtszeit war allerdings kurz. Seine Fähigkeiten als gewiefter Verhandlungspartner zeigte er im Jahr 2000 bei den intensiven Verhandlungen mit der Werkleitung über den Interessenausgleich und den Sozialplan in zweistelliger Millionenhöhe.

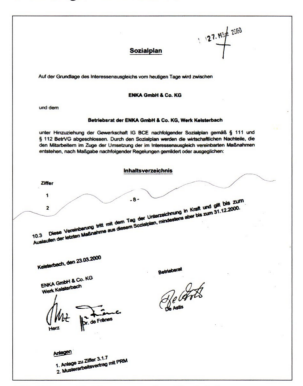

Die Unterschriften unter dem Sozialplan dokumentieren ein gutes Ergebnis

Glanzstoff glänzt nicht mehr

Der Betriebsrat

Gähnende Leere, wo einst wichtige Diskussionen für die Interessen der Arbeitnehmerschaft geführt worden waren – Blick in das einstige Betriebsratsbüro, im Jahr 2005

Ein seltenes Ereignis: Streik im Werk

Das Leben und Arbeiten hinter dem Werkszaun war trotz imponierender Sozialleistungen des Unternehmens keine Idylle. Vielmehr wurden gesellschaftspolitische Konflikte und Arbeitskämpfe auch im Kelsterbacher Werk ausgetragen und keineswegs unter den Teppich gekehrt. Dafür soll dieses Kapitel stehen. Doch waren Arbeitskämpfe und Streiks eher selten.

Chemie-Streik 1971 bei Glanzstoff Kelsterbach – von außen gesehen am Portal I in der Rüsselsheimer Straße

Chemie-Streik 1971 bei Glanzstoff Kelsterbach – von innen gesehen am Portal I in der Rüsselsheimer Straße

Nach einer langen streikfreien Zeit von rund 50 Jahren kam es im Juni 1971 wegen neuer Lohn- und Gehaltstarife zum ersten Arbeitskampf der chemischen Industrie Deutschlands. Auch das Glanzstoff-Werk in Kelsterbach wurde bestreikt, der Streik begann am 24. Juni 1971 um 5.00 morgens. Um 10.30 Uhr war die erste Streikversammlung in der Mehrzweckhalle, auf der die Nacht- und Frühschicht mit rund 700 Streikenden anwesend war.

Streikposten an der Rüsselsheimer Straße

Aber wie kam es aber zu diesem Streik?
Als nach ergebnislosen Verhandlungen zwischen den Tarifpartnern auch die Bundesschlichtung in einigen Bundesländern gescheitert war, damit keine Friedenspflicht mehr für die Tarifparteien herrschte, rief die IG Chemie 1971 ohne Urabstimmung zum Arbeitskampf auf, was nach ihren Satzungen möglich war. Bei Glanzstoff waren die Werke Kelsterbach und Oberbruch betroffen. Die Streikmaßnahmen glichen optisch einer umklammernden Belagerung des Werks, was - je nach Standpunkt in diesem Konflikt – positiv oder negativ bewertet wurde.

Die Werkstore wurden geschlossen und mit Hartfaserplatten verkleidet

Streik im Werk

Die Härte des Streiks, verbunden mit Gewaltszenen und starker Geräuschkulisse, erregte die Gemüter und brachten die Gefahr der Spaltung der Belegschaft. Trotz Behinderung durch Streikposten konnte ein Teil der Produktion aufrechterhalten werden. Die Syntheseproduktion wurde programmgemäß und die Rayon-Produktion zur Hälfte weitergeführt. Das war aber nur möglich, weil aus dem Werk Obernburg und aus dem Wuppertaler TTI Unterstützung kam, was natürlich ebenfalls ein unterschiedliches Echo fand.

Auf Vermittlung des Präsidenten des Bundessozialgerichts kam Anfang Juli ein Abkommen zwischen den Tarifparteien zustande, das den Streik beendete. Am 5. Juli 1971 wurde die Arbeit wieder aufgenommen. Werksleitung und Betriebsrat lag viel daran, dass die Zustände sich schnell wieder normalisierten und die Wunden heilten. So traten bald wieder normale Zustände ein.

Blenden wir ein halbes Jahrhundert zurück: Am 8. Oktober 1921 ging ein Streik, allerdings verbunden mit einer Aussperrung, nach Abstimmung der Arbeiterschaft zu Ende.
Was war damals geschehen?
Im September 1921 meldete Werkleiter Dr. Carl Schniter dem Aufsichtsratsvorsitzenden Jordan, dass voraussichtlich die organisierten Angestellten von Frankfurt und Umgebung in Streik gehen würden. Am 24. September teilte er Jordan mit, dass die Arbeiter das Werk, wegen einer Forderung auf eine Lohnerhöhung um vier Mark je Stunde, besetzt hätten. Die Arbeiter seien in das Verwaltungsgebäude eingedrungen. Er reagierte darauf mit Aussperrung. Die Werksleitung sei daher genötigt, hiermit unter fristloser Entlassung sämtlicher Arbeiter und Arbeiterinnen das Werk sofort zu schließen. Streik und Aussperrung gingen nach Abstimmung der Arbeiterschaft nach dem 8. Oktober 1921 in Kelsterbach zu Ende.
Schniter fehlte die Fähigkeit, trotz guter fachlicher Qualifikation, sich auf die ihm unterstellte Arbeiterschaft einzustellen und angemessen mit ihr umzugehen. Es führte zur Entlassung des Werksleiters, die 1924 in Form der vorzeitigen Kündigung gekleidet wurde.
Bei Glanzstoff war dies der letzte Streik bis 1971, von dem dann wiederum auch Kelsterbach, und zwar ebenfalls wegen des Lohnes, betroffen wurde.

Noch ein Blick in die Kelsterbacher Historie: Im Februar 1901 kam es auch in der Waggonfabrik zu einem Streik, an dem sich zunächst nur die Lackierer beteiligten.

> — Wie man uns mittheilt, sind verschiedene Arbeiter der Waggonfabrik mit dieser in Differenzen gerathen. Dieselben haben mit der plötzlichen — angeblich ohne Grund — erfolgten Entlassung des 23-jährigen Lackirers Eschke, eines Mitgliedes des sogen. Arbeiter-Ausschusses, ihren Anfang genommen und dann dazu geführt, daß drei Heizer, welche sich weigerten, ohne den ihnen statutenmäßig zustehenden Aufschlag von 15 Prozent noch ferner Ueberstunden zu machen, entlassen wurden. Sollte die Bewegung größere Dimensionen annehmen, so dürfte die Fabrik in eine üble Lage gerathen, da sie Lieferungen für die Schweiz übernommen hat, welche jedenfalls bei nicht pünktlicher Erledigung hohe Conventionalstrafen nach sich ziehen werden.

16. Februar 1901, Kelsterbacher Zeitung

Wohl aus politischen Gründen hatte die Werksleitung den 23-jährigen Lackierer Eschke – er war Mitglied des von den Arbeitern gewählten Arbeiterausschusses – entlassen. Kurz darauf wurden drei Heizer, welche sich weigerten, Überstunden ohne Zuschlag zu leisten, ebenfalls fristlos gekündigt. Daraufhin traten auch die Heizer, die Schmiede und die Holzarbeiter in den Ausstand.

Am 1. Juni 1901 meldete der *Rhein-Main-Bote*: „ Der Streik, den einzelne Arbeitergattungen der hiesigen Waggonfabrik vor einiger Zeit begonnen hatten, ist vorige Woche allgemein ausgebrochen."

Nach einwöchigem Vollstreik war die Geschäftsleitung gezwungen, weitgehende Zugeständnisse zu machen. Am 3. Juni nahmen die Schmiede, am 4. Juni die Holzarbeiter und die Lackierer die Arbeit wieder auf. Sie feierten ihren Sieg am letzten Streiktag mit einem Ausflug in den Schwanheimer Wald.

Darüber hinaus meldete die *Kelsterbacher Zeitung*: „Infolge „schlechter Verwaltung" gerät die Waggonfabrik 1903 in finanzielle Schwierigkeiten, die durch Lohnsenkungen verringert werden sollen. Insbesondere die Schmiede sind nicht bereit, Lohneinbußen hinzunehmen und treten in einen 3-tätigen Abwehrstreik, der jedoch nicht erfolgreich war. Von den noch 178 Beschäftigten waren noch 38 am Streik beteiligt."

Streik im Werk

Ein ungewöhnlicher Fall erregte 1976 die Gemüter diesseits und jenseits des Werkszauns: Der Glanzstoff-Mitarbeiter Dieter Deimel wurde am 11. Mai fristlos entlassen, weil er für einen kritischen Artikel über Glanzstoff in der Mai-Zeitung des DGB-Ortskartells Kelsterbach mitverantwortlich gemacht wurde. Eine Welle des Protestes hub daraufhin an, der Fall Deimel erzielte bundesweit Aufmerksamkeit.

Solidaritätsveranstaltung – Fritz Libuda IG-Chemie Frankfurt, Herbert Heckmann Betriebsratsvorsitzender, Dieter Deimel und Leo Spahn DGB Ortskartell Kelsterbach

Bei einer Solidaritätsveranstaltung am 17. Mai wurde die Wiedereinstellung des Familienvaters Deimel gefordert. Und dann geschah fast ein kleines Wunder: Die Geschäftsleitung zog am 19. Mai die Entlassung zurück!

Auch der zunächst heiß gelaufene Konflikt selbst um die Veröffentlichung des kritischen Textes in der Mai-Zeitung 1976 wurde entschärft. Zunächst hatte die Glanzstoff-Geschäftsleitung eine einstweilige Verfügung gegen eine weitere Verbreitung jenes Artikels erwirkt, mit Strafandrohung bis zu 500.000 Mark. Vor dem Landgericht Frankfurt wurde am 20. Oktober 1976 ein Vergleich geschlossen. Danach verpflichtete sich das DGB-Ortskartell, in seiner Mai-Zeitung 1977 eine Gegendarstellung der Glanzstoff-Geschäftsleitung abzudrucken, was auch geschah.

Somit war ein gesellschaftspolitisch hoch explosiver Konflikt bewältigt – und beide Seiten konnten damit offensichtlich leben – auch wenn es dazu unterschiedliche Lesarten gab. Die Gewerkschaften führten dies alles auf den Druck der breiten Solidarität zurück. Und die Geschäftsleitung hatte sich aus ihrer Sicht generös gezeigt, mit Augenmaß und sozialer Verantwortung. Vielleicht stand im Hintergrund aber auch ein wenig jener ganz spezielle Geist des Miteinanders bei Glanzstoff – dass man auch in schwierigsten Situationen miteinander reden und Lösungen finden konnte.

Streik im Werk

Sie konnten miteinander reden, ohne dass gegensätzliche Auffassungen verkleistert wurden, die Vertreter von Geschäftsleitung und Betriebsrat. Das wirkte sich auch in schwierigen Situationen positiv aus: Dafür mag diese entspannte Gesprächsszene am Rande eines „Tages der offenen Tür" beispielhaft stehen mit (von rechts) Werksleiter Dr. Fritz Kleekamm und dem Betriebsratsvorsitzenden Herbert Heckmann

Der Wohnungsbau

Soziale Leistungen des Werks

Viele der sozialen Errungenschaften und vor allem auch der freiwilligen sozialen Leistungen wirkten bei Glanzstoff und später Enka weit über den Werkszaun hinaus, prägten entscheidend mit das gesellschaftspolitische Klima in Kelsterbach. Die Palette reichte von Werkswohnungen bis zu sportlichen Einrichtungen. Manches mutet im Zeitalter eiskalter Globalisierung, da sich nicht wenige Unternehmen nur noch auf ihr Kerngeschäft versteifen, wie eine nostalgisch verklärte Rückschau auf die gute alte Zeit an - und war doch real und beinahe selbstverständlich. Damals wurde noch versucht, den Slogan und hohen Anspruch von der Betriebsfamilie im Alltag überprüfbar einzulösen. Dazu zählten im Laufe der vielen Jahrzehnte im Einzelnen:

Die Arbeiterwohnhäuser (rechts) und gegenüber das Verwaltungsgebäude

Der Wohnungsbau

Blick vom Hochhaus auf Werkswohnungen und Werk Kelsterbach

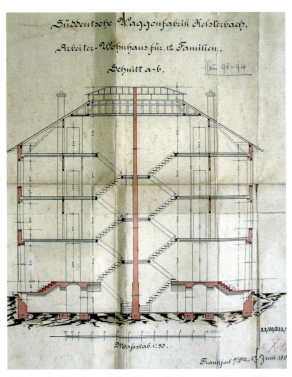

Querschnitt eines Arbeiterwohnhauses für zwölf Familien gegenüber dem Verwaltungsgebäude aus dem Jahre 1899

Fast ein Paradebeispiel für die vielen sozialen Leistungen: für die Mitarbeiter Beschaffung von Wohnraum zu vernünftigen Preisen. Und das hatte Tradition. Denn schon mit dem Bau der Süddeutschen Waggonfabrik mussten Wohnungen für die „Neubürger" errichtet werden. So entstanden 1899/1900 die werkseigenen Häuserblocks gegenüber der Fabrik und in der Helfmannstraße.

Von Anfang an standen diese Wohngebäude in unmittelbarer Nähe des Werks – an der Rüsselsheimer Straße – zur Verfügung. Bewusst lagen diese Wohnungen so nahe, ermöglichten kurzen Zugang zum Werk, vor allem auch bei Schichtbetrieb.

Rüsselsheimer Straße. Rechts die renovierten „Hohen Häuser", auch „Fabrikshäuser" genannt

Der Wohnungsbau

Villa Begas

Verschwunden aus dem angestammten Stadtbild ist beim Wandel und teilweisen Abbruch leider auch ein kleines Schmuckstück - die „Villa Begas".

Gartenarchitekt Friedrich Wilhelm Begas stammte aus einer bekannten Berliner Künstlerdynastie. Er kaufte 1890 in Kelsterbach eine Windmühle. Sie wurde danach abgerissen. Der Windmühlweg hat seinen Namen nach dieser Mühle.

Kelsterbach mit der alten Mühle (rechts) und der Villa Golz (links) um 1890 (alte Ansichtskarte)

Auf dem Platz der ehemaligen Windmühle baute er 1909 zwei Direktoren Villen. In diesen wohnten Balthasar Oeser (Sohn von Margaretha Öser, geb. Helfmann), Hochtief AG, und Dr. Friedrich Lehner, Vereinigte Kunstseide-Fabriken. Beide Gebäude stehen heute noch in der Jahnstraße. 1898 baute er gegenüber der Helfmannstraße die „Villa Begas".

Die sogenannte "Villa Begas" wurde 1898 von dem Gartenarchitekten Wilhelm Begas mit Turm erbaut

1928 erfolgte ein Umbau des Gebäudes für den techn. Direktor des Glanzstoffwerkes Dr. Emil Brauer

Der Abbruch des Gebäudes erfolgte im April 2006

Die „Villa Begas" und die ehemalige Villa von Dr. Friedrich Lehner waren im Jahre 2000 noch im Eigentum der Enka GmbH & Co. KG.

An der Stelle der „Villa Begas" wurden 2006 Doppelhäuser gebaut

Glanzstoff glänzt nicht mehr

Der Wohnungsbau

*Eine Aufnahme um 1928 von der Rüsselsheimer Straße. Auf der Höhe des Radfahres (rechts), ist links die Einfahrt zur Helfmannstraße. Die Gärten gingen damals bis zum Werkgelände.
Im Hindergrund ist das neue Kesselhaus zu sehen*

Arbeitersiedlung Helfmannstraße

Für die Verdienste und sichtbaren Leistungen der Familie Helfmann um ihre Heimatstadt, wurde diese Straße nach ihnen benannt. Aus der Familie ging der Gründer der HOCHTIEF AG – Philipp Helfmann - hervor.

Nach dem Einbiegen in die Helfmannstraße sah man mit Lattenzäunen eingefriedete Häuser. Erbaut wurden sie von dem Kelsterbacher Baugeschäft „Gebrüder Helfmann" für die Süddeutsche Waggonfabrik AG

Helfmannstraße 10 in den dreißiger Jahren mit den Familien Schreiweis, Schildge, Felde und Jung

Die Häuser in dieser kurzen Stichstraße wurden 1899/1900 im Auftrag der Arbeiterheim Kelsterbach GmbH, für die Süddeutsche Waggonfabrik AG, durch das Unternehmen für Hoch- und Tiefbauten gebaut.

Ein Blick von der anderen Bahnseite auf die Helfmannstraße im Jahr 1950, vor dem Bau des Schwimmbades. 1957 wurden die Häuser verputzt

Es entstanden neun baugleiche zweigeschossige Häuser mit ausgebautem Dachgeschoss für jeweils sechs Familien. Die Häuser haben Krüppelwalmdächer. Die Fassaden waren verputzt und mit lisenenartigen Ornamenten versehen. Die Fensterlaibungen versah man mit roten Klinkersteinen. Zu jedem Haus gehörten damals ein kleiner Nutzgarten und ein Holzschuppen. Diese Wohnungen waren für Spezialarbeiter aus Görlitz und Rastatt für die Waggonfabrik vorgesehen.

Der Wohnungsbau

Die Helfmannstraße als „Birkenallee"

Nach der Schließung des Enka-Werkes im Januar 2000 wurden die Häuser in der Helfmannstraße verkauft und vom neuen Besitzer schmuck renoviert. Das Gebäudeensemble steht als ein städtebauliches Kleinod unter Denkmalschutz: Ein Stück Alt-Kelsterbach bleibt so erhalten.

Ein Blick in die renovierte „Arbeitersiedlung" Helfmannstraße im Jahr 2005

Ein Blick in die Chronik: 1935 beteiligte sich das Werk erstmalig an einem Siedlungsprogramm der Hessischen Staatsregierung. Für 23 Siedlungsstellen wurde jeweils 1.000 Reichsmark als Darlehen zur Verfügung gestellt.
Schon bald nach dem zweiten Weltkrieg kam es zu einer Zusammenarbeit zwischen Gemeinde und Werk, um die zukünftige Entwicklung Kelsterbachs nicht dem Zufall zu überlassen. So entstanden Bebauungspläne, in die Kelsterbach Schritt für Schritt hinein gewachsen ist.

Die Hindenburg (1936) über der Helfmannstraße 1937 explodierte das Luftschiff auf dem Weg von Frankfurt nach New York, kurz vor dem Anlegen am Landeplatz Lakeurst. Rechts vorne die Baubaracken vom Anbau des Versandgebäudes

Wohnungsnot war eines der brennendsten Probleme in den frühen Nachkriegsjahren. Es wurde ein umfangreiches Wohnungsbau-Programm für Heimatvertriebene und Flüchtlinge unter den 1.700 Werksangehörigen in Angriff genommen. Durch vom Vorstand bereit gestellte Mittel wollte man einen Beitrag zur Linderung dieser Not leisten. Zur Förderung der Privatinitiative gewährte 1949 das Unternehmen Baudarlehen bis zu 3.000 Mark an Mitarbeiter. Bereits im ersten Jahr wurden 90.000 Mark als zinslose Darlehen aufgewandt. 1964 konnten schon mit Hilfe von Glanzstoff-Mitteln aus der Dr. Hans-Jordan-Stiftung über 147 Werksangehörige Eigenheime bauen.

Richtlinien für die Gewährung von Baudarlehen

Glanzstoff glänzt nicht mehr

Der Wohnungsbau

Siedlung am Kleinen Kornweg

Neben werksnahen Wohnheimen wurden weiterhin preiswerte Wohnungen in Neubauten errichtet wie am Kleinen Kornweg. Hier legte man 1948 mit der Nassauischen Heimstätte (NH) den Grundstein zum ersten Bauabschnitt.

1949 erstellte Glanzstoff mit der NH am Kleinen Kornweg sieben Zweifamilien-Siedlungshäuser. Zwei Häuser waren im Februar 1950 bezugsfähig

Sieben Siedlungshäuser wurden 2007 abgebrochen

... und Häuser mit modernen Wohnungen von der Nassauischen Heimstätte in Verbindung mit der Stadt Kelsterbach erstellt

Gebaut wurde auch in der Wald- und in der Dr.-Hans-Jordan-Straße

Zum Richtfest der ersten werksgeförderten Mehrfamilienhäuser 1950 in der Waldstraße kamen neben Vertreter der Werksleitung und des Betriebsrats noch die der Baugenossenschaft sowie Bürgermeister Wendelin Scherer.

Richtfest am 21. August 1950 mit Direktor Dr. Ernst Mengeringhausen, Generaldirektor Dr. Helmut Vits, Direktor Werner Aretz und Bürgermeister Wendelin Scherer in der ersten Reihe

1952 spielten Kinder in der Dr.-Hans-Jordan-Straße und die Wohnungen waren bezogen

....60 Jahre später sind moderne Wohnungen durch die Nassauische Heimstätte (NH) und Stadt Kelsterbach entstanden

Glanzstoff glänzt nicht mehr

Der Wohnungsbau

Wohngebiet Rüsselsheimer Straße

Östlich an die „Hohen Häuser" - gegenüber dem Verwaltungsgebäude - schlossen sich die sogenannten Werkshäuser für das Führungspersonal an.

Werkshäuser für Führungspersonal

Rüsselsheimer Straße 57, 1949 erbaut und nach der Schließung des Werkes verkauft...

Inzwischen ist hier alles längst abgerissen und durch Neubauten eines privaten Bauträgers ersetzt worden.

...die Häuser abgebrochen und 2006 mit neuen Doppelhäusern bebaut

Neue Siedlung Mainhöhe

Ein neues Wohngebiet entwickelte sich im Südwesten der Stadt zwischen Main und Rüsselsheimer Straße als Siedlung Mainhöhe, bis zum heutigen Stadtgebiet „An der Niederhölle".

Blick zum Main und über Stadt und Werk

Ein Blick 1954 vom Werksgelände nach Westen zu den neu gebauten Wohnhäusern, die als Siedlung „Mainhöhe" bezeichnet wurden

Die beiden Wohnblöcke zwischen Rüsselsheimer Straße und Main („Mainhöhe") wurden Ende 1951 von der Nassauischen Heimstätte als Bauherrn in Angriff genommen. An den Gesamtbaukosten von 475.000 Mark beteiligte sich Glanzstoff mit 288.000 und stellte Grund und Boden zur Verfügung

Die beiden Häuser erhielten ihre Namen nach den ehemaligen Glanzstoff-Standorten Haus Sydowsaue und Haus Breslau. Am 15. Juli 1952 konnten die ersten Mieter einziehen. Flüchtlinge und Ausgebombte hatten den Vorrang. Ihnen folgten junge Ehepaare. Bis 1965 wurden an der Siedlung „Mainhöhe" 144 Wohnungen gebaut.

Glanzstoff glänzt nicht mehr

Der Wohnungsbau

Das erste Hochhaus (im Hintergrund) wurde in Kelsterbach 1968 durch den werksgeförderten Wohnungsbau für Glanzstoff-Mitarbeiter errichtet

Bei einer Besichtigung des Betriebsrates gemeinsam mit der Sozialabteilung im Jahre 1957 konnte man feststellen, dass das Werk gemeinsam mit der Nassauischen Heimstätte im Rahmen des Sozialen Wohnungsbaues in den letzten Jahren 188 Wohnungen für Mitarbeiter des Glanzstoff-Werkes gebaut hat.

Vor Ort besichtigte die Wohnungskommission eine Wohnung

Werkswohnungen

Ein neuer Stadtteil entwickelte sich auch im Gebiet Hasenpfad. Hier waren 1960 insgesamt 24 Wohnungen fertig und der Bau weiterer 18 wurde in Angriff genommen. 1962 erreichte man im Rahmen des sozialen Wohnungsbaues mit Glanzstoffhilfe für Mitarbeiter in Kelsterbach und in Nachbarorten 300 Wohnungen. Planungen für 100 weitere Wohnungen wurden in Angriff genommen.

Mit dem Bau der Perlon-Fabrik im Jahr 1966 wurde ein neues Kapitel der Werksgeschichte aufgeschlagen. Dies bedeutete aber auch, dass weitere Wohnungen gebaut werden mussten. Das Unternehmen selbst trat dabei nicht immer als Eigentümer auf, sondern engagierte sich finanziell mit satten Zuschüssen bei Baugenossenschaften und hatte dafür Belegungsrechte. Alles in allem hatte das Unternehmen damals rund 4,5 Millionen Mark dafür ausgegeben.

Das Wohnrecht war allerdings an die Beschäftigung bei Glanzstoff gebunden.

Das Wohnungsbauprogramm der Glanzstoff und Enka rollte buchstäblich mit der Kelsterbacher Baugenossenschaft und der Nassauischen Heimstätte weiter, so dass eine dichte Bebauung die Wohngebiete Waldstraße / Dr.-Hans-Jordan-Straße / Kleiner Kornweg und Am Hasenpfad / Fuchssteig / Berliner Straße und Rüsselsheimer Straße / Niederhölle prägte.

In Zusammenarbeit mit der Nassauischen Heimstätte entstand 1968 ein Hochhaus mit zwölf Stockwerken und 48 Wohnungen für die Mitarbeiter. Als markanter Punkt bestimmt es den Südwesteingang des Ortes.

Hochhaus mit zwölf Stockwerken

Der Wohnungsbau

1975 fand das Wohnungsbauprogramm mit dem Bau von 54 Wohnungen auf dem Gelände der ehemaligen „Meisterhäuser" statt.

Die ersten der sogenannten" Meisterhäuser" an der Rüsselsheimer Straße verschwanden Anfang November 1970, um Platz für moderne Wohnungen zu schaffen. Hier noch ein Blick auf ein Stück Kelsterbacher Vergangenheit

Die sogenannten" Meisterhäuser" sind Vergangenheit

54 neue Wohnungen in der Rüsselsheimer Straße

Bei diesen neuen im April 1976 fertiggestellten Wohnungen musste man feststellen, dass sie nicht voll von Mitarbeitern gemietet wurden und damit eine Fremdvergabe erfolgen musste. Das Ende: Mit der Schließung der Synthesefabrik (1977) endete das Wohnungsbauprogramm der Enka-Glanzstoff endgültig.

Am 1. April 1960 waren die Häuser am Hasenpfad bezugsfertig. Hier: Familie Strzelczyk beim Abladen

Vielleicht noch ein paar Worte, nach welchen Kriterien die Wohnungen vergeben wurden. Die Vergabe der werkseigenen und werksgeförderten Wohnungen erfolgte durch eine Wohnungskommission. Diese setzte sich aus Vertretern des Betriebsrates, Personal- und Sozialabteilung zusammen. Die Entscheidung, wer eine Wohnung bekommen sollte, erfolgte durch ein Punktesystem. Für jeden Bewerber wurde eine Punktzahl errechnet, in die z. B. die jeweils aktuellen Wohnverhältnisse, die Dauer der Betriebszugehörigkeit, Beurteilung der Führung und Leistung sowie soziale Kriterien einflossen.

Sitzung der Wohnungskommission am 14. Februar 1973

Das Wohnungsproblem beschäftigte das Werk weit über die 50er Jahre hinaus. Vom Unternehmen wurde Vorbildliches geschaffen. Ganze Straßen mit Eigenheimen wurden in Kelsterbach mit Hilfe des Werkes gebaut. Welche Wirkung die rege Bautätigkeit gehabt hat, ist heute deutlich am Bild der Stadt Kelsterbach zu erkennen. Der vom Werk geförderte Wohnungsbau hat nicht nur Wohnungen für die Mitarbeiter geschaffen, er hat darüber hinaus das Stadtgebiet entscheidend mitgeprägt.

Der Wohnungsbau

Die Philosophie des Unternehmens war, dass einer der wichtigsten Gesichtspunkte für Produktivität und Zufriedenheit der Mitarbeiter eine den individuellen Bedürfnissen angepasste Unterbringung ist.

In Rückblick soll hier einmal zu diesem Kapitel der Daseinsvorsorge Resümee gezogen werden: Das Werk hatte im Jahr 1973 bei einem Stand von etwa 1.700 Mitarbeiter Belegungsrecht für 819 Wohnungen, davon 666 werksgeförderte Wohnungen und 153 Werkswohnungen sowie in den Wohnheimen 446 Bettplätze. Eine stolze Bilanz!

Spielende Kinder vor den Häusern an der Mainhöhe

Unterm Strich war es eine beeindruckende Bilanz dieses Kapitels der freiwilligen sozialen Leistungen: Zum Zeitpunkt der Werksschließung besaß das Unternehmen etwa 200 eigene Häuser oder Wohnungen, außerdem durch Mitfinanzierung am Ort 660 Wohnungen mit Belegungsrechten. Im Klartext: Über 800 Wohnungen für 1.100 Mitarbeiter (Stand 1990, zehn Jahre vor der Schließung des Werkes). Kein Unternehmen in der Umgebung konnte wohl eine solche Bilanz aufweisen!

Nach dem Krieg war man nicht so mobil. Ein Umzug längs der Glanzstoffmauer in die neue Wohnung konnte auch mit einem Leiterwagen durchgeführt werden

Werkswohnungen und Werk prägten das Stadtbild

Nach der Schließung des Werkes erwarb die Stadt Kelsterbach die Belegungsrechte der Enka und sicherte damit den Mietern das Wohnrecht. Die werkseigenen Häuser wurden an Private verkauft. Dies alles entschärfte die schwierige Lage und vermied sozialen Sprengstoff nach der Werksschließung im Jahr 2000.

55 Jahre später sah der Umzug in die neuen Reihenhäuser der Otto-Esser-Straße auf dem ehemaligen Werksgelände so aus

Der Wohnungsbau

Ein Blick zurück - in die Zeit des Wohnungsmangels nach dem Zweiten Weltkrieg

Auch auf dem Werksgelände wurden Heimatvertriebene und Flüchtlinge untergebracht.

Unterkunftslager für Heimatvertriebene und Flüchtlinge (Gebäude „S")

Wohnbaracke in der Nähe der Gebäude „S"

Heimatvertriebe und Flüchtlinge wurden auch außerhalb des Werkes in Notunterkünften untergebracht.

So auch im ehemaligen Durchgangslager für ausländische Zwangsarbeiter im Bereich des heutigen Gewerbegebietes Am Taubengrund

Auch die Baracken der ehemaligen Flakstellung im Bereich der heutigen Gottfried-Keller-Straße / Mönchbruchstraße dienten als Notunterkünfte

Bald begann man mit dem Bau neuer Wohnhäuser

1950 in der Mönchbruchstraße – Wohnbaracke zwischen zwei Neubauten

Im Juni 1950 wurde mit dem Bau von werksgeförderten Wohnhäusern durch die NH in der Waldstraße für Heimatvertriebe und Flüchtlinge begonnen

Berufsausbildung im Wandel der Zeit

Dieses Kapitel zeigt den hohen Stellenwert, den qualifizierte Berufsausbildung bei Glanzstoff/Enka fast schon traditionell genossen hatte. Um hervorragende Produkte herzustellen, bedurfte es einer gut ausgebildeten Mannschaft, wofür die Lehrwerkstatt des Betriebs über Jahrzehnte hinweg sorgte. Für die Ausbildung gab man 800.000 Mark pro Jahr aus. Das war schon ein Pfund, mit dem man wuchern konnte, hier eine gute Ausbildung absolviert zu haben. Das eröffnete Chancen und keineswegs nur bei Enka selbst. Denn die Ausbildung im Kelsterbacher Unternehmen hatte über den Werkszaun hinaus einen guten Ruf. Außerdem: Über die Jahrzehnte hinweg wurde aus gesellschaftspolitischer Verantwortung mehr ausgebildet, als man im Betrieb und Verwaltung selbst an neuen Mitarbeitern benötigte.

Blenden wir kurz zurück. Die Zeitspanne der Ausbildungsgeschichte des Werks reicht formell von der Eröffnung der Lehrwerkstatt im Jahr 1938, also den NS-Jahren, bis zum letzten Azubi-Jahrgang vor der Werksschließung. Zum Beginn: Berufsausbildung hatte bei den Nationalsozialisten einen hohen Stellenwert. Dies geschah auch vor dem Hintergrund, die politische Haltung der Jugendlichen zu manipulieren, indem die jungen Leute oft einem regelrechten propagandistischen Feuerwerk des verbrecherischen Systems und seiner Handlanger voll ausgesetzt waren. Jugendliche erhielten zudem oft nur dann einen Ausbildungsplatz, wenn sie der Hitler-Jugend angehörten. Außerdem: Letztlich spielten bei alledem im Hintergrund auch die Rüstungspläne des Regimes eine wichtige Rolle.

Im Rückblick bleibt zum Thema Ausbildung zu sagen: Das heutige Ausbildungssystem hat sich bewährt. Bis es aber soweit war, das hat gedauert. 1871 verabschiedete der Deutsche Reichstag Gesetze zur Ausbildung von Handwerker- und Fabriklehrlingen. Mit den danach gebildeten Handwerkskammern gab es dann Vorschriften für den Abschluss von Lehrverträgen und für die Lehrabschlussprüfung. Erst in den Jahren nach 1921 setzte sich allmählich der Begriff „Berufsschule" mit einem berufsbezogenen Fachunterricht durch. Für industriell gewerbliche und kaufmännische Lehrlinge gab es ab 1936 eine verpflichtende Lehrabschlussprüfung. Der Lehrvertrag wurde nur dann in die Lehrlingsrolle aufgenommen, wenn sich der Lehrling verpflichtete, an der Abschlussprüfung teilzunehmen. 1938 kam für das gesamte Deutsche Reich die Berufsschulpflicht mit acht bis zwölf Wochenstunden Unterricht.

Lehrlingsausbildung im GLANZSTOFF-Werk Kelsterbach

Mit einer gezielten Lehrlingsausbildung begann man im Kelsterbacher Glanzstoffwerk relativ spät. Das Werk gehörte zu dem ältesten und größten Chemiefaserunternehmen, den Vereinigten Glanzstoff-Fabriken AG. Fachpersonal für Reparatur- und Wartungsarbeiten rekrutierte man aus den umliegenden Industriestädten. Neue Anlagen und Maschinen machten aber wohl zunehmend ein speziell geschultes Personal erforderlich. Deswegen war man in Kelsterbach gezwungen, selbst mit der Ausbildung zu beginnen. Ein weiterer Punkt war, dass mit der stetigen Aufrüstung die Konjunktur anzog und sich ein Facharbeitermangel abzeichnete. Die Eröffnung einer Lehrwerkstatt erfolgte am 21. April 1938.

1938 wurde eine Lehrwerkstatt im Werk eröffnet

Die praktische Ausbildung in der Lehrwerkstatt wurde durch einen theoretischen Unterricht in der Berufsschule und in der Werksschule begleitet.

Berufsausbildung

Werkunterricht im Jahr 1938. An der Stirnseite über der Tafel war ein Foto von Adolf Hitler angebracht

Jahr für Jahr bildete man Betriebsschlosser, Maschinenschlosser und Starkstromelektriker für die Werkstätten aus. Jeder Lehrling, ganz gleich ob er später Kaufmann, Elektriker, Laborant oder Schlosser wurde, absolvierte in der Lehrwerkstatt einen sechs Monate langen Grundkurs. Am Ende des Lehrganges wurde bestimmt, zu welchem Beruf sich der Junge eignete. Ausbildungsleiter der Lehrwerkstatt war Diplom-Ingenieur Karl Döbereiner. Lehrschlosser war Herr Hardt.

Im letzten Jahr der Lehrzeit hatten die Lehrlinge Gelegenheit, im Betrieb die technischen Abteilungen des Werkes kennenzulernen. Außerdem besuchte man Industrieunternehmen in den Nachbarstädten. Bei regelmäßigen Elternabenden wurden die Eltern über den Leistungsstand ihrer Kinder informiert.

Lehrwerkstatt während des Krieges

Ein kritischer Blick zurück: Der Un-Geist der neuen Erziehung

Der erste Elternabend fand am 12. August 1938 statt. Das kleine Streichorchester der Werkskapelle umrahmte den Abend. Betriebsführer Julius Funcke betonte, dass man mit der Einrichtung der Lehrwerkstatt planmäßig Facharbeiternachwuchs heranziehen wolle. Die Berufserziehung im nationalsozialistischen Sinne sei eine organische Einheit von Schulung und Erziehung des ganzen Menschen, mit körperlicher Ertüchtigung, Charakterschulung und weltanschaulicher Erziehung, die ihn formte und fürs Leben präge.

Fahnenappell vor der Lehrwerkstatt

Mit soldatischen Drill begann der Tag morgens vor der Lehrwerkstatt mit einem Flaggenappell, wie auf einem Foto zu sehen ist. Am 1. Mai 1938 umrahmte zum ersten Mal die „Belegschaft" der Lehrwerkstatt in der blauen Bluse das Rednerpult von Direktor Ferdinand Rathgeber.

In Marschformation ging man dann wieder zur Lehrwerkstatt. Im Hintergrund das Verwaltungsgebäude

Berufsausbildung

Am 1. Februar 1939 erfolgte im Zuge der Eröffnung des Reichsberufswettkampfes 1939 im Kreis Groß-Gerau die Einweihung der Lehrwerkstätte des Betriebes, mit Hissen der Fahne der deutschen Jugend. Ab Ostern 1939 wurde die Lehrwerkstatt als staatliche Werksberufsschule anerkannt. Damit konnte der Berufsschulunterricht in den eigenen Schulräumen erfolgen.
Sämtliche Lehrlinge mussten beispielsweise am 17. April 1939 in HJ-Uniform am Fabrikeingang antreten, um die neuen „Rekruten" abzuholen.

„Angetreten"

Mit Marschmusik ging es zum ersten Hissen der Fahne an der Lehrwerkstatt. Der Betriebsobmann betonte in seiner Ansprache, Ziel seien nicht nur tüchtige Facharbeiter, sondern auch anständige und pflichtbewusste Soldaten des Führers. Zur Erinnerung: Am 1. September 1939 begann der Zweite Weltkrieg.

1938 wurden 15 Lehrlinge eingestellt
1939 wurden 23 Lehrlinge eingestellt
1940 wurden 10 Lehrlinge eingestellt
1941 wurden 23 Lehrlinge eingestellt
1942 wurden 12 Lehrlinge eingestellt
1943 wurden 14 Lehrlinge eingestellt

In den Jahren von 1938 bis 1943 wurden 97 Lehrlinge als Betriebsschlosser, Elektriker, Chemielaborant, Bürokaufmann und technische Zeichner ausgebildet.

"Baum fällt"

Mit zum Unterricht gehörte der Bau von Nistkästen. Man fällte, wie hier auf dem Foto zu sehen, dafür einen Baum, der später bearbeitet wurde.

*Die Lehrlinge mit Direktor Dr. Ernst Mengerinhausen (zweiter von links) und den Ausbildern Hardt, Seufert und Selbert am 3. September 1943 stellten sich dem Photographen.
Lehrlinge 1943 v. l.: Diehl, Dischinger, Nüchtern, A. Friedel, Stamm, Meyer, Rollwagen, Ohlig, Schreiber, Zinnel, Beckmann, Baumann, Schneider, H. Friedel, Knobling, Thiel, Kern, Krämer und Otto. Lehrmädchen v. l.: Rödner, Gotta, Büttner, Blum und Ploch*

Glanzstoffwettkämpfe und Reichsberufswettkampf

Jährlich fanden sogenannte Glanzstoffwettkämpfe statt, an denen alle Werke des Unternehmens teilnahmen. Kelsterbach siegte bei den insgesamt sechs Wettkämpfen dreimal.
Im nationalsozialistischen Deutschen Reich wurden von 1934 bis 1939 Reichsberufswettkämpfe durchgeführt. An diesem beruflichen Wettbewerb konnten Jugendliche aller Berufe und Betriebe teilnehmen. Er umfasste folgende Themenfelder:

- Berufliche Praxis
- Berufliche Theorie
- Weltanschauliche Schulung
- Für weibliche Teilnehmer - Hauswirtschaft

Die Kelsterbacher Glanzstoff-Lehrlinge nahmen am Reichsberufswettkampf 1938 und 1939 mit Erfolg teil.
1938 waren zwölf Lehrlinge Ortssieger und drei Kreissieger,
1939 waren 23 Lehrlinge Ortssieger und fünf Kreissieger.

Glanzstoff glänzt nicht mehr

Berufsausbildung

Prüfungskommission 1937 bei der Arbeit

Auch Chemiejungwerker wurden im Werk ausgebildet.

Ausbilder Anton Selbert bei der Unterrichtung der Chemiejungwerker 1943. Bei Fliegeralarm wurde im Luftschutzkeller weiter gelernt

Am 2. Juni 1942 wurde dem Chemielabor ein Lehrlabor angegliedert. Die vielen Untersuchungen und Analysen machten es erforderlich, eigene Chemielaboranten auszubilden – zahlenmäßig allerdings eingeschränkt. Die Anforderungen während der dreieinhalb Jahre dauernden Lehrzeit waren hoch gesteckt.

Laborantenausbilder Anton Selbert im Jahr 1970

Bericht vom Berufs-Wettkampf in der Kelsterbacher Zeitung vom 13. April 1934

Der Wettbewerb wurde mit Ausbruch des Zweiten Weltkrieges ausgesetzt.

Nach dem Krieg bildete man erst ab 1957 wieder im Chemielabor aus. Der erste Nachkriegslehrling im Labor war Horst Fenkl. Zu den letzten drei, am 3. September 1973 eingestellten Chemielaborantenlehrlingen zählte Michael Wittig. Er und seine zwei Kollegen konnte ihre Ausbildung im Kelsterbacher Werk nicht beenden, da ihr Ausbilder Anton Selbert sein

Pensionsalter erreichte. Ein neuer Ausbilder wurde nicht mehr eingestellt. Michael Wittig und ein weiterer konnten ihre Ausbildung im Werk Obernburg abschließen Der dritte hat seine Lehre bei Röhm & Haas in Darmstadt vollendet.

Anzahl eingestellter Auszubildenter am 03.09.1973
 5 Industriekaufleute
 1 Sozialversicherungs-Angestellter
12 Bürokaufleute
11 Betriebsschlosser
 3 Maschinenschlosser
 8 Energieanlagen-Elektroniker
 3 Chemielaboranten

Ausbildung kaufmännisches Personal

Auch für die kaufmännischen Abteilungen wurde Personal ausgebildet. So bot man als Lehrberuf Stenokontoristin und Industriekaufmann an. Während der Ausbildung durchlief man bei der praktischen Ausbildung verschiedene kaufmännische Abteilungen des Werkes.

Betriebswirtschaftlicher Unterricht 1963 mit Manfred Vest

Neuer Beginn nach dem Krieg

Mit dem zu Ende gehenden Krieg kam auch die Lehrlingsausbildung zum Erliegen. Bald wurde aber die Ausbildung insbesondere des Handwerkernachwuchses selbst wieder in die Hand genommen. 1949 wurde erneut von den jungen Handwerker-Anwärtern die wieder in Betrieb genommene Werkstatt bezogen. Denn in einem großen Industriewerk mit seinen vielseitigen gegliederten Spezialabteilungen konnte eine Ausbildung nur erfolgreich durchgeführt werden, wenn eine abgeschlossene Lehrlingsabteilung bestand. Das war die vorherrschende Meinung. Mancher Wunsch blieb zwar noch hinsichtlich der äußeren Form und der Einrichtung noch offen. Aber man bildete wieder aus. Das nach den braunen Diktatur-Jahren veränderte Menschenbild spiegelte sich übrigens auch in der Ausbildung und deren Programmen anschaulich wider. Anstelle von Kadavergehorsam war das Ziel ein fachlich mitdenkender sowie dem demokratischen und sozialen Leben verpflichteter Mitarbeiter. Im Sommer 1951 wurde die Lehrwerkstatt renoviert. Als die Lehrlinge nach vier Ferienwochen zurückkamen, war die Werkstatt im neuen Gewand fertig. Die Betriebsschlosser-Lehrlinge erhielten hier zunächst eine zweijährige Grundausbildung. Im dritten Lehrjahr wurden sie im Betrieb mit einem erfahrenen Gesellen mit den vielfältigen Arbeiten vertraut gemacht.

Ein Blick in die alte Lehrwerkstatt 1957. In der Mitte des Bildes ist der Ausbildungsmeister Jakob Krumb zu erkennen

Mit zur Philosophie gehörte, dass zur entscheidenden Entwicklung zwischen dem 14. und 18. Lebensjahr bei der noch ungewohnten Arbeit die Möglichkeit der körperlichen Entspannung und Erholung gegeben sein sollte. Auf dem Sportplatz oder im Schwimmbad wurde die Gesundheit des Nachwuchses in „Schuss" gehalten.
Wöchentlich fand im Sommer auf dem Schwimmbadgelände eine Sportstunde statt. Als Sportlehrer wirkte der Bademeister mit.

Eine wöchentliche Sportstunde für Lehrlinge 1970

Berufsausbildung

Die jährliche Lehr- und Wanderfahrt der Lehrlinge ging beispielsweise 1956 südwärts über Lindau am Bodensee, den Arlberg-Pass nach Innsbruck und Bad Reichenhall. Von dort aus wurden Wanderungen in die oberbayrischen Berge und Salzbergwerke unternommen. Auch die Nordsee stand auf dem Programm.

Lehrlinge an Bord

Im Glanzstoff-Landschulheim Freisheim

Die gewerblichen und kaufmännischen Lehrlinge verbrachten ab 1957 einen Teil ihrer Ausbildung im kleinen Eifeldorf Freisheim. Die zwei Wochen standen nicht einfach nur unter dem Motto „Erholung", sondern dies war ein Beitrag zur allgemeinen Ausbildung, Erziehung und zu selbständigem Handeln. Deshalb standen diese Tage unter Selbstverwaltung der Lehrlinge. Sie wählten aus ihrer Mitte ihre Leitung und stellten eine Haus- und Tagesordnung auf. Nach demokratischen Spielregeln verlief das Zusammenleben in dieser Zeit. Neben dem Unterricht standen auch Spiel, Sport und praktisches Arbeiten auf der Tagesordnung. So wurden ein Heimsportplatz und ein Hundezwinger hergerichtet sowie ein Zaun um das Gelände geplant. Bei einem Orientierungsspiel ging es mit Kompass und Karte in das Gelände. Die jüngsten Mitarbeiter sollten in dieser Zeit zu selbständigen, in der Gemeinschaft mitdenkenden Persönlichkeiten hingeführt werden.

Es entsteht ein Sportplatz

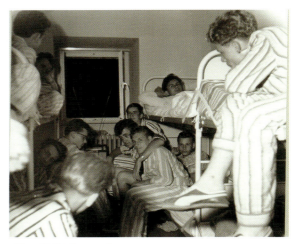

Abends Budenzauber

Morgens Orientierungsspiel oder ...

Berufsausbildung

... Frühsport in der Morgendämmerung

Aprilscherze

Die neu eingestellten Lehrlinge vom 1. April mussten manche Scherze über sich ergehen lassen. Einer war, Gewichte für die Wasserwaage vom Schrottplatz zu holen.

Neben der Berufsschule fand bei Glanzstoff ein Werksunterricht statt.

Abgerundet wurde die Ausbildung unter anderem durch Staatsbürgerkunde, mithin also Allgemeinwissen. Denn die Anforderungen, besonders auch das theoretische Wissen, wurden bei den Prüfungen immer größer. Es wurde großer Wert auf gründliche Fachkenntnisse und gute Allgemeinbildung gelegt.

Werksunterricht

1952 unterrichtete Gewerbeoberlehrer Peter Reuter die gewerblichen Lehrlinge. Die Ausbildung der Lehrlinge umfasste neben fachlichen Übungen und Unterweisungen auch die Lenkung zu verantwortungsbewussten Staatsbürgern.

Landrat Seipp beim Werksunterricht

1955 unterrichtete als prominenter Referent der Groß-Gerauer Landrat Wilhelm Seipp im Fach Sozialkunde. Auch Bürgermeister Wendelin Scherer sprach zu den Lehrlingen über das Thema: „Aufgaben und Organisation einer Stadtverwaltung".

Halbjahreszeugnis von 1941 der Werkberufsschule

Eine neue Lehrwerkstatt wird gebaut

1957 wurde begonnen, den gewerblichen Lehrlingen eine zweckmäßige, räumlich großzügige und den neusten Verhältnissen angepaßte Ausbildungsstätte zu bauen

Berufsausbildung

Bau der neuen Lehrwerkstatt

1958 Auszug aus der alten in die neue Lehrwerkstatt

In Sachen Ausbildung wurde so ein Meilenstein gesetzt: Im Januar 1958 erfolgte der Umzug in die Räume der neuen Lehrwerkstatt - ein freudiges Ereignis für alle.

Lehrlinge tragen Tische und Werkzeuge in ihr neues Domizil. Zum Jahreswechsel 1957/58 konnten die gewerblichen Lehrlinge in die neue Lehrwerkstatt übersiedeln

Die Ausbilder schauen lächelnd zu

Von der alten Lehrwerkstatt ...

... in die neue Ausbildungsstätte

Die neue Ausbildungsstätte entsprach dem neuesten Stand. Es entstanden Freiräume für Montageplätze.

Die neue Lehrwerkstatt war ein Schmuckstück

Vom verglasten Ausbilderraum – im Hintergrund – konnte der Meister alles überblicken

Glanzstoff glänzt nicht mehr

Berufsausbildung

Moderne Schulungsräume standen damals schon zur Verfügung.

Schulungsraum

Auch die alte Handwerkskunst Schmieden wurde gelehrt

Die hohen Fenster ließen auch an trüben Tagen Licht auf die Arbeitsplätze fallen

Ausbildungsmeister Jakob Krumb und Auszubildender Manfred Hardt

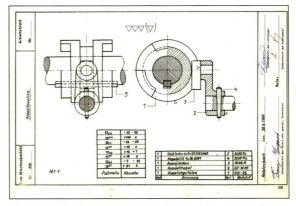

Zum Wochenbericht wurde eine Zeichnung gefertigt

Noch ein Blick in die leere Lehrwerkstatt

Glanzstoff glänzt nicht mehr

Berufsausbildung

2008 kamen auch hier die Bagger...

... und die Lehrwerkstatt wurde abgebrochen

Ein zweiter Bagger packt zu

Aus und vorbei

Nach der Ausbildung

Nach abgeschlossener Ausbildung ging es in den Betrieb als Jungschlosser. Das in der Lehrzeit Gelernte musste jetzt bewiesen werden.

Junghandwerker im Chemiebetrieb „Viskose"

Junghandwerker im Textilbetrieb „Conerei"

Zur Ausbildung eines Maschinenschlossers gehörte im wesentlichen das Feilen, Schlichten, Anreißen, Bohren, Schmieden, Drehen, Hobeln, Fräsen, Gewindeschneiden, Schweißen, Löten und Zusammenbauen.

Anzahl der Auszubildende in den 80er Jahren
- 1981 26 Azubis
- 1984 36 Azubis
- 1989 15 Azubis

Ab 1989 gab es neue Ausbildungsgänge als
- Industriemechaniker
- Industrieelektroniker

Berufsausbildung

Wohlverdiente Pause auf der Wiese

Neue Technologien

Im Laufe der Jahre änderten sich die Berufsbezeichnungen und Ausbildungsinhalte. Aus Lehrlingen wurden 1969 Auszubildende (Azubis). Außerdem wurden kaufmännische und industrielle Lehrberufe gestrichen. Der technische Wandel machte dies erforderlich. Neue Technologien wie Datenverarbeitung und elektronische Steuerung veränderten die Arbeitswelt und die Ausbildung. Für neu angeschaffte Speicherprogrammierbare Steuerung (SPS) gab man rund 200.000 Mark für die Ausbildung in der Lehrwerkstatt aus. Elektronik, Digitaltechnik und Mikroelektronik waren „in".

Ausbildung bei Akzo ab 1.9.1993
- **Industriemechaniker/in**
- **Energieelektroniker/in**
- **Kauffrau für Bürokommunikation**

Unsere Auszubildenden werden durch bewährte Ausbilder und erfahrene Praktiker intensiv auf ihren späteren Beruf vorbereitet. Dabei sichern wir eine sorgfältige Betreuung und persönliche Förderung bis zum Ausbildungsabschluß zu. Durch die relativ kleinen Ausbildungsgruppen ist im werksinternen Unterricht gewährleistet, daß die in der Berufsschule vermittelten Kenntnisse vertieft und ergänzt werden.

Bewerben Sie sich bitte mit tabellarischem Lebenslauf, Zeugniskopien und Foto.

Akzo Faser AG Werk Kelsterbach
Rüsselsheimer Straße 100 - 6092 Kelsterbach
Telefon 06107/771-217 (Herr Bieber)

So oder ähnlich sahen die Anzeigen aus

1989 gab es neue Ausbildungsgänge als Industriemechaniker/in und Industriemechaniker, Energieelektroniker/in oder Kaufmann/frau für Bürokommunikation.
Um hervorragende Produkte herzustellen, bedurfte es einer gut ausgebildeten Mannschaft, wofür die Lehrwerkstatt des Betriebs über Jahrzehnte hinweg sorgte. Für die Ausbildung gab man 800.000 Mark pro Jahr aus.

Das war schon ein Pfund mit dem man wuchern konnte, hier eine gute Ausbildung absolviert zu haben. Das eröffnete Chancen und keineswegs nur bei Enka selbst. Denn die Ausbildung im Kelsterbacher Unternehmen hatte über den Werkszaun hinaus einen guten Ruf.

Anzahl der Auszubildenden von 1990 bis 1999

Jahr	Gewerbl. Bereich	Kaufm. Bereich	Summe
1990	10	3	13
1991	10	3	13
1992	7	3	10
1993	12	2	14
1994	10	3	13
1995	9	3	12
1996	9	4	13
1997	8	2	10
1998	8	2	10
1999	4	3	7
			115

Einweisung im Betrieb

Wichtiger Bestandteil war ebenfalls das direkte Anlernen im Betrieb. Denn auch hier wurden Leute benötigt, die genau wussten, wo und wie welcher Handgriff sitzen musste. Diese Tätigkeiten wurden geübt und von zweimal wöchentlich stattfindenden Unterrichtsstunden unterbrochen. Nach 14 Tagen erfolgte eine Führung durch den gesamten Betrieb. Die Ausbildung wurde stetig verbessert, um mit den hohen Anforderungen an die Qualität der Rayon-Fäden Schritt zu halten.
Mehrere Mitarbeiter waren als Ausbilder von Anlernlingen tätig.

Glanzstoff glänzt nicht mehr

Berufsausbildung

Anlernen im Betrieb - Ludwig Wetteroth zeigt wie man mit einem Wickel umgeht. Im Hintergrund Theo Grünewald, der für die „Zentrale Einweisung" zuständig war

Anlernlinge mit ihren Ausbildern im Ausbildungsraum am Modell der Cones-Maschine

Der letzte Ausbildungs-Jahrgang

Am 1. September 1999 haben sieben Auszubildende ihren neuen Lebensabschnitt mit der Aufnahme einer drei- bzw. dreieinhalbjährigen Lehre für Kauffrau/-mann Büro-kommunikation oder als Energieelektroniker oder Industriemechaniker begonnen. Man wünschte von Seiten der Werkleitung und Betriebsrat eine gute Ausbildung und einen guten Start ins Berufsleben. Aber es kam alles ganz anders. Das Ende der Ausbildung im Werk nahte schon vier Monate später.

Historie der besonderen Art ist ein 1999 gemachtes Foto der letzten Azubis des Kelsterbacher Werks mit Personalchef Dr. Michael de Frênes, Betriebsrat und Ausbildern. Nach der Werksschließung wurde sichergestellt, dass die gewerblichen Auszubildenden im Ausbildungszentrum Industriepark Höchst ihre Ausbildung ordentlich beenden konnten. Die drei kaufmännischen Auszubildenden wurden von der Flughafen AG (FAG) übernommen. Die Ausbildung im Kelsterbacher Enka-Werk war dann nur noch Geschichte.

Von lks.: Dr. Michael C. de Frenês, Reinhard Stolpe, Ronny Bertrand, Helmut Bleser, Yasin Türk, Amalia Konstaninou, Fedor Walker, Agnes Jurecki, Robert Geilfuss, Ömer Demir, Mehmet Kurtarslan, Ulrike Oppermann, Stefan Holz und Willi Bausch

Die letzten Prüfungsergebnisse

Wer die Ausbildung erfolgreich durchlaufen hatte, der konnte sich am Ende stolz dem Fotografen für einen historischen Schnappschuss stellen

Begegnung nach 50 Jahren

Auch die einstigen Lehrlinge der „Vereinigten Glanzstoffwerke" in Kelsterbach, welche während des Krieges ausgebildet wurden, trafen sich noch 1999. Unter erschwerten Bedingungen mußten sie einst ihre Prüfungen absolvieren und manche zogen dann in den Krieg.

nach 50 Jahren vor der Jahrhundertwende

Manche Ausbildungsjahrgänge hielten über Jahrzehnte hinweg untereinander Kontakt, wie ein auf 1999 datiertes Jubiläumsfoto mit dem Untertitel „50 Jahre danach" zeigt

Glanzstoff glänzt nicht mehr

Auch zwischen den Zeilen gelesen

Werkszeitschriften waren und sind ein wichtiges, für manche sogar das wichtigste innerbetriebliche Kommunikationsmittel. Und das gilt auch für Glanzstoff/Enka. Aber nicht nur firmeninterne Themen wurden an Mitarbeiter und darüber hinaus an deren Angehörige so herangetragen. Für letztere war dies zudem oft die Gelegenheit, sich darüber zu informieren, was ein Familienangehöriger so in der Fabrik erlebte, was ihm abverlangt wurde, aber auch welche Chancen es gab. Außerdem darf getrost vermutet werden, dass findige Kelsterbacher auch damals schon zwischen den Zeilen zu lesen vermochten und sich eine eigene Meinung zu bilden wussten. Die Inhalte sowie die Art und Weise wie diese Informationen präsentiert wurden, gaben auch Aufschluss über die jeweilige Unternehmenskultur hinter dem Werkszaun. Das alles spiegelt sich auch in den Werkszeitschriften des Kelsterbacher Traditionsbetriebs wider.

Die erste Werkszeitschrift 1935

Unter dem Namen **„Wir vom Glanzstoff"** erschien die Werkzeitschrift Ende 1935 zum ersten Mal regelmäßig. Sie wurde direkt von der Hauptverwaltung in Wuppertal herausgegeben.

Die Zeitschrift ging an alle Teilbetriebe der Glanzstoff-Gruppe. Dazu gehörten die Vereinigten Glanzstoff-Fabriken AG mit der Hauptverwaltung Wuppertal-Elberfeld und Werke in Oberbruch bei Aachen, Kelsterbach, Obernburg, Elsterberg in Sachsen, Sydowsaue bei Stettin, Breslau, die Kunstseiden-Aktiengesellschaft Wuppertal-Barmen, Werke in Wuppertal-Barmen, Waldniel bei Mönchengladbach, Tannenberg in Sachsen, Glanzstoff-Coutaulds GmbH Köln, die Spinnfaser Aktiengesellschaft Kassel-Bettenhausen, die erste Österreichische Glanzstoff-Fabrik AG in St. Pölten und die Böhmischen Glanzstoff-Fabrik Lobositz. In den Kriegsjahren erschien die Publikation mit größer werdenden Abständen bis zum Sommer 1944. Fünf Jahre lang - von 1945 bis 1949 - erschien die Werkszeitschrift nicht.

Bis zum Kriegsausbruch wurden in den Heften die Werke vorgestellt und man behandelte etwa zu gleichen Teilen betriebsbezogene Fragen. Auf die Produktion und Produkte ging man ebenfalls ein. Insbesondere war die Arbeitssicherheit ein Schwerpunkt sowie mögliche Arbeitsfehler mit ihren Folgen. Ab 1936 erstellten die einzelnen Werke jeweils ein Beiblatt.

Auch allgemeine Themen sprach man an, wie Hilfen für das Siedeln, Haus und Garten, Hausarbeit und –einrichtung. Die Hinführung zur zeitgenössischen Literatur war ein Schwerpunkt. Nicht nur die Auswahl der empfohlenen Buchautoren zeigte, dass sich die Werkzeitschrift voll in die nationalsozialistisch geforderte Haltung einfügte. Es handelte sich aber um keine Propaganda-Zeitschrift im klassischen Sinne.

Die Vertrauensräte waren weder bei den Sozialberichten noch bei der Werkzeitschrift in die Arbeit einbezogen; die Verantwortung trug eine selbständige, vom Vorstand berufene Redaktion. Das wird durch ein „Gutachten für Verleger" – Das Gutachten ist auf der Grundlage der Hefte 2-4/1936 erstattet — der Reichsstelle zur Förderung des deutschen Schrifttums vom 17. April 1936 bestätigt.

Werkszeitschriften

Zum Thema Werkzeitung schrieb später Wolfgang E. Wicht (1992) in seinem Buch: „GLANZSTOFF - Zur Geschichte der Chemiefaser, eines Unternehmens und seine Arbeiterschaft":

"...,dass es sich damals (und auch später) nicht um eine Propaganda-Zeitschrift handelte, sondern um ein Blatt, das die Verbindung zwischen Arbeiterschaft und Unternehmen fördern und zur eigenständigen Urteilsbildung der Leser über betriebliche Fragen und solche der privaten Lebensführung anregen sollte. Es enthielt keine nationalsozialistische Propaganda, fügte aber das Unternehmen bewusst in das Bild der damals geltenden Wirtschafts- und Gesellschaftsordnung ein; seine Verflechtung mit holländischem Kapital wurde dabei nicht erwähnt."

Später spiegeln sich auch in den Titeln der Werkszeitschrift getreulich die vielen, immer geänderten Namen des Unternehmens wider: Nachdem aus den „Vereinigte Glanzstoff-Fabriken AG" die „Glanzstoff AG" geworden war, änderte man 1966 auch den Namen der Werkzeitschrift in **„Wir von Glanzstoff"**.

Werkzeitschrift 1966

Die Glanzstoff AG war seit 1969 voll in die neue **„Akzo NV"** integriert (Zusammenschluss der holländischen Chemieunternehmen AKU und KZO in Akzo NV). Der Name „Glanzstoff" lebte nach einer einheitlichen Umbenennung der deutschen und holländischen Werke in Enka Glanzstoff (AG und NV) weiter. Mit dem ersten Heft 1973 wurde die Zeitschrift für die Mitarbeiter der Enka Glanzstoff AG in ihrer Form umgewandelt und erhielt den Namen **„informiert"**. In der neuen Werkzeitung war zu lesen, man wolle nicht auf alten Gleisen fortfahren, sondern sich einer veränderten Umwelt stellen und notwendige Anpassungen vornehmen. So sei der Übergang von „Wir von Glanzstoff" zu „informiert" mehr als der Austausch einer Überschrift, sondern dahinter stehe eine Zielsetzung und sei ein Symbol für den Weg in das Jahr 1973.

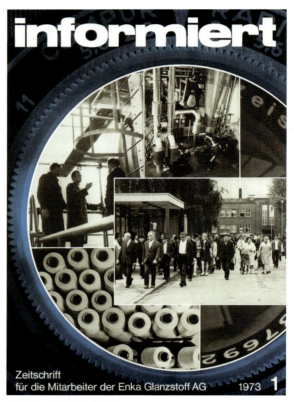

Werkzeitschrift 1973

Eine beiderseitige Umbenennung der deutschen und holländischen Werke in Enka (AG oder NV) erfolgte am 24. August 1977. Der alte Glanzstoff-Bereich wurde nun als Enka AG bezeichnet. Das Wort Glanzstoff verschwand 78 Jahre nach der Gründung endgültig.

Im September 1980 wurde der Name der Werkzeitschrift für die deutschen und holländischen Werke einheitlich in **„Enka report"** geändert, um auch damit ein Zeichen für die Einheitlichkeit des Unternehmens zu setzen. Enka änderte seine Firmen-Identität und wollte sich als ein europäisches Unternehmen mit weltweiten Aktivitäten präsentieren. Die früher getrennt operierenden Teile waren zu einer Unternehmensgruppe zusammengewachsen. Der Schwerpunkt lag nicht mehr bei den textilen Chemiefasern.

Werkzeitschrift 1980 - neues Layout und neues Logo

Acht Jahre später - 1988 - wurde die Werkzeitschrift in **„AKZO Report"** unbenannt, als AKZO mit ihrer veränderten Corporate Identity, also dem neu formulierten Selbstverständnis des Unternehmens an die Öffentlichkeit trat. Eine altgriechische Skulptur mit weit geöffneten Armen hatte das Management zu dem neuen Symbol inspiriert. Der Name der operationellen Gesellschaft „Enka AG" wurde während einer Übergangszeit weitergeführt.

Werkzeitschrift 1988

Ab Januar 1993 hieß die Zeitschrift für die Mitarbeiter der AKZO Faser AG **„AKZO inform"**. Diese Umstellung trug der neuen Organisation von Akzo Rechnung. Es gab nur noch zwei Führungsebenen. Auch die Mitarbeiterinformation sollte dieser modernen, flachen und flexiblen Organisationsstruktur folgen.

Werkzeitschrift 1993

Werkzeitschrift 1994

1994 erfolgte die Fusion der Akzo mit der schwedischen Nobel Industries AB. Die Gesellschaft änderte ihren Namen in „Akzo Nobel Faser AG" und ebenso die Werkzeitschrift in **„AKZO NOBEL inform"**.

Werkzeitschrift Dezember 1998

Wieder eine Veränderung: Ein neues Faserunternehmen, das durch die Vereinigung der Faseraktivitäten von Akzo Nobel und Courtaulds entstand, nannte sich „Acordis". Es formierte sich ab 1. Januar 1999 als ein unabhängiges und mit rund 19.000 Mitarbeitern als größtes auf Fasern spezialisiertes Unternehmen. Die neue Werkzeitschrift hieß daher **„ACORDIS Reporter"** und das Beiblatt für das Werk Kelsterbach **„ENKA inform"**.

Werkszeitschriften

Werkzeitschrift November 1999

CVC Capital Partners übernahm 2000 die Anteilsmehrheit der Acordis-Gruppe.

Werkzeitschrift April 1999

Vor der Schließung des Kelsterbacher Werkes Anfang 2000 kam im Dezember 1999 die letzte Ausgabe der Werkzeitschrift „Enka inform" mit Grußworten zum Weihnachtsfest und zum Jahreswechsel. Im Januar 2000 war es mit dem Kelsterbacher Werk zu Ende – und folgerichtig auch mit der Werkszeitschrift.

Die letzte Werkszeitschrift des Werkes Kelsterbach

Insgesamt kann gesagt werden: Die Werkzeitschrift war eine wichtige Informationsquelle über Vorgänge im Unternehmen für Mitarbeiter und ihre Familienangehörigen. Regelmäßig berichtete man über Themen wie: Sozial- und Tarifpolitik, Unternehmenspolitik, Arbeitsplatzbeschreibungen, Produktion, Verfahren und Betriebsratstätigkeiten.

Werkzeitschriften von den Vereinigten Glanzstoff-Fabriken AG 1935 bis zur ACORDIS GmbH & Co. KG 1999

„Wir vom Glanzstoff"	1936
„Wir von Glanzstoff"	1966
„informiert"	1973
„Enka Report"	1980
„AKZO Report"	1988
„AKZO inform"	1993
„AKZO NOBEL inform"	1994
„ACORDIS Reporter"	1999
„ENKA inform"	1999

Logos der Werkzeitungen

Für Leseratten und Bücherwürmer

Die Werksbücherei war ein weiterer wichtiger Part der Sozialleistungen der Fabrik. Zur Ausleihe stand keineswegs nur unmittelbar auf den Arbeitsablauf im Betrieb thematisch fokussierter Lesestoff. Vielmehr hatte dieser eine große Spannbreite von schöngeistiger Literatur bis zu gesellschaftspolitisch engagierten Werken. Im Zuge von Sparmaßnahmen wurde die Werksbücherei leider 1978 geschlossen.

In den Jahren nach dem Krieg, etwa um 1947 konnte man sich wieder Bücher aus der Werksbücherei entleihen. Allerding musste man sich in das Zimmer des damaligen Oberpförtners neben dem Werkseingang begeben, wo die Bücherei mit einem kleinen Bestand von 390 Bänden untergebracht war. Bereits 1950 zählte man aber schon 1000 Bände und war in das Sozialgebäude gewechselt.

Die Leiterin der Sozialabteilung Elfriede Gerlach (sitzend) bei der Ausgabe von Büchern

Die Nachfrage war groß und der Bestand wuchs. So um 1959 konnte eine Übersiedlung in einen größeren Raum des Verwaltungsgebäudes erfolgen. Jetzt hatte man die Möglichkeit, sich die Bücher selbst an den Regalen auszusuchen. Die Auswahl war groß. Man konnte wählen zwischen Romanen, Erzählungen aller Art, Reise- und Naturbeschreibungen, Lebensbeschreibungen großer Persönlichkeiten, Bücher politischen oder geschichtlichen Inhalts, über Wirtschaft und Technik, Geisteswissenschaften usw.

Es standen damals etwa 3.700 Bände zur Verfügung. Kinderbücher waren für alle Altersstufen vorhanden.

In den niedrigen Regalen konnten sich die Kinder den Lesestoff selbst aussuchen

Ein Katalog gab genauen Aufschluss über den Buchbestand. Die Werksbücherei diente zur Weiterbildung und Unterhaltung. Und das stieß auf großes Interesse bei den Mitarbeitern.

Werkszeitschriften

Auch in vielen anderen Fällen unterbreitete das Werk seinen Mitarbeitern und ihren Familien ein über das reguläre Maß hinausgehendes Angebot freiwilliger Leistungen: Hier beispielsweise geht's rund, als junge Besucher bei einem „Tag der offenen Tür" das Spielangebot nutzten

Über 100 Jahre um die Gesundheit besorgt

Das ist fast schon kurios: Denn die Frage „Was hat von Glanzstoff/Enka am längsten überlebt – auch über die Werksschließung im Jahr 2000 hinaus?" muss so beantwortet werden: „Die Betriebskrankenkasse BKK Enka". Denn ihre Eigenständigkeit und Geschichte seit 1904 endete erst 2011 mit dem Zusammenschluss anderer, ähnlicher Einrichtungen zu den „Vereinigten Betriebskrankenkassen".

Zur Historie: Betriebskrankenkassen können mit Zustimmung des Betriebsrats vom Arbeitgeber für seinen Betrieb errichtet werden. Vorläufer waren die sogenannten Fabrikkassen. Am 1. April 1904 wurde die Betriebskrankenkasse als Einrichtung der damaligen Firma „Vereinigte Kunstseiden Fabriken AG" ins Leben gerufen. Die Arbeit der Betriebskrankenkasse war auf die individuellen Bedürfnisse der Versicherten und auf die jeweiligen Verhältnisse des Betriebes abgestellt und hat sich in den über 100 Jahren ihres Bestehen bewährt.

Satzung der Betriebskrankenkasse von 1914

Satzung der Betriebskrankenkasse von 1914

Die Betriebskrankenkasse wurde in all diesen Jahren, einmal durch die Ausweitung des Krankheitsbegriffes durch die Rechtsprechung und die des Leistungskataloges durch den Gesetzgeber, vor sich ständig ausweitende Aufgaben gestellt. Sie wurden in der Vergangenheit erfolgreich gelöst.

BKK-Aktion 1997 in der Kantine

Betriebskrankenkasse

> 5. Das sonstige Verhalten der kranken Mitglieder.
>
> 1. Die kranken Mitglieder haben den Anordnungen und Weisungen des Arztes, des Vorstandes, der Kassenverwaltung und des Krankenbesuchers unbedingt Folge zu leisten, namentlich der Aufforderung zu einer ärztlichen Nachuntersuchung, insbesondere durch einen Vertrauensarzt, pünktlich zu der angegebenen Zeit stattzugeben.
> 2. Hat der Arzt Bettruhe angeordnet, so ist diese streng innezuhalten.
> 3. Arbeitsunfähige Kranke dürfen ihre Wohnung nur mit Genehmigung des behandelnden Kassenarztes verlassen. Die im Krankenschein vom Arzt angegebenen Ausgehstunden dürfen keinesfalls überschritten werden.
> 4. Alle Kranken, denen vom Kassenarzt das Ausgehen gestattet ist, haben denselben in den von ihm festgesetzten Zeiten aufzusuchen.
> 5. Die verordneten Arzneien und Heilmittel sind an den vom Vorstande bestimmten Stellen zu entnehmen und nach Weisung des Arztes zu gebrauchen.
> 6. Jedes Mitglied ist verpflichtet, Arzneiflaschen, Krüge und andere Gefäße bei Wiederholung der Arznei usw. in sauberem Zustande zurückzuliefern oder deren Wert zu ersetzen.
> 7. Brillen, Bruchbänder, Bäder, Massagen, Bandagen, Irrigatoren und ähnliche Heilmittel und Vorrichtungen werden nur dann von der Kasse bezahlt, wenn die Verordnung durch einen Kassenarzt erfolgt und diese Verordnung vor der Kassenverwaltung zur Genehmigung vorgelegt worden ist.
> 8. Artikel der Krankenpflege, insbesondere Eisbeutel, Inhalationsapparate, Irrigatoren und dergleichen werden bei der Kassenverwaltung aufbewahrt und den Mitgliedern leihweise überlassen. Diese Hilfsmittel sind sorgfältig zu behandeln und nach Beendigung der Kur in gereinigtem Zustande an die Kassenverwaltung zurückzugeben

Auszug aus der Satzung der Betriebskrankenkasse der Vereinigte Kunstseide-Fabriken A.G. von 1914

In diesem Protokoll vom 30. August.1916 ist eine Beitragserhöhung von 4,5 auf sechs Prozent vorgesehen

Nach dem zweiten Weltkrieg war Karl Estenfeld mit dem Motorrad als „Krankenbesucher" von der Glanzstoff unterwegs. Im Werk war er seit 1920 angestellt

Später ist er auf einen vierrädrigen Untersatz – ein Goggomobil – umgestiegen. 1958 machte er 3.910 Krankenbesuche und fuhr dabei 12.159 km

Der Name der Betriebskrankenkasse änderte sich in der Vergangenheit jeweils bei der Änderung des Firmennamens. So hieß sie bei der Schließung Betriebskrankenkasse ENKA.

Werbung der BKK Enka von 2007, also lange nach der Werksschließung

Betriebskrankenkasse

Im Rahmen der jährlichen BKK-Aktionswoche fand im November 1998 zum letzten Mal eine Informationswoche statt. Diese wurde in Zusammenarbeit mit der Berufsgenossenschaft Chemie und der Sicherheitsabteilung des Werkes durchgeführt.

Die BKK Enka fusionierte mit der Vereinigten BKK. Die neue Kasse tritt seither unter dem Namen Vereinigte BKK auf.

1998 präsentierte sich die BKK Enka bei einer Sicherheitswoche in der Kantine des Werkes

Seit der Liberalisierung des Krankenkassenwahlrechts im Jahr 1996 hat sich die BKK durch Satzungsänderung geöffnet und wurde damit für alle Versicherungspflichtigen und Versicherungsberechtigten wählbar. So konnte die BKK Enka auch nach der Schließung des Werkes weiterbestehen und Ihren Mitgliedern eine gute Krankenversicherung anbieten. Das 100-jährige Bestehen der Kasse feierte man 2004. Ein Zusammenschluss mit einer anderen Krankenkasse erfolgte zum 1. Januar 2011.

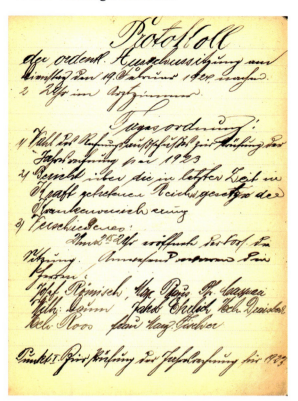

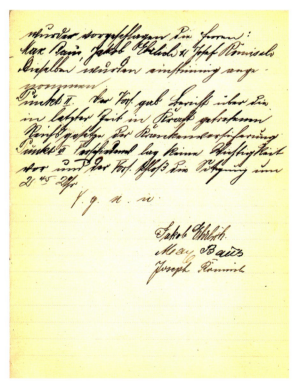

Protokoll von 1927

Glanzstoff glänzt nicht mehr

Betriebskrankenkasse

Zum Erinnern: Blick in das Büro der Betriebskrankenkasse im Jahr 1991 mit Helga Gesswein und Kollegin

Ferien vom Alltag

Heute für viele kaum vorstellbar, da viele Unternehmen sich bewusst von allem zurückziehen, was nicht mit ihrem „Kerngeschäft" zu tun hat: Ein Betrieb organisiert für seine Mitarbeiter Urlaub und Freizeit. Bei Glanzstoff / Enka war genau dies über Jahrzehnte hinweg Praxis.

Glanzstoff-Gesundheitswerk: Kinderverschickung

Mittel für Kuren als vorsorgende Fürsorge, Verschickung von Mitarbeiterkindern in Urlaubsgebiete, außerdem Wochenendfahrten in den Taunus wurden schon 1949 durchgeführt. Das Glanzstoff-Gesundheitswerk verschickte bis in die 1960er Jahren regelmäßig Kinder von Werksangehörigen nach Sylt in ein Nordseeheim und Kinderdorf oder in das Nordsee-Sanatorium nach Wyk auf Föhr. Eine Einladung dazu erging in der Regel an Kinder, für deren Gesundheit der Arzt Luftveränderung als notwendig empfahl.

Elf Kinder von Werksangehörigen kehrten erholt und munter aus dem Nordseebad auf Sylt zurück. Als der Zug im Oktober 1953 im Frankfurter Hauptbahnhof einfuhr, warteten Ganzstoff-Eltern in gespannter Freude auf ihre Kinder, die sechs Wochen an der Nordsee waren

Urlaub à Konto Werk

Ab 1948 bis in die 1960er Jahre wurden Mitarbeiter in Ferienorte zur Vorsorge gegen Krankheiten und Arbeitsunfähigkeit vom Glanzstoff-Gesundheitswerk unter dem Motto „Ferien vom Alltag" verschickt.

Eine Gruppe aus Kelsterbach stellt sich in Oberreute (Allgäu) dem Fotografen

Wohin reisten die Glanzstoff-Urlauber?

1951 nach Sachrang im Chiemgau. Der Urlaub begann am Werkstor beim Einsteigen mit Koffern und Taschen in den Glanzstoff-Bus. In München gehörten eine Stadtrundfahrt und ein Besuch im Hofbräuhaus dazu. Dann wurden die sechs Mitarbeiter oder Mitarbeiterinnen mit einem VW-Bus nach Sachrang gefahren. Zum Urlaub gab es noch ein Taschengeld in Höhe von 30 Mark. Im Jahre 1951 betrugen die Ausgaben für Erholungsverschickungen im Werk 27.970 Mark.

> **Glanzstoff-Gesundheitswerk 1961**
>
> In diesem Jahr nahmen 119 Mitarbeiter auf ärztliche Empfehlung am Glanzstoff-Gesundheitswerk teil.
> Unterkunft boten die Erholungsorte:
> Herrischwand im Schwarzwald, Glatt im Schwarzwald, Oberreute im Allgäu und Otto-Hoffmeister-Haus bei Hepsisau in der Schwäbischen Alb.
> Außerdem wurden 21 Mitarbeitern Terrainkuren in Hillersbach/Oberhessen verordnet.
> Kuren im Nordseebad Klappholttal auf der Insel Sylt machten 36 erholungsbedürftige Kinder von Mitarbeitern. Aufenthalte in Müttergenesungsheimen wurden 4 Ehefrauen von Mitarbeitern vermittelt.
> Insgesamt sind also 180 Personen im Rahmen des Glanzstoff-Gesundheitswerkes im Jahre 1961 gefördert worden.

Weitere Urlaubsorte waren u.a.:
- Die Heckenmühle bei Hirzenhain
- Freiling im Westerwald
- Alpirsbach und Schenkenzell im Schwarzwald
- Strümpfelbrunn im Odenwald
- Kleinblankenbach in Unterfranken
- Oberreute im Westallgäu

Ferien vom Alltag

Von 1948 bis 1954 haben 927 Werksangehörige solche Einrichtungen genutzt und 14 Tage im Odenwald, Westerwald, Schwarzwald oder auch in Oberbayern verlebt.

1954 Erholung pur

Ab 1960 nahm man auch Verschickungen im Winter in die Schwarzwaldhöhen vor.

Betriebsfeste – Betriebsausflüge -- Modenschauen

Noch einiges mehr zählte zu den Sozialleistungen des Werks. In den 1950er und 1960er Jahren fanden neben Modenschauen auch Betriebsfeste und Ausflüge statt. So standen beispielsweise die März-Samstage von 1951 an im Zeichen der heiteren Muse. Geselliges Beisammensein hieß das laut Einladung. Geboten wurde ein erstklassiges Programm und man konnte zur Verbesserung der schlanken Linie das Tanzbein schwingen. Zum Auftakt gab es ein kurzweiliges Kabarett-Programm.

Das Damen-Gesangs-Trio „Die Ypsilons" wurde immer gern gesehen und gehört

Wein, gutes Essen, Schokolade und Zigaretten taten das Übrige, um den grauen Alltag zu vergessen. Dann meldete sich das Kelsterbacher Tanzorchester „zu Schalle". Das Fest endete zu vorgerückter Stunde und die Unermüdlichsten sollten dem Vernehmen nach erst früh morgens die Haustür erreicht haben.

Das Kelsterbacher Tanzorchester spielte auf ...

...und es wurde fleißig getanzt

Beliebt waren auch die Betriebsausflüge. Unter Dampf stand 1950 die Lok eines Sonderzuges, mit dem Glanzstoff-Löwen verziert, am Kelsterbacher Bahnhof: Der lang versprochene Betriebsausflug fand statt. Den einzelnen Abteilungen war es freigestellt, das Reiseziel selbst zu wählen. So waren mehr als 20 Betriebsausflüge zustandegekommen - auch die Fahrt mit dem „Reyon-Express".

1951 bis 1955 wurden Betriebsfeste ausgerichtet. 1957 sind wieder an Stelle der üblichen Betriebsfeste Betriebsausflüge getreten, die alle zwei Jahre stattfanden. 1957 ging die Fahrt nach Bad Ems und 1959 folgte eine nach Bad Friedrichshall. Diese Ausflüge wurden auf drei Samstage verteilt, weil aus organisatorischen Gründen nicht das ganze Werk auf einmal ausfliegen konnte. Die Mitarbeiter des Drei-Schicht-Betriebes, die auch an Sonn- und Feiertag arbeiteten mussten, konnten ihre Ehefrau mitnehmen.

Ob per Schiff, Bus oder Bahn - bis Mitte der 1960er Jahre wurden Ausflüge ausgeführt.

Modenschau in der Kantine

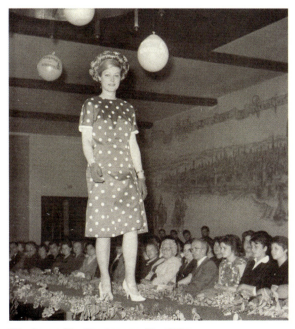

Werbung für die eigenen Produkte

Vor Mitarbeitern, deren Familienangehörigen und dem örtlichen Textil-Einzelhandel zeigten seit 1959 im Mai oder Juni Mannequins Modelle aus reinem Glanzstoff-Diolen oder in der Mischung mit Baumwolle oder Schurwolle. Es gab Kleidung zu jeder Gelegenheit - vom Strandanzug bis zum festlichen Abendkleid. 1965 wechselte man in die neu errichtete Kelsterbacher Mehrzweckhalle, die bis auf den letzten Platz besetzt war.

Laufsteg in der Kantine

Kelsterbacher „Kerweborsche" machten ihre Aufwartung beim Werksleiter

Zur Tradition des Werkes gehörte es lange Jahre, dass zur „Nachkerb" am zweiten Sonntag im September die „Kerweborsche" und das "Gickelsmädchen" einen Besuch im Glanzstoff - Werk machten und sich mit ihrem lustigen Gefolge dem Werkleiter vorstellten.

Im Werkhof stellte man sich 1951 dem Fotografen

Ferien vom Alltag

Direktor Werner Aretz legt eine flotte Sohle 1952 mit dem „Gickelsmädchen" Annemarie Weiler aufs Parkett der Kantine. Im Hintergrund tanzt Kerwepräsident Hermann Ehrlich mit Dorothea Kilbert

„Glanzstoff-Spinnstubb" wird eingeweiht

Werkzeitschrift 1979 4-6 informiert

Der Aufenthaltsraum des früheren Wohnheimes „Feldbergblick" wurde mit Unterstützung der Werksleitung 1979 ausgebaut. In ihm konnten Mitarbeiter ihre Jubiläen feiern oder man feierte beim Ausscheiden mit Kollegen. Auch Gruppierungen ausländischer Mitarbeiter feierten hier ihre Feste, ebenso der Betriebsrat und die Gewerkschaften. Eine Umfrage ergab den Namen: „Glanzstoff-Spinnstubb".

In netter Runde erhob man sein Glas in der „Glanzstoff-Spinnstubb"

Langjährige Gewerkschaftsmitglieder wurden in der „Glanzstoff-Spinnstubb" geehrt.

Beliebt waren auch Empfänge mit und für die Belegschaft...

Neujahrsempfang 1991. in der „Spinnstubb" Werkleiter Walter Herz mitten in der Belegschaft

...oder der Besuch vom Nikolaus

Der Nikolaus bescherte immer die Kinder der Werksangehörigen, wie hier 1995 im Fritz-Treutel-Haus

Glanzstoff sportlich

Sportliche Tätigkeiten unterstützte die Kelsterbacher Werksleitung nicht nur beim Bau von Sportstätten. Eine ganze Palette von Aktivitäten wurde angeboten – und von den Mitarbeitern auch genutzt. Das vielleicht spektakulärste Objekt: ein eigenes Schwimmbad

Fußball

Auf einem kleinen Sportplatz, zwischen Sozialgebäude und Rüsselsheimer Straße, spielten aus dem Betrieb gebildete Gruppen Fußball. Fünf Mannschaften der Betriebsabteilungen Spinnerei, Druckwäsche, Textil, Lehrwerkstatt und Viskose/Labor wetteiferten um die Werksmeisterschaft.

„Toooor"

Von der Werkleitung wurde 1950 ein Pokal gestiftet, was in den folgenden Jahren zu sehr schönen Fußball-Pokal-Turnieren führte. Diese wurden auf dem Sportplatz (Sandacker) in der Höhe der Höhenstraße und Zum Sportfeld angepfiffen.

„Sandacker"

In den Turnieren 1951, 1952 und 1953 stellte Germania Okriftel den Sieger und hatte den Glanzstoff-Pokal endgültig gewonnen.

Auch Hand- oder Faustball wurde fleißig trainiert.

Ein Plakat von 1951

Der Glanzstoff-Pokal

1938 erhielt das Werk beim Betriebssport den Titel „Kreissieger des Kreises Groß-Gerau".

Betriebssport

Wöchentlich wurde damals eine Stunde Gymnastik und Lauftraining verordnet.

Urkunde Sportappell der Betriebe 1938

Schön anzusehen waren auch die Turnvorführungen von Mitarbeiterinnen...

Sommersporttag 1940

Wer ist der Stärkere?

...aber auch der Lehrling Christ machte eine gute Figur bei seiner Turnübung

Alles Vergangenheit: Wo einst Fußball oder Faustball gespielt oder geturnt wurde, entstanden inzwischen Reihenhäuser.

Selbst mit Krawatte und Weste mußte man seine Runden drehen

Ehemaliger Sportplatz am Sozialgebäude

Glanzstoff glänzt nicht mehr

Ein eigenes Schwimmbad

Doch der wohl aufsehenerregendste Part solch betrieblicher Sozialpolitik war der Bau eines eigenen Schwimmbades, das ebenfalls über die Belegschaft hinaus für ganz Kelsterbach Bedeutung hatte. Der Bau des Werksschwimmbades im Jahr 1951 auf dem östlichen Firmengelände – in Steinwurfweite von der Helfmannstraße entfernt - war ein Ereignis, dessen Bedeutung für Kelsterbach man heute kaum noch ermessen kann.

Im August 1951 wurde das Schwimmbad und die neue Tennisanlage eröffnet. Dieses Bad war für viele Jahre Kelsterbachs einziges Freibad

Damals gab es kein öffentliches Schwimmbad, und so kam man mit der Gemeinde überein, dass das 1952 eröffnete Schwimmbad allen Bürgern zur Verfügung stehen sollte. Erst 1966 entschloss sich die Stadt zum Bau eines eigenen Hallenbades.
Der Vergleich der Besucherzahlen von 1952 (40.000) und 1976 (36.313) zeigt, dass das Werksschwimmbad seine Anziehungskraft auch später nicht verloren hat.

Schwimmbadkarte

Ende der Schwimmbadsaison 1981 änderte sich die bisherige Form der Nutzung des Werksschwimmbades. Die Stadt Kelsterbach eröffnete nämlich neben dem Hallenbad ein eigenes Freibad. Das Werksschwimmbad wurde aber weiterhin den Mitarbeitern zur Verfügung gestellt, aber aus Kostengründen ohne hauptamtliches Aufsichtspersonal. Daher gründete sich eine Werksschwimmgruppe, die die Anlage selbstverantwortlich betrieb. Diese Gruppe war bis zur Schließung aktiv.

Immer ein gutbesuchtes Bad

Auch nach der Werksschließung war das Freibad noch ein beachtlicher baulicher Komplex. Einige träumten sogar von einer Wiedereröffnung – freilich vergeblich.

Umkleideräume

Dass auch die nahe gelegenen Umkleideräume jahrelang so aussahen, als würden sie demnächst wieder benützt und beispielsweise dort noch Ruheliegen herumstanden, nährte solche Spekulationen. Zeitweilig überwucherten Pflanzen das Schwimmbecken und seine Umgebung, schien sich die Natur ein Stück Gelände zurückzuholen. 2008 begann der Rückbau des beliebten Bades.

Betriebssport

Blick auf das ehemalige Schwimmbad

Ein Sprung ins kalte Nass...

...konnte man 2008 nicht machen

Das Schwimmbad blieb für immer geschlossen

Tennisanlage

Ähnlich erging es auch der benachbarten werkseigenen Tennisanlage. Recht lebhafter Betrieb herrschte immer auf den Tennisplätzen am Schwimmbad. Das Eröffnungs-Match wurde 1951 durchgeführt. Die beiden Spielfelder gehörten zur ersten Tennisanlage in Kelsterbach, mit rot gestrichenen Betonplätzen. Erst 1960 wurden sie in Ascheplätze umgewandelt. Die Tennisspieler kamen aus allen Abteilungen des Werkes. Auch deren Familienangehörige konnten dort dem Tennissport frönen.

Als sich 1963 in Kelsterbach ein Tennisclub gründete und noch nicht über eigene Plätze verfügte, wurden diesem die werkseigenen Plätze zur Verfügung gestellt. Ende der siebziger Jahre konnte die Tennisgruppe des Werkes auf fast einhundert Mitglieder schauen. Es wurden Turniere mit anderen Firmenmannschaften und mit den anderen Glanzstoff/Enka-Standorten ausgetragen. Wie zum Jubiläum „40 Jahre" bewegten die dortigen Turniere die Gemüter.

1991 feierte die Tennisgruppe ihr 40jähriges Bestehen

Tennisplatz im Jahre 2005. Im Hintergrund das Versandgebäude

50 Jahre nach der Gründung der Tennisgruppe nahte nach der Schließung des Enka-Werkes 2001 auch das Ende der zur Tradition gewordenen Einrichtung. Ein paar Jahre lag all dies zwar verwaist, aber noch gut erhalten da. Zur Erinnerung: Oft hatte man im Clubhaus Geselligkeit gepflegt und schöne Feste gefeiert.

Verwaist stand über Jahre das Clubhaus nach der Werksschließung

2009 verschwand auch dies alles. Bei den Abräumarbeiten schien teilweise ein imposanter Berg alles zu verschlingen.

Der Berg ruft nicht – er kommt!

Verständlich ist dieses breitgefächerte Angebot von damals nur vor dem Hintergrund der selbst formulierten Prämissen des Werks: Die Gesunderhaltung der Mitarbeiter war ein Kernstück der betrieblichen Sozialarbeit. So hob bei einer Ansprache anlässlich des 50. Jubiläums 1954 des Werkes Kelsterbach Generaldirektor Dr. Dr. Helmut Vits hervor:

„Echte Sozialpolitik ist uns nicht eine Frage der Zweckmäßigkeit, sondern eine Herzensangelegenheit."

Das war die Firmenphilosophie!

Tennis in Kelsterbach

Auszug eines Artikels aus der Werkzeitschrift „Wir vom Glanzstoff" vom September 1953.

Ein Mitarbeiter beschrieb den Tennisplatz im Jahre 1909:

Im April 1909 betrat ich zum ersten Mal unser Werksgelände und sah auch erstmals einen Tennisplatz. Er lag hinter dem Verwaltungsgebäude, dort, wo jetzt Grünflächen und Blumen von der geistigen Zentrale zum Betrieb überleiten. Dieser Tennisplatz war nun beileibe nicht für die Mitarbeiter aus den Betriebsabteilungen da, es hatte vielmehr folgendes Bewandtnis mit ihm: im ersten Stock des Verwaltungsgebäudes befand sich die Privatwohnung des leitenden Direktors, ihm und seiner Familie stand der Platz allein zur Verfügung (wie hätte es 1909, in der guten, alten kaiserlichen Zeit auch anders sein können!).- Ich entsinne mich gut, es wurde sehr vornehm Tennis gespielt; besonders die Damen, in sehr langen, weiten Röcken bewegten sich in bemessenen Schrittes von dem gegenüber stehenden Kavalier mit aller Noblesse geschlagenen Bällchen; dieses war tückisch, wie heute, und da die unzweckmäßige „Sportbekleidung" rasche Körperbewegungen nicht gut zuließ und jede körperliche Anstrengung oder gar ein erhitzter Kopf „shocking" gewesen wäre, kam an „Spiel" nicht viel zustande.

Am liebsten sah ich verstohlen zu (offen zusehen durfte man nicht), wenn Irene spielte. Irene war die Tochter des Allgewaltigen und gleichaltrig mit mir; wir hatten zusammen die Konfirmationsstunde besucht und zur Konfirmation waren die ärmeren Kinder des Dorfes (darunter auch ich) zur Kaffee-Tafel bei „Direktors" eingeladen worden. Irene konnte auch nicht viel Tennis spielen, aber ich seh immer gerne zu – sie war sehr hübsch und ich sehr jung! Wie oft habe ich mir gewünscht, ich wäre ein flotter, zwanzigjähriger Tennislehrer in langer, weißer Flanellhose und rohseidenem Sporthemd – ach wie gerne hätte ich Irene im Tennis-Einmaleins unterrichtet!! – Aber ich war ein kleiner unscheinbarer „Stift" im kaufmännischen Büro – Irene eine Göttin – und Tennis für Leute aus dem Volke, ein Traum, der in meinem Leben nie Wirklichkeit würde...

Das Leben ging seinen Gang – es führte meinen Tennisschwarm und mich ganz verschiedene Wege. Der Tennisplatz überlebte den

Betriebssport

Ersten Weltkrieg noch leidlich, im Zweiten war er einem profanen Löschwasserbecken gewichen. – aber auch Kriege und ihre Folgen sind, Gott sei Dank, vergänglich; Löschwasserbecken waren nicht mehr gefragt, Kelsterbach baute auf und zu unseren sozialen Errungenschaften gehört eine schöne Schwimmbadanlage und ein Werks-Tennisplatz...

... Wer aber glaubt, dass nur Leute aus der Verwaltung oder gar nur Prominente bei uns Tennis spielen der irrt. Gewerbliche Mitarbeiter aus den Betriebsabteilungen Viskose, Spinnerei, Zwirnerei, Wickelbehandlung, Kones-Sortierung, Elektro-Werkstatt, Schreinerei und Labor sind mit von der Partie.

V. Traband, Kelsterbach

Verwaltungsgebäude mit Tennisplatz (links). Blick von Süden in Richtung Verwaltungsgebäude

„Glanzstoffbad" vor dem Verwaltungsgebäude?

Längst war der Tennisplatz Vergangenheit, als während des Zweiten Weltkrieges ein Löschwasserteich 1943/44 hinter dem Verwaltungsgebäude in Richtung der Fahrradhalle, errichtet wurde. Die Arbeiten wurden am 27.11.1943 begonnen und am 22.01.1944 fertiggestellt.

„Glanzstoffbad" links Margret Estenfeld. Im Hintergrund die Satteldächer des Textilbetriebes

Nach dem Krieg wurde das Becken von Mitarbeiterinnen und Mitarbeiter, wohl für eine kurze Zeit, bis zum Rückbau als Schwimmbad benutzt. Wie auf dem Foto unten zu sehen ist, drehen zwei mutige Schwimmerinnen ihre Runden.

Blick auf die Grünfläche, wo sich einmal der Tennisplatz bzw. der Löschwasserteich befand. Im Hintergrund die Fahrradhalle und das Kesselhaus

Ein weiteres Löschbecken war in der Nähe des Kesselhauses. Sie fasten je ca. 600m³ Wasser, um bei Ausfall der sechs Brunnen sofort Löschwasser für die erste Brandbekämpfung entnehmen zu können. Auf Luftbildern der Alliierten von 1945 sind sie ersichtlich.

Ein beliebter Platz zum Baden war an der alten Schleuse. Sie wurde 1884 als Nadelwehr erbaut. Set 1943 befand sich in der Nähe der Badestelle auch eine Pumpstation des Werkes

Die Jordan-Vits-Stiftung

Die betriebliche Sozialpolitik des Unternehmens stellte einen besonderen Teil des Arbeitsverhältnisses dar. Ein Beispiel: die frühe Form der beitragsfreien betrieblichen Altersversorgung. Das allerdings war soziales Engagement weit über das übliche Maß hinaus: eine Stiftung gegen Not und Elend. Und das begann schon nach dem Ersten Weltkrieg.

Zur Milderung der Kriegsleiden und zur Pflege der Wohlfahrt der Angestellten und Arbeiter hatte im Jahr 1919 der damals 70jährige Firmengründer und Aufsichtsratsvorsitzender von Glanzstoff, Dr. Hans Jordan, eine Stiftung angeregt, die seinen Namen erhielt und mit einem Anfangskapital von 100.000 Mark ausgestattet wurde.

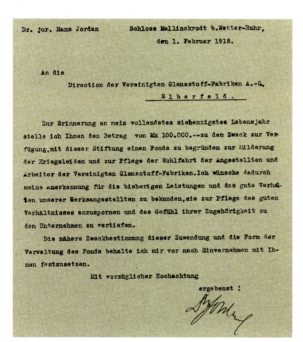

In diesem Brief teilt Dr. Hans Jordan dem Glanzstoff - Vorstand die Stiftung von 100.000 Mark mit

Im September 1920 beschloss der Glanzstoff-Aufsichtsrat, von der Dr.-Hans-Jordan-Stiftung allen Witwen gefallener Mitarbeiter 1000 Mark auszuzahlen und ihren Kindern ein Sparkassenbuch mit je 500 Mark zu übergeben. 1937 bereitete der spätere Vorstandsvorsitzende Dr. Ludwig Vaubel die juristische Eigenständigkeit der Dr. Jordan-Stiftung vor. Am 27. Dezember 1937 wurde sie ins Vereinsregister eingetragen.

Das Kapital wurde immer wieder durch Zuweisungen des Glanzstoff-Unternehmens aufgestockt. Damit wurden die vielfältigen freiwilligen Leistungen des Unternehmens finanziert.

Gründungsstifter Dr. Hans Jordan

Dr. Hans Jordan war einer der Glanzstoff-Mitbegründer und langjähriger Vorsitzender des Aufsichtsrates der Vereinigten Glanzstoff-Fabriken AG. Geboren am 3. Februar 1848 und gestorben am 10. Oktober 1923. Als Leiter der Bergisch-Märkischen Bank brachte er das Gründungskapital für Glanzstoff in Höhe von 2.000.000 Mark zusammen. Dr. Hans Jordans soziale, mitarbeiterfreundliche Einstellung haben ihm einen unvergänglichen Namen gemacht

Ende Mai 1938 erließ die erste Mitgliederversammlung Richtlinien zur Gewährung von Beihilfen, die in ihren Grundzügen heute noch Gültigkeit haben. Als das Betriebsverfassungsgesetz von 1952 die Mitbestimmung vorschrieb, entschied sich das Unternehmen für die paritätische Besetzung des Stiftungsvorstandes.

Neben der Altersversorgung, aus dem Mitarbeiter und Hinterbliebene des Unternehmens Versorgungsbeiträge beziehen, gab es in den fünfziger Jahren ein Erholungswerk für bedürftige Mitarbeiter und deren Angehörige. Auch gewährte damals die Stiftung den Werktätigen langfristige Baudarlehen – zinslos oder zinsvergünstigt. So wurden auch Miet- Wohnhäuser und Eigenheime in Kelsterbach mit Geldmitteln aus der Stiftung finanziert.

Glanzstoff Vorstandsvorsitzender Dr. Ernst Hellmut Vits

Jordan-Vits-Stiftung

1964 erfolgte die Umbenennung in „Jordan-Vits-Stiftung". Anlass war das 25jährige Dienstjubiläum des damaligen Vorstandsvorsitzenden Dr. Ernst Hellmut Vits in Würdigung seines besonderen sozialpolitischen Engagements.

Zur Praxis bis heute: Wer bekommt diese Beihilfe?

Aus dieser Stiftung erhalten die ehemaligen Enka-Angehörigen nach den festgesetzten Richtlinien eine zusätzliche Altersversorgung, die freiwillig gewährt wird. Sozialversicherungsrente und Stiftungsbeihilfe dürfen jedoch zusammengerechnet 75 Prozent des letzten Durchschnittsgehalts nicht überschreiten.

Vor allem: Die Begünstigten selbst entrichteten keinerlei Beiträge. Diese Altersbeihilfe bekommt, wer mindestens fünf Jahre ununterbrochen bei Enka gearbeitet hat. Noch heute erhalten ehemalige Enka-Mitarbeiter jeden Monat Beihilfen aus der Stiftung.

100 Jahre Freiwillige Werksfeuerwehr 1899 bis 1999

Weit über die Grenzen der Fabrik hinaus hatte sie einen guten Ruf: die Werksfeuerwehr. Oft genug war sie auch auf Einsatz am Ort und in der Umgebung. Ihre Wurzeln reichen bis ins vorletzte Jahrhundert zurück.

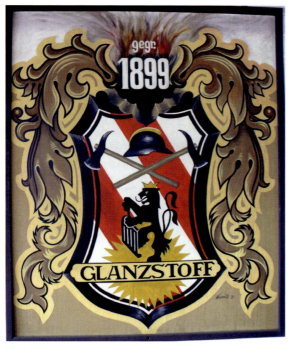

Traditionswappen

Die Werksfeuerwehr wurde 1899 in der damaligen Süddeutschen Waggonfabrik gegründet und fünf Jahre später von der Kunstseidenfabriken AG übernommen. Die von den neuen Besitzern hergestellte Nitro-Seide war ja leicht entzündlich. Zu den Rohstoffen gehörten Alkohol und Schwefeläther. Manch andere Produktionsstätte mit dieser Art der Herstellung wurde ein Opfer der Flammen. So waren die neuen Fabrik-Herren wohl froh, dass an dem Standort eine gut ausgebildete Feuerwehr bestand und übernommen werden konnte.

Der erste Kommandant der Wehr war August Draisbach. Er musste in relativ kurzer Zeit, bedingt durch die vielfältigen Änderungen der Produktionen mit ihren unterschiedlichen Gefahrenquellen – Waggon-Fabrikation, Nitroseide-Produktion und Umstellung auf das Viskoseverfahren - Gerätschaften und Ausbildung ständig erneuern und verändern. Auch die nach 1907 neu eingerichteten Nebenbetriebe wie die Zelluloid -, Kunstleder- und Wachstuchfabrik, waren sehr feuergefährdet.

Zu einem großen Einsatz der Werksfeuerwehr kam es, als 1908 ein schwerer und gefährlicher Brand die Wachstuch- und Kunstlederfabrikation vernichtete. Dieses Produkt wurde aus Baumwollgewebe mit Aufstrich von Nitrozellulose-Lack, dem Mineralfarben zugesetzt wurden, hergestellt. Das Gebäude war erst 1907 errichtet worden. 1912 baute man die Kunstleder-Fabrikation wieder auf.

Die Werksfeuerwehr um 1910 am Werkstor

Auch das wirkte sich auf die Arbeit der Feuerwehr aus: Das gesamte Produktionsprogramm wurde durch den 1914 beginnenden Weltkrieg jäh unterbrochen. 1917 war Direktor Dr. Schniter mit Arbeitsbeschaffung durch eine Reise nach Berlin erfolgreich. Er kam mit Munitionsaufträgen zurück, und zwar für die Herstellung von Zündladungskörpern für die Hanauer Pulverfabrik.

In voller Ausrüstung zeigte sich die Freiwillige Feuerwehr Kelsterbach auf dem Marktplatz

Wegen der Gefährlichkeit dieser Produktion musste die Werksfeuerwehr wiederum bestens geschult und ausgebildet werden. Es waren während dieser Zeit keine Unfälle oder Explosionen zu verzeichnen wie etwa in ähnlich gelagerten Betrieben der Umgebung.

Werksfeuerwehr

Am 1. Mai 1933 stellte man sich dem Fotografen

Kommandant August Draisbach lässt 1938 antreten

Der Betrieb war bis 1918 sehr feuergefährdet und die Werksfeuerwehr musste öfters eingreifen. Nach dem Zweiten Weltkrieg wurde die Wehr vom Kommandanten Franz Liehr geführt. Er setzte sich besonders für den vorbeugenden Brandschutz ein.

1964 wurde die Wehr nach Inspektion durch die Bezirksbranddirektion Darmstadt und durch den Kreisbrandinspektor Schrötwieser als Werksfeuerwehr anerkannt. Vom Magistrat der Stadt Kelsterbach wurde dies bestätigt. Damit übernahm die Werksfeuerwehr die alleinige Gewähr für Brandschutz im gesamten Werk, was vorher durch die Freiwillige Feuerwehr der Stadt Kelsterbach mitgetragen werden musste. Aber auch die Einsatzmöglichkeit und die Einsatzverpflichtung bei Bränden außerhalb des Werkes wurden so geregelt. Zu Hilfe kam auch weiterhin ins Werk, wenn es erforderlich war, die Freiwillige Feuerwehr der Kommune. Die Zusammenarbeit ging wohl über das gegenseitige Helfen hinaus und wurde nicht nur bei den gemeinsamen Abschlussübungen als sehr gut bezeichnet.

1967 brannte es in der Kantine

Der letzte größere Brand ereignete sich in der Nacht vom 17. zum 18. Juli 1967. Ein Schichtelektriker bemerkte gegen 23 Uhr Feuer in der Kantine. Die Werksfeuerwehr wurde informiert. Man erkannte schnell, dass man allein nichts gegen die schnell um sich greifenden Flammen ausrichten konnte. Neben der Freiwilligen Feuerwehr aus Kelsterbach kamen die Wehren aus Rüsselsheim und Walldorf. Insgesamt bekämpften etwa 90 Mann das Feuer.

Die ausgebrannte Kantine

Um an den Brandherd zu kommen, musste das Dach aufgerissen werden. Gegen 3 Uhr war das Feuer unter Kontrolle und die Feuerwehren der Nachbargemeinden konnten abrücken. Um 6.45 Uhr verließ auch die Freiwillige Feuerwehr Kelsterbachs das Werk. Durch den Einsatz aller Wehren konnte der Schaden in Grenzen gehalten werden.

Die leere Kantine nach der Werksschließung

Mit dem Bau der Synthesefabrik 1967 ging ein erheblicher Ausbau des Geräteparks und des Brandschutzes für das gesamte Werk einher. Auch die Ausbildung der Feuerwehrmänner musste erweitert und wesentlich verstärkt werden.

Werksfeuerwehr

Ein besonderes Ereignis: die Großübung anlässlich des 75-jährigen Jubiläums am 29. Juni 1974 gemeinsam mit der Freiwilligen Feuerwehr der Stadt und dem Roten Kreuz. Angenommener Brandherd: im Synthese-Versandlager.

Werksfeuerwehr im Einsatz

Freiwillige Feuerwehr der Stadt Kelsterbach

Rotes Kreuz leistete Erste Hilfe

In den Jahren 1970 bis 1973 wurden für die Werksfeuerwehr 1,1 Millionen Mark investiert. Um den in einem chemischen Werk möglichen verschiedenartigen Entstehungsbränden, besonders Flüssigkeitsbränden, Rechnung zu tragen, wurden moderne Spezialgeräte, wie die 750 Kilogramm-Pulveranlage in einem TLF 16, spezielle Schaumweitwurfrohre, Leicht-Schaum-Generatoren, Kohlensäure-Batterie-Löscher und Pulverlöscher angeschafft.

Moderne Ausrüstung (v. l). Flammeneintrittsanzug, Gasschutzanzug, Flammenannäherungsanzug, Säureschutzanzug

Aber auch Betriebsstörungen – Auslaufen von Säuren und Laugen - machten die Anschaffung von Spezialgeräten und Ausrüstungen erforderlich. Mit einem Spezialanhänger, der eine Säure- und Laugepumpe sowie sechs Säure- und Gasschutzanzüge mit dem erforderlichen Zubehör enthielten, wurde das Problem gelöst.

Fahrzeugschau 1980 im Werk

Im alten Feuerwehrgeräteraum wurde es in den 1980er Jahren wegen immer mehr Gerätschaften zu eng. Ein neues Feuerwehrgerätehaus wurde geplant, gebaut und im Juli 1986 eingeweiht.

Feuerwehrgerätehaus im Bau

Glanzstoff glänzt nicht mehr

Werksfeuerwehr

Fertiggestellt

Einweihung im Juli 1986

Nach der Werksschließung 2000 wurde im Juni 2008 das Feuerwehrgerätehaus abgebrochen.

Feuerwehrübungen in den letzten 50 Jahren im Zeitraffer

Feuerwehrübungen 1949

So sah es aus, als die Werksfeuerwehr am 18. Oktober 1949 zu einer Übung ausrückte. Umweltschonend fuhr man bereits damals mit einem Elektro-Fahrzeug

Übung 1949 am Sozialgebäude

Freiwillige Feuerwehr aus Kelsterbach und die Werksfeuerwehr Glanzstoff beim Feuerwehrfest 1950 in Gernsheim

Feuerwehrtreffen auf dem Schlossplatz 1951

Auch als man am 6. Mai 1951 zu einem Feuerwehrtreffen auf den Schlossplatz fuhr, wirkte das noch ganz gemütlich. Man nahm an einer Bezirksübung unter Mitwirkung des Deutschen Roten Kreuzes teil.

Werksfeuerwehr

Abfahrt im Werk mit einem Trockenpulver- Löschwagen

Einbiegen in die Marktstraße

Übung auf dem Schlossplatz

Löschangriff auf Treppe des Kesselhauses 1952

Die Werksfeuerwehr musste 1952 ihre Einsatzbereitschaft anlässlich eines unerwarteten Probealarms unter Beweis stellen. In vier Minuten war man am Einsatzort.

Heinz Rothkegel fungierte als Maschinist. Der Angriffstrupp geht gerade zum Löschangriff auf Elevator-Schacht und Treppe des Kesselhauses über

Eine neue Hochdruckpumpe kam zum Einsatz

Der Probealarm wurde vierteljährlich ausgeführt. Der Werksfeuerwehr gehörten 1953 45 Betriebsangehörige an. Die meisten kamen aus den Werkstätten.

Werksfeuerwehr

Angenommen, der Versand brennt 1953

Im Juni 1953 lautete die Aufgabe: „Angenommen, es brenne der Versand und aller Wasservorrat im Werk sei erschöpft, wie würde man löschen?"

Ein Trupp der Werksfeuerwehr ging sofort an den Main, montierte Motorspritze und Schläuche und jagte pro Minute 800 Liter Mainwasser durch die Leitung unter der Rüsselsheimer Straße hinauf bis ins Werk zur Fahrradhalle

Dort war ein Standrohr montiert. Die Schlauchleitung wurde dann bis zum Versand geführt. Insgesamt wurde das Wasser über eine Strecke von 600 Meter aus dem Main gepumpt

Die nasse Ladung kam dann auch dem Rasen des Sportgeländes zugute

Auch Mitte der 1950er Jahre war man noch mit Elektrofahrzeugen unterwegs.

Vor dem Chemielabor

Im Hintergrund die Rüsselsheimer Straße

In den sechziger Jahren sahen die Gerätschaften schon anders aus:

Abschlussübung 1969

Freiwillige Feuerwehr der Stadt Kelsterbach

Am 11. Januar 1969 fand im Bereich des Barackenlagers in der Nähe der neuen Synthese-Fabrik eine Abschlussübung mit der Freiwilligen Feuerwehr und der Werksfeuerwehr statt.

Werksfeuerwehr

Bürgermeister Friedrich Treutel, lies es sich nicht nehmen, an dem Abschlussgespräch teilzunehmen

Übung am Schwefelkohlenstoff-Lager 1978: eine sehr sensible und feuergefährliche Anlage war das CS_2-Lager mit all seinen Leitungen und Apparaturen in der Produktion.

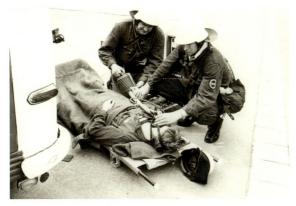

Ersthelfer am Werk

Hier fanden regelmäßig Übungen statt, so auch 1978. Bei dieser ging man davon aus, dass eine Leitung undicht war und ein Handwerker mit CS_2 in Berührung kam.

Ein Schaumteppich als Sicherheitsmaßnahme auf einen CS_2 - Waggon und....

...ein Wasservorhang auf das Gebäude gelegt

Brand im Gummilager 1978

Auf der Treppe zum Gummilager

Des weiteren hat 1978 die Werksfeuerwehr vor Kreisbrandinspektor Hans Flauaus demonstriert, dass sie ausreichende Kenntnisse im Umgang mit dem Feuerlöschgerät und den Löschmitteln besaß. Ein Brand im Gummilager des Magazins wurde angenommen. Die Übung musste mit schwerem Atemschutz durchgeführt werden, da die Räume ganz realistisch voller Qualm standen, so dass nur mit Atemschutz der „Verletzte" geborgen werden konnte.

1980 Einsatz der Werksfeuerwehr bei einem Waldbrand

Werksfeuerwehr

Übung mit der Freiwilligen Feuerwehr der Stadt Kelsterbach 1987

Bei einer Übung 1987 ging man davon aus, dass beim Umlagern von Fässern mit einem Kran eine Schwefelsäureleitung beschädigt wurde: Ein ätzender Strahl Schwefelsäure ergoss sich deswegen über Straße und Kran. Die Werksfeuerwehr, verstärkt durch die Freiwillige Feuerwehr Kelsterbach, wurde schnell Herr der Lage.

Die Abwasser-Kanaleinläufe wurden abgesichert (li), das Leck in der Versorgungsleitung geschlossen....

... und der eingeschlossene Kranführer durch die Feuerwehrleute mit säurefesten Schutzanzügen in Sicherheit gebracht

Bei der Abschlussbesprechung wurden den 25 Männern der Werksfeuerwehr und den 28 der Freiwilligen Feuerwehr vom Kreisbrandinspektor bestätigt, dass sie gut ausgebildet und ausgerüstet seien, um Ernstfall derartige Unfälle schnell in den Griff bekommen.

Der Ernstfall wird geprobt. Bei einer gemeinsammen Übung der Feuerwehren des Werkes und der Stadt von rechts Stadtbrandinspektor Karl Gesang mit Wilfried Müller, Kommandant der Werksfeuerwehr und Feuerwehrleuten der Stadt vor der Batterieladestation

> **Information aus der Werkszeitung: 4/1988**
> 58 Feuerwehrmänner waren 1988 im aktiven Dienst, sowie 31 Mitglieder in der Jugendfeuerwehr und 21 Mitarbeiter in der „Schichtfeuerwehr". Sie wurden zu 14 Alarmeinsätzen gerufen. Die Nachwuchskräfte nahmen an 24 Übungen teil. Die Jahresabschlussübung wurde wieder mit der Freiwilligen Feuerwehr Kelsterbach abgehalten.

Abschlussübung im Oktober 1993

Glanzstoff glänzt nicht mehr

Werksfeuerwehr

Die Leiter ist ausgefahren

Die letzten Übungen

Eine der letzten Abschlussübungen fand zehn Jahre später am 10. Oktober 1998 statt. Man ging von einem fiktiven Brandherd in den Räumen der Conerei und des Versandes aus.

Ankunft der Feuerwehr der Stadt Kelsterbach

Die Person wurde gerettet

Eine Übung der Freiwilligen Feuerwehr auf dem ehemaligen Enka-Gelände fand am 11. April 2007 statt. Ziel war es, eine Person im ersten Stock des Gebäudes zu retten. Der Zugang über das Treppenhaus war wegen eines angenommenen Brandes nicht möglich. Die Drehleiter wurde ausgefahren.

Eine weitere Übung der Freiwilligen Feuerwehr fand am 11. Juni 2014 im Sozialgebäude statt. Bei einem angenommenen Brand wurden drei Personen vermisst. Der Zugang erfolgte mittels der Dreh- und Anlege-Leitern.

Die Übung hat im Bereich des Versandes begonnen

Die Werksfeuerwehr hat bei vielen Einsätzen die Freiwillige Feuerwehr Kelsterbach tatkräftig unterstützt. Aber auch umgekehrt wurde die Freiwillige Feuerwehr Kelsterbach von der Werksfeuerwehr öfters zur Unterstützung angefordert.

Atemschutzmasken waren beim Betreten des Sozialgebäudes Pflicht

Glanzstoff glänzt nicht mehr

Werksfeuerwehr

Bei einem Fototermin vor dem Feuerwehrgerätehaus übte die Werksfeuerwehr im März 1993 mit ihrem Leiter Peter Mertin (untere Reihe rechts) einmal Lächeln im Ernstfall

Von der Fabrik- zur Werkfeuerwehr kurzer Rückblick aus dem Enka-Archiv

Die Geschichte der Werksfeuerwehr begann im Jahr 1899, mit der Gründung der „Süddeutschen Waggonfabrik A.G." in Kelsterbach. Nach dem Niedergang der Waggonfabrik 1904 wurde sie als Fabrikfeuerwehr von der „Vereinigte- Kunstseiden Fabriken A.G." übernommen. Verfahrensbedingt war für die Produktion der Nitro-Seide eine Feuerwehr für die Produktionsstätte vorgeschrieben.

Eine Fusion führte 1928 zu der Namensänderung „Vereinigte-Glanzstoff-Fabriken Glanzstoff A.G.".
Das 60jährige Bestehen der Fabrikfeuerwehr Kelsterbach konnte man mit dem Kreisfeuerwehrtag 1948 feiern.
Am 12. Februar 1958 trat die Betriebsfeuerwehr dem neu gegründeten „Werkfeuerwehrverband Hessen" als einer der ersten Mitglieder bei. Mit dem Schreiben des RP-Darmstadt, vom 25.02.1964, erfolgte die Anerkennung als Werkfeuerwehr.

Mit der Beschaffung der Fahrzeuge TROTLF 16 mit 750 kg Pulver und dem Gerätewagen, dem Vorausfahrzeug (1970/71), wurde die Schlagkraft der Feuerwehr wesentlich erhöht.

1970 trat der neugegründete Verein der Werkfeuerwehr dem Vereinsring bei.

Die Jugendfeuerwehr des Werkes wurde am 4. März 1974 gegründet.

Das 75jährige Bestehen der Werkfeuerwehr wurde am 28. – 29. Juni 1974 gefeiert.

Der Umzug in das neue Gerätehaus wurde am 8. Februar 1986 vollzogen.

Personalstand: Einsatzabteilung 40, Jugendfeuerwehr 30 und Ehrenabteilung 15.

Werksfeuerwehr

Anfang der 1970er Jahre wurde auf freiwilliger Basis die Jugendfeuerwehr im Werk gegründet

Kommandanten der Werksfeuerwehr

Dreisbach, August	von	bis 1943
Franzen, Josef	von 1943	bis 1944
Metternich, Franz	von 1944	bis 1945
Liehr, Franz	von 1946	bis 1964
Lock, Wilhelm	von 1963	bis 1968
Hölbl, Heinz	von 1968	bis 1972
Karbe, Hans Gerhard (Stellvertr.)	von 1972	bis 1973
Treutel, Friedrich	von 1973	bis 1983
Fiebig, Karl Heinz	von 1984	bis 1989
Müller, Wilfried	von 1990	bis 1992
Petersen, Reiner (Kommissarisch)	von 1993	bis 2000

Glanzstoff glänzt nicht mehr

Werksfeuerwehr

Wie der Eintritt in eine geheimnisvolle Welt – mitten in Kelsterbach gelegen und doch für nur wenige zu betreten – so mutete am 9. Februar 2005 der Hauptflur des Verwaltungsgebäudes der menschenleeren Fabrik an. Von hier aus fahren wir wie mit einer Zeitmaschine zurück zu einem Rundgang durch die stillgelegte Fabrik, als noch viele Gebäude standen, wenn auch schon in vielen Fällen entkernt

Die menschenleere Fabrik

Firmenschild „Enka GmbH & Co.KG"

Ein Rückblick der besonderen Art: Nach der Werksschließung begann die Phase der menschenleeren Fabrik, ein zumindest anfangs äußerlich merkwürdiger Schwebezustand zwischen Vergangenheit und Zukunft: Die Zeit schien still zu stehen. Zunächst waren die Fabrik, nicht nur die Hülle, sondern auch viele innere Einrichtungen, weitgehend intakt, so als ob demnächst der Betrieb wieder hochgefahren würde. Doch jeder wusste, dass dem nicht so war und sein würde. So bestand über Jahre hinweg ein exterritoriales Gebiet fast mitten in Kelsterbach und doch der Öffentlichkeit nicht zugänglich.

Anfang des Jahres 2000 wurden im Kelsterbacher Enka-Werk die Schranken endgültig heruntergelassen.

Die Schranke am Tor I war geschlossen

Jahrelang ruhte deswegen alles rund um das Verwaltungsgebäude auf dem rund 14,5 Hektar großen und bis zu 1,3 Kilometer langen Areal.

Werksgelände

Das Gelände der menschenleeren Fabrik sah teilweise trostlos aus, wie nach einem Katastrophenfilm - und strahlte doch einen morbiden Reiz und Charme aus. Dennoch, das war trotz alledem kein Abenteuerspielplatz - ein Rundgang auf dem abgesperrten Gelände war nicht ungefährlich.

Spinnbadbereich

Die entkernte Druckwäsche

Die menschenleere Fabrik

Blick in den leeren Spinnsaal I

Hier standen die Wickeltrockner

Die großen Hallen indes waren meist leer und entkernt. Noch verwendbare Einrichtungen wurden in andere Werke verbracht oder an Externe verkauft.

Blick vom Spinnsaal 1 zur Feuchtekammer

Manches wirkte aber keineswegs schroff, sondern anfangs fast idyllisch. Doch zuletzt waren viele Räume zunehmend vom voran schreitenden Verfall und Vandalismus betroffen, herrschte vielerorts Chaos.

Durcheinander im Textillabor

Garderobe Viskose

Schaltzentrale Kesselhaus

Dennoch: So schien es beispielsweise in der Schaltzentrale des Kesselhauses in den ersten Monaten, ja sogar Jahren, oft noch so, als hätten die Mitarbeiter nur vergessen, die Akten ordentlich wegzuräumen und werde es bald mit der Produktion weitergehen. Denn manches wirkte lange noch wohl geordnet.

Die menschenleere Fabrik

Betriebsbekanntmachungen

Leeres EDV-Büro im zweiten Stock der Verwaltung

Noch 2005 hingen einige Zettel im Schaukasten für Betriebsbekanntmachungen.
Und auch der Briefkasten fürs betriebliche Vorschlagswesen war noch intakt.

Betriebliches Vorschlagwesen

Hinweistafel Spinnbadvorwärmer "Außer Betrieb"

Auf einer Tafel fand man mit Kreide die Anweisungen für Bad-Vorwärmer geschrieben. Damit war natürlich nicht das ebenfalls menschenleere Schwimmbad des Werks gemeint, sondern ging es um Produktionseinrichtungen wie das Spinnbad.

In Regalen standen beispielsweise noch Ordner zu Entsorgungsfragen.

Das ehemalige Schwimmbad – die Natur erobert sich auch hier einen neuen Lebensraum

Regal mit Ordnern „Abfall-Entsorgung"

Wie erst am Vortag verlassen wirkten noch rund vier Jahre nach der Werksschließung manche Waschgelegenheiten –

Die menschenleere Fabrik

Waschbecken in der Lehrwerkstatt

– nur nicht mehr ganz so sauber glänzend wie früher.

Handwerkergarderobe

Durch Mauerabbruch lagen beispielsweise die früheren Waschgelegenheiten für die Handwerker frei. Das bescherte völlig neue Seherlebnisse.

Toilettenanlage Düsenstation

Auch die einstigen sanitären Anlagen für die Mitarbeiter der Düsenstation lagen zeitweilig im Freien.

Treppenaufgang zum „Werksärztlichen Dienst"

Außerdem: Der Hinweis am Treppenaufgang zur Werksarztstation führte ins Leere. Und das Tor I war auch nicht mehr besetzt.

Hinweistafel: Werksärztlicher Dienst ist nicht besetzt

Lange Zeit konnte man selbst in der Werksküche den Eindruck gewinnen, der Koch sei nur mal eben weg, kehre gleich wieder zurück, mache weiter und werde umgehend leckeres Essen herrichten und auftragen lassen. Gespenstisch wirkte diese Szene mit den hoch geklappten Deckeln an den riesigen Kochtöpfen.

Werksküche

Die menschenleere Fabrik

Im Direktionszimmer standen – beispielsweise im Februar 2005 – die Utensilien für eine gemütliche Kaffee-Runde immer noch einsatzbereit.

Direktionszimmer „Kaffee-Runde"

Für manchen langjährigen Werksangehörigen war es – wenn ihm mal ein Blick über den Werkszaun gelang – die sprichwörtlich kalte Dusche, wie „sein" Betrieb langsam, aber sicher verkam.

Notfalldusche

Schließlich ging da nicht nur eine Fabrik, sondern auch ein Teil des Lebens und Alltags viele Kelsterbacher, und das über Generationen hinweg in manchen Familien, verloren.

Vorzimmer mit Wandschmuck

Von dieser innigen Beziehung verrieten auch einige an die Wände über den Arbeitsplätzen geklebte bunte Bilder, die Kinder von Werksangehörigen für Mami oder Papi gemalt hatten. Nach der Schließung wirkten sie ziemlich verloren.

Graffitis

In der Phase der menschenleeren Fabrik kamen im und am Werk andere Malereien dazu, wurde so manche Gebäudewand zum El Dorado für Sprayer mit Graffitis.

Graffiti Sozialgebäude

Graffiti Textilbetrieb

Graffiti Viskoseabteilung

Die menschenleere Fabrik

Aber auch die Natur auf der Industriebrache bot über Jahre hinweg ungewöhnliche Seherlebnisse zwischen Rüsselsheimer Straße und Bahnlinie: Es grünte und blühte im Frühjahr und Sommer plötzlich in einem unerwartet großen Ausmaß.

Trompetenbaum

Catalpa - Indianischer Name des Baumes. Auf der Grünfläche längs der Rüsselsheimer Straße stand dieser schöne Blütenbaum. Er stammt aus Nordamerika.

Blütenpracht

Die Einzelblüte ist trompetenähnlich und die Farbe ist weiß mit gelb. Er gehört zu den wenigen erst im Sommer blühenden Bäumen. Er verliert zeitig im Herbst seine Blätter

Zigarrenähnlich hingen seine Früchte am Baum. Deshalb wurde er auch Zigarrenbaum genannt. Boxer Haico schaut interessiert

Der Trompetenbaum war während der vier Jahreszeiten immer ein schöner Anblick.

„Die vier Jahreszeiten"

Frühjahr

Sommer

Herbst

Winter

Glanzstoff glänzt nicht mehr

Die menschenleere Fabrik

Sommer: Die Wildkräuter blühen

Zeitweilig schien die Natur sich in der Industrieruine sogar wieder Terrain zurückerobern zu wollen. Aber auch der Winter hatte seinen Reiz auf dem verlassenen Werksgelände.

Die Natur erobert sich einen neuen Lebensraum

Doch nicht nur die Flora, sondern auch die Fauna entwickelte ein neues Eigenleben, wenn etwa Tauben in alten Gemäuern ein neues Eigenheim fanden.

Tauben hatten die ehemalige Hauptwerkstatt in Beschlag genommen

Enten und Gänse indes bevorzugten das feuchte Element wie im früheren Klärbecken. Sogar Goldfische wurden dort gesichtet.

Enten auf einem Rettungsring

Nilgänse im Auffangbecken

Ausgesetzte Goldfische

Glanzstoff glänzt nicht mehr

Die menschenleere Fabrik

Auch Kaninchen fühlten sich auf der Wiese heimisch

So entstand über Jahre hinweg jenseits des alten Verwaltungsgebäudes eine völlig eigene Welt.

Dort hinein kamen anfänglich tatsächlich nur Personen mit Schlüsselgewalt – etwa die Mitarbeiter zur Entkernung der Einrichtungen und Gebäude.

Eingang Sozialgebäude

Die Qualität der ungebetenen Besucher ließ aber im Laufe der Zeit stark nach. Mit der Zeit wurden diese Eindringlinge immer dreister, versuchten immer weniger die Spuren ihres Eindringens zu verbergen, beispielsweise im Konstruktionsbüro.

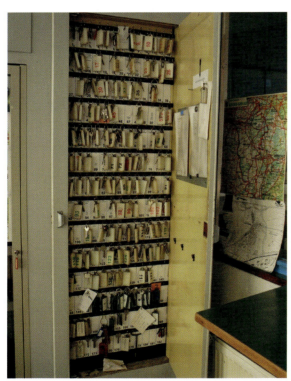

Schlüsselschrank

Tohuwabohu im Konstruktionsbüro

Ungebetene Gäste

Aber die Türen erwiesen sich zunehmend als durchlässig – für ungebetene Gäste. Die drangen bald immer öfter rund um die Uhr ein, zertrümmerten beispielsweise die Eingangstür zum Sozialgebäude rücksichtslos.

Gelegentlich konnte man gar den Eindruck gewinnen: Manche Zeitgenossen schienen fieberhaft nach einem sagenhaften Glanzstoff-Schatz zu suchen.

Die menschenleere Fabrik

Tresor in der Düsenstation

Nicht einmal ein alter Tresor war vor solcher Neugier sicher. Die wertvollen Düsen aus Platin waren freilich schon längst entnommen.

Die modernen Schatzsucher von heute waren vor allem auf die gewaltigen Kabelstränge aus, die wegen der hohen Rohstoffpreise einen beträchtlichen Wert darstellten, und daher vielerorts auf dem Werksgelände rüde gekappt und gestohlen wurden.

Eine Tonne Kupferkabel wurde sichergestellt

Anfangs wurden die Spuren solchen Tuns noch fast schamhaft verborgen, wurden beispielsweise vom Metall befreite Kabelhüllen aus Plastik in Gruben oder Schränken versteckt. Diese Zurückhaltung schwand im Laufe der Zeit – jetzt wurde ganz offen geklaut.

Ein regelrechter Kleinkrieg entbrannte deswegen auf dem Firmengelände. Dort war die Polizei zeitweilig Stammgast.

Erwischt – Festnahme auf dem Werksgelände

Manchmal schienen sogar mehrere Banden im Einsatz.

Festnahme einer Einbruchsbande

Auch dieses Schild am Tor hielt die angebeteten Besucher nicht ab.

Diese Schilder wurden rings um das Werk befestigt

Gelegentlich wurden Diebesfahrzeuge, bis oben mit Kabelsträngen vollgeladen, mit Hilfe von Hunden noch rechtzeitig vor dem Abtransport entdeckt.

Die menschenleere Fabrik

Haico vom Diezer Schloß im Einsatz

Als „Polizeihund" machte Haico eine gute Figur!

Oft wurde hierbei umfangreiches Werkszeug in den Fahrzeugen der Diebe sicher gestellt.

Sichergestelltes Werkzeug

Sichergestellte Tasche mit Kupferkabel

Nicht wenige Langfinger stammten aus Ost- und Südosteuropa, waren aber oft die kleinen Fische, die für andere die sprichwörtlichen Kastanien aus dem Feuer holten und die Drecksarbeit machten. Sie reisten oft mit Autos an, die nur wenige Tage mit Zollnummern für eine Überführung ins Ausland zugelassen waren, um zunächst die Beute zu Hehlern hierzulande zu transportieren und um danach über die Grenze zu verschwinden.

Es gab aber auch eher zum Schmunzeln anregende Vorkommnisse mit ungebetenen Gästen: So reiste ein Gruppe von Jungfilmern an, die einen Underground-Film drehen wollten und dazu sogar Möbel und eine Badewanne in einen der Gebäudekeller transportierten!

Möbel und ...

...Badewanne der Jungfilmer

Oder auf dem Kesselhaus rockten mit Gitarren junge Leute weithin sicht- und hörbar und hielten das im Video fest. Auch jede Menge Fotografen pilgerten hierher mit gelegentlich umfangreicher Ausrüstung – mit sehr unter-

Die menschenleere Fabrik

schiedlichen Motiv-Begehrlichkeiten für das ungewöhnliche Ambiente von Ex-Enka. Die einen wollten analog oder digital den Charme des ausklingenden Industriezeitalters in die Computer-Ära hinüber retten – was später sogar in You Tube zu sehen war.

Gitarrenspieler auf dem Kesselhaus

Es kamen aber auch noch andere Besucher, so wie diese Badenixe und Sonnenanbeterin auf dem Sprungbrett des alten Schwimmbades liegend, allerdings als Model für ungewöhnliche Aufnahmen eines Fotografen.

Sonnenbad

Bitte recht freundlich – Fototermin

Ein anderer rückte mit Models und einem umfangreichen Sortiment erlesener Dessous an, die alle in den alten Fabrikhallen abgelichtet werden sollten.

All dies führte zu erheblichen Problemen, ja sogar nicht selten auch zu Gefahren für die Eindringlinge selbst. So musste eines Tages sogar ein Rettungs-Hubschrauber einfliegen, um einen jungen Sprayer zu bergen, der aus rund zehn Meter Höhe abstürzte und schwer verletzt wurde.

Rettungshubschrauber im Einsatz

Ja, es war nach Jahrzehnten der Betriebsamkeit bei Glanzstoff und Enka eine fast etwas geheimnisvolle, inzwischen schon in weiten Teilen verschwundene Welt mit einem ganz eigenen Ambiente.

In Reih und Glied standen die Betonsäulen

Glanzstoff glänzt nicht mehr

Die menschenleere Fabrik

Die leeren Hallen und die Trümmerlandschaft auf dem ehemaligen Enka-Gelände waren darüber hinaus das ideale Übungsfeld für eine Rettungshundestaffel. Denn ähnlich wie in dieser Abbruchlandschaft sieht es in manchen Erdbebengebieten nach der Katastrophe aus.

So übte im Jahr 2006 unter realistischen Bedingungen eine Rettungshundestaffel.
Sie suchten bei Übungen mit ihren Besitzern nach Überlebenden und Verletzten

Übung der Rettungshundestaffel

Suchhunde im Einsatz

Sehr hohe Anforderungen wurden an die Vierbeiner gestellt. Hund und Hundeführer mussten als Teams zusammenarbeiten. Neben Kommandos der Hundeführer war lautes Bellen zu hören, wenn der Hund in den Schuttbergen einen Menschen gefunden hatte, der dort versteckt war. Bei diesem Verbellen durfte er auch nicht zu nahe an das Opfer kommen und sobald er eine Spur aufgenommen hatte, musste ihm die Rettung eines Menschenlebens mehr bedeuten, als der Gehorsam seinem Herrchen gegenüber.

Außerdem wurden die Spürnasen der Rettungshundestaffel Rhein-Main einmal auf dem Werksgelände eingesetzt, um gezielt die Trampelpfade der Diebe zu entdecken.

Werkschutz im Einsatz

Es war allerhand los in den Jahren der „menschenleeren Fabrik" auf dem Gelände. Obwohl die Tore mit Ketten verschlossen waren.

Fest verschlossen

Die menschenleere Fabrik

Obwohl Unbefugten das Betreten des Geländes verboten war, musste oft die Polizei oder auch der Notarzt kommen.

Polizeifahrzeuge am Versandgebäude...

... oder am Tor I

Festnahme im Juli 2008

Notarzt im Einsatz

Ein „Besucher" schrieb auf eine Tafel im Sozialgebäude: *„Der Würfel ist gefallen"*. Obwohl die Übersetzung im Singular formell richtig ist, wird oft auch „Die Würfel sind gefallen" gesagt.

Recht hatte der Schreiber, denn der Abbruch der Gebäude erfolgte im Jahr 2008.

„Die Würfel sind gefallen"

Die menschenleere Fabrik

Entscheidende Weichen für den Übergang von der menschenleeren Fabrik zur Wiederverwertung des Areals stellte am 25. Februar 2008 der Planungs- und Bauausschuss der Stadtverordnetenversammlung. In einer Sitzung, die als Zeichen des Aufbruchs bewusst im alten Verwaltungsgebäude stattfand, billigten die Kommunalpolitiker den Bebauungsplan für das Enka-Gelände. Ein wichtiger Schritt in die Zukunft war getan

Eine Zeitreise:
Die verschwundene Fabrik

Wie gewaltig die einstige Werksanlage war und was es alles auf dem rund 14,5 Hektar großen Enka/Glanzstoff-Areal gab, davon vermittelt am besten ein virtueller Rundgang einen Eindruck Denn seit im Frühjahr 2008 unter Regie der Firma Eurovia so richtig die heiße Phase des Abbruchs begann, verschwand sukzessive der größte Teil der Anlagen. Zu diesem auch etwas nostalgischen Ausflug in die Vergangenheit – eine Zeitreise besonderer Art – betreten wir das Werksgelände an der Rüsselsheimer Straße durch das einstige Tor 2 am ehemaligen Schwimmbad.

Bevor wir auf das Werksgelände gehen, richten wir noch einen Blick längs des Zaunes nach Westen, im Jahr 2005 und dann acht Jahre später von der gleichen Stelle aus fotografiert.

Rüsselsheimer Straße im Jahr 2005 ...

... und im Jahr 2014

Betreten wir nun das Werksgelände durch das einstige Tor 2.

Pförtnerhaus am Tor 2. Mit seiner halbrunden Form ähnelte es dem Garagenbau im Werk

Durch diesen eigenwilligen Pförtnerbau aus den 1950er Jahren geht's in einer Art Zeitreise auf das einstige Werksgelände, ...

Leichtes Spiel für den Bagger im Oktober 2008

... und wir wandeln auf den Spuren des Abbruchs verschwundener Gebäude und Einrichtungen, die einst das Werk und auch das Stadtbild prägten.

Durchs Tor 2 eilten täglich zu Schichtbeginn fleißige Mitarbeiter ins Werk, beispielsweise zum nahen Versandgebäude. Wenn man vom Bahnhof her zur Enka gelangte, war das kastenförmig wirkende Versandgebäude der erste markante Punkt des Werks.

Eine Zeitreise

Versandgebäude 1957

Leer stehendes Versandgebäude im Jahr 2006

Von hier aus erfolgte einst - am Ende der Produktionskette - der Versand der hochwertigen Güter wie Viskose in all seinen Aufmachungen.

Alles fließt, alles vergeht.

Abbruch: Versandgebäude im Juli 2008

Der Bagger setzt an und...

...die letzte Wand fällt

Nur die Erinnerung daran blieb übrig

Wenige Schritte nach Westen und zur Rüsselsheimer Straße hin stand ein zwar eher unscheinbares, aber dennoch für die Energieversorgung sehr wichtiges Gebäude, die Trafo-Station. Auf Grund einer Erweiterung der Konerei wurde der Bau dieser Transformationenstation 1939 erforderlich. 1952 erfolgte ein Anbau eines Kondensatorenraums. Im August 2008 schließlich wurde das Gebäude abgebrochen.

Glanzstoff glänzt nicht mehr

Eine Zeitreise

Trafo-Station aus dem Jahre 1939. Links die Hallen des Textilbetriebes um 1950

Werksstraße mit Trafo-Station im Jahr 2005. Es hat sich kaum etwas verändert

Abbruch der Trafo-Station erfolgte im August 2008

Im Juli 2008 begann auch hier das große Abbruchkonzert. Alles ist verschwunden, was über Jahrzehnte auf einem wichtigen Abschnitt des Werks das Erscheinungsbild prägte.

Hier werden wir Zeuge ...

... wie ein Kapitel ...

... Stadt- und Industrie-Historie ...

... einfach verschwindet

Wesentlich einschneidender freilich ist das Verschwinden der nach Südwesten hin anschließenden großen Werkstraße mit ihren charakteristischen Bauwerken. Ob ihrer Größe wurde sie auch „Zeil" im werksinternen Jargon genannt. Diese Hallen sind bei einer Werkserweiterung in nordöstlicher Richtung in den Jahren 1924 und 1925 entstanden. Sie waren für die textile Nachbehandlung gedacht und sind im gleichen Architekturstil mit Satteldachgiebel wie die zur Zeit der Waggonfabrik von 1899 gehalten.

Glanzstoff glänzt nicht mehr

Eine Zeitreise

Aus die Maus!

Noch mal kurz einen Blick ins Jahr 2008....

... und so sah es 2015 in gleicher Richtung aus

Vor der Aufstockung

Aufstockung im August 1958

Der Abbruch des Gebäudes erfolgte genau 50 Jahre später.

Kurz vor dem Abbruch 2008

Versuch mit einem Bagger

Bei der Aufstockung 1958 über den Spulentrocknern entstanden Räume für Produktionsbüros und fürs Textil-Technikum. Die Bauleitung hatte der Architekt Otto Mager vom Zentralbüro.

Glanzstoff glänzt nicht mehr

Eine Zeitreise

Ein zweiter Bagger musste helfen

Gemeinsam geht es besser

Und alles verschwand in einer Staubwolke

Am 31. Juli 2008 war auch hier alles Vergangenheit: freier Blick bis zur Helfmannstraße.

Freier Blick bis zur Helfmannstraße

Wo früher die Werksstraße war, standen seit Anfang 2014 Bäume und eine neue Bebauung hat stattgefunden

Längs der Rüsselsheimer Straße gab es vormals eine liebevoll gepflegte Grünanlage - die gärtnerisch gestaltete grüne Lunge der Enka.

„Glanzstoff-Park"

Im Mittelpunkt stand die Brunnenanlage, die die Stadt Unternehmen und Belegschaft 1954 anlässlich des Jubiläums zum 50. Geburtstag der Vereinigten Glanzstofffabriken in Kelsterbach zum Geburtstag geschenkt hatte.

Grünanlage mit Brunnen

Glanzstoff glänzt nicht mehr

Eine Zeitreise

Blickfang war eine Figur - im Volksmund manchmal Arbeitgeber und Arbeitnehmer, der sich vermeintlich vor dem Chef beugt, frotzelnd genannt. Der Künstler Heinz Müller-Olm aus Nieder-Olm hat das Werk gefertigt. Im März 2008 wurde die Brunnenfigur von Mitarbeitern des städtischen Bauhofs abtransportiert und für eine spätere Verwendung sichergestellt.

Schenkungsurkunde

Abtransport und Sicherstellung der Figur

Neben dem nahen Sozialgebäude lag – ebenfalls im weitesten Sinne der Gesundheit des Unternehmens und seiner Mitarbeiter verpflichtet – das Feuerwehrgerätehaus.

Feuerwehrgerätehaus

Die Werksfeuerwehr hatte eine lange Tradition. Die Form der Helme und der Zuschnitt der Uniformen änderte sich zwar im Laufe der Jahrzehnte, doch der Grundgedanke, sich im Notfall für den Nächsten und dessen Schutz einzusetzen, das war bei den St. Florian-Jüngern immer oberstes und aktuelles Ziel.

Freier Platz im Juni 2008, wo vorher das Feuerwehrgerätehaus stand, in Richtung ehemaliges Verwaltungsgebäude

Die Brunnenfigur im Schnee

Eine Zeitreise

Mit ein bisschen Phantasie kann man sich vorstellen, dass der Hauptplatz auch künftig eine Rolle spielen könnte, vielleicht bei kulturellen Aktivitäten.

Blick vom Verwaltungsgebäude auf den Hauptplatz im Jahre 2002

So sah es im Januar 2014 aus

Zu Beginn unseres Rundgangs nach Westen ab dem angrenzenden Hauptplatz blenden wir des besseren Verständnisses wegen nochmals zurück in jene Zeit, als bei Enka der Betrieb noch lief, hier symbolträchtig bei einem „Tag der offenen Tür" im Jahr 1996.

Werkstraße am Tag der offenen Tür 1996

Zum Vergleich: Ein Blick in die ehemalige Werksstraße im Jahr 2015 – nach Westen hin ...

... und so hatte es um 1949 ausgesehen

Ein kaum zu übersehender Bau auf dem weiteren ehemaligen Weg nach Westen war die gewaltige Belüftungsanlage. Im Hintergrund ist der Abluftkamin zu sehen.

Belüftungsanlagen über der Werksstraße

Glanzstoff glänzt nicht mehr

Eine Zeitreise

Die Giebeldach-Hallen stammten meist noch aus der Zeit der Waggonfabrik (1899). Zwar waren in den 100 Jahren verschiedene Veränderungen vorgenommen worden, aber die Giebelreihungen mit Dachkonstruktionen und Stahlstützen blieben erhalten.

Straßenbauarbeiten um 1949. Rechts hinten der Viskosebetrieb

Rechts in dem Gebäude war der Spinnsaal II

An der Stelle des ehemaligen Spinnsaal II steht heute der REWE-Markt. Die Eröffnung erfolgte am 16. Oktober 2013

2008 fraßen sich die Bagger immer weiter in die Gebäudesubstanz der alten Fabrik vor. Schließlich ging es der Belüftungsanlage selbst an den Kragen. Der Rest der Anlage war auch sogar nach der Stilllegung noch von imponierender Größe gewesen.

Langsam fressen sich die Bagger vor

Die Belüftungsanlage steht noch auf einem Stahlgerüst

Mit dieser Anlage wurde die Zuluft in den Spinnsälen und in der Druckwäsche verbessert. In 13 Metern Höhe überspannte sie die gesamte Werksstraße. In der ersten Ausbaustufe 1987 versorgte sie den Spinnsaal 1 und die Druckwäsche mit stündlich 400.000 Kubikmetern Luft.

Schließlich ging es der Belüftungsanlage selbst an den Kragen...

Eine Zeitreise

...bis nur noch die Stahlstützen in den Himmel reckten

Fundamente für das Laugenhaus - 1938

Ebenfalls ein dicker Brocken war die 27 Millionen Mark teure Abluft-Anlage. Erst 1989 ging sie in Betrieb, um den bis dahin sprichwörtlichen Faule-Eier-Mief am Ort zu beseitigen, damit die Kelsterbacher nicht mehr die Nase rümpfen mussten.

Auf dem Dach vom Laugenhaus (links) befand sich die Zentralabsaugung. Laugenhaus und Magazingebäude (rechts) vor dem Rückbau

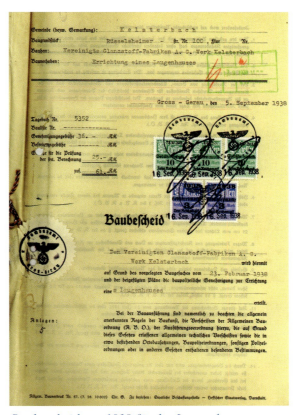

Baubescheid von 1938 für das Laugenhaus

Bis in die frühen Tage von 1899 reichten die Wurzeln des nahen Magazins zurück, von der Waggonfabrik vormals als Holzsägewerk genutzt.

Rund 800 000 Kubikmeter Abluft gingen stündlich durch diese gewaltige Röhre. Im Hintergrund das Laugenhaus

Beide Gebäude wurden 2008 dem Erdboden gleich gemacht

Eine Zeitreise

Abluftleitung (vier Meter Durchmesser) zum 120 Meter hohen Abluftkamin, mit. Besuchergruppe im Jahr 1989

Erst nach gemeinsamem Drücken....

... ging die Anlage endlich in die Knie

Wie ein zehnfüßiges Ungeheuer aus einem Science-Fiction-Film wirkte die Abluftanlage in den Tagen der gezielten Zerstörung

Dann war alles platt

Dem Mammut-Bauwerk selbst ging erst 2008 beim Abbruch die Luft aus. Der Abbruch war freilich keineswegs einfach.

Der vielleicht spektakulärste und mit das Stadtbild prägende Bau folgte: der 120 Meter hohe neue Schornstein der Abluftanlage.

Eine Zeitreise

Blick hinauf

Blick nach unten

Auch für ihn wurde es 2008 ernst: Der Countdown des Werks-Abrisses vollzog sich damit für jedermann unübersehbar – auch von außerhalb des Werksgeländes betrachtet.

Damit verlor die Untermainstadt ein weiteres Wahrzeichen.

Fundament

1973 war dieser Koloss gebaut worden, war einmal ein Plus für mehr Umweltschutz und weniger Gestank gewesen - das Unternehmen war stolz darauf. Dies wurde unter anderem bei einer Pressekonferenz der breiten Öffentlichkeit deutlich gemacht. Und die Kelsterbacher wussten solch gestiegene Lebensqualität ohne das fast traditionelle Naserümpfe zu schätzen.

Blick in die Röhre

Der Abbruch des Riesen – der zeitweilige Gedanke an eine Sprengung war wegen der Nähe zur Bahn und zu Wohngebieten verworfen worden – stellte einige Anforderungen an Mensch und Material. Professionelles Können war gefragt.

Glanzstoff glänzt nicht mehr

Eine Zeitreise

Der wohl höchste Arbeitsplatz in Kelsterbach

Der Abluftkamin bestand aus einer 95 Meter hohen Betonschale, darauf wurden 25 Meter mit Ziegelsteinen aufgemauert. 1988 wurde der Ziegelsteinaufsatz mit einer Edelstahlmanschette geschützt. Die Innenröhre des Kamins mit 3,80 Meter Durchmesser war aus säurefesten Formsteinen gemauert. Zur Erinnerung: Rund 800 000 Kubikmeter Abluft wurden pro Stunde durch den Kamin gepresst.

Von oben her wurde angefangen: Mit dem Fahrstuhl gelangte das Abbruch-Kommando dort hin. Mit Spezialgeräten rückte es dem weithin sichtbaren Koloss auf den Leib, was viele Zaungäste anzog. Dies war der wohl höchste Arbeitsplatz in ganz Kelsterbach. Regelrecht abgeschält wurden oben die Edelstahlverkleidung und das Innenfutter ausgeräumt. Von einer Arbeitsbühne wurde der gemauerte, ca. 25 Meter hohe, obere Teil des Schornsteins in Handarbeit abgebrochen.

Anschließend kam ein auf einer absenkbaren, hydraulischen Unterkonstruktion in die Schornsteinröhre gesetzter, ferngesteuerter und drehbarer Minibagger zum Einsatz.
Mit einem aufmontierten Betoncrasher löste er rundum Stück für Stück den Stahlbetonring des Schornsteins, so dass dieser kontrolliert abgebrochen werden konnte. Das Abbruchmaterial wurde in den Schornstein geworfen und somit die Staubbelästigung minimiert.

Kurz bevor der letzte Teil des ehemaligen Riesen fällt

Im April 2008 war es dann soweit. Bis auf 20 Meter herunter gebrochen wurde der restliche Teil mit einem Abbruchbagger umgelegt: Ende.

"Gefällt": Der Riese liegt flach

Nur noch Trümmer

Glanzstoff glänzt nicht mehr

Eine Zeitreise

Trotz alledem - der Gigant wurde am Ende doch kleingemacht! Ein Schornstein starb - wenn man das so etwas pathetisch sagen darf. So verschwand ein weiterer Zeuge des Industriezeitalters und der Chemiebranche am Untermain.

Gleiches galt nebenan: Auch der Viskose-Betrieb - ebenfalls Vergangenheit.

Nachdem die Betonsäulen entfernt worden waren, ging es an die Wände des Spinnsaales

Langsam knabbern sich die Bagger voran

Spinnsaal I mit dem Nachreifekeller, der zum ersten Mal Tageslicht sah

Dann stand nur noch ein Stahlgerippe.

Viele Bagger sind des Spinnsaales Tod

Auf unserer Zeitreise – westwärts - gelangen wir zum einstigen Chemie-Laborgebäude.

Dunkle Wolken hingen – symbolträchtig – über dem ehemaligen Viskosebetrieb

Auf der anderen Straßenseite kündete ein Bagger das Ende eines anderen Bauwerkes von der Größe vieler Fabrikteile an, den Spinnsaal 1.

Glanzstoff glänzt nicht mehr

Eine Zeitreise

Chemielabor im Jahr 2007

Im Juni 2008 wurde es abgebrochen

Das Aus fürs Labor

Danach: Links stand einmal das Chemielabor

Sein Schicksal teilte der nur wenige Schritte entfernt liegende Gebäudekomplex „S", der als Lehrwerkstatt und unter anderem als ehemaliges Wohnheim ein Begriff war. Als erstes Gebäude wurde 1928 eine Werkstatt errichtet und 1939 ein Gemeinschaftslager angebaut. Während des Krieges war hier eine Unterkunft für russische Zwangsarbeiter. Nach dem Zweiten Weltkrieg diente es zeitweise als Lehrwerkstatt und nach 1946 wurden auch Heimatvertriebene und Flüchtlinge dort untergebracht. 9.304 Einwohner hatte 1950 Kelsterbach und darunter waren über 2.000 Flüchtlinge und Heimatvertriebene aus den ostdeutschen Gebieten.

1948 Unterkunftslager für Heimatvertriebene auf dem Gelände des Glanzstoffwerkes

Die Zeitzeugen Edi und Horst Fenkl berichteten von damals:

Nachdem der Krieg verloren war, beschlossen die Siegermächte (England, USA, Russland, Frankreich) die Bevölkerung der deutschen Ostgebiete zu vertreiben. Für unsere Familie hieß das konkret, dass jede Person 50 kg Gepäck mitnehmen durfte. Wir wurden zu je 30 Personen in Viehwaggons verladen und deportiert. In einem Auffanglager (Helvetia Groß-Gerau) wurden wir nach einem Verteilungsschlüssel auf offene LKW's verladen und kamen am 7. Juli 1946 in Kelsterbach an. Hier wurden wir im Glanzstoffwerk in den Räumen der ehemaligen russischen Zwangsarbeiter untergebracht. Der Bereich war noch mit Stacheldraht eingezäunt und unsere Mütter – die Väter waren noch in Gefangenschaft - brachen in lautes Jammern aus, weil sie dachten, jetzt würde man uns auch noch einsperren.

Meine Mutter, mein Bruder Horst und ich sowie meine Tante Marg. Fenkl mit Tochter Christa und unsere Oma Maria Rada wurden in einem Raum im oberen Bereich untergebracht. In diesem Raum war noch Frau Digieser mit ihren Söhnen Fritz, Helmut, Gerhard und Manfred. In der Mitte des Raumes stand ein kleiner Kanonenofen, auf dem unsere Mutter manchmal eine Suppe kochte. Wir schliefen in Etagenbetten auf Strohsäcken, die vor Kriegsende noch von den Zwangsarbeitern belegt waren. Daraus ergab sich auch die Wanzenplage. (Unsere Mutter ging immer in der Nacht mit brennenden Streichhölzern auf Wanzenjagt). Nach Protesten der der Bewohner wurden diese Matratzen auf dem Schrottplatz verbrannt. Soviel ich noch weiß, waren etwa 80 – 100 Personen, alle aus dem Sudetenland im Lager.

Verkostet wurden wir in der Werkskantine, deren Leiter Herr Wählmann war. Er versuchte in der damaligen schweren Zeit immer etwas Vernünftiges anzubieten. Leider gab es meistens eine sogenannte Grützesuppe deren Duft man schon am Werkseingang wahrnehmen konnte. Unsere Mutter ging mit anderen Frauen bis nach Kriftel hamstern oder auch Kartoffeln stoppeln um die Werksverpflegung etwas aufzubauen. Wir waren 16 Wochen im Lager auf dem Glanzstoffgelände, bevor wir bei Familie Brügel (Bäckerei) ein Zimmer zugewiesen bekamen.

Gebäudekomplex „S" im Jahr 2007, im Hintergrund die Lehrwerkstatt

Nördlich davon entstand 1959 ein Pumpenhaus zur Abwasserreinigung.

Rechts das ehemalige Pumpenhaus

Anfang der 1960er Jahre wurden diese Räumlichkeiten als Unterkünfte für ausländische Mitarbeiter ausgebaut. Nach Westen hin folgten 1970 weitere Unterkünfte, mit der werksinternen Bezeichnung „Rom". Inmitten dieses Gebäudekomplexes lag zudem die wichtige Lehrwerkstatt.

Die Bauarbeiten für die neue Lehrwerkstatt begannen im Jahr 1957

Das Wohnheim „Rom" (links), daneben die 1958 bezogene Lehrwerkstatt.

Unten waren die Vereinsräume und oben die Lehrwerkstatt

Im Untergeschoß hatte unter anderem jene „Spinnstubb" gelegen, vom Unternehmen zur Verfügung für viele gesellschaftliche Ereignisse. Da war das Unternehmen sehr großzügig.

Eine Zeitreise

Die Bagger begannen im Juni 2008 mit dem Abbruch

Die Betonstützen mit Dach stehen noch

Die Lehrwerkstatt 1958

Zwar war auch hier immer wieder renoviert worden, doch allzu viel hatte sich äußerlich seit 1958 nicht verändert.

Die Lehrwerkstatt – 2005 - von der Rüsselsheimer Straße aus betrachtet

Im Juni 2008 kam auch hier das Ende: Der Abbruch erfolgte.

Die Bagger vollenden ihr Werk

Ganz im Westen führt unser virtueller Rundgang dorthin, wo vormals die in der Branche als vorbildlich geltende Kläranlage eingerichtet war.
Mit dem Bau einer Abwasserreinigungsanlage wurde schon 1973 begonnen. Diese von Fachleuten als Zinkfäll-Anlage bezeichnete Einrichtung beseitigte insbesondere die Zinkanteile im Abwasser. Denn Zink war ein wichtiger Bestandteil im Spinnbad der Rayon-Produktion. Dieses Projekt kostete 4,5 Millionen Mark.

Ansprache vom damaligen Bürgermeister Fritz Treutel

Zur Grundsteinlegung 1973 würdigte Kelsterbachs Bürgermeister Fritz Treutel nachhaltig diese Neuerung des Unternehmens zugunsten des Umweltschutzes.

Anlage mit der Rüsselsheimer-Straße im Hintergrund

Biologische Kläranlage

Doch wegen des weiterhin berüchtigten Faule-Eier-Miefs wurde schließlich auf das Becken ein Dach gesetzt, um so die Gestanks-Belästigung zu beheben.

Blick von Westen auf die Abwasserreinigungsanlage

Urkunde von 1972

1982 wurde die Abwasserreinigungsanlage mit einem Kostenaufwand von 3,8 Millionen Mark zur biologischen Kläranlage erweitert. Zunächst trug das Becken noch kein Dach.

Renovierungsarbeiten 1999

2009 waren auch diese Werksteile beim Abbruch fällig: In mühevoller Kleinarbeit wurden die Becken zerstört.

Eine Zeitreise

Abbrucharbeiten

Großeinsatz der Bagger

Bau der Zinkfällanlage im Juli 1973

Nichts erinnert heute mehr an das große Becken, in dem stündlich bis zu 450 Kubikmeter Abwasser gereinigt werden konnten.

36 Jahre später, im Juli 2009, sah es so aus, als hätte es die Becken niemals gegeben

Ebenfalls verschwunden ist die vormals zur Entsorgung notwendige Schlamm-Trocknungsanlage. Hier wurde aus dem Klärbecken geholter Klärschlamm durch große Filterpressen entwässert, in das Silo gepresst und anschließend zur eigenen Spezialdeponie in Kassel-Lohfelden verbracht.

Schlammsilo, im Vordergrund

Hinzu kam unter anderem noch ein 2,5 Millionen Mark teures Rückhaltebecken. Bei Störfällen sollten die Abwässer erst einmal in dieses Rückhaltebecken fließen, um zu verhindern, dass mit Schadstoffen belastetes Abwasser in den Main gelangen könnte. Dieses Betonbecken hatte ein Fassungsvermögen von 1.500 Kubikmetern.

Eine Zeitreise

Ein „Pool" zum Schutze der Umwelt

Vom einst westlichsten Punkt des Enka-Areals setzen wir unsere Zeitreise anschließend auf der Bahnseite gen Osten fort, dort wo die neue wichtige Erschließungsstraße entstanden ist.

Röhrenhalle

Früher wurde diese Halle als Werkstatt, zum Sandstrahlen, Lackieren, als Holzlager usw. benutzt.

Rückbau der Röhrenhalle

Nur wenig entfernt von den Kläreinrichtungen, an der einstigen Röhrenhalle vorbei, lag am Schienenstrang die Abluft-Reinigungsanlage, ein kaum zu übersehendes Bauwerk. Vorher hatten dort die Kleiderwäsche und Nähstube gestanden.

Vorher stand hier die Kleiderwäsche und Nähstube

Tief ging es in das Erdreich

Abluft-Reinigungsanlage im Rohbau 1988 fertig

Die Abluft-Reinigungsanlage nach der Fertigstellung. Die Anlage filtert Schwefelwasserstoff und Schwefelkohlenstoff aus der Abluft

Glanzstoff glänzt nicht mehr

Eine Zeitreise

Kommunalpolitiker besichtigten 2008 das Werk

Beim Abbruch 2008 war nur noch das Skelett der Anlage zu sehen

Am Ende blieb lediglich Betonbruch. Im Hintergrund die zentrale Abluftanlage

Anschließend folgte der wichtige Spinnbadbereich. Dieser Gebäude-Komplex verschwand 2008.

Blick in südwestliche Richtung – 2007

Spezialbagger kamen zum Einsatz

Zum Vergleich: Im Dezember 2013 war an dieser Stelle ein Kreisverkehr zum Gewerbe- und Fachmarktgebiet zu sehen

Unsere Zeitreise in die Vergangenheit führt nach Nordosten weiter an der Bahn lang. So erreichen wir weitere markante Punkte des Unternehmens.

Eine Zeitreise

1953 Blick zum Kesselhaus

Blick zum Kesselhaus im Jahre 2005

Im August 2008 erfolgte der Rückbau der Gebäude

Und so sah es im Jahr 2015 hier aus

Rauchen verboten

Denn ein paar Schritte weiter hieß es symbolisch schon Ende Januar/Anfang Februar 2005 für den alten Schornstein: Rauchen verboten.

Baubescheid für die Errichtung eines Schornsteines

Glanzstoff glänzt nicht mehr

Eine Zeitreise

1927 wurden Kesselhaus und Schornstein errichtet

Für den 1927 errichteten Schornstein kam nach 78 Jahren das endgültige Aus. Dieser Abbruch war der erste deutliche Eingriff in das angestammte Kelsterbacher Stadtbild gewesen. Tag für Tag ging's damals mit dem Schornstein bergab - Stein um Stein, Buchstabe um Buchstabe der Aufschrift Glanzstoff wurde abgetragen. Einst war der Schornstein mit seiner Firmeninschrift als Kelsterbacher Wahrzeichen bekannt.

Stein um Stein wurde abgebrochen

Plötzlich fehlte etwas an der Kelsterbacher Skyline – eine Lücke klaffte am Stadthimmel. Dies ließ eine erste Ahnung davon aufkommen, was noch alles folgen sollte.

Arbeitsplätze ...

...in luftiger Höhe

Nein, die wochenlange Arbeit in luftiger Höhe war nichts für Leute, die nicht schwindelfrei sind oder gar unter Höhenangst leiden. Stück für Stück wurde der Schornstein abgetragen, die Steine innen nach unten gestürzt.

Unten wartet schon der Radlader auf diese im Kamin herunter geworfenen Teile und entsorgte alles in die bereitstehenden Container.

Radlader bereit

Eine Zeitreise

Der Schornstein gehört der Vergangenheit an

2008 wurde auch das neben dem alten Schornstein stehenden Kesselhaus angezählt, das einstige Herz der Energieversorgung des Unternehmens und ebenfalls ein das Stadtbild prägendes mächtiges Gebäude. 1927 war dieses neue Kesselhaus gebaut worden.

Blick auf das Kesselhaus im März 2008

Die Zeit der Dampfmaschinen, wie eine auch im einstigen Maschinenhaus gestanden hatte, war damals endgültig vorbei. Mit voller Wucht brach das Stromzeitalter in alle Teile des Werkbetriebs durch. Und im Kesselhaus wurde im Laufe der Jahre immer wieder ergänzt und modernisiert - nach neuestem Stand der Technik.

Anbau Turbinenhaus - 1959

Mit dem Anbau des Turbinenhauses geschah 1959 ein weiterer Sprung in die Moderne. Schon damals ließen sich die bis zuletzt markanten Formen des gesamten Komplexes erkennen. Rund 50 Jahre später wurde das Bauwerk abgebrochen.

2008 - Rückbau des Turbinenhauses

Das Herzstück der Anlage war die Turbine. Noch 1998, also nicht allzu lange vor der Werksschließung, wurde eine große Inspektion der Turbine durchgeführt. Genau zehn Jahre später stand die Turbine – ein während des Betriebs eher schwer zugängliches Teil – plötzlich im Freien: Denn der Abbruch des Kesselhauses war 2008 in vollem Gange.

Die Turbine - noch verdeckt (oben) – dann im Freien (unten)

Eine Zeitreise

Anschließend kam der große Elektrofilter in einer spektakulären Aktion an die Reihe.

Das E-Filter wird...

...langsam abgelassen

Baggerzangenzugriff: Abrissarbeiten am Kesselhaus.

... und am Kesselhaus angefangen zu knabbern

Fast scheibchenweise wurde am Kesselhaus mit Spezialgerät alles wie von einem gefräßigen Saurier weggeknabbert oder -gerissen.

Rings um das ehemalige Kesselhaus türmten sich die Schrottberge

Als wenn ein Dinosaurier zupacken würde

Stück für Stück knappert man sich am Oktober 2008 voran

Seit Oktober 2013 steht auf dieser Fläche ein Discountermarkt

Eine Zeitreise

Schon angezählt

Der vorletzte Akt dieses Abriss-Dramas ...

Im Falle des Wasser-Hockbehälters wurde Stück für Stück regelrecht ins Freie gezerrt

...erfolgte am 19. und 20. November ...

Das endgültige Ende eines wichtigen Werksteils - fast schon ein wenig romantisch

...in den Abendstunden...

Schließlich blieb nur noch ein Skelett übrig

...des Jahres 2008...

Glanzstoff glänzt nicht mehr

Eine Zeitreise

..und dann lag alles am Boden. Damit war auch das Kesselhaus Historie

Der Abgaskanal (Fuchs) am Kesselhaus

Doch nicht nur in der Höhe, sondern auch unter der Erde warteten wie etwa beim Fuchs-Abgaskanal am Kesselhaus oder beim Rückbau der Brunnen oder Gängen aus dem Zweiten Weltkrieg große Aufgaben.

Begehen eines Schutzganges aus dem letzten Weltkrieg

Hierzu waren umfangreiche Nachforschungen und Einschnitte ins Erdreich nötig, bevor auch der Untergrund des Areals vor dem Verkauf saniert werden konnte. Immerhin waren einige Röhren-Systeme von imponierender Größe und Länge.

Eine Röhre besonderer Art blieb als Medienkanal erhalten. Dieser Tunnel unter der Eisenbahnlinie hindurch - vom angestammten Werksgelände zum heutigen Gewerbegebiet Langer Kornweg - war 1965 mit großem Aufwand angelegt worden.

Hier wurde ebenfalls unter Tage gearbeitet, der Tunnel unter der Eisenbahnlinie hindurch, vom Werk nach Süden hin

Wichtige Versorgungsleitungen führten einstmals durch den Untergrund hinüber auf die andere Bahnseite

Dort wurde als zweites Standbein des Unternehmens zeitweilig die Perlon-Fabrik, die Synthese, in Betrieb genommen. Sie arbeitete aber nur zehn Jahre lang bis 1977.

Eine Zeitreise

Zugemauert wurde der Tunnel unter der Eisenbahnlinie hindurch im Mai 2009

Oberirdisch führt unser virtueller Rundgang auf der Bahnseite weiter nach Osten: Nächstes markantes Gebäude war der Textilbetrieb unweit des Schienenstrangs Frankfurt - Mainz. Zeitweilig prangte hier der von der Bahn her einzusehende Namenszug Glanzstoff.

Fassadenbereinigung in den 1950er Jahren
So sah es seit der Werkserweiterung 1925 bis Anfang der 50er Jahre aus

Zum Vergleich: Anfang der 50er Jahre

Die Satteldachgiebel stammten von der Werkserweiterung 1925. Die Bereinigung der Fassaden in den 1950er Jahren bestimmte das Bild bis zum bitteren Ende.

Zum Rückbau freigegeben

Schließlich, nur noch Bauruine

Danach: freier Blick

An gleicher Stelle sah man im Jahr 2014 die Südseite des neuen Fachmarktzentrums

Glanzstoff glänzt nicht mehr

Eine Zeitreise

Die Schienen mit Gleisbett werden zurückgebaut

Über Schienen auf dem Werksgelände war das Unternehmen an die große weite Welt angebunden - über die Gleise der Deutschen Bahn, beispielsweise zur Materialbeförderung. Von Ende 2008 an verschwand nicht nur das Textilgebäude, sondern es wurde auch die Gleisanbindung beseitigt.

Über dem Schienenweg wurde u.a. der Zellstoff ins Werk gebracht

Schienenfahrzeuge hatten auf dem Werksgelände Vorfahrt

An alte Zeiten erinnerte dieses Schild im Werk

Am Ende des Werksgeländes im Osten lag das werkseigene Freibad, der vielleicht spektakulärste Teil der freiwilligen sozialen Leistungen des Unternehmens.

Beim Aushub der Erdmassen am 23. April 1951

Bauarbeiter am 9. Mai 1951 bei den Einschalungsarbeiten. Die Einweihung erfolgte am 2.8.1951

Fertigstellung des Umkleidegebäudes erfolgte 1952

Eine Zeitreise

Das gepflegte Werkschwimmbad im April 1994

Die Farbe musste entfernt....

Im Dezember 2013 standen auf dem ehemaligen Schwimmbadgelände schon neue Reihenhäuser

...und entsorgt werden

Im Juni 2008 begann der Abbruch...

Dann schien es so, als ob es das Schwimmbad an der Helfmannstraße nie gegeben hätte

des einst so schönen Schwimmbades

Alles weg - nur die neuen Häuser im Hintergrund...

Glanzstoff glänzt nicht mehr

Eine Zeitreise

und neue Reihenhäuser stehen hier seit 2013

Zum Abschluss unserer Zeitreise ein Blick auf das Gelände der verschwundenen Fabrik – zunächst in nordöstlicher Richtung, und danach ein Blick in südwestliche Richtung. Aber auch diese Ansichten und das Ende der Abbrucharbeiten sind selbst schon wieder Vergangenheit – abgelöst von neuem Leben auf dem alten Gelände.

Auch auf der Rüsselsheimer Straße verschwand inzwischen ein Stück der ehemaligen Glanzstoff: Umbenannt wurde am 15. Dezember 2013 nahe beim ehemaligen Verwaltungsgebäude die Haltestelle „Glanzstoffwerk" in „Graf- de-Chardonnet-Platz".

Glanzstoffwerk - Graf-de-Chardonnet-Platz

Richtung Helfmannstraße gesehen

Gegenschuss: Blick in Richtung Raunheim

Enka / Glanzstoff war am Ende der Gleise angelangt und, wie man so sagt, die Uhr war abgelaufen.

Rückbau und Entsorgung

Wichtige Stationen des Rückbaus – auch in Zahlen

Der Abbruch der Traditionsfabrik zog sich über mehrere Jahre hin. Bei diesem gezielten Rückbau ging es am Ende immerhin um das stolze Volumen von sage und schreibe 160.000 Tonnen Bauschutt! Mit der angestammten Mannschaft wurde schon Anfang 2000 das Werk chemikalienfrei gemacht. Maschinen, Werkzeuge und Apparate verkaufte man an Schwesterwerke. Danach begann die Entkernung der Hallen. Die restlichen Maschinen wurden verschrottet. Und erste Verkaufsgespräche fürs Werksgelände liefen an.

den vorgezogen abgebrochen werden: Wind und Wetter hatten ihm zugesetzt.

Mit dem Presslufthammer ans Werk

Mitarbeiter einer Spezialfirma aus Bautzen brachen die Backsteine mit Presslufthämmern aus dem Mauerwerk und beförderten sie durch das Innere des Schornsteines nach unten.

Der Glanz ist fast weg

Die erste spektakuläre Abrissaktion in der nunmehr menschenleeren Fabrik erfolgte fünf Jahre nach der Schließung im Januar 2005 mit dem Abbruch des 90 Meter hohen Kesselhausschornsteines, des „alten" Kamins. Er hatte unten einen Durchmesser von 6,50 Metern, oben immerhin noch 3,70 Metern. 1,30 Meter dick war die Schornsteinwand unten. Der Schornstein, der seit 2000 nicht mehr in Betrieb war, musste damals aus Sicherheitsgrün-

Radlader am Fuß des Schornsteines in Aktion

Rund 1700 Tonnen Material mussten so abgebrochen werden. Der Bauschutt wurde in einer Werkshalle zwischengelagert, auf Kontamination untersucht und konnte später in einer Recycling-Anlage weiterverarbeitet werden.

Bauschutt vom Kesselhauskamin

Rückbau und Entsorgung

Der alte Glanzstoff-Schornstein gehört der Vergangenheit an

Eine Lücke klafft jetzt in der Skyline

Der Schriftzug „Glanzstoff" war in den Schornstein mit weiß glasierten Steinen eingearbeitet. Einige davon wurden gerettet für die Nachwelt. Am 3. März 2005 gehörte der alte Glanzstoff-Schornstein der Vergangenheit an – ein Stück von Kelsterbach ist damit verschwunden.

Nur ein paar weiß glasierte Steine vom Schriftzug Glanzstoff sind übrig geblieben

Weiße Klinkersteine von der Beschriftung

Rodung der Bäume

Anfang 2008 wurde eine fachgerechte Rodung sämtlicher Bäume und Büsche auf dem gesamten Werksgelände vorgenommen.

Der Rückbau der übrigen Gebäude mit etwa 600.000 Kubikmeter umbautem Raum und einer umbauten Fläche von etwa 75.000 Quadratmetern erfolgte 2008 bis Juli 2009, durch die Firma „EUROVIA Beton".

Das gewohnte Stadtbild Kelsterbachs veränderte sich

EUROVIA bekam den Auftrag für den Rückbau

Zeitlich gegliedert war das Projekt in die Bereiche Schadstofferkundung, Entkernung und Abbruch. Von Januar bis Oktober 2008 erstreckte sich der oberirdische Abbruch. Anschließend begannen die Tiefenenttrümmerung und der unterirdische Abbruch. Zuvor wurde

Rückbau und Entsorgung

die Vorerkundung der Gebäudesubstanz und des Untergrundes in Bezug auf Schadstoffe durch das Ing.-Büro Landplus GmbH aus Essen ausgeführt. In einem umfangreichen Schadstoffkataster wurden die wichtigsten Kontaminationsherde zusammengefasst. Im April 2010 übernahm das Ingenieurunternehmen HPC AG aus Kriftel die weitere gutachterliche Begleitung.

Für die Abbrucharbeiten waren über 50 Arbeitskräfte im Einsatz. Der Maschinenpark bestand aus bis zu neun Baggern, inklusive zwei Riesen-Abrissbaggern, und zwar der Liebherr 954 und der CAT 5080, welche mit Longfronts ausgerüstet waren. Dazu kamen noch Raupen, Walzen, Radlader und Minibagger.

Der Riesen-Abrissbagger kam mit der Abbruch-Werkzange bis zu 37 Meter hoch

Bagger-Ballett

Erinnern wir uns: Ein Teil der Bausubstanz stammte noch aus den Gründungsjahren der Waggonfabrik bzw. bis in die 1940er Jahre des letzten Jahrhunderts. Die Außenwände bestanden aus Mauerwerk oder ausgemauerten Stahlfachwerken. Die Innenwände waren selten verputzt. Rund 40 Gebäude und bauliche Anlagen wurden im Rahmen der Abbrucharbeiten zurückgebaut.

Abbrucharbeiten

Rückbau von Betonteilen

Rückbau am Nachreifekeller

Auch eine Tiefenentkernung fand statt. Das Tunnel- und Kanalsystem wurde zurück gebaut

Verschiedene Gebäude waren zudem unterkellert. Außerdem befand sich ein Versorgungs- bzw. Entsorgungstunnel, der mit Dampf-, Spinnbadleitungen, Kabeltrassen usw. bestückt

Rückbau und Entsorgung

war, unter den Produktionshallen des Chemiebetriebes bis hin zum Kesselhaus.

Demontierte Badleitungen

Vor Beginn der Abbrucharbeiten wurden Gebäude entkernt - Heizkörper, Rohrleitungen und Kabeltrassen einer sinnvollen Verwertung zugeführt. Die Restmengen der Kabelstränge aus Kupfer freilich waren gering, da der wohl größte Teil in der Phase der menschenleeren Fabrik gestohlen worden war.

Das Laugenhaus wird entkernt

Die Dächer der Produktionshallen waren zu 90 Prozent mit Dachpappen eingedeckt, die teilweise PAK-Belastungen aufwiesen.

Möbel zum Abtransport bereitgestellt

Die Gebäude wurden zuerst entkernt, Fenster und Fußböden demontiert. Noch vorhandene Möbel, Holzverkleidungen, Einbauschränke wurden gemeinsam mit der belasteten Dachholzkonstruktion entsorgt.

Rückbau des Druckwäschedaches

Die Schadstoffbelastung im Vergleich zum Gesamtumfang der Abbruchleistung war gering. Vor den Abrissmaßnahmen wurden Proben in den Gebäuden und baulichen Anlagen genommen und analysiert. Alle Probeentnahmen wurden protokolliert und mit Fotos von den Entnahmestellen dokumentiert.

Die Anwohner wurden informiert

Das Interesse der Politiker aller Couleur war groß und man informierte sich vor Ort.
So informierte sich die CDU-Kreistags-Fraktion im Juli 2002 mit dem Bundestagsabgeordneten Gerald Weiß und dem Landtagsabgeordneten Rudi Haselbach über die Zukunft des Areals.

Rückbau und Entsorgung

In der Mitte Gerald Weiß MdB, Alfred Wiegand und Rudi Haselbach MdL

So auch Landrat Enno Siehr und Bürgermeister Erhard Engisch.

Von links Landrat Enno Siehr, Bürgermeister Erhard Engisch, beide SPD, und Alfred Wiegand

Auch bei den Medien fand der Rückbau der Chemiefaser-Fabrik großes Interesse. So war auch der Hessische Rundfunk vor Ort.

Juli 2008: Der Hessische Rundfunk berichtete über den Fortgang auf dem Gelände. Bernd Biewendt (rechts) vom HR4 im Interview mit Alfred Wiegand

Es erfolgte ein sogenannter selektiver Rückbau, bei dem die verschiedenen Materialfraktionen von vornherein getrennt gewonnen, gelagert und befördert wurden, um sie dann nahezu sortenrein diversen Verwertungsprozessen zuzuführen. Schadstoffe wie Asbest, Teerdachpappen, Dämmstoffe, Mineralwolle usw. wurden gewogen, ihr Verbleib bis zur Deponie lückenlos dokumentiert. Danach wurden sie ordnungsgemäß entsorgt.

Das Rückbauvolumen in Kelsterbach war definiert in ca. 160.000 Tonnen Bauschutt. Nach analytischer Überprüfung und Zuordnung in die Entsorgungsklassen erfolgte ein zeitnaher Abtransport oder Lagerung auf dem Gelände. So viel Abbruchmaterial wie möglich wurde auf dem Gelände belassen, um es dort wieder zu verwenden. Dies hatte den Vorteil, dass ein Teil des Abbruchs nicht abtransportiert und neues Material herangefahren werden musste - für Anwohner und Umwelt besser.

In einer Brecheranlage wurden Abbruchmassen für den Wiedereinbau auf dem Gelände zerkleinert

So konnten 80.000 Tonnen in mobilen Brecheranlagen gebrochen und in die früheren Keller und Tunnel im Areal des zukünftigen Gewerbegebietes eingebaut werden.

Überprüfte Bauschutthalde

Rückbau und Entsorgung

Hier präsentierte sich das verantwortliche Team aus Vertretern der Eigentümer, der Kommune, der Abbruchunternehmens und der Gutachter im Juli 2009 dem Fotografen.

Dr. Dietrich Mehrhoff von dem Ingenieurbüro Landplus, Egon Spitz von der Baufirma EUROVIA, Bürgermeister Manfred Ockel, Alfred Wiegand und Peter Wack von Acordis bei einem Rundgang

Rund 3.000 Lastwagen mit Bauschutt verließen das Gelände am westlichen Tor, damit das Wohngebiet nicht noch mehr belastet wurde

LKW auf der Waage

Die restlichen 80.000 Tonnen, das entspricht rund 3.000 LKW-Ladungen, wurden vorschriftsmäßig der Entsorgung bzw. der Verwertung zugeführt. Für die fortlaufende Kontrolle war auf der Baustelle eine Waage installiert, so dass ein genauer Überblick über die Massen, die die Baustelle verließen, am Ende vorlag.

Weiter fielen ca. 6.000 Tonnen Stahldemontagen, ca. 18.000 Tonnen PAK-haltiger Straßenaufbruch aus den betrieblichen Verkehrswegen, ca. 1.500 Tonnen teilweise auch teerhaltige Dachbeläge, ca. 150 Tonnen Asbest, ca. 150 Tonnen Mineralwolle, ca. 2.000 Tonnen Baumischabfälle sowie ca. 600 Tonnen Holz an.

Stahlschrott

Materialfraktionen wurden getrennt

Außerdem wurden rund 2,5 Kilometer Gleisanlage und 2,2 Kilometer Straßen mit dem dazugehörigen Kanalsystem zurückgebaut.

Rückbau der Gleisanlage

Prägnantester Punkt war der 120 Meter hohe Abluftkamin. Über drei Monate er-

Rückbau und Entsorgung

streckte sich 2008 die Demontage des 1973 erbauten, Kamins. Eine Firma aus Memmingen wurde mit dem Rückbau beauftragt.

Stolz ragte noch der Abluftkamin empor

Auf dem Gelände wurde keine Sprengung vom Sprengstoffwerk Gnaschwitz vorgenommet, auch wenn es beim Lesen der LKW-Plane den Anschein hatte

2008 erfolgte der Rückbau des Kamines

Die nächste Phase: Nachdem die Gebäude abgebrochen waren und das Gelände begradigt war, begannen die Vermessungsarbeiten für die künftige Verwendung.

Ein Vermesser bei der Arbeit

Sonnenuntergang im Januar 2009 auf dem Gelände

Nach dem Abbruch der Hallen...

... soll alles NEU auf dem Gelände entstehen, wie die Werbetafel im Jahr 2006 darauf hinweist

Rückbau und Entsorgung

Der Abbruch: Auch dem neuen Schornstein ging es schließlich sprichwörtlich an den Kragen – gesehen am 3. April 2008. Und ganz Kelsterbach konnte diesem Schauspiel in luftiger Höhe auch von außerhalb des Werkszauns zusehen

Der Neubeginn

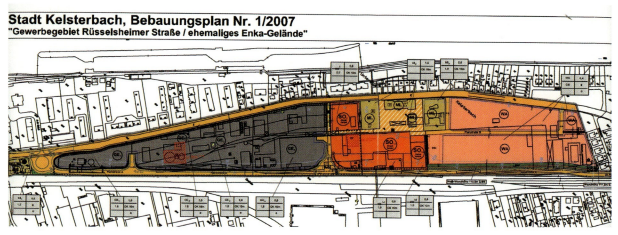

Neubeginn am alten Industriestandort

Schon Ende 2012 sah es so aus, als habe es diese gewaltige Fabrik nie gegeben. Nur wenige Gebäude erinnern noch daran. Dies setzte sich 2013 und 2014 mit zunehmender Bautätigkeit auf dem gesamten Areal fort. Der Neubeginn ist inzwischen deutlich sichtbar. Diesen Arbeiten waren sehr eingehende Planungen und ungezählte Vorgespräche vorausgegangen. Formell Voraussetzung für all dies war der neue Bebauungsplan, der mit der Veröffentlichung des Flächennutzungsplanes im Staatsanzeiger am 17. Oktober 2011 Rechtskraft erhalten hat. Bei Redaktionsschluss für dieses Buch war die Neugestaltung noch nicht endgültig abgeschlossen, jedoch schon in weiten Strecken auf den Weg gebracht. Vor allem wurde am 23. Mai 2014 mit der offiziellen Eröffnung des zentralen Hauptplatzes – heute Graf-de-Chardonnet-Platz – am Verwaltungsgebäude ein deutlicher Akzent gesetzt.

Über zehn Jahre liefen die Diskussionen über die Umwandlung des rund 100 Jahre alten Industriegeländes im Westen von Kelsterbach. Immerhin geht es ja um eine Gesamtfläche von rund 14,5 Hektar. Am 21. März 2011 wurden in der Stadtverordnetenversammlung der Bebauungsplan sowie zwei städtebauliche Verträge mit Acordis und der Firma Deutsche Reihenhaus (DRH) beschlossen.

Danach ist in etwa eine Dreiteilung des Terrains vorgesehen, in: Gewerbegebiet im westlichen Teil, Wohnbebauung im Osten sowie ein Sonder- und Mischgebiet mit Einzelhandel etwa in der Mitte – unweit des einstigen Verwaltungsgebäudes. Die letzteren beiden Abschnitte sind weitgehend abgeschlossen.

Stadtverordnetenversammlung am 21. März 2011

Unentgeltlich übergab der Eigentümer „Acordis" das Kantinen- und Werkstattgebäude (J) sowie 29.000 Quadratmeter Außenflächen an die Stadt. Diese Flächen fanden Verwendung für den Straßenbau und den neuen „Graf-de-Chardonnet-Platz" am Verwaltungsgebäude.

Was geschah und geschieht mit dem Gelände?

Umwelt- und Nachbarschaftshaus

Das erste spektakuläre Projekt der neuen Zeit auf dem Glanzstoff-Gelände war das Projekt Umwelt- und Nachbarschaftshaus (UNH), das im Erdgeschoss des früheren Verwaltungsgebäudes als Mieter untergebracht ist. Das gemeinnützige UNH versteht sich als unabhängige, neutrale Informationsstelle für alle, auch kontroverse Fragen um den Rhein-Main-Flughafen in Frankfurt.

Der Neubeginn

Das „Informationszentrum des Umwelt- und Nachbarschaftshauses" (UNH) wurde am 10. April 2013 eingeweiht. Durch die Ausstellung führten Architekt Tristan Köhler (dritter von rechts) und Günter Lanz (rechts)

Es dient nach Auskunft seiner Initiatoren als Dialog- und Monitoring-Zentrum zu Themen wie Fluglärm, Auswirkungen des Flughafens auf die Umwelt, die Gesundheit und auf die Sozialstruktur in der Region. Dies alles geschieht im Zuge des 2008 gegründeten Forums Flughafen und Region. Eröffnet wurde das Umwelthaus mit seiner Ausstellung „Protest. Mediation. Dialog. Der Frankfurter Flughafen, die Region und die Menschen" im April 2013. In der kontroversen Diskussion um den Flughafenausbau wird freilich auch das Umwelthaus selbst sehr kontrovers und kritisch betrachtet. Den einen ist dies eine große Chance für einen fairen Dialog zwischen den über den Flughafenausbau verfeindeten Positionen und Plattform zum Austausch der Meinungen, den anderen scheint es eher eine Art verlängerter Arm der Ausbaubefürworter mit geschickt gemachtem Kommunikationsapparat.

Geschäftsführer Günter Lanz am Schreibtisch

Die Büromöbel im Leitungsbüro entstammen übrigens dem Bestand des ehemaligen Werkleiterbüros. Sie sind aus Kirschholz, wurden aufgearbeitet und so bleibt ein Stückchen industrieller Vergangenheit weiterhin sichtbar.

„Wohnpark Mainblick"

Für Wohnzwecke sind etwa 37.000 Quadratmeter eingeplant. Der Zustand des Geländes wurde überprüft und danach die Baureife auf den Weg gebracht. Im Mittelpunkt steht der „Wohnpark Mainblick". Darin baute die Firma Deutsche Reihenhaus (DRH) 180 Wohneinheiten, Reihenhäuser mit den beziehungsreichen Namen Lebensfreude, Wohntraum und Familienglück.

Das Ganze hat ein Investitionsvolumen von 36,5 Millionen Euro. Im Frühjahr 2012 ging es los. Inzwischen (Redaktionsschluss) sind die meisten Häuser bezogen.

Eine Werbetafel stand im März 2012 an der Rüsselsheimer Straße

Der Neubeginn

Im Mai 2012 wurde mit dem Bau der Reihenhäuser begonnen...

...und im August 2012 standen schon die ersten Häuser...

...wo früher der Textilbetrieb mit den Hallen der Zwirnerei...

...oder der Conerei war

Richtfest im Wohnpark „Mainblick"

Am 9. April 2013 wurde ein symbolisches Richtfest gefeiert, das für manche neue Bewohner gleichzeitig schon eine Einstands-Party in der neuen Heimat war.

Gut beschirmt beim Richtfest im April 2013

Glückliche Eltern

Und bei einer Hausgeburt erblickte am 25. März 2013 Lea Marie als erstes Kind im neuen Wohngebiet das Licht der Welt.

(Kathrin und Florian Hennekemper) mit ihren Kindern Lea Marie und Mia Sophie beim Richtfest. Lea-Marie bekam davon allerdings wenig mit

Der Lärmschutzwall entlang der neuen Dr.-Max-Fremery-Straße an der Bahn, soll im Interesse der Anlieger die Geräuschkulisse dämmen.
Auf der Lärmschutzmauer wurde außerdem eine 700 Quadratmeter große Photovoltaik-Anlage mit 360 einzelnen Modulen installiert. Die jährlich dort erzeugte Strommenge liegt bei 57.000 kWh.
Im April 2014 wurde ein Stromspeicher in Form einer Großbatterie in Betrieb genommen. Hier kann insgesamt 134 kWh Strom gespeichert werden.

Glanzstoff glänzt nicht mehr

Der Neubeginn

Schutzwall gegen Bahn- und Straßenlärm. An der Südseite wurde eine Photovoltaik-Anlage installiert

Die Photovoltaik-Anlage an der Dr.-Max-Fremery-Straße entlang des neuen Wohngebietes

Neue zentrale Straße im Wohngebiet selbst ist die Otto-Esser-Straße mit Anschluss an die Rüsselsheimer Straße.

Energiezentrale

Heißwasserversorgung und ein großer Teil des Elektrostroms werden durch ein Blockheizkraftwerk für eine standortnahe Versorgung des Neubaugebietes sichergestellt. Dazu gehören die schon erwähnte Photovoltaik-Anlage zur Nutzung der Sonnenenergie für die Stromproduktion und ein Stromspeicher zur Pufferung zwischen Erzeugung und -verbrauch. Die Betriebsführung liegt in den Händen der SÜWAG Energie AG, die dazu modernste Technik vom Feinsten auswählte, auch nach ökologischen Kriterien.

Gruppenbild mit Dame. Der erste Spatenstich mit Stadtverordnetenvorsteherin Helga Oehne für die Energiezentrale am 03. Mai 2012...

... und dies war das Ergebnis am 09. April 2013. Ein Blockheizkraftwerk (BHKW) und ein Brennwertkessel versorgen die 180 Einfamilienhäuser mit Wärme für Heizung und Warmwasser. Am Herzstück der neuen Anlage stehen v. l. der Verantwortliche für die Projektausführung von der Süwag AG Thomas Berger und Jürgen May (Süwag)

ENKA-Fachmarktzentrum

Hinweisschild für das ENKA-FMZ

Der Neubeginn

Im Hintergrund das Enka-Fachmarktzentrum

Im Sondergebiet entstand ein Fachmarktzentrum für die Nahversorgung auf einem rund 19000 Quadratmeter großen Areal. Sieben Handelseinheiten umfasst das neue Zentrum mit einer reinen Verkaufsfläche von insgesamt 6200 Quadratmetern. Dazu hatte die Investorengesellschaft ENKA FMZ GmbH & Co. KG im Dezember 2011 das Terrain von Acordis übernommen. Vorhanden sind ein Lebensmittelvollsortimenter, ein Lebensmitteldiscounter, Drogeriemarkt, ein Textilfachmarkt sowie Schuh- und Bekleidungsfachmärkte. Hinzu kommen ein Café sowie ein Getränkemarkt. Insgesamt 290 PKW-Abstellplätze stehen zur Verfügung. Die Planungen lagen in Händen des Architekturbüros Frank Hammer und Architekten.

Enka-Fachmarktzentrum

Generalunternehmer war die Firma Franzen Industrie- und Gewerbebau GmbH, die im Januar 2013 mit den Erdarbeiten beginnen ließ. Die fertigen Geschäftsgebäude wurden im Zeitraum zwischen 30. September und 2. Oktober 2013 an die neuen Mieter termingerecht übergeben. Die Neueröffnung des Zentrums ging am 17. Oktober 2013 über die Bühne. Am Vortag bereits fand im Beisein von viel Prominenz im REWE-Markt eine gemeinsame Eröffnungsfeier für das Zentrum statt.

Eröffnungsfeier am 16. Oktober 2013 im Rewe-Markt

Auf einem Teil der Fläche des Rewe-Marktes war bis 2000 der Spinnsaal II

Gewerbegebiet

Blick auf das zukünftige Gewerbegebiet

Im Westen, vom Stadteingang her, ist ein Gewerbegebiet auf einer Fläche von 48.000 Quadratmetern vorgesehen, wurden dafür die Voraussetzungen geschaffen. Hierzu wurde Erde abgetragen und durfte auf das übrige Areal des Gewerbegebietes bis maximal 2,50 Meter Höhe aufgetragen werden Alle Arbeiten wurden und werden gutachterlich begleitet. Gedacht ist dieses Terrain für „leises" Gewerbe, also nicht für Logistik. Bei fest gestellten

Der Neubeginn

Bodenverunreinigungen werden die Oberflächen versiegelt.

Und was sonst noch so angedacht ist

Kulturzentrum

Das Gebäude wurde nicht vom Verhüllungskünstler Christo verpackt, sondern für die Eröffnung des Fachmarktes schön gemacht

Für das Gebäude „J" – einst Kantinen- und Werkstattgebäude der Enka – ist man bei der Entwicklung einer Konzeptidee für eine neue Nutzung (Stand Mitte 2014). Unter dem Begriff „GLANZSTOFF-WERK" könnte ein multifunktionales Kultur- und Kommunikationszentrum entstehen. Angedacht sind in der ehemaligen Werkstatthalle eine Erlebnis-Gastronomie und eine Event-Location für Kultur und Business. Der Flair der Werkstatthalle mit seinen Sprossenfenstern und seinen Dreiecksbindern auf genieteten Stützen ist nach Meinung vieler dafür geradezu prädestiniert.

Die entkernte Hauptwerkstatt im Jahr 2006

Desweiteren sind Räume für Vereinsaktivtäten im Obergeschoss vorgesehen. Zum Teil kann auch die frühere Kantine im Erdgeschoss als Multifunktionsraum für Feierlichkeiten und sonstige Veranstaltungen mitbenutzt werden.

Gebäudeansicht von Süden links aus dem Jahr 1899 und rechts 1953

Auch separate Räume für die Jugend sind eingeplant. Im ersten Stock, im ehemaligen „Casino", ist ein repräsentativer Raum für Hochzeiten angedacht.

Das ehemalige Werkskasino nach der Schließung im Jahr 2005

Darüber hinaus ist hier auch eine museale Einrichtung „Glanzstoff" vorgesehen, um die Erinnerung an die einstige Traditionsfabrik aufrecht zu erhalten. Hier könnten eine sicher gestellte Cones-Maschine, Vitrinen, Stellwände und eifrig gesammelte Exponate sowie Fo-

Der Neubeginn

tos, Plakate und andere audiovisuelle Medien zum Thema Glanzstoff/Enka ausgestellt werden. Dies wäre eine attraktive Anlaufstelle im Zuge der Route der Industriekultur Rhein-Main. Dazu sind bereits Kontakte mit deren Träger aufgenommen worden. Hilfe haben Kelsterbach die Geschäftsführerin Sabine von Bebenburg und der als geistiger Vater der Route der Industriekultur geltende Dr. Peter Schirmbeck, vormals Leiter des Museums Rüsselsheim, bei mehreren Besuchen zugesagt. In diesem Trakt könnte unter anderem auch die Verbindung mit dem einstigen Schwester-Werk in Elsterberg thematisiert werden.

Graf-de-Chardonnet-Platz - ein neuer zentraler Platz

Der Platz vom Sozialgebäude aus gesehen. Im Vordergrund sieht man die Stützen der Pergola

Eine wichtige Rolle, im weitesten Sinne für das gesamte lokale Geschehen, soll der erheblich aufgewertete zentrale Hauptplatz spielen. Dieser Quartiersplatz mit dem neuen Namen Graf-de-Chardonnet-Platz ist eingerahmt vom einstigen Verwaltungsgebäude mit dem neuen „Umwelthaus", dem ehemaligen Kantinen- und Werkstattgebäude, einem Einkaufszentrum sowie dem einstigen Sozialgebäude.
Zudem liegt der Platz gut erreichbar beim neuen Wohngebiet „Wohnpark Mainblick" und Wohngebiet „Niederhölle". Von besonderem Reiz: Das denkmalgeschützte Bestandsensemble bildet teilweise die Umgrenzung für diesen Platz. Die Klinkerarchitektur der Fassaden der übrig gebliebenen Einzelkulturdenkmäler aus der Glanzstoff-Ära verleiht diesem Platz ein ganz spezielles Ambiente. Dies könnte ein Zentrum dieses Stadtteiles werden: ein Platz mit pulsierendem Leben, der aber auch zum ruhigen Verweilen einlädt.

Zur Neugestaltung des Platzes wurde ein „nichtoffener Realisierungswettbewerb" ausgeschrieben. Ziel war, dem Platz eine hohe städtebauliche Qualität zu geben: Er soll sowohl Bindeglied zwischen den denkmalgeschützten Gebäuden, dem neuen Wohngebiet und dem neuen Gewerbegebiet werden sowie den angrenzenden Wohngebieten mit guten Aufenthaltsqualitäten zur Verfügung stehen. Ein weiterer Punkt der Aufgabenstellung an die Planer war die „Herstellung von Bezügen zum Ort und zur vorhandenen Bebauung". Wichtig dabei: die Erinnerung an die Waggonfabrik und an die Kunstseide-Herstellung von Glanzstoff/Enka.

Gesamtplan des neuen Platzes

Im Fachbetrieb Adam für Anlagen- und Maschinenbau (Gödenroth) wurde die schwierige Rohrkonstruktion hergestellt. Bürgermeister Manfred Ockel begutachtet die Biegung der Rohre

Die fünf Meter hohe Stahlkonstruktion wird von der Firma Adam aus Gödenroth mit Kunststoffseilen bespannt

Glanzstoff glänzt nicht mehr

Der Neubeginn

Ein Blick auf denm Quartiersplatz 2012. Eine Außengastronomie soll an der Südostseite der ehemaligen Hauptwerkstatt angeboten werden

So soll der Platz nach den Vorstellungen des Wettbewerbssiegers aussehen

Das Preisgericht hat als Sieger des Wettbewerbes das Büro „bbz Landschaftsarchitekten" aus Berlin ermittelt. Nach deren Vorstellung soll die Geschichte als Industriestandort der Belag des Platzes mit Gussasphalt widerspiegeln. Stahlbänder in der Asphaltfläche sollen an die Nutzung des Geländes als Waggonfabrik erinnern. Im übrigen Fußgängerbereich wurde die Oberfläche mit einem Belag aus Betonplatten ausgebildet.

Graf-de-Chardonnet-Platz beim Nationenfest

Der Graf-de-Chardonett-Platz soll außerdem für Veranstaltungen unterschiedlichster Art genutzt werden. Die Enka-Pergola und die über dem Platz verteilten Bäume bieten auch hierzu Sitz- und Aufenthaltsmöglichkeiten.
Die Konstruktion nimmt Bezug auf die Geschichte der Herstellung von Garnen an diesem Ort. Die Gesamtkosten der Platzgestaltung liegen bei 2,6 Millionen Euro, von denen 1,2 Millionen Euro das Land Hessen trägt.

Blickfang ist die geschwungene Pergola mit den farbigen Kunststoffseilen, die an die Kunstseidenproduktion erinnert

Abgerundet wird dies alles durch eine permanente Freiluftausstellung mit Bild- und Text-Tafeln, die die Firmengeschichte sowie die Bedeutung des Unternehmens für die gesamte Stadt Revue passieren lassen.

Blickfang waren vor allem aber auf dem renovierten Platz die neuen fünf Meter hohen Stahlkonstruktionen. Die sind mit 6.000 Meter farbigen Kunststoffseilen bespannt, geben so

Der Neubeginn

dem Ensemble eine ganz besondere Note und spielen unübersehbar auf die frühere Faden-Produktion bei Glanzstoff/Enka an.

Fadenproduktion bei Enka/Glanzstoff im. Hier im Baumbereich

Die Dachbespannung weist auf das ehemals hergestellte Viskosegarn hin

Die offizielle Einweihung des Platzes fand am 23. Mai 2014 statt. Nach einer Bauzeit von sechs Monaten wurde der Platz der Öffentlichkeit übergeben. Mit viel Prominenz aus Politik und Wirtschaft eröffnete Bürgermeister Manfred Ockel den neuen Festplatz. Verbunden war dieser offizielle Startschuss für den Graf-Chardonnet-Platz – einen Tag später - mit dem traditionellen „Nationenfest".

Durchs Programm, wozu auch zahlreiche ehemalige Mitarbeiter aus allen Abteilungen des Unternehmens geladen worden waren, führte Erster Stadtrat Kurt Linnnert. Ergänzt wurde die gut besuchte große Festveranstaltung durch die von den beiden Autoren dieses Buches organisierte Foto-Ausstellung „Glanzstoff glänzt nicht mehr", womit unter anderem der historische Bezug zur einstigen Fabrik optisch hergestellt wurde.

Blick auf den Tisch im Festzelt mit langjährigen Mitarbeitern des Werks

„Glanzstoff glänzt nicht mehr" lautete das Motto einer Ausstellung anlässlich der Eröffnungsveranstaltung des neuen Platzes

In Augenschein nahmen (von links) Stadtrat Alfred Wiegand, Landtagsabgeordnete Sabine Bächle-Scholz und Bürgermeister Manfred Ockel die drehbaren Info-Tafeln

Viele Gäste schauten sich die Entwicklung von einem Industriestandort zu einer Industriebrache und bis nun zu einem neuen Stadtteil an

Glanzstoff glänzt nicht mehr

Der Neubeginn

Mit Leben füllten die Kelsterbacher zum ersten Mal den Graf-de-Chardonnet-Platz beim Nationenfest

Dabei wurde das Areal mit viel buntem Leben erfüllt, kam so eine Ahnung davon auf, welche Rolle dieser neue Platz in der alten Fabrik künftig im kulturellen und sozialen Leben der Untermainstadt spielen und diese bereichern könnte.

Fast Symbolwert hatte bei der Festveranstaltung der Besuch des fast 90-jährigen Ludwig Börner, nicht nur seit 1948 bei Glanzstoff/Enka beschäftigt, sondern auch langjähriges Betriebsratsmitglied und Vorsitzender des DGB-Ortskartells Kelsterbach. Er war damals einer der ältesten Mitarbeiter des Traditionsbetriebs. Unversehens gedieh sein Besuch bei der Festveranstaltung und Fotoausstellung im Festzelt am 23. Mai zu einem lebendigen Kapitel Kelsterbacher Zeitgeschichte: Am Freitag, 12. Juni 2015, wurde Ludwig Börner unter großer Anteilnahme zu Grabe getragen. Regelrecht eine Ära ging zu Ende.

Ludwig Börner (mit Rollator) betritt das Festzelt, begrüßt von Bürgermeister Manfred Ockel

Äußere Erschließung

In die Zukunftsplanung soll auch das Mainvorland mit eingebunden werden. Dazu sind zwei Zugänge zum Mainvorland bzw. vom Vorland zur Kelsterbacher Terrasse hin vorgesehen. Der Hintergrund: Auch in der Vergangenheit gab es intensive Verbindungen vom Main zum Werk, beispielsweise bei der Anlieferung von Hilfsstoffen per Schiff im Hafen.

In einer ersten Bauphase wurde in diesem Abschnitt eine Vorterrassierung vorgenommen für die künftige wichtige „Planstraße A" und den dortigen Kanalbau

Hohen Stellenwert nahm die Verkehrsplanung und -anbindung rund um das Enka-Gelände ein. Dies führte letztlich zu einer weitgehenden Neuordnung der Verkehrsführung in diesem westlichen Stadtbereich. An vorderer Stelle stand die Planstraße A, inzwischen in Dr.-Max-Fremery-Straße benannt, mit einem wichtigen Kreisel ganz im Westen zum Stadtein- und -ausgang.

Modell: „Die Perle". In Anlehnung an das Stadt-Logo wird in einer Stele der Main und die Perle dargestellt

Über diesen Kreisel läuft der Verkehr auf der neuen Straße längs der Bahnlinie – Bündelung des Verkehrs – mit einem weiteren Kreisel zum Fachmarktzentrum hin sowie weiter nach Osten mit einer Anbindung an die alte Trasse der Rüsselsheimer Straße in der Nähe des Bahnhofs. Gleiches gilt für die Gegenrichtung. Doch ist diese Trasse weitgehend gesperrt für dicke Brummer und belastenden Durchgangs-

Der Neubeginn

verkehr. Darüber hinaus soll die alte Rüsselsheimer Straße zu einer rein innerstädtischen Verbindung für Anlieger herabgestuft werden. Ziel von alledem ist eine für die An- und Bewohner möglichst schonende Verkehrsführung.

Nach einer Bürgerbefragung fand dieser Vorschlag wegen der hohen Kosten keine Mehrheit. Bei Redaktionsschluss stand noch eine endgültige Entscheidung aus.

So sah es vor Errichtung des Kreisels auf dieser Fläche aus. Links war die Kläranlage des Werkes. Im Hintergrund ein werkseigenes Haus, welches im Dezember 2011 abgerissen wurde

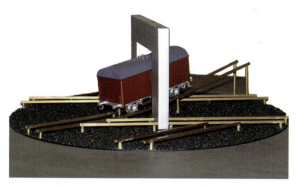

Ein Gestaltungsvorschlag war das Modell eines Güterwagens. Es soll zur Erinnerung an die ehemalige Waggonfabrik im Kreisel stehen

Kreisel im Westen nach der baulichen Fertigstellung

Kreisverkehrsanlage zum Sonder- und Gewerbegebiet und in Richtung Raunheim

Die fertiggestellte Dr.-Max-Fremery-Straße längs der Bahntrasse

Ehemaliger Parkplatz am Bahnhof. Im Hintergrund die Schornsteine des Werkes

Für den Kreisverkehrsplatz zum Sonder- und Gewerbegebiet ist eine besondere Gestaltung vorgesehen, mit der an die Geschichte des alten Fabrikgeländes erinnert werden soll.

Glanzstoff glänzt nicht mehr

Der Neubeginn

Der zweite Bauabschnitt der Straße längs der Bahntrasse bis zu einem weiteren Kreisverkehrsplatz wurde im Dezember 2013 begonnen

Im Juli 2014 war der Kreisverkehrsplatz fertig und der Verkehr konnte rollen

Bei Redaktionsschluss Jahresende 2014 für dieses Buch ist beim Neubeginn auf dem alten Fabrikgelände vieles noch im Fluss und nicht abgeschlossen. In einzelnen Fällen sind Veränderungen noch durchaus möglich. Dennoch entschieden wir uns, nunmehr einen zumindest vorläufigen Schlussstrich zu ziehen, damit dieses wichtige Kapitel Kelsterbacher Stadtgeschichte endlich in handlicher und lesbarer Form für die Nachwelt aufbewahrt wird: damit nicht die Erinnerung völlig verblasst – wie der Buchtitel sagt und Glanzstoff nicht mehr glänzt.

Route der Industriekultur

Dafür soll unter anderem auch die Einbindung des wiederverwerteten Glanzstoff/Enka-Geländes in die „Route der Industriekultur" sorgen.

Hierzu überreichte der Pressesprecher der Stadt Kelsterbach Hartmut Blaum (rechts) an den Geschäftsführer des Umwelthauses, Günter Lanz, das Hinweisschild dieser Route.

Glanzstoff-Gelände

Die Übergabe des Schildes an den Geschäftsführer des Umwelthauses

In Kelsterbach wurden weitere Hinweisschilder von der KulturRegion Frankfurt/Rhein-Main – Route Industriekultur Rhein-Main Industrieroute angebracht. So auch am Bahnhof und vor der Arbeitersiedlung Helfmannstraße.

Der Neubeginn

Der damalige Erste Stadtrat Manfred Ockel konnte im Juni 2008 die Schilder der Industrieroute am Bahnhof und vor der Arbeitersiedlung Helfmannstraße „freigeben".

Kelsterbach Aktuell 6.Juni 2008

Arbeitersiedlung Helfmannstraße

Der Neubeginn

Fast ein historischer Moment am 16. Oktober 2013: Unser Bild zeigt eine Szene bei der Festveranstaltung zur Eröffnung des Fachmarktzentrums – eine Gemeinschaftsveranstaltung der dort aktiven Unternehmen. Von jetzt an herrschte auch offiziell neues Leben auf dem alten Enka-Gelände. Der Neubeginn war unübersehbar

Das Namens-Karussell: Von Glanzstoff zu Enka

Rasant war der häufige Namens- und Wappenwechsel am Standort, heute würde man sagen des Logos, obwohl seit 1904 dort immer „nur" Kunstseide produziert wurde: Im Zeitraffer schien es gelegentlich so – überspitzt gesagt – als würden am Hauptportal ständig alte Namensschilder ab- und neue aufgehängt werden. Diesen Veränderungen der Namen und Logos haben wir daher doch ein eigenes Kapitel gewidmet. Von 1977 an, als der Name Glanzstoff endgültig aus dem Titel verschwand, drehte sich sogar regelrecht ein Namens-Karussell. Erinnern wir uns:

Der deutsche Teil der Enka-Gruppe wurde 1899 als die „*Vereinigte Glanzstoff-Fabriken AG*" gegründet. Deren Geschichte ist in vielem mit der der Chemiefaserindustrie identisch, denn von „*Glanzstoff*" wurden die ersten „künstlichen Fäden" gesponnen, die nachhaltigen wirtschaftlichen Erfolg hatten. Von Anfang an handelte es sich um ein mehrgliederiges und mehrstufiges Unternehmen, das sich in allen Phasen als modernes und großes Industrieunternehmen der Chemie-Industrie verstanden hat. Als Name verschwand das Wort Glanzstoff erst 78 Jahre nach der Unternehmensgründung.

Eine kurze Zusammenfassung der Unternehmensgeschichte aus Unterlagen und Büchern der Enka AG soll als Hintergrundinformation dienen.

Der niederländische Teil der Enka-Gruppe konstituierte sich im Jahre 1911 als „**Neder**landsche **K**unstzijdefabriek **N.V.**". Sowohl Glanzstoff als auch die Nederlandsche Kunstzijdefabriek errichteten nach ihrer Gründung Tochtergesellschaften in anderen europäischen und außereuropäischen Ländern. Die erste Vereinbarung über einen unentgeltlichen Patent- und Erfahrungsaustausch wurde 1921 geschlossen.

Beide Gesellschaften schlossen im Krisenjahr 1929 einen Interessengemeinschaftsvertrag mit Umtausch der Glanzstoff-Aktien in der AKU. Die Niederländische Seite änderte ihren Namen in „**A**lgemene **K**unstzijde **U**nie N.V." in Arnheim, kurz **AKU** genannt.

Ende 1929 waren mehr als 93 Prozent der Glanzstoff-Aktien umgetauscht. Rund 98 Prozent des damaligen Glanzstoff-Aktienkapitals waren nun in der Hand der AKU, anderseits waren rund 60 Prozent des AKU-Kapitals in deutschem Besitz.

Unmittelbar nach dem Krieg änderten sich die Besitzverhältnisse zu Gunsten der AKU.
Durch die niederländische Feindvermögensgesetzgebung verfielen die in deutschem Besitz befindlichen AKU-Aktien der Beschlagnahme. Nach einer Zwischenlösung von 1947 kam 1953 ein neuer Vertrag zustande – AKU behielt 76,8 Prozent (vorher 99 Prozent) des Aktienkapitals von Glanzstoff. Der Aufsichtsrat wurde paritätisch mit Niederländern und Deutschen besetzt.

Beide Gesellschaften, AKU und die sich mehrheitlich in ihrem Besitz befindende Vereinigte Glanzstoff-Fabriken AG, nahmen dank ihrer jahrzehntelangen Erfahrungen auf dem Chemiefasergebiet und ihres großen Forschungspotentiales an dem Aufschwung der ersten Nachkriegsjahrzehnte teil.

Im Frühjahr 1969 kam es zu Fusionsvereinbarungen. AKU N.V. und Glanzstoff AG vereinbarten eine engere Zusammenarbeit. Die Produktionsbetriebe der AKU in den Niederlanden wurden in eine neu gegründete Gesellschaft mit dem Namen **Enka N.V.** zusammengefasst. Sie wurde am 4. November 1969 juristisch aus der Taufe gehoben und ist der eigentliche Fusionspartner der **Glanzstoff AG**.

Von Glanzstoff zu Enka

Ebenfalls im Jahre 1969 schlossen sich die **AKU** und die KZO (**K**oninkliike **Z**out- **O**rganon N.V). zusammen. Als Name der neuen Gesellschaft „**Akzo N.V.**" wurde ein aus **AKU** und **KZO** gebildetes Kunstwort gewählt. Die Enka-Gruppe war ein wesentlicher Teil der in den Niederlanden ansässigen Akzo N.V.. Ende 1969 gehörten zur Glanzstoff AG und zur Enka N.V. mit samt ihren Beteiligungsgesellschaften 27 Werke. Von Mitte 1972 firmierte man gemeinsam als „**Enka Glanzstoff**" (AG in Deutschland, und als b.v. in den Niederlanden).

Bis zu der neuen beiderseitigen Umbenennung am **24. August 1977** in Enka AG bzw. N.V. lebte der Name Glanzstoff noch weiter. Der alte Glanzstoff-Bereich wurde dann in Enka AG geändert. Glanzstoff war vollends in die neue Akzo integriert. Als Tochtergesellschaft unterlag man dem deutschen Aktenrecht, wobei die Akzo mehr als 95 Prozent des Aktienkapitals besaß.

Die Namensänderung in Enka AG erfolgte offiziell am 1. September 1977. Der Wuppertale Traditionsname „Glanzstoff" wurde durch die Neuformation der Gruppe aufgegeben. Er musste dem einfacheren, einprägsameren, international bekannteren Namen „Enka" weichen.

Namens- und Wappenwechsel
Zunächst aber noch einmal in die Vorgeschichte der Enka mit Namen und Logos:

Zum besseren Verständnis der Symbole aus heutiger Sicht: Rauchende Schlote – im Zeitalter gewachsenen Umweltbewusstseins heute eher verpönt – galten bis in die fünfziger Jahre als das Statussymbol erfolgreicher Unternehmen. Man zierte damit gern seinen Briefkopf.

Briefkopf Vereinigte Kunstseidefabriken A.G. von 1902 mit den Werken in Bobingen, Glattbrug und Spreitenbach

So auch bei den „Vereinigte Kunstseide Fabriken A.G. Frankfurt a.M." (VKF). Sie übernahm 1904 das Gelände und die Gebäude der „Süddeutschen Waggon-Fabrik A.G.".

Briefkopf Vereinigte Glanzstoff-Fabriken A.G. von 1906 mit den Werken in Oberbruch und Niedermorschweiler

Der Bergische Löwe stand schon 1541 im Mittelpunkt des Elberfelder Siegels. Der Rost symbolisiert den Martertod des Heiligen Laurentius. 1927 übernahm Glanzstoff das Wappen ins Firmenzeichen: links der erste Entwurf von 1927, daneben die Versionen von 1934 und 1953.

Bergischer Löwe

1928 ging das Gesamtvermögen der VKF auf die „Vereinigte Glanzstoff-Fabriken A.G." über. Ab diesem Zeitpunkt hieß das Werk „Vereinigte Glanzstoff-Fabriken Werk Kelsterbach"

Briefkopf Vereinigte Glanzstoff-Fabriken A.G. Im Firmenzeichen ist jetzt der Bergische Löwe

Glanzstoff AG

1966 wurde aus den „Vereinigte Glanzstoff-Fabriken AG" (VGF) die „Glanzstoff AG".

Von Glanzstoff zu Enka

Pförtnerhaus am Tor I

Enka Glanzstoff AG

Im Sommer 1972 vollzogen die Glanzstoff AG und die niederländische Enka bv – zweieinhalb Jahre nach ihrer Fusion – die Einheit auch nach außen: Die Glanzstoff AG wird in „Enka Glanzstoff AG" umbenannt, die Enka bv in Enka Glanzstoff bv. Das vier Jahrzehnte alte Firmenzeichen entfiel damit.

Enka AG

Am 1. September 1977 wechselte der Firmenname in **„Enka"** (AG und bv). Die Enka Glanzstoff-Gruppe und die Akzo International BV schlossen sich zur Enka - Gruppe zusammen.

Die Holdinggesellschaft Akzo, 1969 aus der Fusion der Algemene Kunstzijde Unie (AKU) und der Koninklijke Zout Organon (KZO) entstanden, gewann mit einem eigenen Firmenzeichen Profil.

Im Mai 1980 gab sich Enka mit einem Ziegel-Alphabet eine unverwechselbare und durchgehend eigenständiger Identität.

Akzo-Symbol

Das neue Akzo-Symbol als Zeichen einer weltweiten Strategie: Vorbild war eine antike Steinplastik.

Die Enka-Gruppe hieß seit April 1988 „Unternehmensbereich Fasern und Polymere", juristisch geteilt in „Enka AG" und „Enka bv".

Die Hauptversammlung der Enka-AG beschloss am 12. Juni 1991 in Wuppertal die Änderung des Gesellschaftsnamens in „Akzo Faser AG". Damit gab Akzo den Firmennamen „Enka" auf. Enka blieb aber ein Markenname. Damit wollte sich der Konzern Akzo besser bekannt machen. Und die Tochterunternehmen übernahmen den Namen der Mutter. Auch wurde der bisherige Unternehmensbereich Fasern und Polymere in „Fibers Division" umbenannt.

Von Glanzstoff zu Enka

Namensänderung am Verwaltungsgebäude in AKZO NOBEL

1994 erfolgte die Fusion mit einem Teil des schwedischen Nobel-Konzerns. Dies brachte die Namensänderung in „Akzo-Nobel AG".

1999 änderten sich die Besitzverhältnisse im November des Krisenjahres – also kurz vor dem Aus für das Werk Kelsterbach – nochmals: Denn Akzo Nobel verkaufte Acordis an die britisch-amerikanische Investorengruppe **CVC** (Capital Partners).

2005 wurde die International Chemical Investors Gruppe neuer Eigentümer von Enka GmbH & Co KG.

Im Oktober 2010 wurde das letzte Enka-Schild am Verwaltungsgebäude entfernt. Damit war „Enka" aus und vorbei.

1998 kaufte Akzo-Nobel das britische Chemieunternehmen Courtaulds und vereinigte die Faseraktivitäten in einer neuen Firma 1999 mit dem Namen „**Acordis**" mit verschiedenen Tochterunternehmen und rechtlich selbständigen GmbH's mit eigenen Namen. Eines der Tochterunternehmen war das Enka-Werk in Kelsterbach. Das Viscosewerk in Kelsterbach hieß im Konzernverbund Enka GmbH & Co KG.

Enka steht Kopf

Der Name ENKA kehrt wieder zurück

Raumaufteilung

Die Raumaufteilung im Wandel der Zeit

Im folgenden Kapitel wollen wir die Veränderungen der Fabrikanlagen, von der Gründung der „Süddeutschen Waggonfabrik AG" bis zur Schließung der „Enka GmbH & Co KG" im Jahre 2000 dokumentieren. Die ältesten Pläne stammen aus dem Jahr 1899, als die Hallen für die Waggonfabrik errichtet wurden.

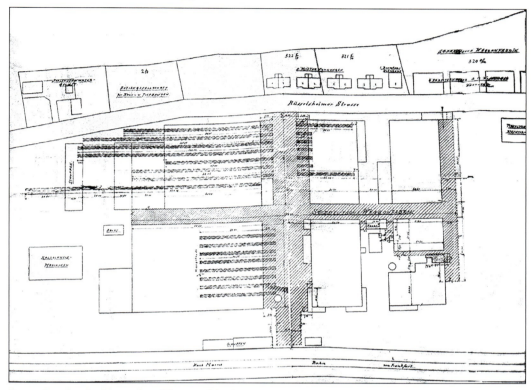

Lageplan der Süddeutschen Waggonfabrik von 1899

Das Schmutz- und Niederschlagwasser wurde durch ein Kanalsystem in den Main geleitet.

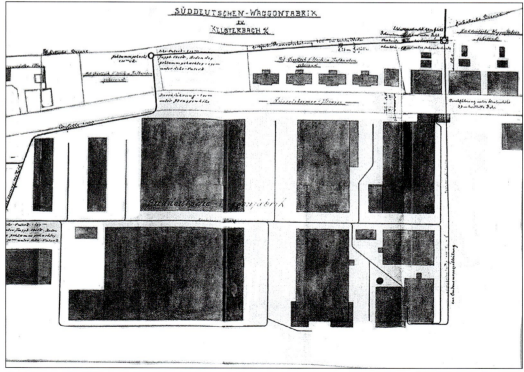

Entwässerungsplan der Süddeutschen Waggonfabrik von 1899

Raumaufteilung

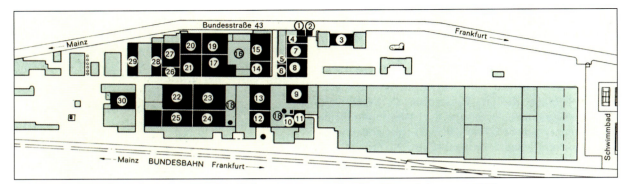

Die Raumaufteilung der Kunstseidefabrik, eingetragen in den Grundriss von 2000

1 Arzt	9 Magazin	16 Labor	23 disponibeler Bereich
2 Pförtner	10 Kesselhaus	17 Zwirnerei I	24 Nitriererei
3 Verwaltung	11 Maschinenhaus	18 Kamin 40 m hoch	25 Wäscherei
4 Kantine	12 Denitrierung	19 Zwirnerei II	26 Kompressoren
5 Schreinerei	13 Bleicherei	20 Spinnerei I	27 Filtriererei
6 Schlosserei	14 Haspeltrocknung	21 Spinnerei II	28 Auflösung
7 Winderei	15 Haspelei	22 disponibeler Bereich	29 Äther- u. Alkohol-M.
8 Streckerei			30 Baumwollmagazin

Verwaltungs- und Kantinengebäude damals und heute

Den Eingangsbereich des Werkes prägten bis zum Schluss das Verwaltungsgebäude **(3)**, welches 1901 errichtet wurde und die Front des Kantinengebäudes **(4)** in Folge mit der Dreherei und Fräserei bei der Waggonfabrik sowie der Winderei **(7)** und Streckerei **(8)** bei der Kunstseide-Fabrik. Daraus wurde im Laufe der Zeit eine Werkstatthalle.

Verwaltungs- und Kantinengebäude vor und nach dem Umbau von 1953

Tor I

Eingangsbereich im Jahre 2008

Die Kantine blieb bis zur Schließung am gleichen Ort. An der Nordseite waren ein Pförtnerhaus (2) und ein Arztzimmer (1) untergebracht. Nach späterem Umbau des Verwaltungsgebäudes wurde die Pförtnerloge dorthin – auf die gegenüberliegende Seite – verlegt.

Die Pförtnerloge war vor dem Umbau auf der rechten Seite der Einfahrt

Raumaufteilung

Giebelreihen längs der Rüsselsheimer Straße

Fabrikgebäude

Diese ebenerdigen Hallen und Zwischenhöfe **(1 - 30)** der ehemaligen Waggonfabrik sind als der Kernbereich für die weitere Nutzung anzusehen. 1904 wurden sie von den „Vereinigten Kunstseide- Fabriken AG" mit übernommen wegen ihrer für die weitere Produktion geeigneten übergroßen Spannweiten. Die Anlagen mussten dennoch etwas den neuen Produktionsbedürfnissen angepasst werden. So wurden zahlreiche Tore der einstigen Waggonfabrik verschlossen. Desweiteren wurden die Zwischenhöfe, in denen sich Schiebebühnen befanden, in den zwanziger Jahren überbaut. Im Zuge des Umbaus für die Kunstseide-Fabrik musste andererseits neu eine große Anzahl von Abzugskaminen – wegen der stark emittierenden Produktionsanlagen des Nitrat-Verfahrens – errichtet werden. Eine weitere Umstellung erfolgte 1913, als man auf das bis zum Schluss verwendete Viskose-Verfahren umstellte.

Der sich nach Westen anschließende Gebäudekomplex bestand in einer Länge von 94,50 Metern aus neun Produktionshallen. Die langen Giebelreihen (aus der Zeit der Waggonfabrik), die längs der Rüsselsheimer Straße die Werksansicht prägten, blieben bis zum Rückbau 2008 erhalten.

Ein Blick über die Dächer zur Rüsselsheimer Straße, über die „Meisterhäuser", den Main und bis hin zum Taunus im Juli 1950

Raumaufteilung

Elektrowerkstatt, Anstreicherei und Magazin der Enka

Im Anschluss an das Kantinengebäude nach Westen hin, entstand in der Zeit der Waggonfabrik der Gebäudekomplex mit dem Güterwagenaufbau (**14, 15**). Nach der Übernahme durch die Vereinigte Kunstseide-Fabrik / (VKF) wurde dort im dreischiffigen Teil die Haspeltrocknung und Haspelei untergebracht. Später, bei Enka/Glanzstoff entstanden dort unter anderem Werkstätten, Sozialräume und ein Magazin.

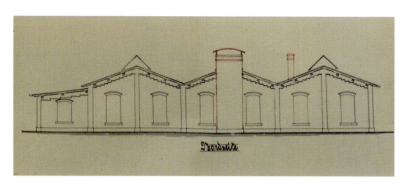

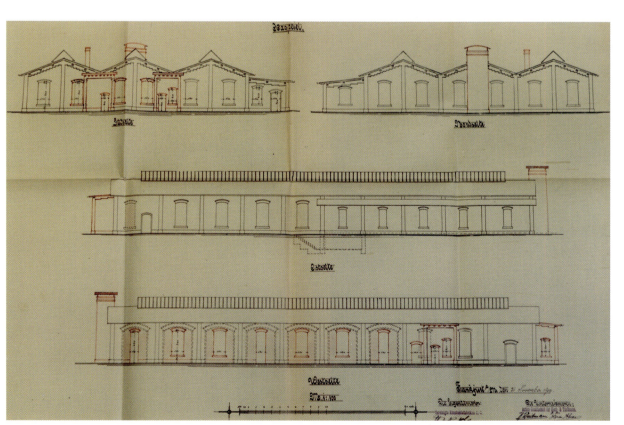

Die drei Hallen des Güterwagenaufbaus wurden 1904 für die Haspeltrocknung (14) und Haspelei (15) umgebaut

Raumaufteilung

Spinnsaal II der Enka

Folgen wir den Hallen weiter nach Westen: Erst kam ein Zwischenhof mit Schiebebühnen, der 1925 durch drei Satteldächer mit den anderen Hallen verbunden und als Spinnsaal 2 bis zur Schließung verwendet wurde. In den anschließenden sechsschiffigen Hallen (**17, 19, 20** und **21**) residierte der Untergestellbau der Waggonfabrik. In der Zeit der VKF waren dort die Zwirnerei (**17,19**) und die Spinnerei (**20, 21**) untergebracht. Später bei ENKA/Glanzstoff gehörten die Hallen (**17** und **19**) zum Spinnsaal 2 und (**20** und **21**) zum Viskosebetrieb.

Ansicht Spinnsaal II im Jahr 2003 von Westen

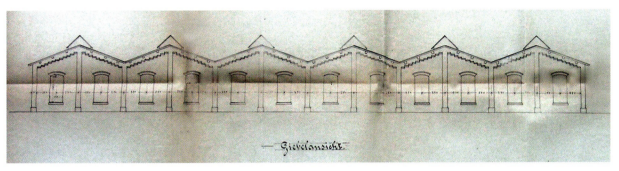

Skizze 1899 vom Untergestellbau

Werksstraße 1949

Raumaufteilung

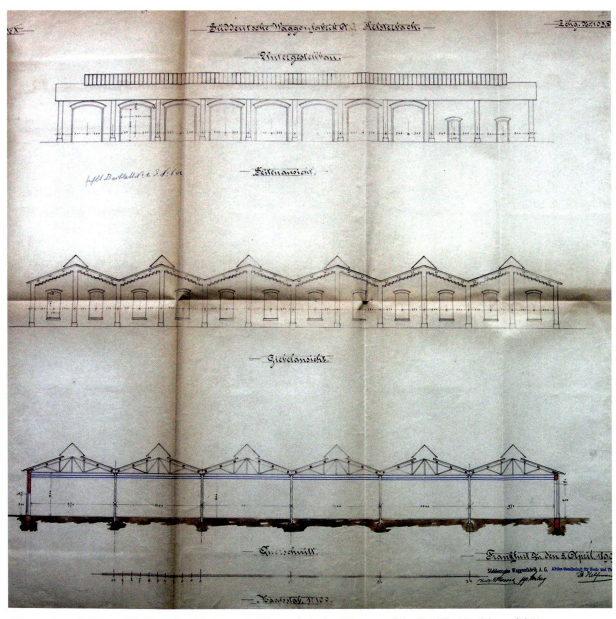

Die sechsschiffigen Hallen des Untergestellbaus bei der Waggonfabrik (17, 19, 20 und 21)

Viskosebereich der Enka

Ansicht von Westen

Ein weiterer Zwischenhof **(26, 27)** war bei der Waggonfabrik noch bis zur Halle **(28)** vorhanden. Dieser wurde 1904 durch zwei Schiffe bebaut. Der Hallenteil **(26)** war für die Kompressoren und **(27)** für die Filtriererei vorgesehen. Dieser Bereich gehörte auch später zum Viskosebetrieb.

Raumaufteilung

Die Halle **(28)** beinhaltete bei der Kunstseide-Fabrik die Auflöserei und ging auch auf ein Gebäude der Waggonfabrik zurück. Dort wurden damals die Bohrmaschinen für lange Eisen eingerichtet.

Bei Enka/Glanzstoff befand sich im Erdgeschoss der Mischraum und im Obergeschoss die Sulfidierung.

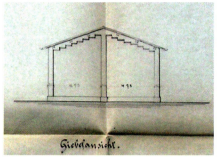

Die Aufstockung für die Sulfidierungsanlage erfolgte 1935.

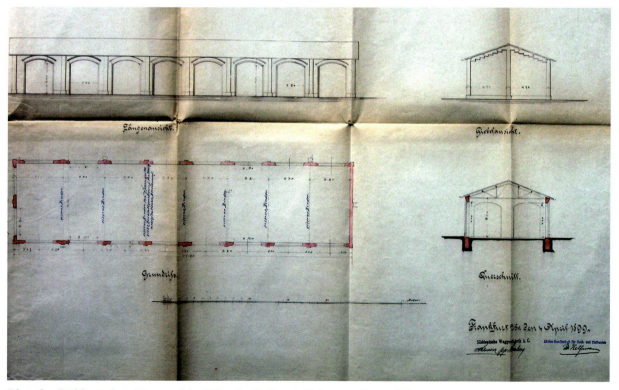

Plan der Süddeutschen Waggonfabrik für die Halle mit Bohrmaschinen (28)

Raumaufteilung

Zellstofflager und -vorbereitung der Enka

Rüsselsheimer Straße - Zellstofflager

Die Halle **(29)** war das westlichste Schiff und wurde von der süddeutsche Waggonfabrik für die Kaltsägerei und als Biegeraum für Querträger errichtet. 1904 wurde sie von der Kunstseide-Fabrik zu einem Äther- und Alkoholmagazin umgebaut. Die beiden anschließenden Gebäudeachsen zur Halle **(28)** schloss man 1925. Bei Enka/Glanzstoff wurden sie mit der Halle **(29)** als Zellstofflager und -vorbereitung benutzt.

Nordseite - An den Außenmauern des Zellstoffs-Lagers sind noch die Tore der ehemaligen Waggonfabrik mit den gemauerten Segmentbögen zu erkennen.

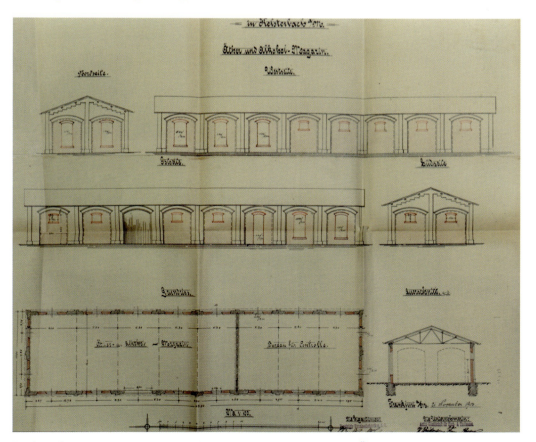

Umbau der „Vereinigten Kunstseide-Fabriken AG" 1904 in ein Äther- und Alkoholmagazin (29)

Glanzstoff glänzt nicht mehr

Raumaufteilung

Alle Erweiterungen und Veränderungen während dieser Zeit wurden im gleichen Baustil errichtet, Ziegelmauerwerk mit Satteldächern und Stahlfachbinder auf Profilstützen.

Magazin der Enka

Das Gebäude **(30)** nutzte die Süddeutsche Waggonfabrik als Holzsägerei und östlich davon war ein Holzbiegeraum. Die VKF benutzte das Gebäude als Baumwolllager. Bei der ENKA / Glanzstoff befand sich hier ein Magazinlager für die Technik.

Magazin 2005

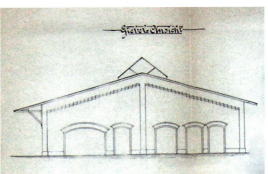

Holzsägewerk Giebelansicht Plan 1898

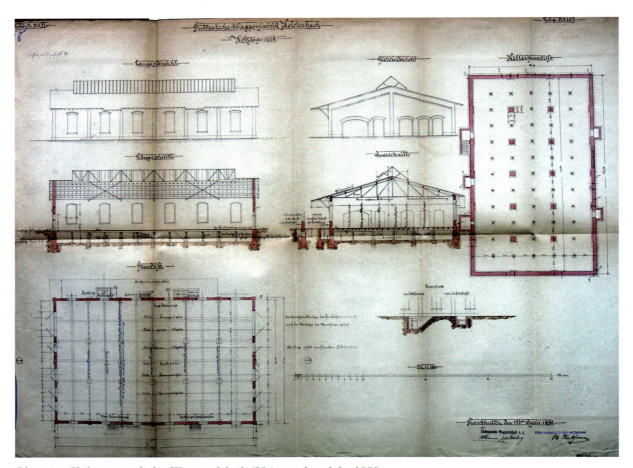

Plan vom Holzsägewerk der Waggonfabrik (30) aus dem Jahr 1899

Raumaufteilung

Spinnsaal I der Enka

Anschließend folgte ein vierschiffiger Gebäudekomplex des Personenwagen-Aufbaus der Waggonfabrik **(22, 23, 24, 25)**, der 1925 um zwei Hallenschiffe erweitert wurde (Gesamtlänge 119,00 Meter, Breite 69,50, Höhe 10,50). Bei der Enka / Glanzstoff befand sich hier der Spinnsaal 1. Der westliche Teil wurde 1929 für die Unterbringung der Nachreifebehälter unterkellert.

Werkstraße mit den Hallenschiffen der Spinnerei

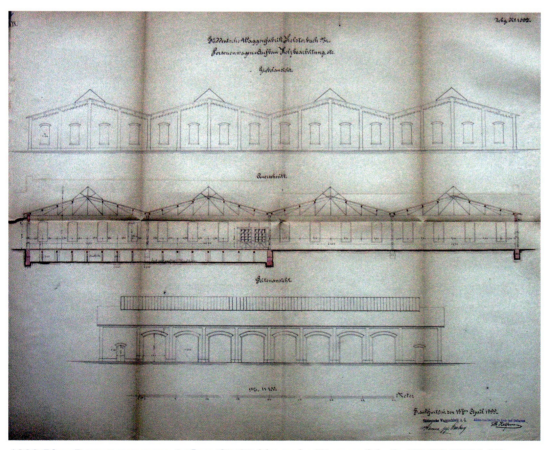

1899 Plan Personenwagen-Aufbau für Süddeutsche Waggonfabrik AG (22,23,24,25)

Nach Schließung der Waggonfabrik wurden 1904 die Hallen umgebaut. Die VKF verwendeten das Gebäude zum Teil als Nitriererei **(24)** und **(25)** als Wäscherei. Ein Teil der Gebäude **(22, 23)** blieb unbenutzt.

Raumaufteilung

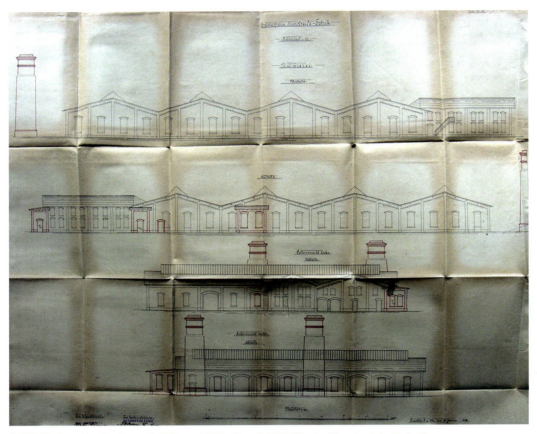

1904 Umbau in Nitriererei (24) und Wäscherei (25) für die Kunstseide-Fabrik

Druckwäsche der Enka

Die anschließende dreischiffige Halle **(12 und 13)** stammt auch aus der Zeit der Waggonfabrik, in der die Schmiede untergebracht war. Bei den Vereinigten Kunstseide-Fabriken war im Raum **(12)** die Denitriererei und in **(13)** die Bleicherei. Durch Einfügen weiterer Hallenschiffe im Jahr 1925 wurden die Hallen **(23 und 24)** mit den Hallen **(12 und 13)** verbunden. Der gesamte Bereich war bei der ENKA / Glanzstoff die Druckwäsche. Nach 1925 erfolgte die Strangwäsche in der Bleicherei. Bis etwa 1935 wurden ungefähr 75 Prozent der Produktion als Strang aufgemacht.

Die Hallenschiffe der Druckwäsche 2003

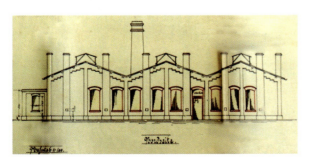

Nordseite der Bleicherei (13) 1899 war hier die Schmiede

Strangwäsche in den 20er Jahren

Raumaufteilung

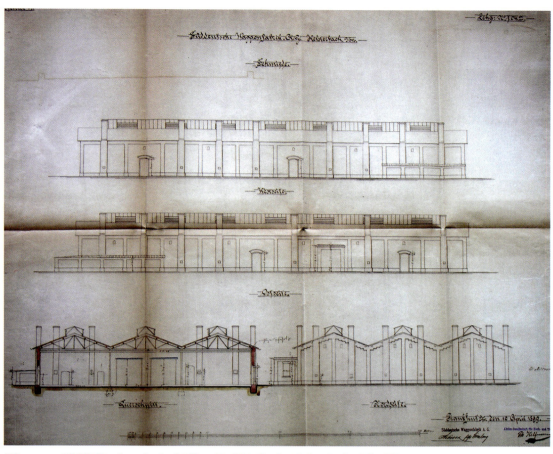
Plan von 1899 für das dreischiffige Gebäude der Schmiede (12, 13)

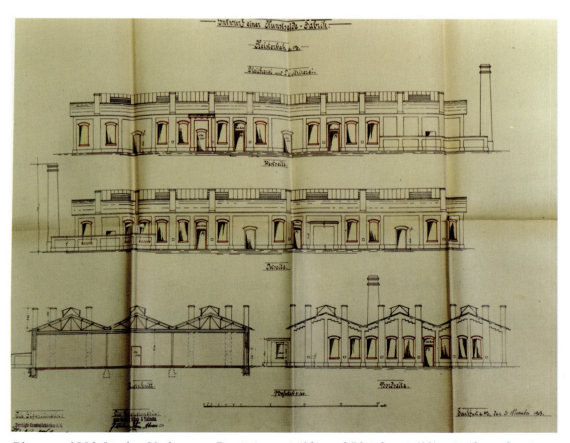
Plan von 1903 für den Umbau zur Denitriererei (12) und Bleicherei (13) mit Abzugskamin

Raumaufteilung

Auf zwei Abortgebäude soll ergänzend noch hingewiesen werden. Das für Frauen stand westlich vom Gebäude **(9)** (schräg gegenüber der Hauptwerkstatt) und wurde 1927 im Zuge von Erweiterungsmaßnahmen entfernt. Ein weiteres für Männer stand gegenüber von **(28)**, wo später das Kältehaus stand.

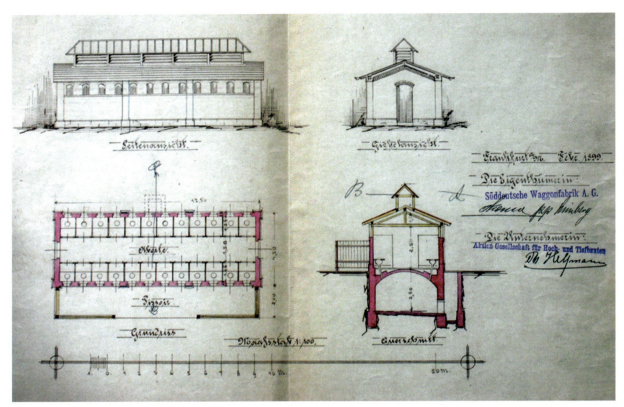

Auch diese Planunterlagen wurden 1899 von Phillip Helfmann für die Gesellschaft für Hoch- und Tiefbauten unterschrieben.

Halle D geht auf die Waggonfabrik zurück. Mit Errichtung des neuen Kraftwerkes wurde das Dach mit Bindern größerer Spannweite erneuert.

Gegenüber der Hauptwerkstatt **(8)** standen drei Hallen **(9)** mit Satteldächern und Oberlicht. Sie wurden während der Zeit der Waggonfabrik als Magazin und Waschräume benutzt. Bei der VKF dienten sie als Seiden-Magazin. Später bei Enka / Glanzstoff gehörten sie zur Druckwäsche.

Magazin und Waschräume 1899

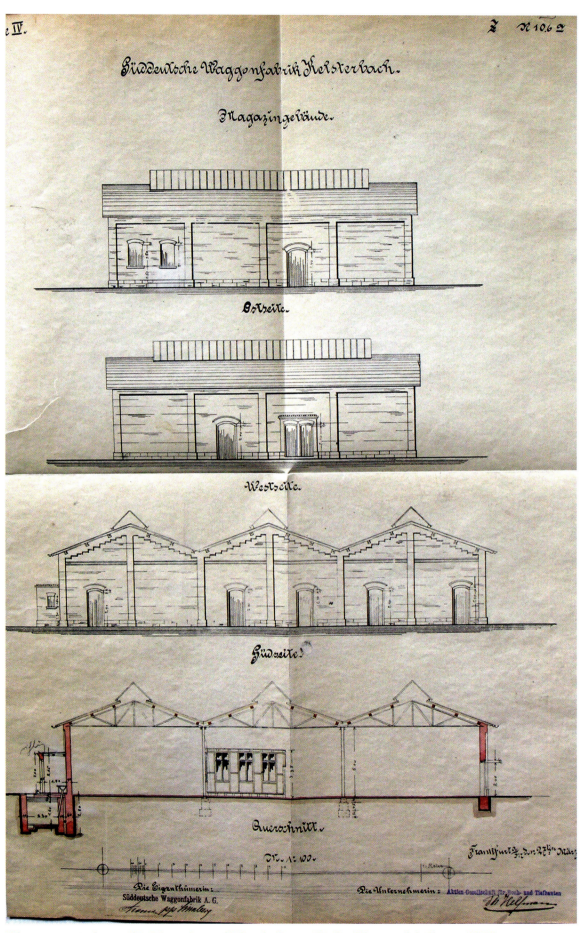

Planungsunterlagen für Magazin und Waschräume (9) der Waggonfabrik von 1899

Raumaufteilung

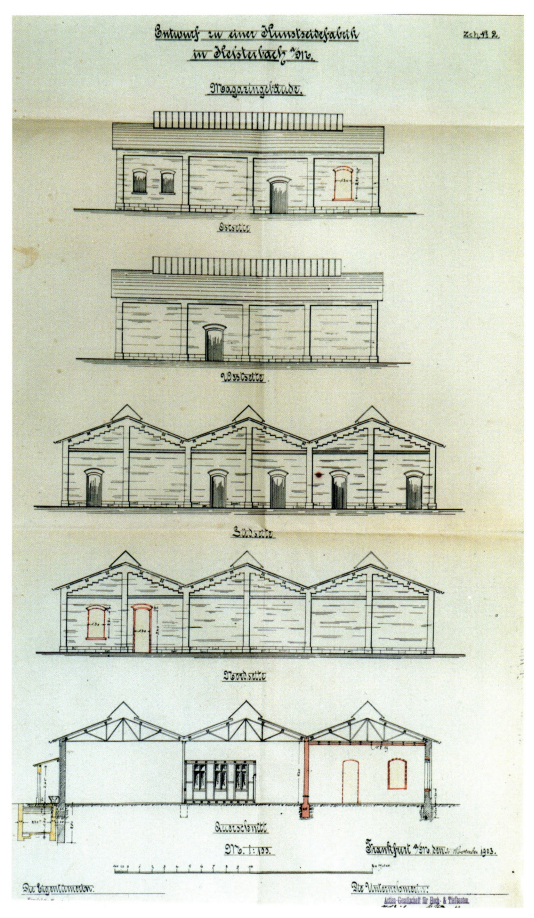

1904 Umbau für die Kunstseidefabrik in Kelsterbach – Magazingebäude (9)

Raumaufteilung

Energiebetrieb der Enka

Südlich (Richtung Bahn) lag das Kessel- **(10)** und Maschinenhaus **(11)**. Im Kesselhaus standen drei Dampfkessel und im Maschinenhaus zwei Dampfmaschinen und zwei Generatoren.

Altes Kesselhaus mit Kamin, einem 40 Meter hohen Abzugskamin mit Wasserreservoir für die Produktion und das Verwaltungsgebäude (rechts) um 1913.

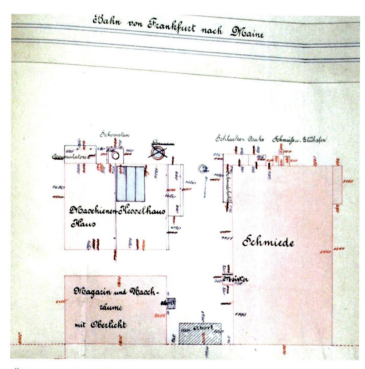

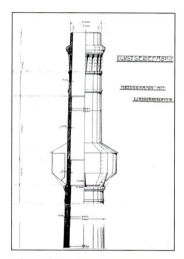

Plan Abzugskamin mit Wasserreservoir

Übersichtsplan Maschinen- (11) und Kesselhaus (10), Schmiede und Magazin mit Waschräumen von 1899

Maschinenhaus mit Dampfmaschinen

Glanzstoff glänzt nicht mehr

Raumaufteilung

Mit der Errichtung eines neuen Kesselhauses 1927 wurde der gesamte Bereich durch Einfügen weiterer Hallenschiffe verbunden. Der Anbau beinhaltete auch die Spulentrockner. Außerdem erfolgten der westliche Anbau an die Verwaltung sowie ein Neubau eines Labors. In östlicher Richtung wurde 1923 bis 1925 ein neuer Textilbereich gebaut. Mit den neuen Hallen konnte entsprechend dem Produktionsverlauf verfahren werden. Erforderlich waren diese Maßnahmen wegen einer vorgesehenen Produktionserhöhung.

Errichtung eines neuen Kesselhauses 1927

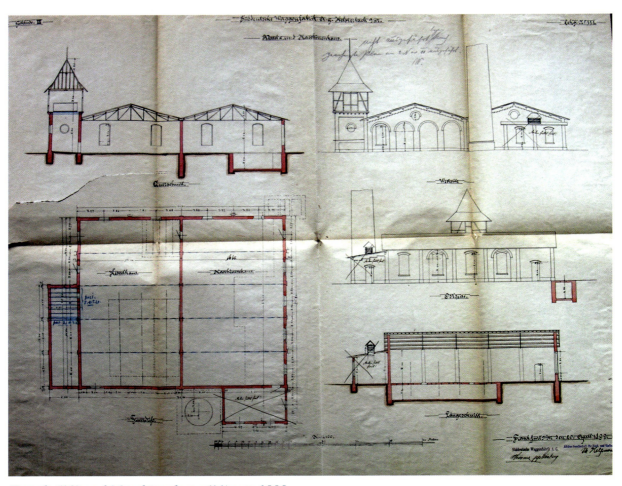

Kessel- (10) und Maschinenhaus (11) von 1899

Raumaufteilung

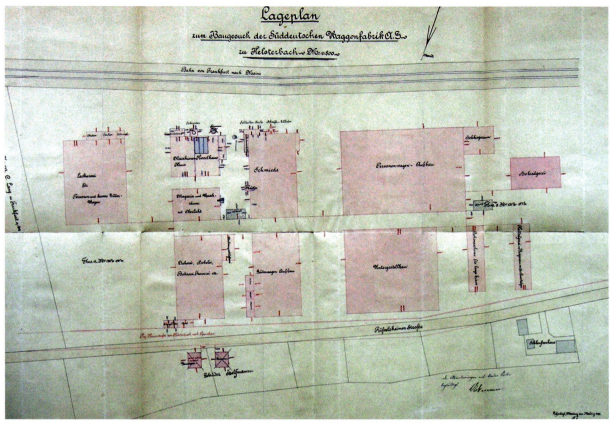

Lageplan zum Baugesuch der Süddeutschen Waggonfabrik AG zu Kelsterbach am Main

Die neuen Hallen des Textilbetriebes um 1926 (links auf dem Foto)

Glanzstoff glänzt nicht mehr

Raumaufteilung

Abbrucharbeiten nach 1928 am ehemaligen Maschinen- und Kesselhaus. Rechts auf dem Foto der alte Kamin. Auf dieser freigeräumten Fläche war später die Druckwäsche

Kessel- mit Turbinenhaus nach 1960

Raumaufteilung

Veränderungen an Produktionsgebäuden von 1899 bis 1960

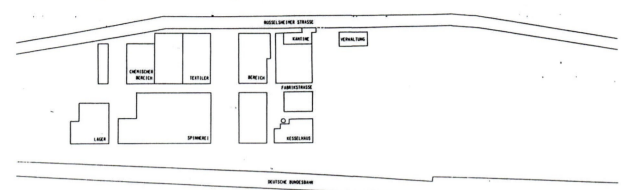

1899 - 1920

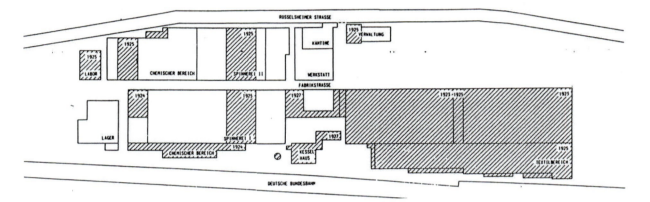

1920 – 1930

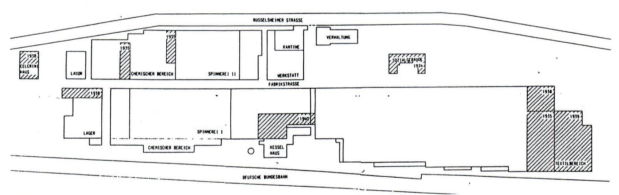

1930 - 1945

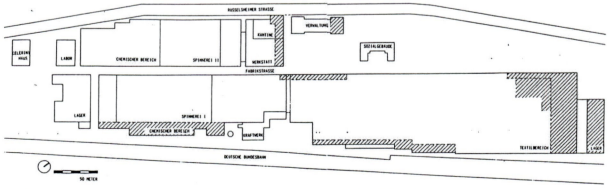

1945 – 1960   SCHRAFFIERTER TEIL : NEUPLANUNG UND UMBAU

Glanzstoff glänzt nicht mehr

Raumaufteilung

Alles weg, freier Raum - ein Blick von oben am 4. Mai 2010 auf das Enka-Gelände, wo es nach der Phase der „menschenleeren" nunmehr heißt die „verschwundene" Fabrik. Dieser Blick vom Dach eines Hochhauses an der Rüsselsheimer Straße aus macht die gewaltigen Dimensionen und die Lage des Terrains klar. Und Glanzstoff oder Enka: „Es war einmal…"

Werksmodelle

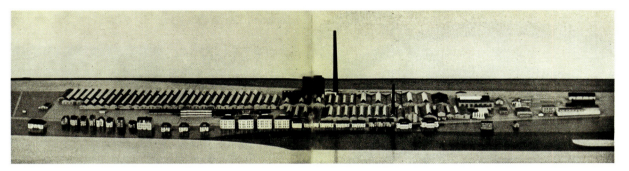

Werksmodell von 1950 vom Main in Richtung Süden

Dieses Modell des Werkes im Maßstab 1:200, welches die Wohnorte der Mitarbeiter zeigte, war bei einer Gewerbeschau 1952 zu bestaunen. Aus 676 Orten im Umkreis von 75 Kilometern traten Glanzstoffbeschäftigte täglich den Weg nach Kelsterbach an

Werksmodelle

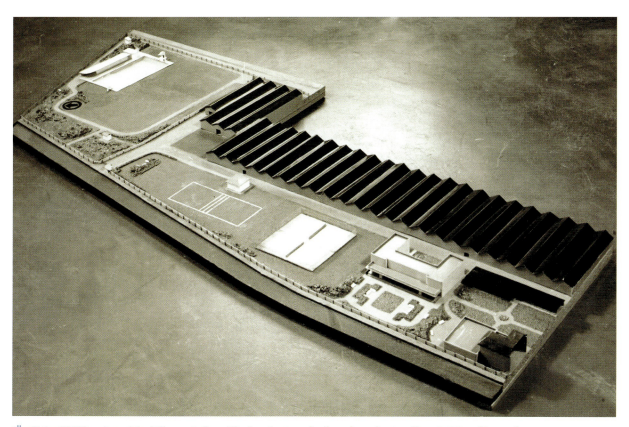

Östliche Hälfte eines Modelles mit dem Werksschwimmbad und geplanten Sportstätten längs der Rüsselsheimer Straße. Das Modell entstand vor dem Umbau des Verwaltungsgebäudes 1953

Im Büro des Leiters der Ingenieurstechnik war unter einer Glasplatte am Beratungstisch ein komplettes Modell des Werkes. Es entstand Ende der 1960er Jahre

Werksmodelle

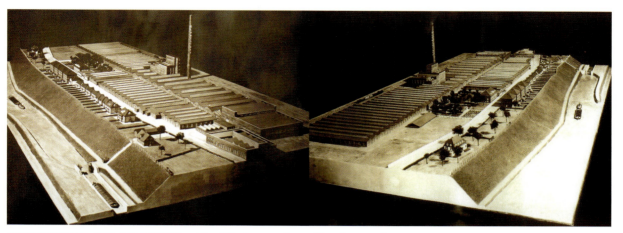

Ein Modell aus dem Jahre 1928 – von Westen und von Norden gesehen

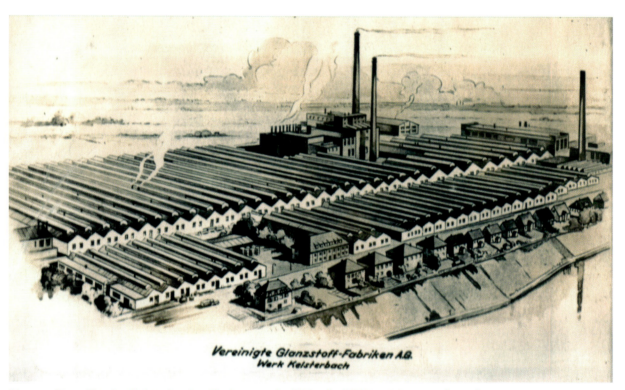

So gewaltig sollte das Kelsterbacher Werk – aus der Sicht der 1930er Jahre - mal wachsen

Werksmodelle

Modell der Synthesefabrik, die 1966 erbaut und 1977 geschlossen wurde. Das Gelände auf der anderen Bahnseite mit dem Gebäude der Synthesefabrik wurde verkauft

Planung Synthesebau mit Ausbaustufen

Das Ringen um Patentrechte

Von Anfang an hatten Patente und Auseinandersetzungen um Patentrechte für Glanzstoff große Bedeutung. Schon bald nach der Gründung wurde eine Patentzentrale unter Leitung von Professor Bronnert in Dornach eingerichtet. Die wurde vor dem ersten Weltkrieg nach Berlin verlegt. Als Leiter der Patentzentrale war Bronnert für die Durchsetzung der außerordentlich wichtigen Patentrechte verantwortlich. Zu den Aufgaben gehörten Neuanmeldungen oder Erweiterungen bestehender Patente zur Sicherung von Verfahrensverbesserungen. Auch musste sich die Patentzentrale mit der Aufdeckung und Verteidigung von Schutzrechten befassen.

In seiner Magisterarbeit "Die Gründungsgeschichte der Vereinigten Glanzstoff-Fabriken AG" brachte der ehemalige Mitarbeiter der Enka Willi Stucke folgendes auf den Punkt:

Im Rückblick auf die Entstehungsgeschichte der Chemiefaser-Industrie kann man feststellen, dass Patentbesitz stets die wertvollste Grundlage für die Zukunftsentwicklung eines Unternehmens bildet.

Der erste Inhaber eines Kunstseide-Patentes war der Lausanner Chemiker George Ph. Audemars. Es gelang ihm um die Mitte des 19. Jahrhunderts, aus Maulbeerzweigen gewonnene Bastfasern durch Behandlung mit Salpetersäure unter Zusatz von Kautschuk in Äther-Alkohol in Lösung zu bringen. Aus der Masse zog er mittels einer Stahlspitze fadenartige Gebilde, die er an der Luft erstarren und auf einer Haspel aufwickeln ließ. Er erhielt **1855** auf seine Erfindung das englische Patent **Nr. 283**.

Pauly-Patent

1892 begannen Dr. Max Fremery und Ing. Johannes Urban in Oberbruch mit der Erzeugung von Cellulosefäden für Kohlefaden-Glühlampen. Die Fäden wurden aus einer Lösung von Zellulose in Kupferoxyd-Ammoniak hergestellt. Daraus entwickelten sie das „Verfahren zur Herstellung künstlicher Seide aus Kupferoxyd-Ammoniak gelöster Zellulose". 1897 meldeten Fremery und Urban ihr Verfahren zum Patent an. Um das Interesse der Konkurrenz nicht unnötig auf sich zu ziehen, baten sie Dr. Hermann Pauly sie zu vertreten. (Siehe auch „Die Vorgeschichte")

Ein bedeutsames Dokument: Das sogenannte „Pauly-Patent" vom 1. Dezember 1897 schuf die Voraussetzung der Gründung der ersten deutschen Kunstseidenfabrik in Oberbruch.

Kaiserliches Patentamt Patentschrift Nr.: 98642: „Verfahren zur Herstellung von künstlicher Seide aus in Kupferoxydammoniak gelöster Cellulose."

Patentrechte

So wurde es unter dem Namen von Dr. Hermann Pauly beim Reichspatentamt in Berlin am 01. Dezember 1897 als Deutsche Reichspatent unter der Nr. 98642 registriert. Das Pauly-Patent gilt in der Geschichte der Textilindustrie als Anfang der deutschen Kunstseiden-Herstellung. Die Konstruktion einer Spinnmaschine durch Urban wurde mit dem Schweitzer Patent **16077** geschützt.

Weitere wichtige Patente über die Herstellung von Kunstseide wurden 1900 auf die Namen Dr. Emil Bronnert, Dr. Max Fremery und Johann Urban ausgestellt.

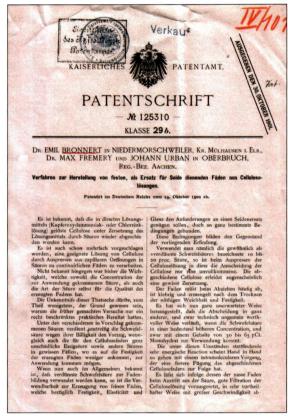

Patentschrift Nr. 125310: „Verfahren zur Herstellung von festen als Ersatz für Seide dienenden Fäden aus Celluloselösungen" vom 19.10.1900 mit den Namen des ersten Vorstandes der Vereinigten Glanzstoff-Fabriken

Ein weiteres Produkt aus den Anfangsjahren von Glanzstoff soll nicht unerwähnt bleiben: Sirius - der nach dem strahlenden Stern benannte, glänzende Faden, der das bisher verwendete Pferdehaar aus den Schmuckbändern der Hüte vertrieb. Sirius war schöner und leichter als Rosshaar. Vor dem ersten Weltkrieg machte Sirius ein Drittel der gesamten Produktion aus.

Kaiserliches Patent Nr.: 186766: „Verfahren zur Herstellung dicker, rosshaarartiger Fäden oder Films aus einer Lösung von Cellulose in Kupferoxydammoniak", vom 25.11.1904

Glanzstoff hatte mit den Firmen der sogenannten Nitro-Gruppe, wie zum Beispiel mit den „Vereinigte Kunstseide Fabriken AG", am Anfang mit Patentverletzungen keine Probleme, weil die Verfahren grundverschieden waren. Vielmehr musste man sich mit jenen neu gegründeten Firmen im ersten Jahrzehnt befassen, die sich ohne Lizenz-Erteilung des Kupfer-Ammoniak-Verfahrens bedienten. Ein wichtiger Bereich war auch die Bewertung der Patent- und Verfahrensentwicklung der Konkurrenz. So wurde man auf das Viskose-Verfahren aufmerksam.

Viskose auf dem Vormarsch

1891 beobachteten Cross, Bevan und Beadle die Reaktionsfähigkeit von Alkalizellulose mit Schwefelkohlenstoff unter Bildung des wasserlöslichen „Zellulose - Xanthogenates"
(Engl. Patent-Nr.:8700/1892, DRP 70999).
Die Erfinder nannten das Produkt zu nächst „viskoid". Später wurde es Viskose genannt. Dieses Verfahren wurde in England 1910 bis zur Produktionsreife mit hoher Qualität weiterentwickelt. In Vergleich mit den anderen Verfahren war es wirtschaftlich günstiger.

Patentrechte

1898 lässt Charles Henry Stearn Viskoselösungen in ein „Fällbad" aus Ammonsalzlösung eintreten, um auf diese Weise Kunstfäden, Filme und dergleichen zu gewinnen (DRP 108.511). 1901 erhält Topham das DRP 138507 für seine Spinnpumpe.

Müller-Patent

1905 entwickelte **Max Müller** in gemeinsamer Arbeit mit P. Koppe ein Fällbad - mit verdünnter Schwefelsäure und Salz, vorzugsweise einem Sulfat – mit dem **DRP 187 947** (Müller-Patent). Es war die Grundlage zu einer wesentlichen Verbilligung und Verbesserung des Viskoseverfahrens.

Ein deutscher Lizenznehmer für dieses Verfahren war Fürst Henkel von Donnersmarck. Er hatte schon 1899 von der „Viscose Syntdicate", einer von den Erfindern ins Leben gerufene Verwertungsgesellschaft, die Patent-Lizenz für Kontinental-Europa erworben. Das Werk hatte dem Fürsten hohe Verluste gebracht. Er hatte bis zum Jahre 1910/11 sechs Millionen Goldmark in die Firma gesteckt und war der Sache allmählich überdrüssig.
Hier sah man einen Ansatzpunkt für das weitere Vorgehen von Glanzstoff. Nach vorsichtiger Einschätzung sah man die Chance einer möglichen Zusammenarbeit. Professor Bronnert, Glanzstoff-Vorstandsmitglied der ersten Stunde, erhielt von dem Aufsichtsratsvorsitzenden Dr. Jordan den Auftrag, die Möglichkeit der Anwendung des Viskoseverfahrens durch Glanzstoff zu überprüfen. Er kam zum Ergebnis, dass beim Viskose-Verfahren, für die Zellulose-Gewinnung der wesentlich preisgünstigere Zellstoff aus Fichtenholz anstelle der teureren Baumwoll-Linters Verwendung finden konnte. Auch war das gesamte chemisch-technische Verfahren einfacher und kostengünstiger.
Nach vielen schweren Verhandlungen entschloss sich Fürst von Donnersmarck, seine Fabrik in Sydowsaue samt den Patentrechten an Glanzstoff zum Preis von zwei Millionen Goldmark zu verkaufen.

Glanzstoff meldete 1906 das erste Patent auf kontinuierliche Herstellung von Kunstseide mit dem DRP 235134 an.

Dazu die Stellungnahme von Dr. Fremery zum Ankauf der angebotenen Viskose-Patente:

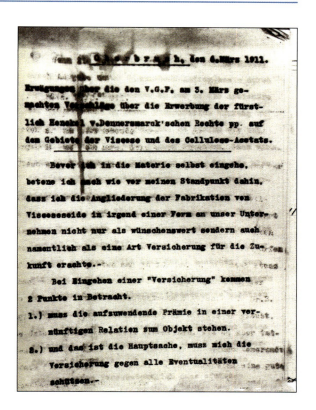

Müller II-Patent

Am 25. Juli 1911 wurde der Viskose-Kunstseidebetrieb der Donnersmarck'schen Kunstseide- und Acetat- Werke in Sydowsaue abgetrennt und mit allen Patenten auf Glanzstoff übertragen. Mit dazu gehörte das sogenannte **Müller-Patent,** ein für die Zukunft sehr bedeutendes Verfahrenspatent. Es wurde später noch weiterentwickelt als das sogenannte **Müller II-Patent.** Die Vereinigten Glanzstoff-Fabriken erhielten 1912 unter **DRP 287 955** Schutz auf das sogenannte „Müllerbad 2", das im Wesentlichen darin bestand, dass die Säurekonzentration im Verhältnis niedrig gewählt wurde.

Patentstreit

Zugleich mit dem Erwerb der Viskosepatente trat Glanzstoff als Rechtsnachfolgerin in einen Patentstreit des Fürsten mit den Vereinigten Kunstseidefabriken in Frankfurt ein, die die verlustbringende Nitroseide aufgeben wollten und in ihrem Werk Kelsterbach ebenfalls mit der Viskoseherstellung begonnen hatten und denen das Recht hierzu streitig gemacht worden war. Die Verhandlungen Dr. Jordans mit den Vereinigten Kunstseide-Fabriken führten zu einer Vereinbarung, mit der die VKF in ein Abhängigkeitsverhältnis mit Glanzstoff kam bis sie dann ganz in Glanzstoff aufging. So kam schließlich mittelbar durch den Erwerb

Patentrechte

der Viskosepatente das Werk Kelsterbach zu Glanzstoff.

Patent für das Nitrozellulose-Verfahren

Betrachtet man die Geschichte der Vereinigten Kunstseide-Fabriken AG, so hat schon ihr Gründer Graf Hilaire de Chardonnet am 17.11.1884 ein französisches Patent Nr. 165349 und sein erstes deutsches **Patent Nr. 38368** über die fabrikatorische Herstellung eines künstlichen seidenähnlichen Textilmaterials (Nitrozellulose-Verfahren) erhalten. Chardonnets Nitratseide wird heute als Pionier der künstlichen Faser angesehen. Das Jahr 1884 wurde zum Geburtsjahr der industriell verwertbaren Kunstseide.

Kaiserliches Patentamt Patentschrift Nr.: 38368: „Verfahren zur Herstellung künstlicher Seide"(Chardonnet-Seide), vom 20.12.1885

Zur Weltausstellung 1889 in Paris nahm der französische Chemiker Saint-Hilaire de Chardonnet die Gelegenheit wahr, einem interessierten Publikum sein neues Trockenspinnverfahren vorzuführen, aus Nitrozellulose einen künstlichen Faden herzustellen. Nach der Weltausstellung eröffnete er 1890 die erste Kunstseidefabrik der Welt.

1904 wurde mit der Herstellung von Chardonnet-Seide in Kelsterbach begonnen. Er erwarb im Laufe der Jahre ca. 30 französische, schweizerische und deutsche Patente. Dies zeigte sein ständiges Bemühen, das Verfahren zu verbessern. Aber die Nitro-Seide verlor immer mehr Marktanteile, so dass er in Kelsterbach auf das Viskoseverfahren umstellen wollte. Dies führte zu dem oben genannten Rechtsstreit.

Zu erwähnen ist – vor allem aus Sicht des Standorts Kelsterbach – noch die Patentschrift über eine Schnellspinnverfahren-Vorrichtung der Vereinigten Glanzstoff-Fabriken AG. Mit der deutschen Patent-Nr. 929 692 vom 23. April 1955 wurden als Erfinder die Kelsterbacher Mitarbeiter Dr. Karl Moog, Karl Draisbach und Helmut Böhm genannt werden.

Patentschrift Nr.: 929 692" Vorrichtung zur Herstellung von Kunstseidefäden nach dem Naßspinnverfahren, vorzugsweise aus Viskose", vom 30.06.1955

Auch in den darauf folgenden Jahren sind einige Arbeitnehmererfindungen angemeldet worden. So wurden 1964 von der Patentabteilung die Herren Steinbrech, Laumen und Lochbühler als Erfinder einer „Wickelspannvorrichtung" mit der E-Nummer 2113 genannt. Desweiteren wurden für eine „Spulenausziehvorrichtung" mit der Positions-Nummer GW 1338 1967 als Erfinder die Herren Steinbrech, Ettinger, Vollhardt und Neumann genannt.

Die Geschichte des Werkes eingebettet in die Historie des Unternehmens

Bis zur Herstellung der ersten Kunstseide
- **1664** Robert Hooke: Überlegung, aus leimartigen Flüssigkeiten künstliche Fäden herzustellen
- **1734** R.A.F. de Réaumur: aus Gummilösung künstliche Fäden zu erzeugen
- **1842** Louis Schwabe: Erstmalige Fadenerzeugung aus feinen Öffnungen. Erste Anwendung einer Spinndüse
- **1845** Christian Friedrich Schönbein: Entdeckung der Zellulosenitratlösung. Ausgangsstoff für die später von Graf de Chardonnet hergestellte Nitratseide
- **1855** George Ph. Audemars: Herstellung von Fäden aus Lösungen von Nitrozellulose in Äther-Alkohol
- **1865** M. P. Schützenberger: Entdeckung des Zellulose-Acatates
- **1883** Joseph Wilson Swan: Patent für Glühlampenfäden aus Nitrozellulose
- **1889** Graf Hilaire de Chardonnet stellt in Paris Kunstseidenerzeugnisse aus
- **1891** Charles F. Cross, Eduard J. Bevan und Clayton Beadle: Erfindung der Viskose

Gründerzeit
- **1891** Graf Hilaire de Chardonnet: Erster Fabrikbetrieb für Nitro-Kunstseide in Besancon/Frankreich
- **1891** gründete Dr. Fremery in Oberbruch die Rheinische Glühlampenfabrik und arbeitet zusammen mit dem Ing. Urban zur Herstellung von Glühlampenfäden nach dem Kupferoxydammoniak-Verfahren
- **1897** Fremery und Urban stellen in Oberbruch Kupferkunstseide her
- **1899** Gründung der Gesellschaft Vereinigte Glanzstoff-Fabriken AG in Elberfeld mit Sitz in Aachen, unter dem Aufsichtsratsvorsitzenden Dr. Jordan
- **1900** Gründung der Vereinigten Kunstseide-Fabriken Frankfurt AG (Graf Chardonnet und H. Lehner)
- **1898** Kelsterbach ist ein Dorf mit etwa 2000 Einwohnern, als mit dem Geländeerwerb für den Bau einer Waggonfabrik begonnen wird
- **1899** Am 17. Januar 1899 wird die Süddeutsche Waggonfabrik AG gegründet
- **1901** Stearn und Topham stellen in einer Versuchsanlage zunächst nach dem Nitratverfahren, später nach dem Viskoseverfahren Kunstseide her
- **1901** Glanzstoff verlegt seinen Sitz von Aachen nach Elberfeld

Geschichtliche Entwicklung des Werkes Kelsterbach
- **1899** Im Frühjahr wird auf dem Gelände (30 Morgen, ca. 7,5 Hektar Land) zwischen Bahn und der Landstraße nach Rüsselsheim mit dem Bau der Fabrikhallen begonnen. Im Herbst begann die Waggonfabrik mit der Produktion
- **1901** Die Anlagen der Waggonfabrik werden nicht ausgelastet, 464 Wagen wurden bis 1901 gebaut
  1901 Bau des Verwaltungsgebäudes mit Direktorenwohnung auf dem Werksgelände
- **1903** Am 15. Dezember 1903 wird die Liquidation der Süddeutschen Waggonfabrik AG durch den Aufsichtsrat beschlossen und die Gebäude A, B, C, D, J und V an die Vereinigte Kunstseide-Fabriken AG, Frankfurt a. M., verkauft
- **1904:** Die Vereinigte Kunstseide-Fabriken AG nimmt die Herstellung von textiler Nitratseide aus Baumwoll-Fasern (Linters) in den Räumen der liquidierten „Süddeutschen Waggonfabrik A.G." auf. Die Anzahl der Mitarbeiter bei der Gründung: 240. Anzahl der Mitarbeiter am Jahresende: 768. Die Tagesproduktion betrug: 1.000 Kilogramm Nitro-Seite
- **1905** Die Einwohnerzahl erhöht sich auf 3.109 – aus dem Bauerndorf wird ein Industriedorf
- **1906** Zelluloid, Kunstleder und Kragen-Imprägnierung wird in das Produktionsprogramm aufgenommen

Glanzstoff glänzt nicht mehr

Zeittafel

- **1908/09** Bau einer Wasserleitung in Kelsterbach
- **1910** Stadt Kelsterbach erhält elektrisches Licht. Anzahl der Mitarbeiter im Werk: 1.200.
- **1911** Erwerb der Viskosepatente und des Werkes Sydowsaue durch Glanzstoff
- **1911** Versuch, die Fabrikation von Viskoseseide in Kelsterbach, jedoch unter Verletzung der Glanzstoff-Patente, aufzunehmen

- **1913** VKF konnte unter Lizenzzahlung von einer Mark je Kilogramm Seide an VGF die Produktion von Viskoseseide aufnehmen. Glanzstoff wurde Geldgeber für die Sanierung des Werkes Obwohl Glanzstoff erst durch spätere Aktienzukäufe die Kapitalmehrheit erlangte, übte sie großen Einfluss aus
- **1913** Nach dem Ausbau der Spinnerei wird Viskoseseide aus Holzzellstoff produziert. Außerdem standen Nitrozelluloseseide und Baumwollviskoseseide auf dem Produktionsprogramm

Weltkrieg 1914 - 1918
- **1914** Im Oktober wird infolge Ausbruch des ersten Weltkrieges die letzte Ware versponnen, gezwirnt und aufgearbeitet. Neue Rohstoffe zum Spinnen werden nicht genehmigt. Die übriggebliebene kleine Belegschaft (140 Männer und 200 Frauen) wurden in der Obst- und Gemüsetrocknerei und zur Munitionsherstellung beschäftigt
- **1916** Umstellung auf das bis zur Schließung im Jahre 2000 übliche Xanthogenat-Verfahren
- **1918** Das Kriegsrohstoffamt bewilligt Rohstoffe in kleinen Mengen zur Kunstseide-Produktion für Heereszwecke
- **1918** das bittere Ende des großen Völkermordens. - Nach Ausrufung der Republik am
  9. November 1918 bildet man auch in Kelsterbach einen „Arbeiterrat"
  Am 23. Dezember 1918 besetzen französische. Truppen Kelsterbach
  1918 Gelände zwischen Werk und Helfmannstraße wird erworben
  (ca. 37.000 Quadratmeter zu je drei Mark)
- **1918** Gründung der Dr.-Hans-Jordan-Stiftung
- **1919** Inflation- und andere Sorgen (Energiekrise)
- **1920** Betriebsrätegesetz, Belegschaft wird ein Mitspracherecht bei der Gestaltung der Arbeitsbedingungen eingeräumt

Ausbau und Modernisierung
- **1922** Der Betrieb wird modernisiert – Säurehaus, Mischraum, Sulfidierung, Spinnerei erweitert, Anbau Verwaltungsgebäude, Bau beider Doppelhäuser Rüsselsheimer Straße
- **1924** Die Neubauten des Kesselhauses und des Textilbetriebes mit dem Bau von 21 Hallenschiffen mit Satteldach-Giebel, Backsteinlisenen und abgetreppten Friesen werden begonnen
- **1925** Bau des Laboratoriums (**L**), (sachliche Backsteinarchitektur)
- **1927** Errichtung Kesselhaus mit Schornstein (**G**)
  - Neubau einer Werkstätte westlich (**S**)
- **1928** 20.April – die Vereinigte Kunstseide-Fabriken AG Frankfurt geht durch Fusion endgültig in Glanzstoff auf. Personalbestand: 2.200
- **1929** Interessengemeinschaftsvertrag Glanzstoff und Enka Arnheim/Niederlande
- **1929-1932** Belegschaft sinkt von 2.500 auf 300 Mitarbeiter (Weltwirtschaftskrise)
- **1930** Bau einer Fahrzeughalle (**K**)
- **1932** Infolge der Weltwirtschaftskrise sinkt die Belegschaft von 2.500 auf 300. Herbst, WK musste wegen Absatzmangel stillgelegt werden. Die Produktion wurde nach wenigen Wochen wieder aufgenommen. Personalbestand Ende des Jahres 740
  - (Wirtschaftskrise)
  - 1933 Adolf Hitler übernimmt die Macht in Deutschland
- **1934** Notbehelf „Zwirnsaal II"
  - Mitte 1934 Einrichtung des heutigen Spinnsaals II

Glanzstoff glänzt nicht mehr

Zeittafel

- o Errichtung des so genannten „Wohlfahrtsgebäudes" (Sozialgebäude **H**) mit großzügigen Garderoben, Bade- und Waschgelegenheiten
- **1935** Das Werk beteiligt sich am Siedlungsprogramm der Hessischen Staatsregierung.
  - o Erweiterungsbau Versand und Erweiterung Konerei (**E**)
- Die offizielle Eröffnung des Frankfurter Flughafens erfolgte am 8. Juli 1936
- **1938** Neubau Laugenhaus (**M**), Bau Cerini (Laugenrückgewinnung **R**), diente erst anderen Zwecken (Küche, Aufenthaltsraum für Fremdarbeiter, Unterkunft PW)

Kriegsjahre und die Zeit danach
- **1939** Herr Dr. Dr. h.c. E.H. Vits übernimmt die Leitung des Gesamtunternehmens
- **1939** Bei Ausbruch des zweiten Weltkriegs ist das Werk vollbeschäftigt (2.000 Mitarbeiter). Der Betrieb wird während der Kriegsjahre aufrechtgehalten
  - o Anbau eines Versandgebäudes (**F**)
  - o Errichtung eines Gemeinschaftslagers (**S**) für 50 Gefolgsleute,
- **1940** Produktion von Nähgarn und Kord für Autoreifen
- **1941** Erweiterung Küchenanlage (**J**) und Veränderung der Straßenfassade
- **1945** Besetzung des Werkes durch amerikanische Truppen. Stillstand der Produktion
- **1946** Produktionsgenehmigung wird erteilt. Es wird wieder angesponnen. Wiederbeginn mit 378 Mitarbeitern. Es werden im Januar zwei Matt-Titer mit einer Gesamtproduktion von zwei Tonnen pro Tag angesponnen
  - o Am 16. Januar.1946 findet die erste Gemeinderatswahl statt

Die Produktion steigt
- **1947** Das Werk beschäftigt wieder 1.251 Mitarbeiter
- **1948** Ein umfangreiches Wohnungsbauprogramm wird für die zahlreichen Flüchtlinge und Heimatvertriebenen unter den 1.700 Werksangehörigen in Angriff genommen
  - o Bau der Garage (**P**) mit einem halbrunden Büroanbau
  - o Am 20. Juni tritt die Währungsreform in Kraft. Die Einwohnerzahl steigt gegen 8000
- **1950** Die 1000. Cones-Maschine läuft
  - o Erstmalige Ausschüttung eines Leistungsanteiles für 2.300 Mitarbeiter
  - o Anbau an das Verwaltungsgebäude (**V**)
- **1951** Weiterer Ausbau sozialer Einrichtungen im Werk. Werksärztlicher Dienst mit einer modern eingerichteten Medizinischen Abteilung. Im August werden das Schwimmbad und die Tennisplätze eingeweiht
  - o Beginn mit einer sogenannte Fassadenbereinigung. Die Gestaltung erfolgte mit rotem Klinkermaterial. Schwerpunkt war der östliche Abschluss der Werksanlagen
- **1952** Kelsterbach wird Stadt, Bevölkerungsanstieg auf 10.000 Einwohner. Mehr als 50 Prozent bestreiten ihre Existenz aus Einkünften vom Werk
- **1953** Umbau und Renovierung des Verwaltungsgebäudes (**V**) und der Kantine (**J**)
  - o Spinngefärbtes Garn in 20 verschiedenen Farben gehört zur ständigen Produktion. Im Oktober beginnt die Textilierung von Perlon. Das erste Rayon in der neuen Teilbaumaufmachung verlässt das Werk
- **1954** Fünfzigjähriges Jubiläum des Werkes
- **1956** Erweiterung Versandgebäude (**F**) und Anbau des Bürotraktes
- **1957** Bau eines Abluftkamins für den Spinnsaal II
- **1958** Aufstockung über den Spulentrocknern (**E**)
- **1959** Umbau und Aufstockung des Küchen- und Werkstattgebäudes (**J**)
  - o Umbau Kesselhaus und Errichtung eines Turbinenhauses (**G**)
  - o Errichtung Torhaus II
  - o Die ersten Gastarbeiter aus Griechenland, Italien und Spanien werden eingestellt
- **1966** Tagesproduktion: 26 Tonnen Rayon . Aufnahme der Perlon-Produktion (wurde später auf Nylon umgestellt)
  - o Änderung der Firma in „Glanzstoff AG"

Glanzstoff glänzt nicht mehr

Zeittafel

Globalisierung – Fusionen von Unternehmen
- **1967** Anzahl der Mitarbeiter: 1.650
  - Wiederaufbau der Werkskantine nach Brand **(J)**
- **1968** Umstellung im Kesselhaus auf schweres Heizöl
- **1969** Zusammenschluss der „Glanzstoff AG" mit der „Enka N.V.", Fusion der AKU mit der KZO zur „Akzo N.V."
- **1970** Überdachung der Werkstättenstraße zwischen Spinnerei II und der Werkstatt
- **1971** Das Werk wird bestreikt
- **1972** Tagesproduktion 30 Tonnen Rayon und 19 Tonnen ENKA-NYLON
- **1972** Das Unternehmen ändert seinen Namen in: „Enka Glanzstoff AG". Die Hälfte der Belegschaft sind inzwischen ausländische Mitarbeiter

Umweltschutzmaßnahmen
- **1974** Inbetriebnahme der Abwasser-Reinigungsanlage und der Zentralabsaugung mit Abluftkamin, Kosten ca. elf Millionen Mark. Laufende jährliche Aufwendungen für den Umweltschutz elf Millionen Mark
  - Umstellung von Kohle auf Erdgas
- **1975** Starke Produktionseinschränkung aufgrund von Absatz- und Kostenproblemen
- **1976** Nach Fertigstellung von weiteren 54 Wohnungen stehen jetzt neben 335 Bettplätzen für Junggesellen in Wohnheimen, 809 werksgeförderten Werkswohnungen für Mitarbeiter und ihre Familien zur Verfügung
- **1977** Bildung einer weltweiten Enka-Gruppe (Enka-Glanzstoff)
- **1977** Stilllegung der Nylon-Fabrik (Strukturmaßnahme)

Neue Viskosestraße
- **1978** Modernisierung der Viskoseanlagen. Damit fallen besonders belastete Arbeitsplätze weg
- **1979** Die neue Viskosestraße wird im September in Betrieb genommen. 75jähriges Bestehen des Werkes Kelsterbach, Mitarbeiter: 1.250, davon sind 59 Prozent ausländische Mitarbeiter aus 18 Ländern der Welt
- **1988** Die „Enka-Gruppe" wurde juristisch geteilt in **Enka AG** und **Enka bv**
- **1987-1990** Umfangreiche Umweltschutz-Maßnahmen (30 Millionen Mark); gleichzeitig Modernisierung der Druckwäsche
  - **1986** Elektro-Filter fürs Kraftwerk
  - **1989** Inbetriebnahme der Abluft-Reinigungsanlage, (Kosten 27 Millionen Mark)
  - **1990** Fertigstellung Kalamitätenbecken (Kosten 2,5 Millionen Mark)
- **1991** Das Unternehmen ändert erneut seinen Namen: **„Akzo Faser AG"**
- **1992/93** Inbetriebnahme des zweiten Wet-Churns mit Modernisierung Prozessleitsystem (PLS) der Viskoseanlage
- **1994** erfolgte die Fusion mit einem Teil des schwedischen Nobel-Konzerns. Dies brachte die Namensänderung in *„Akzo-Nobel AG"*
- **1995** Tagesproduktion 32 Tonnen ENKA Viskose
- **1996** 1.100 Mitarbeiter
- **1998** Tagesproduktion 26 Tonnen ENKA Viskose; 1.250 Mitarbeiter
- **1999** Namensänderung in *„Acordis"*
- **1999** Akzo Nobel verkauft Acordis an die britisch-amerikanische Investorengruppe **CVC** (Capital Partners)

Das Ende des Werkes
- **1999** Im August wird die Produktion herunter gefahren - Stillstand

Glanzstoff glänzt nicht mehr

Zeittafel

- **2000** Die Geschäftsleitung der Enka GmbH & Co. KG beschloss am 17. Januar 2000, die Vikose-Filament-Produktion am Standort Kelsterbach einzustellen
- **2000** Das Werk wird „Chemikalienfrei" gemacht
- **2001** Die Entkernung von Maschinen und Geräte beginnt
- **2005** Der 90 Meter hohe Kamin am Kraftwerk wird abgebrochen
- **2005** International Chemical Investors Gruppe ist neuer Eigentümer Enka GmbH & Co. KG
- **2008** Die Firma Eurovia erhält den Zuschlag für den Abbruch des Abluftkamines sowie der gesamten Gebäude und Fundamente
- **2009** Die letzte Baubesprechung mit Abnahme der Bauleistung fand am 22. Juli.2009 im Verwaltungsgebäude statt
- **2010** Im September wurde das ehemalige Verwaltungsgebäude an die Umweltgesellschaft Kelsterbach GbR verkauft
- **2011** Parlamentsbeschluss am 21. März über den Bebauungsplan und zwei städtebauliche Verträge. - Im Oktober erhält der Bebauungsplan Rechtskraft. - Im April erwirbt die Deutsche Reihenhaus die Fläche für das Wohngebiet. - Im Dezember wird das gesamte Sonder- und Mischgebiet an das Enka- Fachmarktzentrum veräußert
- **2012**. – Der Straßenbau und die Erschließung werden weiter vorangetrieben. - Baubeginn der Deutschen Reihenhaus. – Symbolischer Spatenstich im Mai zur Neuordnung der Energieversorgung
- **2013** Weitere Bebauung durch die Deutsche Reihenhaus und symbolisches Richtfest im April. – Im Januar Beginn der Bauarbeiten fürs Fachmarktzentrum, Fertigstellung im September und Oktober. Offizielle Eröffnung 16. Oktober. - Eröffnung des Umwelthauses im April. – Beginn der Neuordnung des Zentralplatzes
- **2014** Die offizielle Einweihung des Platzes fand am 23. Mai statt

Am 01. April 2015 wurde die „Glanzstoffmauer" längs der Rüsselsheimer Straße abgebrochen

Zeittafel

Wie bei dieser Exkursion im Zuge der „Tage der Industriekultur" am 6. August 2011 – mit einer Besichtigung in der alten Werkshalle im Gebäude J – wurde auch immer wieder unterstrichen, dass das Enka/Glanzstoffwerk zur „Route der Industriekultur Rhein-Main" gehört

Daten und Zahlen

Nicht nur für Zahlen-Freaks interessant

Einige Daten und vor allem Zahlen vermitteln in geraffter Form etwas von der Größe des ehemaligen Enka-Werks Kelsterbach. Als am 17. Januar 2000 die Geschäftsleitung der Enka GmbH & Co. KG beschlossen hat, die Viscose-Filament-Produktion am Standort Kelsterbach einzustellen, geschah dies vor dem Hintergrund der folgenden Datenlage: Die Tagesproduktion lag 1998 bei 26 Tonnen Enka Viscose mit 1.250 Mitarbeitern.

Die Standortgunst: Das Werk lag unmittelbar am Main und hatte mit seinem Hafen Anschluss an das europäische Wasserstraßennetz. Ein Gleisanschluss an den Bahnhof verband das Werk mit dem Eisenbahnnetz.

Das Werk hatte ein Länge von 1.400 Metern und eine Breite von 80 bis 140 Metern.

Grund und Gelände

Werksgelände	141.871 m²
Bebaute Flächen	74.521 m²
Umbauter Raum	600.000 m³
Bürofläche inkl. Flur/WC	3.663 m²
Freiflächen	66.630 m²

Energieversorgung, Infrastruktur

Erdgasübergabe-Station	10.000 m³/h
Tanks für schweres Heizöl	6.000 m³
Tanks für leichtes Heizöl	120 m³
Fremdstrombezug (20kV)	14 MW
Biologische Kläranlage	300 m³/h

Im Kesselhaus standen drei Einzelfeuerungen zur Verfügung:

Kessel	Baujahr	Leistung MW	Dampf t/h	Druck bar	Brennstoffe
5	1968	45,6	52	74	Erdgas, H-S, H-EL
6	1972	21,4	23	17	Erdgas, H-S
7	1990	19,5	24	17	Erdgas, H-EL

Umstellung auf schweres Heizöl 1968 (Anlieferung erfolgte über eine Pipeline vom Hafen)
Umstellung auf Erdgas erfolgte 1974.

Eine Gegendruckdampfturbine erzeugte 5,2 MW Eigenstrom bei einem Dampfdurchsatz von 36t/h.

Fremdstrom wurde von den Main-Kraftwerken bezogen. Mit zwei 20 kV - Trafos konnten 14 MW eingespeist werden.

Daten und Zahlen

Für den innerbetrieblichen Transport hatte das Werk eine Gleisanlage von ca. 2,5 km und Strecke von 2,4 km Wege.

Wasserversorgung

Brunnen	Baujahr	Förderleistung	Maximale Förderleistung
Nr.		m³/h	
7	1961	127	250
8	1968	158	270
9	1970	218	250
10 neu	1987	115	150
10 alt	1975	20	-

Trinkwasser konnte von der Stadt Kelsterbach bezogen werden. Alternativ konnte Brunnen 10 neu eingesetzt werden, da er die Anforderungen der Trinkwasserverordnung erfüllte.

Abwasser

Prozessabwasser und Regenwasser wurden in getrennten Systemen gesammelt und abgeleitet. In einer biologischen Kläranlage wurde das Prozessabwasser (300 m³/h), vor der Einleitung in den Main, gereinigt.

Ein Kalamitätenbecken diente zur Aufnahmen von bis zu 3.500 m³ kontaminierter Lösch- und Abwässer.

Kälte

Anlagenbereich	Firma	Nr.	Baujahr	Leistung	Kältemittel
				kW	
Viskose	Sulzer Escher Wyss	1	1990	1.311	Ammoniak
Viskose	Sulzer Escher Wyss	2	1075	1.100	R 134a
Viskose	Assmann + Stockder	3	1983	950	Ammoniak
Kristallisation	Sulzer Escher Wyss	1	1981	833	Ammoniak
Kristallisation	Sulzer Escher Wyss	2	1984	1.395	Ammoniak

PRODUKTION

Maschinenbestand Viskose
Zahlreiche Anlagen, Maschinen und Lagerbehälter in mehreren Prozessstufen bei der Herstellung, Behandlung und Lagerung der Viskose vor dem Einsatz in der Spinnerei. Vgl. Kapitel 11.1.

Alkalisator
Breibehälter
Alkalicellulose-Presse
Naßbaratte (Wetchurn)
Siede-Entlüfter

Daten und Zahlen

Maschinenbestand Spinnerei
Anlagen zur Vorbereitung der Spinnspulen nach der Spinnerei für die Zwirnerei (Druckwäsche, Trocknung und Konditionierung). Anlagen zur Bereitstellung des Spinnbades. Anlage zur Abluftreinigng u.a. Vgl. Kapitel 11.2 und 11.

Doppel-Spinnmaschinen mit 280 Spinnstellen
Einfach-Spinnmaschinen mit 140 Spinnstellen
Einfach-Spinnmaschinen mit 150 Spinnstellen
(Gesamt 23.660 Spinnstellen)

Maschinenbestand Zwirnerei (1997)
Anlagen zur Vorbereitung der gezwirnten Garne für die Conerei (Wickeltaucherei, Wickeltrockner, Wickelkonditionierung) und die Baumherstellung. Vgl. Kapitel 11.4.

ZE3 –Maschinen 198 Maschinen mit 36.080 Spindeln
ZE5 –Maschinen 10 Maschinen mit 1.984 Spindeln
ZE11-Maschinen   2 Maschinen mit   576 Spindeln
DD4-Maschinen   42 Maschinen mit 6.720 Spindeln
(Insgesamt 45.360 Spindeln)

Maschinenbestand Conerei (1997)
KS-Maschinen   (2,5 kg Cones)   3.042 Spindeln
KS-Jumbo-Maschinen (4,5 kg ZX-Spulen) 2.040 Spindeln
Schärer-Maschinen   (5,0 kg ZX-Spulen)   288 Spindeln
(Insgesamt 5.370 Spindeln)

Maschinenbestand Baumbereich (1997)
Cocker-Zettelmaschinen   4 Maschinen
Mayer-Zettelmaschinen   3 Maschinen
Hacoba-NHZ-Zettelmaschinen   8 Maschinen

Sistig-Schlichtmaschinen   3 Maschinen
Sucker-Schlichtmaschinen   1 Maschine

Glanzstoff glänzt nicht mehr

Daten und Zahlen

Ein Blick zurück in eine Welt, die es nicht mehr gibt: die alte Kelsterbacher Glanzstoff-Fabrik und ihre Umgebung, gekonnt und mit Vordergrund „verschönt" fotografiert

Literaturhinweis, Quellenangaben und Bildnachweis

Archive und nichtpublizierte Quellen
ENKA-Archiv: Werkszeitschriften, Jubiläumsschriften, Tages- und Wochenzeitungen, Wuppertal;
Hessisches Wirtschaftsarchiv, Darmstadt;
Staatsarchiv Darmstadt;
Hauptstaatsarchiv Wiesbaden.

Veröffentlichungen
Ludwig Vaubel; Zusammenbruch und Wiederaufbau, München 1984
Akzo Faser AG: Die Natur der Viskose, Wuppertal 1991;
Karl-Heinz Asperger: Von Glanzstoff zu Enka. 1969-1985, Wuppertal 1990;
Willi Stucke: Die Gründungsgeschichte der Vereinigte Glanzstoff-Fabriken AG, Magisterarbeit, Universität Stuttgart, 1993;
Theodor Langenbruch: Glanzstoff 1899-1949, Wuppertal 1985;
Dr. Volkmar Muthesius: Zur Geschichte der Kunstfaser, Heppenheim a.d. Bergstraße 1950:
Wolfgang, E. Wicht: Glanzstoff, Bochum 1991;
Dr. Siegfried Stockburger: Glanzstoff Chemiefaser, Wuppertal 1960
Wolfgang Haupt: Historie Werk Elsterberg (DVD), Elsterberg 2010;
Thomas Fladung und Christoph Thomas: Industriearchäologie, 1991;
Manfred Pohl und Birgit Sickmann: Hochtief und seine Geschichte, München 2000;
Dr. Kurt Götze: Kunstseide und Zellwolle nach dem Viskose-Verfahren, Berlin,1940

Dipl.-Ing: Rolf Höhmann: Dokumentation Glanzstoffwerk Kelsterbach, Darmstadt, 2002;
Spitzei & Jossen: Historische Erkundung Enka-Gelände, Siegburg, 2002;
Hans-Joachim Knupfer: Die Museumseisenbahn (Zeitschrift) 46, 2010;
Dr. K.-D. Wolff, EUROVIA, Rückbau einer Chemiefaserfabrik, Hofheim-Wallau, 2009;

Harald Freiling: Ausländische Arbeiter und Kriegsgefangene in Kelsterbach 1933-1945, Integrierte Gesamtschule Kelsterbach
Philipp Draisbach: Festschrift 40 Jahre Freiwillige Feuerwehr Kelsterbach, 1928;
Ulrich Eisenbach und Otto Pfister: Kelsterbach a. M. und die „Glanzstoff", 2002;
Ludwig Knöll: Die Kelsterbacher Porzellanmanufaktur und ihre Fayence- und Steingutfabrik, 1967;
Gustav Steubing, Heinrich Stuckert, Heribert Möser, Karl Laun: Heimatbuch Kelsterbach, Band I; Kelsterbach, 1986;
Gustav Steubing und Karl Laun: Kelsterbach ist schön, 1987;
Karl Laun: Die Hasenhaarschneider, ein „vergessener Beruf", Kelsterbach 1985,
Karl Laun und Claus Schorling: Kelsterbacher Flur- und Straßennamen, Kelsterbach 1985;
Karl Laun: Kelsterbach Bilder aus vergangenen Tagen, Kelsterbach, 1985;

Bildnachweis
Enka-Archiv; Akzo ; Volksbildungswerk Kelsterbach; Dipl-Ing. Rolf Höhmann Büro für Industriearchäologie, Hessisches Wirtschaftsarchiv; Spitzlei &Jossen, Hans-Joachim Knupfer (Museumseisenbahn 2010); Gerhard Raiss, Erhard Stenzinger; Reiner Petersen; Wolfgang Haupt; Walter Keber; Alfred Wiegand;

Literaturhinweis, Quellenangaben und Bildnachweis

Lageplan Enka-Werk
Stand Dezember 1974

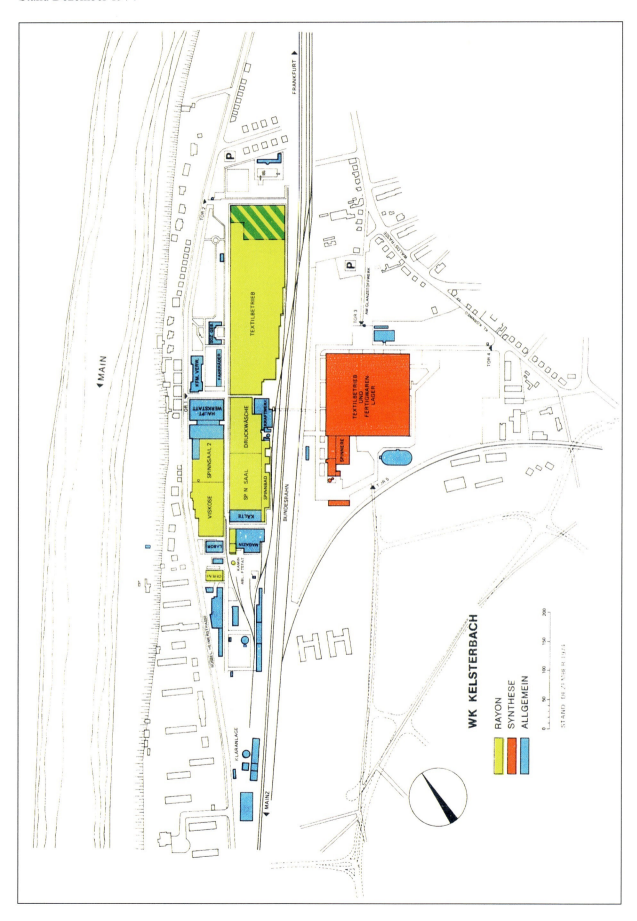

Glanzstoff glänzt nicht mehr